20세기 후반부터 현재까지의 바울 연구의 장대한 흐름을 포괄적이고 심도 깊고 알차게 소개한 탁월한 바울 연구 입문서이다. 이 책은 독자를 단숨에 높은 산 정상으로 끌어 올려 E. P. 샌더스의 유대교에 관한 새 관점, N. T. 라이트의 광범위한 바울 연구, J. D. G. 던이 제기한 바울에 관한 새 관점, M. C. 드 부어의 묵시적 바울 연구, 존 바클레이의 은혜에 관한 새 관점 등으로 이어지는 바울 연구의 광활한 산맥의 줄기를 한눈에 볼 수 있게 한다.

신현우 총신대학교 신학과 교수

강의실에서 바울을 가르치는 사람의 한 가지 고충은, 따라잡아야 할 최근의 논의들이 지나치게 방대하고 복잡하여 이를 학생들에게 소개할 엄두조차 내지 못할 때가 많다는 것이다. 바울의 학생이라면 반드시 알아야 할 최근 학자들의 입장과 주요 저서를 읽기 쉽게 정리하고 평가했다는 점에서 반가운 책이 아닐 수 없다.

정성국 아신대학교 신약학 교수

이 책을 요약해서 말하자면, 몇몇 주요한 학자들이 사도 바울에 관해 주장한 내용을 자세히 설명할 뿐만 아니라, 특별히 신약을 공부하는 학생에게 훌륭한 지도(map) 역할을 해준다는 것이다. 위더링턴과 마이어스는 크리스터 스텐달, E. P. 샌더스, 제임스 던, N. T. 라이트, 크리스천 베커, 가벤타, 존 바클레이, 체스터와 같은 대가들을 다루면서 이들의 사상을 개론적으로 알고자 하는 사람들을 위해 감탄할 만한 엄밀함으로 이 일을 해냈다. 이 책은 바울 학계에서 일어나고 있는 일들을 자세히 설명하고 있다. 아쉬움이라고 한다면, 이 책이 광범위한 평가를 시도했다기보다는 각주와 논평에 좀 더 가깝다는 것이다. 따라서 이 책을 읽는 학생들은 여기서 논의된 책들은 물론이고 더 나아가 다른 책들도 곁들여 읽기를 원하게 될 것이다. 그들은 마치 전체 지형을 한눈에 파악하게 해 주는 지도의 안내를 받으며 스스로 연구할 수 있게 될 것이다.

스캇 맥나이트 노던 신학교 신약학 교수

또 다른 맥락에서 위더링턴 특유의 말재간을 재인용하자면, 1998년에 IVP에서 나온 그의 책 *The Paul Quest*(바울 탐구)에서 그가 바울을 전체적으로 연구한 이래로 정말 헤아릴 수 없이 많은 바울 연구가 있었다. 그중 대다수는 바울 신학과 함께 특별히 '바울에 관한 새 관점'에서 제기되었던 주제에 초점을 맞추었다. 여기서 위더링턴과 그의 동료인 제이슨 마이어스는 그보다 더 선별적이면서도 자세한 방식으로 샌더스에서 현재에 이르기까지 가장 중요한 학자들의 핵심적인 관점을 능수능란하게 파고든다. 반갑게도 이들은 헤어나기 힘든 학계의 미로에서 길을 안내해 줄 지도를 건네주면서, 내용을 완벽하게 요약하는 동시에 통찰력 있는 비평과 정말 유익한 지침을 제시한다.

크레이그 블롬버그 덴버 신학교 신약학 교수

사도 바울에 관한 학문적 연구는 그 자체로 하나의 세계, 곧 안내가 없으면 곧장 길을 잃기 쉬운 세계라 말할 수 있다. 위더링턴과 마이어스는 해당 분야를 익히 잘 알고 있으며 지난 20년 동안의 중요한 경향과 논쟁, 그리고 이와 상반되는 흐름들에 대한 풍부한 통찰을 제시해 준다. 당신이 바울 연구에 새롭게 입문한 탐험가이든 노련한 여행객이든, 이 책은 아주 작은 내용뿐 아니라 큰 그림에 있어서도 매우 풍부한 내용을 전해 줄 수 있다.

니제이 굽타 노던 신학교 신약학 교수

이 책은 바울을 연구하는 교사들과 학생들을 위한 매우 귀중한 자료다. 지난 60년 동안 복잡했던 바울 학계의 논의들을 명료하고 통찰력 있게 이해하게 하고 그와 동시에 능숙하고 포괄적이면서도 간결한 방식으로 독자들이 중요한 사유의 발전 과정을 배울 수 있게 해 주는 정말로 필요한 책이다. 특별히 이 책이 도움을 줄 수 있는 부분은 핵심적인 학자들의 저서들과 동향을 훌륭하게 요약해 줄 뿐 아니라 그에 대해 풍부하면서도 통찰력 있으며 균형 잡힌 평가를 제공해 준다는 것이다. 이제 당신은 바울에 관한 다양한 관점들이 지닌 강점과 약점을 독자들이 잘 파악할 수 있도록 정확한 방식으로 이야기하면서도 누구나 반론을 제시할 수 있는 방식으로 자신들의 주장을 탁월하게 펼치는 벤 위더링턴과 제이슨 마이어스의 목소리를 들을 수 있을 것이다. 바로 이 작업이 매우 탁월하게 완성되었다. 이 책은 필독서 리스트에 들어가야 한다.

루시 페피아트 영국 웨스트민스터 신학 센터 책임자

바울 연구의 난해함을 극복하는 일은 소심하거나 유약한 사람에게는 어울리지 않는 작업이다. 이 책에서 벤 위더링턴과 제이슨 마이어스는 사도 바울을 연구하는 주요한 영국 신약학자들과 이들의 탁월한 저서를 이해하는 일을 좀 더 다루기 쉽고 흥미롭게 만드는 데 성공했다. 이전 저서이자 수상작인 *The Paul Quest*처럼, 이 책은 현대의 바울 연구라는 매혹적이지만 부담스러운 세계에 들어가는 데 적절한 출입문을 찾는 이들에게 아주 유용할 것이다.

토드 스틸 베일러 대학교의 트루잇 신학교 기독교 성서학 교수

사도 바울에 관한 학문적인 연구는 낯설고 이국적으로 보이는 '관점들'로 이루어진 정글이라 말할 수 있다. 하지만 감사하게도 벤 위더링턴과 제이슨 마이어스는 수많은 종류의 바울 연구를 이해하고 규명하는 데 도움을 주는, 마치 바울 연구의 사파리 여행과 같은 그 무엇을 제공해 준다. 신약학이라는 복잡한 세계로 들어가는 학생들을 위한 아주 좋은 안내서다.

마이클 버드 리들리 대학 신학과 교수

바울이라는 세계

바울 연구의 주요 경향과 논쟁 탐구

바울이라는 세계
: 바울 연구의 주요 경향과 논쟁 탐구

초판 1쇄 인쇄 2022년 2월 3일
초판 1쇄 발행 2022년 2월 10일

지은이 벤 위더링턴 3세, 제이슨 마이어스
옮긴이 안규식

기획, 마케팅 김정태
편집 송혜숙, 오수현
총무 곽현자

발행처 도서출판 이레서원
발행인 문영이
출판신고 2005년 9월 13일 제2015-000099호

경기도 고양시 일산동구 백석로71번길 46, 1층 1호
Tel. 02)402-3238, 406-3273 / Fax. 02)401-3387
E-mail: Jireh@changjisa.com
Facebook: facebook.com/jirehpub

ISBN 978-89-7435-590-6 (93230)

© Originally published by InterVarsity Press as *Voices and Views on Paul*
by Ben Witherington III and Jason A. Myers
© 2020 by Ben Witherington III and Jason A. Myers
Translated and printed by permission of InterVarsity Press
P. O. Box 1400, Downers Grove, IL 60515, USA
www.ivpress.com

License arranged through rMaeng2, Seoul, Republic of Korea

This Korean Edition © 2022 by Jireh Publishing Company,
Goyang-si, Gyeonggi-do, Republic of Korea.

이 한국어판의 저작권은 알맹2를 통하여 InterVarsity Press와 독점 계약한 이레서원에 있습니다.
신저작권법에 의하여 한국 내에서 보호받는 저작물이므로 무단 전재와 무단 복제를 금합니다.

바울이라는 세계
바울 연구의 주요 경향과 논쟁 탐구
Voices and Views on Paul

벤 위더링턴 3세, 제이슨 마이어스 지음 | 안규식 옮김

내게 바울을 가르쳐 준, 그리고 나를 잘 가르쳐 준
킹슬리 배럿, 앤드루 링컨, 고든 피에게
— 벤 위더링턴 3세

오래 기다린 하나님의 선물,
오거스틴 매슈에게
— 제이슨 마이어스

목차

서문 **8**

감사의 말 **11**

약어 **13**

1. 회고 : 바울에 관한 새 관점 **15**
2. 샌더스 혁명 **39**
3. N. T. 라이트 산맥 오르기 **89**
4. 제임스 던, 그리고 바울과 경계 표지들 **165**
5. 새로운 묵시적 바울 **213**
6. 다른 주장들, 다른 관점들 — 바클레이와 체스터 **273**
7. 결론 : 헤아릴 수 없이 많은 바울? **317**

참고 문헌 **332**

성경 색인 **339**

서문

1998년에 출판된 *The Paul Quest*(바울 탐구) 초판이 1999년 『크리스채너티 투데이』(*Christianity Today*) 올해의 성서학 도서 분야에서 상을 받은 이래로 바울에 관한 수많은 연구, 정말로 홍수처럼 방대한 바울 연구의 결과물들이 쏟아져 나왔다.[1] 매우 주요한, 그리고 독창적이면서 획기적이라 할 수 있는 연구들이 1998년부터 나오기 시작했는데, 제임스 던의 *The Theology of Paul the Apostle*(『바울 신학』, 크리스천다이제스트)를 시작으로 해서, 바울과 그의 사상적 세계에 관해 N. T. 라이트가 쓴 일련의 책들이 뒤를 이었고, 2013년에는 라이트의 대표 저작이라 할 *Paul and the Faithfulness of God*(『바울과 하나님의 신실하심』, 크리스천다이제스트)으로 정점을 찍었다. 이 일들은 예상치 못하게 2015년에 샌더스의 기념비적인 저서인 *Paul: The Apostle's Life, Letters, and Thought*(바울: 사도의 생애, 편지, 그리고 사상)를 탄생시키는 결과를 낳았고, 그해에 동시에 출판된 존 바클레이의 *Paul and the Gift*(『바울과 선물: 사도 바울의 은혜 개념 연구』, 새물결플러스)는 같은 시기에 은혜에 관한 바울 신학을 다룬 가장 중요한 연구라 할 수 있다.

---

1   Ben Witherington Ⅲ, *The Paul Quest: The Renewed Search for the Jew of Tarsus* (Downers Grove, IL: InterVarsity Press, 1998).

언급한 이 모든 저작을 특징짓는다면, 정말로 모두 하나같이 방대한 분량의 책들이라는 것이다. 바클레이의 책이 가장 분량이 적은데도 670페이지가 넘고, N. T. 라이트의 책은 무려 1,700페이지가 넘는다. 물론, 그 외에 지난 20년 동안 바울에 관한 독창성 있고 더 나은 전문성을 갖춘 다양한 연구들이 있었지만, 어떤 것도 바울이라는 분야에서 이 책들보다 더 큰 영향력을 끼친 책은 없었다. 그리고 위의 책들은 모두 영국 신약학자들이거나 아니면 샌더스가 그랬던 것처럼(그는 옥스퍼드에 있었다) 꽤 오랜 시간을 영국의 교육 기관에서 가르치는 가운데 영국 특유의 바울 연구 분위기에 젖어 있었던 학자들의 연구였다는 사실을 우리는 주목해야 한다. 또한 에른스트 케제만이(특히 그의 로마서 주석을 보면) 바울 사상을 더욱 종말론적으로 독해한 것은 미국에 있는 루이스 마틴의 기념비적인 연구인 갈라디아서 주석과 루이스 마틴의 학생이었던 베벌리 가벤타의 여러 연구를 통해서도 큰 결실을 맺었다.[2] 또한 리처드 헤이스와 N. T. 라이트처럼 "바울에 관한 새 관점"과 연관된 학자들은 바울의 pistis Christou(피스티스 크리스투, 문자적으로 "그리스도의 믿음")라는 구절을 그리스도가 소유한 믿음이자 하나님을 향한 신실함을 가리키는 것으로 독해함을 지지하는 데 특별한 영향을 미쳤다.

따라서 지난 20년에 걸쳐 이루어진 바울 연구 과정은 필자가 바울이 가진 개성의 세 가지 측면, 곧 유대인 바울, 로마 시민권자 바울, 그리고 그리스도의 추종자 바울에 초점을 맞추었던 첫 번째 저서인 *The Paul*

---

[2] Ernst Käsemann, *Perspectives on Paul* (Philadelphia: Fortress, 1969); Käsemann, *Romans* (Grand Rapids: Eerdmans, 1980); J. Louis Martyn, *Theological Issues in the Letters of Paul* (Nashville: Abingdon, 1997); Martyn, *Galatians* (New Haven, CT: Yale University Press, 2004); Beverly Roberts Gaventa, *Our Mother Saint Paul* (Louisville, KY: Westminster John Know, 2007).

*Quest*에서 착수한 것과는 사뭇 다른 바울 연구의 접근법을 말해 준다. 이 책에서 우리는 바울의 사상과 바울의 선교에, 특히 전자에 해당하는 바울의 사상에 더욱 주목하면서, 이 둘이 교차하는 지점에 초점을 맞추어야 한다. 왜냐하면 바로 그 지점이 그리스도의 믿음, 칭의, 혹은 은총과 같은 주제들을 담아내면서 논의의 균형을 이루는 지점이기 때문이다. 우리는 이런 주요한 저작들과 함께 이와 연관된 영향력 있는 연구들의 공헌에 주의 깊게 주목함으로써, 그리고 이러한 자료들이 바울과 그의 사유 세계에 대한 우리의 이해를 얼마만큼 향상시키는지와 더불어 이러한 자료들의 특징이 되는 깊이 있고 유용한 연구 과정 안에서 이 연구들이 어떻게 빗나갈 수 있는지를 모두 평가함으로써 이 작업에 착수할 것이다. 우리는 바울에 관한 새 관점(들), 마틴과 가벤타의 종말론적 바울, 의로움과 은총에 대한 바울의 개념에 대한 오독, 그 외 수많은 내용을 깊이 검토할 것이다. 물론 우리는 지난 20년 동안 이루어졌던 수많은, 정말로 바닷물처럼 헤아릴 수 없이 많은 바울에 관한 연구를 모두 다룰 수 있으리라는 착각에 사로잡혀 있지는 않다. 하지만 우리가 할 수 있는 것은 최초의 위대한 그리스도교 신학자이자 선교사이면서 이방인을 향한 사도였던 바울을 우리가 이해하는 일에 있어서 지금까지 이루어졌던, 그리고 앞으로도 가장 큰 영향력을 미칠 중요한 몇몇 연구와 공헌들을 평가하는 작업이다.

집필 작업의 수고로움을 나눔에 있어서, 벤 위더링턴은 N. T. 라이트와 존 바클레이를 다룬 장을 담당할 것이고, 제이슨 마이어스는 새 관점 전반에 대한 내용, 샌더스와 제임스 던, 그리고 종말론적 바울을 다룬 장들에 기여할 것이다. 마지막 결론에서 우리는 이 모든 논의가 인간 바울과 그의 선교와 그의 사유 세계에 빛을 던져 준 새로운 통찰이 무엇이었는지에 관해 질문을 제기하고 그에 대해 답을 제시할 것이다.

감사의 말

내가 수년간 바울에 관한 집필을 계속할 수 있도록 격려해 준, 편집자 댄 리드와 마이클 톰슨의 노고에 감사드린다.

— 벤 위더링턴 3세

* * *

바울에 대한 나의 애정은 나에게 처음으로 바울을 가르쳐 준 스승인 크리스 밀러 박사에게 받은 영감에서 시작되었다. 나는 그의 지도를 받으며 2006년 봄에 갈라디아서와 로마서를 몰입해서 읽었다. 그렇게 바울 서신서들이 나부끼는 베란다에 앉아 있으면서 나는 과연 이 고대의 편지들이 오늘날 무엇을 이야기할 수 있는지에 관심이 생기기 시작했다. 나는 밀러가 초반에 다양한 방식으로 사도 바울을 소개해 주지 않았더라면 이 책이 나오는 일은 결코 없었을 것이라고 진심으로 이야기할 수 있다. 마찬가지로, 게리 메더즈 박사는 사상사를 연구하는 일과 이를 이해하는 일에 애정을 갖는 미덕을 나에게 심어 주었다. 마지막으로 벤 위더링턴 박사는 자상하게 나를 바울에 관한 형성적인 독해로 안내해 주었고, 자신과 함께 이 책을 쓸 수 있는 기회도 주었다. 이 모든 분들께, 그리고 이들이 내게 보여 준 호의와 배려에 깊이 감사드린다.

영국 케임브리지에 있는 틴데일 하우스에도 감사의 마음을 전한다. 그곳에서 나는 수년 동안 이 책의 몇 장을 집필했다. 틴데일 하우스의 너그러운 환대로 연구에 꼭 필요했던 공간을 가질 수 있었다. 건물들 사이를 이리저리 배회한 것에서부터 차를 마시며 나누었던 담소에 이르기까지, 그곳에서 보냈던 시간들로 인해 감사한다.

이 작업을 처음 의뢰했던 사람이자 이 책의 편집자인 댄 리드와 그것을 완성하기까지 도와준 안나 기싱에게 감사의 말을 전하고 싶다.

마지막으로, 내 연구 중에서 그 어떤 것도 아내 리사의 넉넉한 지원이 없었다면 불가능했을 것이다. 리사는 이 책이 결실을 맺도록 내가 마음껏 연구와 집필에 매진할 수 있게 해 주었다. 그것은 정말 소중했다. 이 책을 아내 리사와 아들 오거스틴 매슈에게 바친다.

— 제이슨 A. 마이어스

약어

BJ	Dunn, James D. G. *Christianity in the Making*. Vol. 2, *Beginning from Jerusalem*. Grand Rapids: Eerdmans, 2008.
NPP	Dunn, James D. G. *The New Perspective on Paul: Whence, What, and Whither*. Rev. ed. Grand Rapids, Eerdmans, 2005.
OMSP	Gaventa, Beverly Roberts. *Our Mother Saint Paul*. Louisville: Westminster John Knox, 2007.
PALLT	Sanders, E. P. *Paul: The Apostle's Life, Letters, and Thought*. Minneapolis: Fortress, 2016.
PFG	Wright, N. T. *Paul and the Faithfulness of God*. 2 vols. Christian Origins and the Question of God 4. Minneapolis: Fortress, 2013.
PLJP	Sanders, E. P. *Paul, the Law, and the Jewish People*. Minneapolis: Fortress, 1983.
PPJ	Sanders, E. P. *Paul and Palstinian Judaism*. Philadelphia: Fortress, 1977.
TPA	Dunn, James D. G. *The Theology of the Paul the Apostle*. Grand Rapids: Eerdmans, 1998.

1. 회고 : 바울에 관한 새 관점

> 요한이 "보라 내가 만물을 새롭게 하노라"(계 21:5)라고 기록했을 때, 과연 이 구절을 바울 신학에도 적용할 수 있을지 궁금해진다.
> — 무명

1998년 *The Paul Quest*가 처음 출판된 이래, 바울을 연구하는 학자들은 사도 바울에 관한 책을 잇달아 출판해 왔다. 바울을 연구하는 신학자들 내에서 다양한 분야에 걸친 연구 자료들이 폭발적으로 나왔다. 처음 책인 *The Paul Quest*가 바울의 정체성, 그리고 바울의 사상과 관련된 주제들을 다루었던 데 반해, 우리가 바울에 대해 아는 바를 우리가 어떻게 알 수 있었는지를 형성해 왔던 바울 해석의 역사를 다룬 분량은 매우 적을 수 있다. 지난 30년 동안 바울 학계에서 일군 커다란 발전 하나가 있다면 그것은 소위 바울에 관한 새 관점이라 불리는 것이다. 그런데 이 글을 쓰는 지금, 이 용어는 현재 바울 연구의 상황으로 볼 때 여러모로 그 의미가 변했다.

첫째, 그 새 관점이 이젠 더 이상 새로운 것이 아니다. 이 용어는 1983년 제임스 던이 만들어 낸 것으로, 이제 거의 30년 된 용어이다. 둘째, 관점이라는 용어가 오해의 소지가 있다는 점인데, 바울에 관한 새 관점 내에도 바울에 관한 하나의 관점만 있는 것이 아니기 때문이다. '관점들'이라는 용어가 더 적절할 수도 있는데, 이 용어는 사람들과 주제들의 다양성을 표현하기도 하고 그러한 관점들 중 몇몇은 서로서로 거의 동의하지 않기 때문이다. 이러한 관점들은 적절한 때에 설명할 것이다. 셋째, 이제 우리는 바울에 관한 새 관점을 기초로 삼고, 이를 더 확장했으며, 진정으로 이를 능가한다는 뜻으로 "새 관점을 넘어서"와 같은 새로운 용어를 가지고 있다. 이런 이유들 외에도 더 많은 이유들로 인해, *The Paul Quest*의 처음 출판 이후로 지난 20년에 걸친 바울 관련 출판물의 쇄도와 보폭을 맞추기 위해 지금 이 책과 같은 책이 필요해진다. 그러나 바울 연구가 어디를 향하는지를 알기 위해서는 우선 바울 연구가 어디서부터 왔는지를 아는 충분한 지식을 반드시 갖추어야 한다.[1] 따라서 이 회고의 순서는 다음과 같다.

어디서 시작하는가?

바울에 관한 모든 연구는 출발점을 상정해야 한다. 이 책도 예외는 아니다. 바울 연구라는 화산은 그것의 분출이었다고 할 수 있는 바울에 관한 새 관점 이전에 한동안 그 안에서 부글부글 끓고 있었다. E. P. 샌더스나 제임스 던으로부터 바울에 관한 새 관점 회고를 시작하는 것이 당연해 보이지만, 이것은 실수하는 것이고, 그와 동시에 잘못된 맥락 안에서, 그리고 잘못된 경로 위에서 대화를 시작하는 셈이다. 샌더스, 던, 라이트, 그 외에 다른 학자들의 맥락을 이해하기 위해서는 한 걸음 물러서서 앞서 말한 학자들의 탁월한 연구 이전에 이미 그 길을 제시했던 몇몇 선구자를 연구해야만 한다. 이와 같은 현재 계획을 완수하기 위해

---

[1] 바울 연구자들은 Magnus Zetterholm, *Approaches to Paul: A Student's Guide to Recent Scholarship* (Minneapolis: Fortress, 2009); N. T. Wright, *Paul and His Recent Interpreters* (Minneapolis: Fortress, 2013)와 같은 중요한 자료들이 추가됨으로써 이 주제를 연구하는 데 매우 큰 도움을 받는다.

서 우리는 크리스터 스텐달부터 시작할 것이다.[2]

바울에 관한 새 관점의 조상: 크리스터 스텐달

크리스터 스텐달의 연구는 바울 연구에서 주목할 만한 변화를 보여 주었다.[3] 스텐달은 1963년에 「사도 바울과 서구의 자기 성찰적 양심」(The Apostle Paul and the Introspective Conscience of the West)이라는 논문을 출판했는데, 이 논문은 거의 20년 동안 그 이후의 수많은 바울 연구들이 강조해야 할 주안점을 미리 예측해 냈다.[4] 그러나 스텐달의 연구에도 그 전임자가 있었다.[5] 스텐달의 영향력 있는 저서는 1960년에 강의 형태로 처음 전달되었고, 1961년에 스웨덴어로 출판되었다. 그리고 그 책은 2년 뒤에 영어로 출판된다. 스텐달의 저서가 가진 주요한 특징들 중 하나는 바울

[2] 초반에 몬테피오레(C. G. Montefiore)와 무어(George Foot Moore)가 몇 가지 주목할 만한 이의를 제기했다. 마찬가지로, 데이비스(W. D. Davies)의 고전적인 바울 연구인 *Paul and Rabbinic Judaism: Some Rabbinic Elements in Pauline Theology* (Minneapolis: Fortress, 1980)는 다른 연구들(종교사학파를 포함한)이 헬레니즘으로부터 파생되었다고 생각했던 바울 사상의 거의 모든 측면이 유대교 안에서도 동일하게 설명될 수 있는 비중을 가진 채로 발견될 수 있다고 주장한다. 데이비스는 필론처럼 바울도 헬레니즘의 용어로 메시지를 주장하지만, 여전히 유대교에 견고히 뿌리내린 유대인이었음을 주장한다.
[3] 필자(벤 위더링턴)는 1975년도에 하버드 신학교에서 스텐달에게 로마서를 배웠기 때문에, 그의 영향력이 어떠한지를 증언할 수 있다. 당시, 그는 로마서(혹은 갈라디아서?) 주석을 집필하고 있었는데, 슬프게도 그의 건강상 문제로 그 책은 나오지 않았다.
[4] Krister Stendahl, "The Apostle Paul and the Introspective Conscience of the West," *Harvard Theological Review* 56 (1963): 199-215. 루터교 성직자로 안수받은 스텐달은 특별히 과거 루터교의 바울 독해를 버리고, 유대교를 행위로 말미암은 의로움 중심의 종교나 율법주의의 종교로 묘사하지 않고 바울을 초기 유대교 맥락에 더욱 적합하게 배치하는 것에, 그리고 우리가 바울에 관한 새 관점에 기여한 샌더스와 던과 그 외에 다른 학자들에게 계속해서 귀를 기울여야 한다고 강조하는 데 관심이 있었다.
[5] 스텐달은 *Paul Among Jews and Gentiles* 서론에서 그가 "Paul and the Introspective Conscience of the West"를 강의했을 당시 요하네스 뭉크(Johannes Munck)의 연구에 매우 큰 영향을 받았음을 언급하는데, 실제로 1960년과 1963년 사이 스텐달의 연구 가운데 지지받은 많은 관점들이 뭉크의 연구, *Paul and the Salvation of Mankind* (Louisville: John Knox, 1954)에서 발견된다.

의 역사적 맥락이 지닌 독특함과, 바울 시대와 우리 시대 사이의 차이를 강조하는 부분이다. 스텐달은 바울이 가진 가장 기초적인 주제 중 하나가 주목받지 못한 채 지나갔으며, 이 주제가 다른 어떤 것보다 바울의 사상을 더욱 크게 확장시켰다고 주장한다.

스텐달에 의하면, 바울 연구에서 그 잃어버린 핵심적 연결 고리란 바로 유대인과 이방인 사이의 관계였다. 스텐달의 관심사에 놓인 핵심적인 주장은 바울 서신서들이 바울이 언급했던 특정한 문제들에 관심을 기울이기보다 추상적인 신학적 윤곽을 드러내기 위해 균일화되었다는 것이다. 특정한 역사적 상황 속에서 이방인을 향한 사도가 된다는 바울의 중요한 문제에 스텐달은 자신의 모든 관심을 쏟아부었다. 스텐달은 바울의 가르침이 이방인을 향한 사도가 되는 그의 선교와 임무로부터 분리되어 버렸다는 중요한 수정 사항을 제시한다. 우리는 스텐달의 이런 강조점이 바울이 이방인을 향한 사도가 되었다는 내용뿐 아니라, 바울이 언급했던 할례와 안식일, 그리고 그 외 경계적인 문제들이 예수의 이방인 추종자에게만 엄격하게 적용되는 것이었다는 바울에 관한 몇몇 유대교적인 관점을 어떻게 뒤이어 가져오게 되었는지를 살펴볼 수 있을 것이다. 다시 말해, 바울은 "그리스도 안에서 하나가 된 유대인과 이방인"의 문제에 대해 이야기하려는 것이 아니었다. 바울은 오로지 이방인 그리스도인들과 관련된 내용만을 이야기할 뿐이었다.[6]

6   예를 들어, 바울이 결코 유대교를 버리고 떠나지 않았다는 주장에서부터 바울이 단지 이교도들을 상대하려고 했지 유대교를 비판하려 했던 것은 아니라는 생각에 이르기까지 전체적인 스펙트럼을 보여 주는, Paula Fredriksen, *Paul: The Pagan's Apostle* (New Haven, CT: Yale University Press, 2017)와 Mark Nanos and Magnus Zetterholm, eds., *Paul Within Judaism: Restoring the First-Century Context to the Apostle* (Minneapolis: Fortress, 2015)을 보라. 후자의 논문이 가진 아쉬움은 바울에 관한 새 관점이 바울과 유대교의 연속성을 강조하는 데까지 충분히 가지 않았다는 점이다.

바울에 관한 전형적인 독해에 있어서 스텐달이 무너뜨리려 한 첫 번째 기둥 중 하나는 바로 바울이라는 한 사람에 관한 것이다. 여기서 스텐달은 회심(행 9:1-9; 22:4-16; 26:9-16; 갈 1:11-17)을 이야기하고 있는 바울의 다메섹 도상 경험에 대한 전형적인 해석을 선택한다. 스텐달은 우리가 읽는 본문이 바울의 회심에 관한 것이라기보다 바울을 향한 새로운 부르심에 관한 것이라고 주장하기 위해 이 다메섹 사건 전과 후의 연속성을 강조한다. 바울은 하나님께 새로운 임무를 부여받은 것이다. 그것은 박해자에서 선포자로의 변화다. 스텐달은 바울의 경험에서 이러한 설명을 나타내는 구약성서의 암시, 특별히 예레미야서와 이사야서에 주의를 기울인다. 스텐달은 이러한 설명 안에서 우리가 읽어 내는 것은 예레미야나 이사야의 것과 같은, 바울의 예언자적인 부르심이라고 추정한다.

스텐달이 접근하는 방식은 바울을 이해함에 있어서 분명 도움을 준다. 섬세하고 주의 깊게 바울을 읽어 내는 그의 독법의 한 가지 특징은 "바울이 예수를 어떤 방식으로 만났는가"를 묘사하기 위해 사용하는 우리의 언어다. 스텐달은 회심이라는 용어가 현대적 맥락에서 너무나 큰 비중을 차지하기에 바울의 경험을 공정하게 다룰 수 없고, 또한 바울의 변화를 설명하기에 이 용어의 느낌이 매우 강하다고 주장한다. 분명, 바울의 변화는 다신론적 종교에서 그리스도교로 바꾼 사람의 경험과는 다르다. 바울에게 일어난 변화는 꼭 그가 가진 야웨에 대한 개념에서 일어난 것이 아니라, 그가 예수를 메시아로 이해함에서 일어난 것이다. 이 정도까지, 스텐달은 바울의 다메섹 도상의 경험을 설명하는 데 사용된 회심이라는 단어가 지닌 문제에 올바르게 주의를 기울인다. 이 문제는 바울이 받아들인 새로운 일에 관한 것이지, 그가 버리고 떠난 옛일에 관한 것이 아니다. 왜냐하면, 바울은 구약성서의 하나님에 대한 믿음을 저버리지 않았기 때문이다.

회심이라기보다 부르심으로서의 바울의 경험은 바울의 메시지를 이해함에 있어서 몇 가지 필연적인 귀결점을 가져온다. 첫째, 바울에게 특별하게 계시된 것은 칭의의 교리가 아니라 이방인들이 유대인이 되지 않고서도 하나님의 백성 안으로 영입될 수 있다는 귀결이다. 이와 관련해서, 스텐달은 수십 년 동안 바울이 단순히 이방인들이 성경적 신앙을 갖도록 이끄는 데 힘을 쏟은 엄격한 유대인이라 주장하는 유대인 신약 학자들로 인해 시작된 최근의 시도들을 미리 예고했다.[7] 스텐달의 관점에서 볼 때, 바울의 새로운 소명과 함께 뒤따라온 것은 바로 율법에 관한 바울의 이해였다. 바울의 소명은 구원사에서의 하나님의 계획과 활동 안에 놓인 율법에 대한 그의 이해를 근본적으로 형성했다. 스텐달에 따르면, 이 과정에서 주어진 신학적인 결과물이란 하나님과 구원, 그리고 율법에 관한 바울 사상의 진원지가 이방인을 향한 사도라는 바울의 새로운 소명이라는 것임을 밝혀낸 것이다.

회심보다 소명을 강조하는 스텐달의 두 번째 귀결은 특별히 바울을 회심 이전에 고뇌하는 개인으로 이해했던 루터교의 독해와 정반대되는 방향으로 향한다는 것이다. 스텐달은 바울이 마르틴 루터와 비슷한 상황을 경험했다는 사실에 대한 증거를 신약성서 안에서 찾아낼 수 없다는 점을 분명히 강조한다. 바울이 양심적 고통이나 내적인 혼란 혹은 절망을 경험했다는 증거는 없다. 사도행전과 바울의 서신서들과 같은 신약성서들이 보여 주는 증거란 오히려 정반대 방향을 가리키고 있다. 바울은 율법을 지키는 것에 대해서는 아무런 문제가 없었다. 빌립보서

7　특별히 Nanos and Zetterholm, *Paul Within Judaism*을 보라.

3장에서 스스로를 가리켜 "율법의 의로는 흠이 없는 자"라고 할 만큼, 바울은 율법을 매우 충실하게 지켰던 것이다.

바울 연구자들에게 있어 신학적 측면에서 바울의 다메섹 체험 전과 후의 변화와 관련된 그의 사상적 실험에 흥미를 가지고 이를 연구하는 것은 유익한 과정이다. 분명하게 대답할 수 있는 것은 예수에 대한 바울의 이해가 180도 완전히 바뀌었다는 사실이다. 바울은 예수를 온 나라를 미혹시키는 데 작정한 거짓 메시아로 이해했었는데 이제는 예수를 이스라엘의 구원자로 이해하게 된 것이다. 어떻게 예수에 대한 바울의 생각이 바뀌었는지를 설명함에 있어 회심보다 더 적절한 단어가 없는 것처럼 보일 수 있다. 그러나 바울의 메시아적 전환 이후에, 그에게 얼마나 많은 것들이 변했는지 궁금할 것이다. 분명 바울은 유일신자로 남아 있었고, 그가 사용하는 성서 경전 역시 그대로 남아 있었던 것으로 보인다. 혹자는 바울의 성서 해석은 변했을 것이라고 주장할지 모르나, 바울이 사용했던 텍스트 그 자체가 변한 것은 아니었다. 마찬가지로, 히브리 성서가 지닌 도덕적이고 윤리적인 추동력에 대한 바울의 초점은 다메섹 전과 후 모두에서 나타난다. 다시 말하지만, 우리는 바울의 모든 것이 변했다는 것을 단순하게 가정하는 것보다 오히려 이 점을 다시 충분하게 고려해 보아야 한다. 아마도 이것이 스텐달이 우리에게 준 가장 도움이 되는 가르침일 것이다.

스텐달이 바울의 회심보다 소명을 더 강조했다는 것을 인정할 수 있고 또 그래야 한다는 주장이 우세하지만, 그전에 제기해야 할 비판들이 있다. 사도행전과 바울의 서신서들을 통해 우리가 만난 (회심 이전의) 바울은 예수를 메시아로 믿고 따름으로써 유대교에서 전향하고 이로써 온 나라를 위험에 빠뜨린 동료 유대인들을 살해하는 일을 감독했던 박해자였다. 명시적이지는 않으나 스텐달의 주장이 가정하는 바는, 전에는 배교자들을 박해하라는 것을 바울이 자신의 부르심으로 받아들였고, 이후에 바울은 단지 신학적 견해 사이에서 전환했을 뿐이라는 것이다. 하지만 이 주장은 바울이 하나님께 받은 부르심을 근본적으로 오해했다는 문제를 정확하게 지적한다. 실제로, 다메섹 경험이란 바울이 자신의 부르심이 근본적으로 잘못된 방향을 향하고 있음을 깨달았을 때 일어났다. 우리는 이것을 바울의 부르심의 회심이라 말할 수 있지 않을까? 그리고 이것이 두 가지 다른 접근 방식을 결정할 수 있을까? 이러한 개념은 구원론적 관점에서 회심이 가진 신학적인 비중을 감소시킨다는 점에서 스텐달이 주장하는 바의 적합함을 강조하는 것처럼 보인다. 하지만 그것은 예수의 인격, 그리고 하나님의 백성과 관련된 바울의 사상적 변화에서 나타난 급진성에 상당히 비중을 두고 있다.

이와 마찬가지로, 우리는 누가의 내러티브에서 바울의 이야기를 접할 때, 누가가 그 이야기를 세 개의 회심 내러티브(에디오피아 내시[행 8:26-40], 사울/바울[행 9장], 고넬료[행 10장]) 가운데에 정확하게 배치한다는 것을 알 수 있다. 바울의 이야기는 에디오피아 내시의 회심 뒤에 놓이고, 고넬료와 그의 가솔들의 회심 앞에 놓인다. 이제 우리는 바울 자신이 설명한 내용과 대조해서 누가가 제시한 바울 이야기를 구분해야 하지만, 최소한 1세기를 대표하는 사람인 누가가 그 사건을 어떻게 이해했는지는 주목할 만한 가치가 있다.

스텐달의 연구는 아래에서 설명할 내용처럼 바울에 관한 새 관점과 관련된 수많은 사람들에게 깊은 영향을 미치게 되었다. 스텐달의 연구를 적절하게 이해하는 것은 차후에 이어질 대화를 깊숙이 형성하고 있다는 것을 보여 준다. 적어도, 스텐달의 주장은 율법보다 은혜를, 행위로 말미암은 의로움보다는 믿음으로 말미암은 칭의를 옹호한 사람으로서의 바울에 관한 전통적인 관점에 첫 번째 균열을 제공했다. 다시 말해, 스텐달의 주장은 바울이 루터의 전임자는 아니었다는 사실을 보여 준 것이다.

유대교 (재)고찰: E. P. 샌더스

우리가 다음으로 다룰 인물은 바울에 관한 새 관점의 기원(들)에 관한 논쟁에서 일반적으로 가장 먼저 등장하는 E. P. 샌더스이다. 그의 획기적인 연구작인 『바울과 팔레스타인 유대교』(Paul and Palestinian Judaism)는 신약학 연구와 그다음으로는 바울 연구에 놓인 수많은 일반적인 가정들에 도전했다. 이 책은 역사적 예수와 바울 연구를 위한 배경으로서 1세기 유대교의 역사적 풍경을 구성하기 위해 그에 적합한 일차적인 유대교(후기 랍비 문헌들을 포함한) 자료들을 다시 비판적으로 읽어 내려는 웅장한 시도이다. 하지만 위에서 살펴본 것처럼, 샌더스의 연구 역시 그 전임자가 있으며, 따라서 이 논쟁에 대한 그의 공헌도 갑작스럽게 나온 것은 아니었다. 바울에 관한 새 관점에 대한 중요한 견해들 중 가장 잘 알려진 견해와는 달리, 1세기 유대교 혹은 바울을 재평가하려 했던 샌더스의 시도가 처음은 아니었다. 부분적으로 이러한 시도는 이전에 이미 알베르트 슈바이처에 의해 유명해졌고, 샌더스의 연구로부터 약 20년 전에 W. D. 데이비스에 의해서 상당 부분 발전했으며, 샌더스의 연구 10년 전에는 스텐달에 의해서 이론적으로 주창되었다.[8] 그리고 이 중요한 주제들에

---

8   Albert Schweitzer, *The Mysticism of Paul the Apostle* (Baltimore: Johns Hopkins University Press, 1998); W. D. Davies, *Paul and Rabbinic Judaism* (Philadelphia: Fortress, 1948). 2장에 기록된 것처럼, 샌더스는 이 점을 매우 잘 알고 있었고, W. D. 데이비스의 연구가 그의 연구에 영향을 주었다고 특별히 언급한다. 데이비스는 뉴욕 유니언 신학교에서 샌더스의 박사 과정 지도 교수였다.

관해 샌더스와는 전혀 다른 결론에 도달한 마르틴 헹엘의 포괄적인 연구도 있었다.[9] 단지 샌더스는 1세기 유대교의 역사적 재구성에 대응하여 바울을 읽어 내려는 가장 영향력 있고 광범위한 시도를 대표할 뿐이다.

1977년, 샌더스는 현재 유명해진 책을 발표한다. 『바울과 팔레스타인 유대교』는 기원전 200년과 기원후 200년 사이의 유대 문학의 일차 자료와 유대교에 대한 대안적인 묘사를 비판적으로 다시 읽는 것을 보여 준다. 샌더스는 이전 학자들이 체계적인 범주를 가지고 접근함으로써, 그리고 헤르만 스트락과 폴 빌러벡의 결함이 있는 개요에 크게 의존함으로써 그 일차 자료들을 심각하게 오독했다고 주장한다.[10] 유대교를 연구하는 신약학자들의 가정들은 그 자료를 심각하게 오해한 소수 학자들에 의해 성립된 것이었다. 따라서 샌더스는 새로운 방법론을 제시하고 유대교와 그리스도교 이 두 종교를 "들어가는 것"과 "머무는 것"이라는 특징으로 비교하려는 목적을 가지고 있었다. 샌더스는 이전 학자들이 가진 핵심적인 오류란 언약의 관점에서 그 자료들을 읽지 않았던 것이라는 주장을 펼친다. 언약은 제2 성전기의 보상과 심판이라는 용어를 이해하는 핵심적인 열쇠다. 따라서 샌더스는 언약적 율법주의라는 용어를 만들어 낸다. 이 용어의 주요한 의미들은 아래와 같다.

---

9   마르틴 헹엘의 고전적인 두 권짜리 저작인 *Judaism and Hellenism* (Philadelphia: Fortress, 1981)과 다양한 후속 연구들, 이를테면 *Paul Between Damascus and Antioch* (Louisville: Westminster John Knox, 1997)과 같은 연구들을 보라.

10   Hermann Strack and Paul Billerbeck, *Kommentar zum Neuen Testament aus Talmud und Midrasch*, 6 vols. (München: Beck, 1922–1961). 이러한 모순은 샌더스의 다양한 비판을 피하지 못했다. 왜냐하면 그는 유대교가 결국 "언약적 율법주의"를 실천하는 은혜의 종교라는 몇몇 동일한 신학적 범주들이 가진 기초에 대해 논쟁하는 듯하고, 들어가는 것과 머무는 것(getting in and staying in)으로 구분하는 그의 범주들이 그리스도교의 신학적 논쟁들을 반영하기 때문이다.

1. 하나님은 이스라엘을 선택하셨고 율법을 부여하셨다. 율법이 함의하는 바는
2. 이 선택하심을 유지하신다는 하나님의 약속과 순종에 대한 요구다.
3. 하나님은 순종에는 보상하시고 불순종에는 벌을 내리신다.
4. 율법은 속죄를 위한 수단을 제공하고, 속죄는 언약적 관계의 유지 또는 재성립을 가져다준다.
5. 순종, 속죄, 그리고 하나님의 자비하심으로 언약 안에 머무는 모든 자들은 구원받을 무리에 속한다.[11]

샌더스가 제안하는 바의 핵심은 하나님께서 이스라엘을 택하신 것과 구원하심, 이 두 가지 모두 하나님의 자비하심을 전제했다는 점이다. 샌더스가 주장하는 바는, 이전에 이해되지 않았던 것은 유대교 안에서 앞서 언약적 율법주의의 첫 번째 요점과 마지막 요점이 인간의 성취보다 하나님의 자비에 의해 이루어지는 것으로 간주되었다는 사실이다. 샌더스가 이야기하는 언약적 율법주의라는 개념은 예수와 바울의 시대에 유대교를 특징짓는다. 샌더스는 이러한 형태의 유대교가 기원후 70년 성전 파괴 이전에 만연했고, 위선으로 특징지어진 것이 아니라 은혜와 행위 둘 모두에서 균형 잡힌 것으로 특징지어진다고 주장한다. 이 주장이 너무 일반화된 것이라고 강하게 반발하는 학자들이 있었는데, 그 이유는 초기 유대교에서 '들어가는 것'과 '머무는 것' 두 가지 모두와 관련해서 후자인 머무는 것에 속하는 행위-의로 불리는 것을 가리키는 증거 역시 존재하기 때문이다.[12]

---

[11] *PPJ*에서 수정 인용.
[12] 이에 관하여 D. A. Carson, Peter T. O'Brien, and Mark A. Seifrid, eds., *Justification and Variegated Nomism*, 2 vols. (Grand Rapids: Baker, 2001–2004)을 보라.

이와 같은 패러다임을 중심에 놓고, 샌더스는 마침내 바울과 그의 메시지 연구를 위한 함의들을 전달하기 시작한다. 샌더스는 바울의 전체적인 사상으로 안내하는 두 가지 확신 또는 전제가 있다고 주장한다. (1) "하나님이 믿는 모든 자에게 구원을 주시고 그[예수]가 이 모든 것을 완성하기 위해 다시 오실 것이라는 점에서 예수 그리스도는 주님이다." 그리고 (2) "바울은 이방인을 위한 사도가 되도록 부르심을 받았다." 이 두 가지 확신이 함께 맞물려 간다. (이 점에 있어서 스텐달의 주장과 일치하는 것을 확인할 수 있다.)[13] 샌더스의 재구성에서, 유대인과 이방인 이 둘 전체의 세계는 이제 정확하게 말해 하나님이 그리스도 안에서 베풀어 주신 것 때문에 구원자를 필요로 한다.

다른 이들은 전통적으로 바울의 주장이 곤경에서 해결로(죄에서 구원으로) 이어진다고 보았지만, 샌더스는 바울의 주장이 해결에서 곤경으로 이어진다고 보았다. 오히려, 샌더스는 해결책(하나님이 그리스도 안에서 행하신 일)에서 출발했음을 강조하고, 그다음 왜 인류가 이 방법으로 구원을 받아야 하는지를 설명하는 것으로 옮겨 간다. 신학적 범주에서 보면, 바울에게 칭의는 "들어가는 것"인 반면에, 유대교에서 칭의는 "머무는 것"이었다. 이것이 바울과 유대교 사이의 근본적인 차이점이었다. 비록 바울과 유대교가 최후의 심판과 구원에 있어서는 서로 일치했지만, 바울은 유대교의 세 가지 중요한 측면, 이를테면 선택과 언약과 토라를 왜곡하여 유대교를 오해했던 것이다. 샌더스에 의하면, 바울은 이 세 가지 요소를 변형시켰고 어느 정도는 그것들을 뛰어넘었다.

결국, 유대교에 관하여 샌더스가 찾아냈던 오류란, 유대교는 그리스

---

[13] *PPJ*, 441-42.

도교가 아니라는 사실이다. 많은 학자들은 샌더스의 기념비적인 책 *Paul and Palestinian Judaism*(바울과 팔레스타인 유대교)은 사실 *Judaism (and also Paul)*[유대교 (그리고 또한 바울)]이라고 제목을 붙여야 한다고 말하는데, 왜냐하면 샌더스는 이 책 대부분을 1세기 유대교를 재구성하는 데 할애하고 있으며, 바울에 관한 내용은 다소 짧은 분량의 부록처럼 다루고 있기 때문이다. 바울에 관한 이러한 부실한 결론은 많은 사람을 만족시키지 못한 채 바울에 관한 새 관점으로 알려지게 된 어떤 장을 마련하게 된다. 샌더스의 연구를 비판하는 추가적인 논의에서 분명해지듯이, 샌더스는 이를테면 슈바이처처럼 개신교에서 이루어지는 바울에 관한 낡은 자유주의적 독해에 지나치게 의존했고, 또한 바울을 초기 유대교의 맥락 안에 확고하게 위치시키려 했던 헹엘과 같은 학자들의 자세한 연구는 공정하게 다루지 않았다. 이로부터 훨씬 후인 2015년에 샌더스는 우리가 2장에서 논의할 *Paul: The Apostle's Life, Letters, and Thought*(바울: 사도의 생애, 편지, 그리고 사상)에서 바울에 관해 더욱 명확하고 자세하게 주목함으로써 균형을 바로잡으려 했다. 아주 사실적으로 이야기하자면, 비록 이 책은 2015년에 출판되었지만, 샌더스가 은퇴하기 전 수년간 옥스퍼드 대학과 이후 듀크 대학에서 그가 사용했던 바울 관련 주요 강의 자료였던 바울에 관한 그의 초기 연구와 사유들을 반영하고 있다.

새로운 운동을 위한 새로운 이름: 제임스 D. G. 던

많은 이들이 예수와 바울 시대의 유대교를 재구성한 샌더스의 노력에 고마워했지만(몇몇은 그러지 않았지만), 모든 사람이 바울에 대해 내린 샌더스의 결론에 만족하지는 않았다. 이것이 제임스 던의 연구를 이끈 원동력이었다. 던은 샌더스가 제공하는 바울에 대한 설명이 더욱 전통적인 바울 독해가 제공하는 것과 다를 바가 없다고 주장했다. 그래서 1983년 맨슨 기념 강연(T. W. Manson Memorial Lecture)에서 던은 이제 필요한 것은 샌더스가 유대교에 대해 내린 결론을 능가하고 바울을 더욱 정교하게 유대교 안에 배치하는 "바울에 관한 새 관점"이라고 주장했다.[14]

던은 칭의에 관한 한, 바울과 유대교 주류는 서로 일치했다고 주장한다. 초기 그리스도교 관점에서, 던은 바울과 유대교의 경계선이 예수를 메시아로 믿는 사람들과 그렇지 않은 사람들 사이에 놓인 것이 아니라, 율법의 역할을 임시적인 것으로 보는 사람과 그렇게 보지 않는 사람 사이에 놓인 것이라 주장한다. 따라서 문제는 구원론에 관한 것이 아니라 종말론에 관한 것이 된다. 던에 따르면, 바울은 율법 자체에 이의가 있었던 것이 아니었다. 던의 주장에 따르면, 바울은 할례, 안식일 준수, 그리고 음식법처럼 유대인을 이방인과 구분 짓는 율법의 요소들을 정의하는 그 경계선에 대한 바울의 용어인 "율법의 행위"에 대해서만 이의가 있었던 것이다. 1983년 던의 강연 후 이듬해에, 그는 "율법의 행위"라는 구절이 유대인을 이방인의 맥락 속에서 구별되게 하는 것을 가리키는 것이지 꼭 율법이 요구하는 것을 말하는 것이 아니라는 것을 명확히 했다. 던의 새 관점에 따르면, 우리는 모세 율법의 사회적 기능에 초점을 맞추고 칭의를 유대인과 이방인을 분리시키는 율법의 장벽을 뛰어넘는 것으로 이해해야 한다. 당시 바울은 율법주의에 대항한 것이 아니라 유대 특수주의(Jewish particularism) 혹은 유대 민족주의(Jewish nationalism)와 인종적 용어로 언약을 정의 내리는 것에 대항하고 있었던 것이다. 그러나 학자들은 시간이 흐를수록 자신의 생각들을 더욱 발전

---

14   이 1983년 강연은 *NPP*에서 가장 쉽게 눈에 띈다.

시켜 나간다. 최근 몇몇 저작에서, 던은 "율법의 행위"에 대한 그의 매우 제한적인 정의에서 한 발 뒤로 물러선다. 이제 던은 "율법의 행위"라는 구절이 모세 율법이 요구하는 바를 가리킬 수도 있다는 비판에 동의한다.[15] 이에 대해 우리는 4장에서 심도 있게 던의 접근 방식을 조사하고 비판할 것이다.

이 시점에서 1970년대 후반에 바울에 관한 새 관점이 형성되는 데 영향을 준 두 가지 측면 연구에서 이루어진 합의점에 주목할 필요가 있다. 1977년에 E. P. 샌더스는 획기적인 연구작을 출간했다. 그와 거의 동시에, 1978년에 N. T. 라이트는 곧 영향력 있는 논문이 될 「역사의 바울과 믿음의 사도」(The Paul of History and the Apostle of Faith)[16]를 펴낸다. 비록 "바울에 관한 새 관점"이라는 용어가 1983년에 이르기까지 만들어지지는 않았지만, 던의 맨슨 강연에서 그 초석이 이미 놓였고, 실제로도 라이트는 "바울에 관한 새 관점"이라는 기술 어구(descriptor)를 생각해 낸 것에 대해 부분적으로나마 인정받을 수 있다.

지도 (다시) 그리기: N. T. 라이트

바울에 관한 새 관점을 발전시킴에 있어서 N. T. 라이트가 공헌한 바에는 수많은 학술지 논문들과 책들이 있지만, 일찍 발표한 것 중 하나는 1978년 논문인 「역사의 바울과 믿음의 사도」(The Paul of History and the Apostle of Faith)와 그가 주석으로 상세하게 연구한 *The Climax of the Covenant: Christ and the Law in Pauline Theology*(언약의 클라이맥스: 바울 신학

---

15 2015년에 출간된 Christianity in the Making 시리즈에서 세 번째 책을 보라.
16 라이트의 이 논문은 현재 그의 *Pauline Perspectives: Essays on Paul, 1978–2013* (Minneapolis: Fortress, 2013), 3-20에서 쉽게 찾을 수 있다.

에서의 그리스도와 율법, 1991)이었다.[17] 스텐달의 관심사와도 공명하고 동시에 마틴 켈러를 살짝 끌어들이면서, 라이트는 바울은 반드시 유대인의 종말론적 배경 속에서 이해되어야 한다고 주장한다. 바울 사상의 정수는 다음과 같이 요약될 수 있다: 바울은 예수가 죽은 자 가운데서 다시 살아나 이스라엘의 하나님에 의해 옳다 인정함을 받았다는 것을 믿게 된 신실한 유대인이자 바리새인이었다. 이는 그리스도 안에서 하나님이 행하신 놀라운 행동이라는 관점에서 바울이 유대 신학(선택, 언약, 유일신론, 율법)을 새롭게 형성하도록 만든 코페르니쿠스적 혁명이었다. 토라에 관한 바울의 성찰은 죄에 관한 그의 관점에 의하여 결정되지 않고, 오히려 히브리 성경 그 자체에 의해서 결정되었다. 라이트는 율법에 대한 바울의 관점이 창세기 15장, 신명기 30장, 예레미야 31장, 이사야 40-55장, 그리고 하박국서에 대한 그의 독해에 의해서 형성되었음을 주장한다. 바울은 율법의 일시적인 역할과 계획이 예수라는 인격 안에서 성취되었다는 것을 알게 되었다. 그래서 바울은 예수라는 인물을 중심으로 유대교의 중요한 요소들을 재구성했다. 그리고 바울 신학의 모든 측면은 바울이 남아 있던 유대교에 그 뿌리를 두고 있다. 구약성서, 특히 신명기 27-30장의 핵심적인 부분에서 이러한 바울 독해는 초반부터 라이트의 연구를 특징지어 왔다. 우리는 이 책 3장에서 2013년에 두 권으로 출간된 N. T. 라이트의 대표적인 책인 『바울과 하나님의 신실하심』에 주의를 기울이면서 라이트의 입장을 자세하게 살펴보고 비평할 것이다.

여기서 라이트의 저서에 있는 몇 가지 뚜렷한 주제를 짚고 넘어가는 것이 중요하다.

---

[17] N. T. Wright, *The Climax of the Covenant: Christ and the Law in Pauline Theology* (Minneapolis: Fortress, 1991).

1. 이스라엘 혹은 모든 나라에 빛이 되어야 하는 사명을 완수한 참이스라엘로서 그리스도(그리고 그리스도라는 맥락 안에서의 교회)에 대한 개념;
2. 예수와 바울이 말하고 행동할 때 하나님의 백성은 여전히 유배 중이었고 예수와 바울이 말하고 행동한 바를 실천했다는 개념;
3. 따라서 라이트에 따르면, 예수의 오심은 자기 백성을 유배로부터 해방하기 위한 여호와의 귀환으로 이루어진 것;
4. 새 언약은 모세 율법의 성취이며, 이런 방식으로 여러 언약들 사이에는 언약적인 연속성이 존재한다는 개념; 그러므로
5. 창조, 타락, 그리고 구속의 여러 행위들로 이루어진 보다 큰 그림은 언약 신학의 맥락 속에서 이해되어야 한다는 것; 그래서
6. 하나님의 의로우심은 그리스도를 통해 이루어진 그의 백성을 향한 하나님의 언약적 신실하심을 최소한 부분적으로나마 가리킨다는 것; 그리고
7. 자신에게 주어진 하나님의 사명을 완수한 그리스도 자신의 신실하심은 십자가 위에서 죽기까지 순종하는 신실함을 포함한다는 것. 후자의 신실함이 그리스도의 믿음(pistis Christou)이라는 구절이 가리키는 것.

여기서 라이트가 독특하게 강조한 내용들을 자세히 비평하지는 않겠지만, 이러한 내용들은 앞서 언급한 유배에 대한 개념과 "그리스도의 믿음"(pistis Christou)이라는 구절을 읽어 내는 새로운 독해 방식과는 별개로, 바울과 언약 신학에 대한 보다 전통적인 개혁주의 접근 방식을 나열한 것들이라 말할 수 있다. 위의 (2)와 (3)에 대해 (비록 새롭게 응답한 책으로 제임스 스콧이 편집하고 2017년에 출간한 *Exile: A Conversation with N. T. Wright*[유배: N. T. 라이트와의 대화]라는 제목의 책을 보더라도) 라이트의 주장을 따르는 사람은 그리 많지 않다. 그리고 위 (1)은 교회가 하나님의 백성으로서 이

스라엘을 대체한다는 점, 이스라엘이 비-그리스도교 유대인을 의미함이 분명해 보이는 로마서 9-11장을 설명하기가 매우 어렵다는 점에서 라이트로 하여금 대체주의(supersessionism)라는 비판을 받게 했다.[18]

바울에 관한 새 관점에 대해 이미 주목했다시피, 이 새 관점은 던과 존 바클레이 둘 모두 여전히 "그리스도의 믿음"을 언급하고 있다고 생각하는 pistis Christou(피스티스 크리스투) 문제에 관한 다양한 관점을 포함하고 있다. 샌더스는 그 구절이 아마도 한두 가지 경우에만 "그리스도가 가진 믿음(the faith Christ had)을 뜻하고, 대부분은 "그리스도를 믿음"(faith in Christ)을 의미한다고 생각했지만, 오로지 라이트와 리처드 헤이스는 바울 문서 안에서 그 구절이 발견될 때마다 그것이 의미하는 바가 "그리스도의 신실함"(the faithfulness of Christ)이라고 강하게 지속적으로 주장해 왔다. 이런 여러 학자들이 공통적으로 공유하고 있는 바는 "율법의 행위"(works of the law)를 주로 편협한 유대 민족주의를 비판하는 구절로 이해하는 경향으로써, 여기에는 심지어 이방인들도 하나님의 백성으로 완전한 자격을 갖춘 일원이 되기 위해서는 할례, 안식일 준수, 그리고 음식법을 지키는 것과 같은 경계를 통과해야 한다는 요구도 포함된다. 이 학자들 중에서 특히 던과 같은 몇몇 학자들은 바울이 유대교와 갈라서고자 했다고 단언하기를 꺼끄러워한다. 하지만 라이트와 같은 다른 학자들은 교회의 계속되는 삶을 제외하고 로마서 9-11장에서 그리스도교인이 아닌 이스라엘을 위한 미래를 나타내는 언급을 찾지 못했다.

요약하자면, 바울에 관한 새 관점은 단일한 관점만 있는 것이 아니라, 예를 들면 초기 유대교를 율법적인 행위-의를 추구하는 종교(a works-

---

[18] James M. Scott, ed., *Exile: A Conversation with N. T. Wright* (Downers Grove, IL: InterVarsity Press, 2017).

righteousness religion)로 우스꽝스럽게 묘사하는 오랜 루터교 관점이 전적으로 잘못되었고 언약적 율법주의야말로 초기 유대교를 특징짓는 유일하게 적합한 방식이라고 일반적으로 옹호하는 것처럼 보이는 몇 가지 사실들에 관한 완전한 의견 일치 역시 포함하고 있지 않다. 오늘날 바울을 연구하는 학자들 사이에도 다양한 의견들이 있는 것처럼 이 몇 가지 사실들에 관해 초기 유대교의 다양한 입장들이 있었다는 것이 밝혀졌다. 우리가 이렇게 다양한 학자들의 공헌을 자세하게 살펴보기 이전에, 바울의 새 관점을 넘어서려 했던 한두 가지 시도들을 간략하게라도 살펴보는 것이 유익할 것이다.

그중 첫 번째 시도는 책 제목이 우연은 아니지만 *Paul's New Perspective: Charting a Soteriological Journey*(바울의 새 관점: 구원론의 여행 지도 작성)[19]란 이름이 붙은 책을 가우드 앤더슨이 착수했다. 초반부터 앤더슨은 바울에 관한 주장을 세계화하려는 경향과 다른 관점들에 대해서 논쟁으로 몰고 가려는 경향에 대해 한탄한다. 그는 이렇게 말했다.

바울을 해석하는 TPP(Traditional Perspective on Paul[바울에 관한 전통적인 관점])와 NPP(New Perspective on Paul[바울에 관한 새 관점])는 그 옹호자들의 의도만으로 바울을 읽어 넘으로써 배타적인 패러다임이 되어 버렸고, 다소 불행히도 텍스트 증인의 충만함을 상실하게 되었다. 이들은 바울에 대한 배타적인 설명이 되어 버렸다는 점에 있어서만 오류가 있는 바울에 관한 "참된"(true) 설명들이기 때문에, 이 두 입장 모두 그 자체로는 충분하지 않다.[20]

---

19 Garwood Anderson, *Paul's New Perspective: Charting a Soteriological Journey* (Downers Grove, IL: IVP Academic, 2016).
20 Anderson, *Paul's New Perspective*, 91.

앤더슨의 양자 모두(both/and) 접근법은 흥미롭고 참신하기까지 하며, 이로부터 도출되는 핵심적인 통찰들 중 하나는 이것이다. "바울 복음이 지닌 분명한 표현들은 다른 시기들보다 몇몇 시기에 더욱 진실하다. 그리고 … 상당 부분 그것은 전체적으로 보아 오류가 있는 분리를 강요하고 손쉽게 타결점을 만들어 내는 것과 관련하여 제기된 주장들이다."라는 것이다.[21] 후자에 관하여 앤더슨은 자신들의 본질적이고 특수한 요지가 절충되거나 비판받지 않는 부분 내에서만 바울에 관한 새 관점 버전을 융통성 있게 만드는 학자들의 경향을 언급하고 있다. 라이트를 예로 들면, 그는 『바울과 하나님의 신실하심』에서 어느 지점까지 양자 모두(both/and) 접근법을 취하기 위해 최선을 다하는 반면, 유배에 관해서는 예수가 이스라엘이라는 주장, 혹은 예수가 그의 백성을 유배로부터 건져 내기 위해 시온으로 돌아온 하나님이라는 주장, 혹은 과거 회고적인 묵시적-개입의 접근법과 반대되는 것으로서 새 언약이 단순한 언약 갱신의 예가 아니라고 보는 미래 전망적인 언약 갱신과 구원사에 관한 그의 접근법을 포기하지 않을 것이다.

사실상, 많은 부분이 우리가 바울 서신서의 연대기를 배열하는 순서에 의존하고 있으며, 심지어 그보다 더 많은 부분들은 우리가 얼마나 많은 서신서를 바울의 것으로 인정하려는가에 의존하고 있다. 예를 들면, 만약 갈라디아서가 갈라디아 남부 지역으로 향하는 바울의 첫 번째 선교 여행 이후 그리고 그리스도 안에서의 이방인들의 지위와 이들을 예수 운동에 받아들이는 것에 관한 기초가 정리되기 이전이라 말할 수 있는 사도행전 15장에서 언급한 공의회 이전에 쓰인 바울의 가장 초기

---

21 Anderson, *Paul's New Perspective*, 116.

서신서라면, 갈라디아서를 우리가 로마서에서 발견한 바울의 관점과 그렇게 쉽게 동일시해서는 안 된다.²² 이 모든 바울 학자들은 바울 사상의 진보에 대한 일종의 발전 모델을 가지고 연구하고 있으며, 그래서 연대기는 많은 경우에 무척 중요하다. 앤더슨은 비록 바울이 직접 이 서신서들 중 일부를 기록하지 않았을지라도, 논쟁의 여지가 있는 내용이나 심지어 이후에 바울 서신들을 받아들이는 방식이 어떻게 바울에 대한 우리의 이해를 증진시키는지를 면밀히 도표화한다.²³

어떤 면에서 보면 과거의 바울에 관한 새 관점을 하나로 꿰뚫으려 시도한 두 번째 책은 *God and the Faithfulness of Paul*(하나님과 바울의 신실함)이다.²⁴ 이 책의 논의는 힘이 있으며 바울에 관한 새 관점에 기여한 모든 학자들의 연구가 아니라 라이트의 연구에 집중하고 있다. 그리고 흥미롭게도, 이 책은 라이트가 그럴 필요가 있다고 느낄 수 있는 문제에 대해 대응하고 반박할 수 있도록 그에게 자리를 내준다. 그러나 몇몇 비판들은 강력하다. 예를 들면, 외르크 프라이(Jörg Frey)는 라이트가 바울에 대한 종말론적 독해에 반대하는 정도가 그 독해 안에서 그의 언약적 연속성 개요에 대한 위험성을 간과한다는 사실을 어떻게 반영하고 있는지에 관심을 기울인다.

---

22 이 부분에 대해서는, 2017년 가을에 HarperOne이 필자(벤)가 미리 읽어 볼 수 있게 기회를 주고 그 이후 곧 출간한 N. T. Wright, *Paul: A Biography* (New York: HarperOne, 2018)를 보라.

23 디모데후서의 경우, 바울이 로마에 투옥되어 처형을 기다리고 있었지만 여전히 살아있을 때, 바울을 대신해서 누가가 목회서신을 집필했을 것이라는 가능성에 대해서는 Ben Witherington III, *Letters and Homilies for Hellenized Christians, vol. 1* (Downers Grove, IL: InterVarsity Press, 2014)를 보라.

24 Christoph Helig, J. Thomas Hewitt, and Michael F. Bird, eds., *God and the Faithfulness of Paul* (Minneapolis: Fortress, 2017).

라이트의 연구에서 종말론적 사상은 순화되고 다듬어져서 바울 사상, 그보다는 라이트의 사상의 위대한 종합을 위태롭게 만들지 않도록 언약적 질서 안에서 안전하게 자리 잡고 있다. … 바울의 안과 주위로, 그리고 구원사의 신적인 기본 설계 안으로, 혹은 모든 것을 아우르는 언약 안으로 모든 것을 매우 탁월하게 통합시킨 라이트의 정교한 종합 때문에, 결국 종말론적 사상은 마침내 그 인상적인 이미지를 깨부술 바위가 될 것이다(참조, 단 2:34).[25]

동일하게 이야기하는 바는 야웨가 시온으로 귀환하심이라는 주제가 그리스도의 초림과 그의 지상 사역, 그리고 그의 죽으심과 부활하심을 보는 하나의 방식으로 사용되어야 한다는 제안에 대한 래리 허타도의 비판이다. 허타도가 주장한 것처럼, "라이트의 외침에도 불구하고, 그러나 야웨(YHWH)의 귀환이라는 주제가 예수의 사역과 죽음과 부활을 해석하는 데 처음부터 사용되었다는 것은 불분명하다. 그 대신에, 이 주제에 대해 식별할 수 있는 신약의 적용 사례들은 예수의 파루시아를 실질적으로 야웨의 종말론적 귀환/현현으로 제시한다."[26] 사실 진정한 문제는 라이트의 박사 학위 논문 지도 교수였던 옥스퍼드 대학의 케어드(G. B. Caird)가 주창한, 바울의 종말론에 관해 지나치게 실현된 접근법을 수용한 것으로 거슬러 올라간다.

다시 말해, (1) 미래의 종말론적 담화를 예수의 사역 기간 동안 이미 일어났던 사건들로 되짚어 보고, (2) 하늘로부터 오는 가시적인 재림에 대한 파루시아 담화를 그리스도 안에서 나타난 하나님의 "현현"에 관

[25] Jörg Frey, "Demythologizing Apocalyptic?," in Helig, Hewitt, and Bird, *God and the Faithfulness of Paul*, 527. 하지만 논문 전체를 다루어야 한다(489-531).
[26] Larry Hurtado, "YHWH'S Return to Zion," in Helig, Hewitt, and Bird, *God and the Faithfulness of Paul*, 434.

한 언어로 바꾸려는 경향이 있다. 이러한 접근 방식의 문제는 바울이 그리스도 안에서 죽은 자들이 다시 일어날 것이고 하나님의 원수들을 굴복시키는 일이 끝날 것이라고 말했던 고린도전서 15장과 같은 텍스트에서 강조된다. 원수들에 대한 그리스도의 마지막 날의 공세가 성공했고 능력과 권세로 이 전쟁에서 전환점이 나타났다고 해서 이 원수들이 이미 완전히 사라진 것은 아니다. 그렇다. V-E 혹은 마지막 승리의 날은 여전히 미래의 것으로 보인다. 그리고 그동안 어둠의 권세들이 여전히 세상 속에서 난동을 부리고 있다.[27] 에베소서 6:10-20은 이러한 현실을 매우 잘 포착했다. 바울의 몇몇 강한 종말론적 경고들이 그렇게 신랄한 이유가 바로 여기 있다. 그리스도인들은 종말론적 결말에 관한 한 어중간한 사이를 살고 있다.

이와 같은 간략한 검토를 마친 우리는 이제 지난 20년 동안 학구적인 논의로 물결이 일렁이는 바울이라는 깊은 강물로 뛰어들 채비를 마쳤다. 몇몇 사람들이 생각하기에는 이미 지나간 것이겠지만, 우리는 바울의 새 관점 시대 동안 이루어진 앞서 언급한 학자들의 중요한 공헌들을 좀 더 구체적으로 고찰함으로써 향후의 작업을 진행할 것이다. 우리는 이 학자들이 일으켰던 물결들이 바울 연구의 종착점, 바울 연구의 휴식처까지 성공적으로 이를 수 있는지를 살펴볼 것이다.

---

27 D-Day, V-E Day라는 유비적 용어는 최종적으로는 오스카 쿨만에서 비롯되었다.

2. 샌더스 혁명

지난 한 세기 동안 E. P. 샌더스의 연구와 그의 책 『바울과 팔레스타인 유대교』만큼 현대 성서학계를 뒤흔들어 놓았던 책은 없다고 해도 과언이 아닐 것이다. 이 책은 1977년에 처음 선보인 이래로, 이후 바울 연구에 있어서 많은 지지를 받았던 만큼 동시에 비판도 받아오고 있다. 『바울과 팔레스타인 유대교』는 이전의 (그리고 어느 정도는 지금도) 신약학 연구가 견지해 왔던 일반적인 가정들에 대해 비판적인 도전을 시도한다. 샌더스의 연구는 1세기 유대교를 정확하게 묘사하고, 역사적 예수와 바울과 초기 그리스도교 연구를 위한 배경을 제시하기 위해서 핵심적인 유대교 자료와 랍비 자료를 비판적으로 독해하려는 거창한 시도라 말할 수 있다. 또한 샌더스는 좀 더 최근에는 그의 책 *Paul: The Apostle's Life, Letters, and Thought*(바울: 사도의 생애, 편지, 그리고 사상)에서 바울에 대해 수년간 사유해 온 연구의 절정을 보여 주었다. 이와 같은 샌더스의 연구서들은 그의 학문적 경력의 시작과 끝을 보여 주는 역할을 하면서도, 샌더스의 바울 이해와 그가 바울 연구에 미친 영향력을 모두 들여다보게 해 줄 귀중한 텍스트가 될 것이다.

신약학 연구에서 샌더스가 내린 몇몇 결론이 상식이 된 것처럼, 샌더스의 모든 결론이 그렇게 된 것은 아니다. 잠시 논의의 토대를 마련하기 위해, 우리는 우선 샌더스의 연구 이전의 시대를 떠올릴 필요가 있다. 샌더스 이전에 많은 신약학자들은 유대교를 어느 것에도 오염되지 않은 그리스도교와 극명하게 대조되는 행위 지향적인 종교로 매우 부정적으로 이해했음을 전제로 하고 있었다. 하지만 바울은 이런 부정적인 인상을 가진 유대교에서 출현했고, 동시에 이 유대교에서 벗어났다. 바울은 절망 가운데 하나님께 나아가고자 했던 그의 노력을 포기하고 결국에는 그리스도교로 돌아갔던 고통스러운 양심을 가진 사람으로 자주 인식된다. 이처럼 유대교는 그리스도교와는 정반대되는 것으로 제시되었던 것이다. 샌더스에 따르면, 유대교에 대한 이런 경멸적인 설명의 상당수는 1세기 유대교로 되돌아가서 유대교 텍스트와 후기 랍비 연구를 시대착오적으로 읽어 낸 오독을 기초로 하여 세워진 것이었다. 샌더스는 두 가지 대안적인 설명을 제시하는 초안을 다음과 같이 구상하기 시작한다. 첫째, 샌더스는 이전 학자들이 어떻게 유대교에 대한 이런 부정적 설명을 구성할 수 있었는지를 설명하고자 한다. 둘째, 샌더스는 신약학계가 가진 유대교에 대한 부정적인 설명을 해체하려고 시도한다. 그리고 개혁주의적 선회(원천으로 돌아감[ad fontes])를 적용하여 제2성전기의 텍스트 그 자체로 돌아감으로써 유사한 방식으로 대안적인 설명 구성하기를 모색한다.

바울과 팔레스타인 유대교

1세기 유대교에 대한 재평가. 『바울과 팔레스타인 유대교』에 나타난 샌더스의 첫 번째 관심은 신약학자들에 의해 이루어진 유대교에 대한 서툴고 적합하지 않은 묘사들에 대한 증거를 가능한 한 많이 수집하는 것이었다. 이 책은 1세기 유대교 묘사에 대한 연구사가 소수 학자들의 독해와 연구를 기반으로 해서 구축된 일련의 오해들을 어떻게 확산해 왔는지를 보여 주면서 시작한다. 샌더스의 주장에 따르면 유대교에 대한 이런 잘못된 이미지를 만든 주요 학자 세 명은 페르디난트 베버, 빌헬름 부세트, 폴 빌러벡이었다. 이들의 연구는 그 세대의 학자들에게 영향력을 미쳤을 뿐 아니라, 특히 20세기에 가장 영향력 있는 학자가 될 루돌프 불트만에게 영향을 주었다. 베버, 부세트, 빌러벡은 신약학계에 이처럼 지대한 영향을 주었기 때문에, 여기서 대략적으로나마 이들의 관점을 요약해 보는 것은 도움이 될 것이다. 이들의 주요한 사상을 보여 주고자 하는 시도는 샌더스의 연구뿐 아니라 이후에 등장하는 바울에 관한 관점들이 가지고 있는 맥락을 이해하게 해 줄 것이다. 샌더스의 대화 상대자들과 샌더스의 연구 이전의 신약학자들에 대한 적절한 이해가 없다면, 샌더스만이 가진 탁월한 연구 성과가 지닌 규모와 목적을 놓치게 될 것이다.

베버가 유대교를 설명하는 중요한 특징은 이스라엘의 언약적 지위에 대한 베버의 수용과 거부다.[1] 긴 주장을 요약하자면, 베버는 인류가 하나님으로부터 분리되었지만 시내산에서 하나님이 이스라엘과 맺은 언약은 아담의 죄를 사하고 이스라엘을 하나님과의 언약적 관계 안에 두었다고 인정한다. 그러나 샌더스가 지적했다시피, "그 회복은 … 오래 가지 못했다"[2]라는 것이 핵심이다. 흥미롭게도 베버는 출애굽기 32장의 금송아지 사건으로 돌아가서, 이 사건의 결과로 이스라엘은 이전에

---

1 Ferdinand Weber, *Jüdische Theologie auf Grund des Talmud und verwandter Schriften* (Leipzig: Dörffling & Franke, 1897).
2 *PPJ*, 37-38.

새롭게 회복된 지위를 상실했다고 주장한다. 이스라엘의 언약적 지위가 사라져 버린 이것을 가리켜서 우리는 "두 번째 타락"(second fall)이라 부른다. 베버는 이 두 번째 타락이 가져온 결과란 구원을 얻는 수단이 이제 토라와 성전이 아니라 율법과 희생 제사가 된 것임을 주장한다. 그러므로 이제 하나님께 돌아가는 길은 일련의 계명을 완수하는 것, 선한 행위, 속죄제와 같은 제사 등으로 다양해진다. 샌더스가 고찰했듯이, 이러한 해석은 몇 가지 문제점을 가져온다. 특히, 히브리 성서는 베버가 제시한 것과는 다르게 금송아지 사건에는 그다지 큰 비중을 두지 않는 것처럼 보인다는 사실이다. 더욱 문제가 되는 것은 베버가 가진 관점인데, 이는 현재 언약이 파기된 상태에서, 이스라엘인들은 개별적으로 인정할 만한 다른 조건을 가지고 하나님과 관계 맺기를 추구해야 한다는 주장이다. 이런 베버의 견해를 간략히 요약하자면, 이제 이스라엘은 하나님과의 관계를 **얻어 내야** 한다는 것이다.

베버에 대한 비판은 매우 즉각적으로 나타났지만, 대다수에게는 알려지지 않았고 무시되었다. 1921년, 무어(Moore)는 베버의 주장에 이렇게 반대했다.

> 베버의 "체계"에 가해져야 할 근본적인 비판은 엄밀히 말해 그것이 신학 체계이고, 고대 유대교 체계가 아닌 근대 독일 체계라는 점이다. 이것은 단순한 배치의 문제, 즉 그리스도교 교리에서 따 온 특정한 주제들 밑으로 자료들을 단순히 정리해 놓는 것보다 훨씬 더 그 이상이다. 말하자면, 체계가 자신의 논리를 가지고 와서 자료에 강요하는 방식이다.[3]

---

3 G. F. Moore, "Christian Writers on Judaism," *Harvard Theological Review* 14 (1921): 229.

안타깝게도, 무어의 비판은 묵살되었다. 샌더스는 위에서 언급한 베버의 관점이 부세트에 의해 수용되고 다시 널리 퍼진 뒤에, 최종적으로는 부세트의 유명한 제자인 루돌프 불트만에게까지 전달되었다고 주장한다. 여기서 20세기 신약학 연구를 통해서 베버로부터 시작하여 부세트, 그리고 불트만으로 이어져 내려오는 무어의 영향력을 추적할 수 있다. 부세트는 베버의 관점을 한 가지 중요한 방식으로 받아들인다. 비록 부세트가 베버의 관점을 대부분 있는 그대로 이어받았지만, 샌더스에 따르면, 부세트는 여기에다가 "하나님은 멀리 떨어져 있고 접근할 수 없는 존재라는 생각이 가장 주된 이론이 되었다"라는 강조점을 추가했다.[4] 베버와 부세트의 관점이 어떻게 제2 성전기의 유대교와 모세 율법에 관한 다음 세기의 논의를 위한 장을 마련했는지는 곧바로 확인해 볼 수 있다. 부재하는 하나님이라는 관점에서, 율법은 이제 하나님께로 돌아가는 수단으로 여겨진 것이다.

샌더스는 빌러벡을 루돌프 불트만 앞에 있었던, 또 다른 중요한 인물로 간주한다.[5] 빌러벡은 위에서 설명했던 유대인의 구원에 관한 베버의 관점을 널리 알리고, 신약성서 구절과 병행하는 랍비 문학의 원전을 학자들에게 제시했다. 그러나 샌더스는 빌러벡이 보여 준 증거들이 선택적이고, 빌러벡의 자료들을 인용한다는 것은 랍비 원전을 직접 인용하는 것과 다르지 않음을 지적한다. 빌러벡의 연구에서 핵심적인 내용은 하나님이 이스라엘에게 토라를 수여해서 이스라엘로 하여금 공로와 보상을 얻을 수 있게 했다는 논지였는데, 이는 하나님이 계속해서 지켜보

[4] *PPJ*, 39.
[5] Hermann Strack and Paul Billerbeck, *Kommentar zum Neuen Testament aus Talmud und Midrasch*, 6 vols. (München: Beck, 1922 – 1961).

시는 중에, 결국에 그 공로가 자신의 과오를 능가해야 주어지는 것이었다. 샌더스는 빌러벡이 발견한 유대교의 잘못은 유대교가 자기-구속적 종교였다는 것이라고 주장한다.[6]

이제 샌더스가 루돌프 불트만에 대해 논의할 때, 샌더스 자신의 관점에서 보면, "불트만은 실질적으로 '후기 유대교'(late Judaism) 문학에 독자적으로 접근하지 않았고, 특별히 랍비 원전에는 접근하지 못했다"라는 놀랄 만한 논평으로 시작한다. 샌더스는 계속해서 불트만이 에밀 쉬러(Emil Schürer), 부세트, 그리고 무어에 전적으로 의존하고 있음을 주장한다. 심지어 더욱 충격적인 점은 불트만이 쉬러와 부세트의 연구와 더불어 무어의 연구를 인용하면서도 이들의 연구가 서로 대치된다는 사실을 모르고 있었음이 명확하다고 샌더스가 주장한 것이다.[7]

샌더스가 불트만에게 가하는 중요한 비판은 불트만이 베버의 결론들을 단순하게 반복했다는 것, 또한 반대되는 의견들을 일축해 버렸다는 것, 그리고 이후 불트만의 후속 연구에서 사용될 자신의 스승인 부세트의 연구에 대해 지나친 신뢰성을 부여했다는 것이다. 물론 불트만의 연구에 관한 이와 같은 부정적 평가는 샌더스가 제2 성전기와 랍비 원전으로 돌아가기 위해 수행했던 그의 연구 초기에 나타난 전체적인 전략과도 일맥상통하는 것이었다. 불트만은 자신의 기획과 정반대되는 것을 보여 주었기 때문에, 샌더스로부터 추가적으로 검토를 받아야 할지 모른다.

불트만의 방대한 기획은 다음 세대의 신약성서 학계에 영향을 주었고, 이로써 바울에 관한 관점들을 형성했다. 이제껏 줄곧 이어져 내려온

---

6   *PPJ*, 43.
7   *PPJ*, 43-44.

패러다임에서 바울은 부재하시는 하나님께 호의를 얻기 위한 노력과 영생을 획득하기 위한 공로에 기초한 유대교 신앙과 완전히 반대되는 입장에 서 있었다. 따라서 바울은 이와는 대조적으로 이러한 율법적 체계를 포기하고 영생을 보증하는 것은 율법적 행위가 아니라 예수를 믿는 믿음임을 제시한다. 이렇게 오랫동안 지속되어 온 바울과 그의 시대에 관한 이미지들 중 하나가 구축되었고, 이것은 꽤 오랜 시간 동안 심각한 도전에 직면하지 않았던 것이다.

샌더스는 이처럼 불충분한 토대 위에 형성된 고대 유대교에 대한 어설픈 체계를 해체하기 시작한다. 샌더스의 해체 작업의 핵심 중 하나는 바로 방법론적 차원에서 시작하는 것이었다. 만약 베버와 여러 다른 학자들이 이러한 유대교 문헌들과 양립할 수 없는 체계를 도입했다면, 어떻게 그 텍스트들을 **안에서**(within)부터 읽어 낼 수 있을까? 그 문헌 자료들이 스스로 어떤 일관성 있는 가정들, 입장들, 혹은 출발점들을 제공하고 있는 것일까?

이제 샌더스는 다른 방법론을 제시하고자 한다. 샌더스는 특정한 주제들이나 명제들을 분리했던 이전 세대와는 대조적으로, 이제는 종교들을 전체적으로 비교하기를 시도한다. 샌더스는 이를 "종교 유형"(pattern of religion), 달리 말해, 종교에 참여하는 자들이 그 종교가 어떻게 기능하는지를 인식하는 방식이라고 정의 내린다. 샌더스는 계속해서 이것이 종종 "구원론"이라 칭해지는 범주와 일반적으로 일치한다는 점을 인정한다. 샌더스의 연구를 이끌어간 두 가지 중요한 문제는 어떻게 "들어가고"(get in) 어떻게 "머무는지"(stay in) 하는 것이었다. 그다음에 샌더스는 현존하는 문헌들을 통해서 기원전 200년에서 기원후 200년까지 유대 종교의 역사를 조사하고, 이 시기에서 유대교에 대한 결론을 이끌어 내기를 시도한다.[8] 또한 샌더스는 이렇게 역사적으로 재구성한 1세기 유대교와 바울이 생각한 "종교"가 서로 같은 유형의 종교였는지를 알아보기 위해 이 둘 사이의 관계에 관한 질문의 답을 찾고자 한다.[9]

하지만 샌더스가 신개혁주의 운동(the neo-Reformed movement)의 잘 알려진 주장과는 대조되는 그런 작업을 시도한 첫 번째 사람은 분명히 아니었다는 점을 다시 한 번 상기해야 한다.[10] 샌더스가 지금 보여 주고 있는 것은 1세기 유대교의 역사적 재구성을 배경으로 해서 바울을 읽어 내려는 가장 힘겹고 **광범위한** 시도이다. 그러나 위에서도 강조했던 것처럼, 부분적으로 이러한 노력은 샌더스의 연구 이전에 슈바이처, 상당 부분 무어와 데이비스에 의해서 더욱 발전되었으며, 이론적으로는 크리스터 스텐달과 공명했던 것이었다.[11] 또한 던과 라이트가 거의 동시에 각자만의 바울 독해에 독자적으로 착수하고 있었다고 덧붙일 수 있을 것이다.

샌더스의 연구의 대부분은 (필요하지만 고된 작업이라 부연할 수 있는데) 기원전 200년부터 기원후 200년까지의 유대교 문헌에 대한 심층적인

---

[8] *PPJ*, 17-18.

[9] *PPJ*, 19.

[10] 예를 들면, D. A. Carson, Peter T. O'Brien, and Mark A. Seifrid, eds., *Justification and Variegated Nomism: The Complexities of Second Temple Judaism* (Grand Rapids: Baker, 2001)에서 확인할 수 있는 설명이다.

[11] Krister Stendahl, *Paul Among Jews and Gentiles* (Minneapolis: Fortress, 1976); W. D. Davies, *Paul and Rabbinic Judaism: Some Rabbinic Elements in Pauline Theology* (Philadelphia: Fortress, 1948). 샌더스는 이러한 역사적 맥락을 매우 잘 알고 있었으며, 특별히 듀크 대학교에서 그의 박사 과정 지도 교수였던 W. D. 데이비스의 연구를 주목한다. 샌더스는 초기 연구에서 전임자의 연구와 비판적으로 교류한다. 데이비스의 연구에 대한 샌더스의 비판은 데이비스가 본질적으로 바울과 랍비 유대교 모두에서 만연한 모티브들에 대한 연구를 제공한다는 점이다. 데이비스의 주된 목적은 어떻게 특정한 사유와 모티브 그리고 개념들의 유형들이 유대교 문헌에 이미 편만해 있는지를 보여 주는 것이고, 이것은 연역적인 접근 방식이라기보다 주로 귀납적인 방식이라는 점이다. 결국, 샌더스는 이 방식이 둘 각각의 자료에 있어서도 공정하지 못하다는 결론에 이르게 되는데, 왜냐하면 이는 각각의 종교가 가진 더욱 큰 틀을 고려하지 않기 때문이다.

분석에 초점을 맞추고 있다. 거의 400페이지를 할애한 그의 첫 번째 연구 과제는 유대교 문헌을 바울 문헌 및 바울 사상과 비교하는 데 120페이지를 할애한 그의 두 번째 연구 과제와는 비교가 안 될 정도로 방대했다. 샌더스는 자료의 형평성에는 개의치 않고, 이전에는 착수한 바 없는 역사적 재구성에 심혈을 기울인다. 이처럼 그의 연구가 가진 규모와 범위만 보더라도 충분히 감사할 일이다.

다른 연구에서는 누락되었지만, 샌더스의 연구 중심에 자리한 것은 1세기 유대교(들) 안에 있는 율법과 언약 사이의 관계에 관한 이해다.[12] 샌더스에 따르면, 포로기 이후에 발전한 유대교는 하나님의 은혜에 의해 성립되는 것으로서의 율법의 개념을 상실했고, 그것을 공로에 기초한 율법적 준수로 대체했다고 주장했던 자들이 있었는데 이들은 바로 그리스도교 신학자들이었다. 샌더스는 율법을 이해함에 있어서 그런 잘못된 은혜의 개념을 단호히 거부한다. 오히려 제2 성전기 자료들을 통해 증명되는 것은 은혜에 기초한 언약 구조이다. 이 같은 사실은 샌더스가 조사한 모든 문헌 자료들이 가진 "보편적인" 특징들 중 하나다. 그리고 샌더스는 제2 성전기 문헌을 독해할 때 이 점을 반드시 염두에 두어야 한다고 주장한다.

구약성서와 제2 성전기 문헌 전체에 걸쳐서 순종하라는 명령과 이에 관한 교훈들이 나타난다. 그렇다면 은혜의 틀 안에서 순종은 어떤 역할을 하는 것일까? 샌더스는 순종에 관한 문제가 제기될 때, 순종이란 "언약 안에서 자신의 지위를 유지하게 해 주지만, 순종이 하나님의 은혜를 얻어 내는 것은 아니다"라는 점을 반드시 이해해야 한다고 주장한다.[13]

---

[12] *PPJ*, 419.
[13] *PPJ*, 420.

더욱 분명하게 말하자면, 순종은 언약 안으로 들어가는 수단이 아니라 언약 안에 머무는 수단이다. 이런 들어가고 머무는 유형들에 있어서 가능한 예외들이 제2 성전기의 몇몇 자료들 안에서 나타난다. 예컨대, 벤 시라크와 에스라4서가 그러하다. 샌더스는 벤 시라크의 사례에서 이 문제가 하나의 **가정**임을 주장함으로써 그 예외적인 사례들에 대응한다. 만약 벤 시라크가 주로 이스라엘 사람들에게 이야기했다면, 그의 청중은 이미 언약 안에 있는 것이었고, 따라서 '들어가는 것'과 '머무는 것'에 관한 사전 논의는 결코 제기될 필요가 없는 것이다.

에스라4서의 연구는 샌더스의 접근법에 있어서 가장 난처한 사례를 제시한다. 샌더스에 의하면, "그 시기의 문헌에서 발견될 수 있는 율법적인 행위-의에 가장 근접한 접근법"에 해당하는 것이 바로 에스라4서이다. 샌더스는 이 같은 강조를 인간 조건에 관하여 저자가 가진 극단적으로 비관적인 관점이라고 그 원인을 돌림으로써 이러한 문제 제기를 완화시키려 한다. 혹은 샌더스가 지적한 바처럼, 에스라4서는 죄를 "벗어날 수 없는 힘"으로 이해하고 "죄로부터 벗어날 수 없는 인간의 무력함이야말로 저주에 이르도록 만드는 것이라 간주한다"라고 말한다.[14] 그러므로 에스라4서에서는 완전함이 요구된다. 인간 조건에 대한 이런 부정적인 관점은 겉으로 볼 때, 언약의 역할 그리고 하나님의 용서와 은혜를 가려 버린다.

여기서 샌더스의 연구가 직관적으로 맞지 않는 점을 간접적으로 만들어 낸다는 것을 알아차릴 수 있을 것이다. 율법적 유대교의 전통적인 관점이 주장하는 바처럼, 만약 율법의 행위를 통한 성취로 인해서 찾아

---

[14] *PPJ*, 418.

오는 인간의 교만이나 자만이 은혜에 역행하는 것이라면, 에스라4서에서 우리는 정확하게 그와 반대되는 지점에 도달한다. 즉, 언약은 인간의 교만에 의해서가 아니라 인간의 연약함에 의해서 퇴색된다는 것이다. 샌더스를 비판하는 사람들, 그리고 그의 체계에 있어 에스라4서가 드러내는 아킬레스건처럼 보이는 것을 비판하는 사람들은 이 점을 충분히 인식하지 못했다. 마찬가지로, 제2 성전기의 증거를 살펴볼 때는 균형이 필요하다. 만약 대다수의 저자들과 연구들이 에스라4서의 이러한 유형을 예상하지 않는다면, 에스라4서는 원칙이라기보다 예외로 보일 것이다.

샌더스의 코페르니쿠스적 전환은 "언약적 율법주의"(covenantal nominism)라는 문구로 요약된다. 이 용어의 주요한 내용은 아래와 같다.

(1) 하나님은 이스라엘을 선택하셨다. 그리고 (2) 율법을 부여하셨다. 이 율법은 다음과 같은 내용을 함의한다. (3) 그것은 바로 그 선택을 유지하시는 하나님의 약속과 (4) 순종해야 할 요구 사항이다. (5) 하나님은 순종에 대해서는 보상하시고 불순종에 대해서는 벌을 내리신다. (6) 율법은 속죄를 위한 수단을 제공하고, 속죄는 (7) 언약적 관계의 유지 혹은 재성립이라는 결과를 가져온다. (8) 순종과 속죄, 그리고 하나님의 자비로 인해 언약 안에 머무는 모든 자들은 구원받을 무리에 속한다.[15]

샌더스는 (1)과 (8)은 인간의 성취나 공적을 통해서 이루어지는 것으로 이해되는 것이 아니라 오롯이 하나님의 자비를 통해 이루어지는 것으로 이해된다고 주장한다. 샌더스가 예수와 바울의 시대에 유대교(들)

---

[15] *PPJ*, 422.

를 특징짓는 것으로 언급한 언약적 율법주의란 바로 이것이다. 샌더스는 이러한 유형의 유대교가 기원후 70년에 일어난 성전 파괴 이전에는 일반적이었고, 또한 위선적인 것으로 특징지어지지 않았으며, 오히려 언약적 율법주의는 "은혜와 행위에 관한 올바른 관점"을 유지했다고 주장한다.[16]

바울 신학과 사상 재평가. 샌더스는 제2 성전기 유대교 문헌에 대한 역사-비평적 연구를 429페이지까지 담고 그 뒤 페이지부터 자신이 내세운 주장의 주요 골자들을 배치하면서 **드디어** 바울에 관한 연구를 개진한다. 그 시작에서 샌더스는 바울이 일관성 있는 논리 정연한 신학자였지만 조직신학자는 아니었다는 점을 상정한다.[17] 샌더스의 비판 중 일부분은 바울이 조직신학적인 렌즈를 통해서 관찰되어 왔다는 것과 이러한 사실은 드러나는 바울의 모습을 본질적으로 왜곡한다는 내용이었다. 샌더스가 선호하는 용어로 표현하자면 바울은 "일관성 있는 사상가"였다는 것이다. 샌더스가 의미한 일관성이란 바울은 자신의 복음을 성찰한 신학자였다는 것과 그의 편지들은 특정한 상황 속에서 그 복음을 표현하려는 열망을 드러낸다는 것을 의미한다. 샌더스는 "바울 신학" 안에는 "선포된 구원론"이 있다고 언급한다. 바울 사상이 지닌 일관성에 관한 이러한 대화는 찾기 힘든 바울 사상의 중심을 발견하기 위해 바울 연구 내에서 이루어지는 탐구를 둘러싼 논쟁의 한복판으로 진입한다.

바울에 관한 탐구에서, 대다수 논쟁들은 바울이 신학화한 주요한 주제나 이미지를 찾아내기 위해 바울의 편지들을 면밀히 살펴보는 것에 집중해 왔다. 이에 따른 주장들은 끝이 없고, 그중 많은 것들은 단지 바

---

[16]   *PPJ*, 422, 427.
[17]   *PPJ*, 433.

울을 관찰하는 사람들의 시각에만 의존하고 있다. 그 주제들은 이신칭의와 같은 고전적인 교리부터 시작해서 그리스도에 참여함, 하나님의 신실함/의에 이르기까지 다양하다. 19세기에서 20세기에 이르기까지 거의 모든 핵심적인 바울 연구자들은 바울 사상의 복잡한 퍼즐을 끼워 맞추는 데 그들만의 공헌을 하려고 부단히 노력했다. 하지만 바울에 대한 본격적인 탐구는 알베르트 슈바이처의 연구에서 시작된다.

샌더스는 슈바이처의 기획에 대해 초반에는 동의함으로써 그 평가를 시작한다. 샌더스는 몇 가지 측면 즉 종말론이 바울에게 있어 전적으로 중심적이라는 점을 인정한다. 그리고 만약 종말론이 바울 사상에 있어서 단순한 부록으로 환원된다면, 바울 사상을 완전히 잘못 이해하게 된다는 점에 확고하게 동의하면서 이를 인정한다. 슈바이처는 바울 사상에서 종말론을 재중심화함으로써 바울 연구의 진로를 바꾸어 놓았다. 샌더스는 슈바이처와 몇몇 뒤이어 등장하는 바울 해석자들에게 동의하면서, 바울 사상의 중심은 바로 그리스도 안에 거함이라고 주장한다.[18]

샌더스는 바울 사상 전체를 견인하는 다음과 같은 두 가지 확신이 있다고 주장한다. "(1) 하나님께서 믿는 모든 자에게 구원을 주시며 그[예수]는 모든 것을 완성하기 위해 곧 다시 오실 것이라는 점에서 예수 그리스도는 주님이시다." 그리고 "(2) 바울은 이방인을 향한 사도로 부름을 받았다." 이 두 가지 신념은 서로 연관되어 있다. 샌더스는 이 두 가지 문제를 바울 사상의 중요한 핵심으로 제시한다. 샌더스는 이전에 했던 재구성과는 반대로, 바울에게는 해결이 곤경보다 앞선다고 주장한다. 유대인과 이방인 모두를 포함해서 온 세상은 구원자를 필요로 하는

---

[18] *PPJ*, 441.

데, 엄밀히 말해 그 이유는 구원자를 하나님께서 이미 그리스도 안에서 주셨기 때문이다. 이것은 인간의 필요, 즉 인간의 곤경이 그리스도 안에서 나타난 하나님의 행위에 앞선다고 보는 불트만 학파의 접근 방식과는 정반대이다. 안쓰러운 변명으로, 샌더스는 "바울은 인간의 필요로부터 출발하지 않고 하나님의 행위로부터 출발한다"라고 말한다.[19] 샌더스는 이 내용에 관한 확인 차원에서 그리스도교의 공통적 신앙이 그리스도의 죽음과 부활임을 말해 주는 고린도전서 15장 바울의 진술 내용에 호소한다. 샌더스는 계속해서 바울은 인류의 악행과 죄악에서 시작하지 않고 오히려 그리스도 안에서, 특별히 그리스도의 죽음과 부활 안에서 나타난 하나님의 행위에서 시작했다는 점을 주장한다. 이러한 내용은 샌더스로 하여금 바울 사상의 지배적인 모티브로서의 인간학을 탈중심화할 수 있도록 한다.

전통적인 바울 해석 방식에 대한 분명한 대답으로, 샌더스는 인간학이란 "단순히 바울 신학, 그리스도론, 그리고 구원론에 대한 암시"일 뿐이라고 주장한다.[20] 이 내용은 샌더스가 제시한 해결에서 곤경으로의 주장에서 나온 것일 뿐 아니라 불트만의 방법론을 직접적으로 역전시킨다. 샌더스는 불트만의 인간학적 출발점을 부정하면서도, 그러나 개개인은 예수를 메시아로 믿는 믿음에 의해 "서로 다르게 영향을 받는다"는 것을 단언함으로써, 그리고 슈바이처의 신비주의적이고 우주적인 접근 방법에도 제동을 걸어 불트만과 슈바이처 둘 사이의 균형을 맞추려 시도한다. 비록 이것은 구원론의 우주론적 중요성을 부인하진 않지만, 하나님의 행위의 우주적 범위 내에서 개인의 믿음이 가진 중요성

19 *PPJ*, 441-42, 444.
20 *PPJ*, 446.

을 높여 준다. 그러나 이러한 주장이 전통적인 해석을 충분히 능가하는 것인지는 의심의 여지가 있다. 샌더스의 독해는 여전히 궁극적으로는 어느 정도 개인주의적이고, 새 관점의 후기 운동들은 바울 사상의 공동체적 측면을 훨씬 더 많이 강조한다.

바울의 구원론. 샌더스가 바울의 구원론적 체계로 논의의 방향을 전환하면서, 바울에 관한 두 가지 근본적인 신념을 제안한다. 첫째, 가까운 미래에 믿는 자들은 "완전한 구원"을 받을 것이지만, 반면에 믿지 않는 자들은 멸망당할 것이다. 둘째, 성령은 믿는 자들에게 주어진 현재적 확증이다.[21] 바울의 구원이라는 말에 담긴 미래적 요소는 그의 서신들 안에서, 그리고 사도 바울을 둘러싼 해석적 전통 내에서 모두 잘 증명되었다. 비록 어느 특정한 요소들이 미래 지향적인지를 둘러싼 논쟁도 있었지만, 바울이 예수가 다시 **오실** 것을, 그리고 신실한 자들은 구원을 얻을 것이며, 피조물들은 다시 하나님께 돌아갈 것임을 믿었다는 일반적인 동의는 있었다. 더 나아가 샌더스가 지적한 바대로, 바울에게 있어서 "구원하다"라는 동사는 한 가지 예외(롬 8:24)를 제외하고 미래 시제이며, 마찬가지로 부활 역시 미래의 사건이다(고전 15; 롬 6:5; 빌 3:11).

그렇다면 우리는 구원의 현재적 경험에 대해 무엇을 말할 수 있을까? 혹은 구원이 현재에 주는 영향은 무엇일까? 이것은 우리를 바울에 대한 샌더스의 두 번째 근본적인 확신으로 이끄는데, 그것은 바로 성령의 역할이다. 샌더스는 "성령에 관해서 모호함이란 없다. 성령은 그리스도인들이 현재 가지고 있는 구원의 확증이다"라고 단호하게 진술한다. 샌더스는 정결함과 거룩함을 논하는 고린도전서에서 주로 자료들

---

[21] *PPJ*, 447.

을 수집한 후에 다음과 같이 결론 내린다. "우리는 구원론을 씻음과, 정결한 상태 속에서 다가오는 구원을 기다리는 것, 미래의 구원에 대한 확증으로서 성령의 내주, 또다시 넘어짐으로부터 회복하기 위해 주어진 회개로 묘사해 왔다."[22]

문제는 바울을 연구하는 학자들과 연구자들에게 나타난다. 이러한 논리가 바울 서신 전체의 내용을 다루기에 충분한지에 대한 의구심이 제기된다. 지금까지 나타난 중요한 주장은 특정한 문제를 가진 공동체를 향한 바울 서신 한 편에만 의존하고 있다. 더욱 문제가 되는 것은 정결함에 대한 바울의 관심은 이방인을 향한 사도로서의 바울의 역할, 그리고 이방인들이 도덕적으로 문제가 있다는 바울의 관점과 연결된다고 보는 샌더스의 강조점에서 발생한다. 바울은 비-이방인 공동체 안에서도 역시 도덕적 정결을 찾으려 한 것처럼 보인다. 만약 로마서 2:1-4이 어떤 암시라면, 우리는 "판단하는 네가 같은 일을 행함이라"라는 바울의 구절에 비중을 둘 것이다. 도덕적 정결과 관련된 바울의 비난은 유대인과 이방인 두 공동체 모두에 해당한다. 바울은 어떤 의미에서 보면 공평하게 기회를 주는 비판가라 할 수 있다. 다음으로, 바울에게 있어 성령이라는 말은 단지 씻음이라는 단어 이상으로 많은 단어와 연결되어 있다. 바울은 성령이라는 말을 변화, 그리고 새로운 창조와 연결한다. 충분히 많은 문헌들이 조사되지 않았고, 샌더스의 연구 범위가 제한되어 있어 그 결과물들 역시 제한적이다. 비판적인 측면에서 볼 때, 샌더스가 증거에 적용한 체계는 그것이 찾고자 한 것과 아주 똑같은 결과를 낳았다. 이것은 마치 샌더스 자신이 초기 유대교에 대한 선행 연구

---

[22] *PPJ*, 450, 452.

에 가했던 비판과 같은 내용이다.

또한 샌더스에 따르면, 바울의 신학적 체계에 중심이 되며 바울 자체에 있어서 독특한 점은 성령과 참여와 현재적 구원에 대한 강조이다. 바울이 가진 미묘한 점은 그가 "하나의 성령 안에 참여하도록 하는 확증으로서 성령의 내주(possession)라는 개념을 발전시켰다는 것이다." 그리고 이러한 독특성은 샌더스에게 매우 분명해 보였기에 그는 이 부분에 "바울의 구원론과 그리스도론의 핵심이 자리하고 있다"라고 주장한다.[23] 샌더스의 평가는 바울에게 있어서 핵심은 참여라는 주제임을 말해 주며, 이는 바울에 대한 슈바이처의 해석과도 일정 부분 일치한다는 것을 보여 준다.

참여라는 용어에 관한 논의에서, 샌더스는 이 단어가 한 가지 특정한 용어로 제한되지 않아야 하며, 오히려 두 가지 맥락 즉 "논쟁과 도덕적 훈계", 혹은 권고와 논쟁으로 나타나는 바울의 지배적인 주제라는 점을 분명하게 지적한다.[24] 샌더스는 바울의 참여 용어의 핵심을 드러내는 네 가지 중요한 영역을 제시하는데, 그것은 (1) 그리스도의 지체/그리스도의 몸, (2) 하나의 성령, (3) "그리스도 안에서"라는 말, (4) 주님의 종이다.[25]

샌더스는 바울의 구원론적 체계에 관한 논의를 떠나 이제는 어떻게 공동체에 들어가는가 혹은 어떻게 공동체로 "이전하는가"(transfer)와 관련된 '이전'에 대한 용어를 논의하기 시작한다. 샌더스는 '이전'이라는 바울의 용어에서 다섯 가지 핵심을 열거한다. 그것은 (1) 그리스도의 죽

---

23 *PPJ*, 453.
24 *PPJ*, 456.
25 샌더스는 구원론과 종말론적 기대가 분리되지 않았다는 슈바이처의 주장에 동의한다. 그러나 샌더스는 신비주의적이며 법적인 용어들이 있었다고 주장하면서 슈바이처와는 결을 달리한다.

음에 참여함, (2) 자유, (3) 변화/새로운 창조, (4) 화해, (5) 칭의와 의이다. 샌더스는 이 다섯 가지 영역 중에서, (1)번 내용(대략 4.5쪽)과 (5)번 내용(단 2쪽)을 논의하는 데 가장 많은 분량을 할애한다. 하지만 아쉽게도 후자에는 극히 적은 분량이 주어진다.

용어에 관한 샌더스의 첫 번째 요지는 "그리스도와 함께 죽는 것"을 가리키는 용어가 바울에게는 공동체에 들어가는 것을 묘사한다는 것이다. 그리스도의 죽음이 믿는 자들을 **위한** 속죄였음을 부정하지는 않지만, 그와 동시에 바울에게 있어서는 그것이 입회를 뜻하는 용어가 된다는 것이다. 샌더스는 그리스도의 죽음을 가리키는 모든 언급들이 속죄라는 과거적 언급으로 충분히 설명되는 것은 아니지만, 참여 역시 상당한 강조점을 가진다고 주장한다. 샌더스는 고린도후서 5:14, 로마서 14:8, 그리고 데살로니가전서 5:10처럼 그리스도의 죽음이 가진 목적은 예수를 주(主)로 선포하고 미래적 구원에 대한 확신을 준다는 것을 강조하는 내용들이 가진 중요성을 언급한다. 샌더스는 바울이 "그리스도의 죽음이 지닌 중요성을 염두에 두면서, 오히려 통치의 변화라는 측면을 더 많이 고려하고 있었다"라는 결론에 다다른다.[26] 이후에 샌더스가 언급하는 것처럼, 공동체로 이전하는 것은 그리스도의 죽음에 참여하는 방식으로 이루어진다.

바울의 이전 용어에 관한 네 번째와 다섯 번째 범주는 **칭의와 의**라는 용어를 주목한다. 샌더스는 이렇게 결론짓는다. "의롭다 여김을 받음은 과거 죄악에 대해 씻음받고 용서받음을 가리키며, 이는 이전에 하나님과 원수가 되고 죄인이 된 상태와 영광스럽게 될 미래 상태 사이의 중간

---

[26] *PPJ*, 465-66.

단계이다. 이것이 가리키는 의미는 '화목하게 됨'이라는 의미와 같다."²⁷ 하지만 반드시 그런 것일까? 혹시 샌더스는 용어 자체를 해체해서 결국에 구별할 수 없는 용어들만 남겨 놓은 것은 아닐까? 분명 **화해**와 **칭의**가 서로 연관되어 있는 것은 사실이지만, 그렇다고 이 둘이 동일하다고 말할 수 있을까? 아니면 바울의 논의에 좀 더 세밀하고 미묘한 차이가 있는 것일까? 칭의와 화해는 마치 수레바퀴의 살처럼 모든 방향으로 구원에 관하여 바울이 가진 다각적인 이해에 각각 독특하게 기여한다.

인류의 곤경에서 시작해서 구원으로 이어지는 불트만의 구조와 완전히 반대되는 명제로, 샌더스의 개요는 인류의 곤경을 구원론에 관한 자신의 논의의 뒷부분으로 배치한다. 샌더스는 해결이 곤경에 앞선다는 자신의 통찰을 충분히 적용하고, "바울에게 있어서 보편적 해결에 대한 확신이 보편적 곤경에 대한 확신보다 앞선다"라는 점을 반복해서 강조한다.²⁸ 불트만의 중요한 논쟁 상대자로서 샌더스는 어렴풋이 드러나고 있는 그의 비판자들이 기획하는 내용의 체계를 약화시키려 한다. 샌더스는 이 작업을 바울의 구원 교리를 보편적 죄에 대한 바울 자신의 이해에서 도출된 것으로 보기 위해 이를 역전시킨 것으로 간주한다. 간략히 말하자면, 우리는 샌더스가 직접 이야기하도록 해야 한다. "바울의 논리는 이런 식으로 전개되는 듯하다: 하나님은 그리스도 안에서 세상을 구원하시기 위해 행동하신다; 따라서 세상은 반드시 구원을 필요로 해야 한다; 그러나 하나님은 또한 율법을 수여하셨다; 만약 그리스도께서 구원을 위해 내어주신 바 되었다면, 이 일은 율법이 없이도 이루어졌을 것이라는 가정이 뒤따른다; 그렇다면 율법은 그리스도 안에서 계

---

27   *PPJ*, 471-2.
28   *PPJ*, 474.

시된 하나님의 목적과 상충하는 것일까?"²⁹ 샌더스는 바울의 구원 이해를 위한 그 "출발점"으로서 인간이 하나님으로부터 멀어지게 만든 것은 인간의 죄와 자기-의의 비극이라는 불트만의 전제를 거부한다. 증거를 갖춘 더욱 설득력 있는 설명으로부터 제기되는 한 가지 질문은 "필요성"이라는 문제다. 왜 하나님이 메시아를 보내야 했을까? 1세기 유대교(들)가 가진 인간의 공로와 자아도취를 추구하는 개념들에 대한 낡은 결론들과 경쟁할 필요는 없다. 명시적인 근거가 아니라면 암묵적 근거에 의해서 볼 때, 구원과 보내 주심의 행위의 그 필요성은 아무리 생각해도 어떤 종류의 곤경이 있음을 말해 준다. 그 문제는 샌더스의 체계에서는 충분히 깊이 있게 고려되지 않았다. 그리고 샌더스는 이 지점에서 여러 학자들 중 특히 N. T. 라이트의 강한 반론에 직면하게 된다.³⁰

율법, 곤경, 그리고 가능한 해결책. 샌더스에게 있어서 그의 바울 독해와 "해결에서 곤경으로"라는 틀이 가진 가장 강력한 증거는 율법을 대하는 바울의 태도이다. 율법에 대한 이해는 곤경과 해결 이 두 가지 모두를 명확히 해 줄 것이다. 샌더스는 이렇게 질문함으로써 완벽하게 질문의 틀을 잡는다: "바울은 왜 율법을 받아들인 사람들이 그리스도에 의해 구원받는 것에서 배제되었다고 생각했을까?" 샌더스는 다소 독특하게 바울은 율법을 폐지하기 위한 **그런** 이유로서 이러한 사실에 호소한 적이 결코 없다는 점을 지적하면서 메시아의 시대가 율법을 폐지했다고 본 슈바이처의 독해에 반론을 제기한다.³¹ 이러한 독해는 주장하기에도 곤란한 수수께끼 같은 것이며, 갈라디아서 3:25의 관점에서 볼 때도 이해

---

29 *PPJ*, 475.
30 N. T. Wright, *The Climax of the Covenant: Christ and the Law in Pauline Theology* (Minneapolis: Fortress, 1991), 258-67.
31 *PPJ*, 475-76, 480.

하기 힘든 것이다. 더 명확하게 말하자면, 갈라디아서 3:25은 그 내용이 애매모호하지 않고 분명하다. 율법은 메시아가 올 때까지만 효력을 발휘하는 것이었다. 도래하는 시대에 관한 고전적인 이야기에서 볼 때, 바울은 샌더스가 말하는 폐기라는 주장에 대해서는 동의하지 않을 수 있다. 하지만 분명히 성취라는 주장은 적합하게 들릴 것이다.

바울이 도래하는 시대의 시나리오를 바라보고 있었다는 부분적인 주장은 갈라디아서 3:29-4:6에서의 바울의 주장, 그리고 바울이 상속자와 자손에 관해 논의한 방향이라 할 수 있다. 더 나아가, 많은 주석가들이 언급했듯이, 파이다고고스(paidagōgos: 몽학선생)라는 용어는 시간적인 논쟁을 암시한다. 그리스-로마 문화에서 파이다고고스는 평생에 걸친 임명직이 아니라 어떤 특정한 목적을 수행하기 위한 일시적인 임명직이었다. 바울은 그가 살던 시대의 그런 공통된 도덕적 이미지를 활용해서 정확하게 샌더스와 반대되는 주장 즉 율법은 영구적인 것이 아니었다는 주장을 펼치는 것이다.

아마 율법을 폄하하는 논평에 기대지 않고도 율법을 일시적인 것으로 칭할 수 있을 것이다. 나는 학생들과 함께 연구할 때, 종종 약혼과 결혼의 관계를 유비로 제시한다. 약혼은 어떤 관계적인 삶에 있어서 멋진 기간이자 축하와 기쁨의 순간이라 말할 수 있다. 하지만 이러한 사실은 약혼이 영구적임을 뜻하지 않는다. 오히려 약혼은 결혼이라는 정해진 목표를 향해 나아가기 위한 것이다. 이와 비슷하게, 한번 결혼하면, 일반적으로 약혼 기간은 짐처럼 여겨지거나 단지 통과해 나가야 할 어떤 끔찍한 단계로 평가절하 되지 않는다. 그보다는 약혼은 결혼식에 비추어 볼 때, 그리고 결혼식이라는 사건과 비교해 볼 때 단지 그 중요성이 희미해질 뿐이다. 이와 같은 유비적인 방식으로, 만약 율법이 메시아에게로 안내하도록 하는 것이었거나, 메시아를 위한 준비였거나, 혹은 메시아를 기대하도록 하기 위한 것이었다면, 바로 이러한 점들이 바울의 생각 속에서 (그의 동시대인 몇몇과 의견 차이가 있음에도 불구하고) 떠올랐던 것이다. 이러한 방식으로, 바울은 부정적인 의미 없이 율법의 성취에 대해 이야기할 수 있었다.

율법의 임시적 특징에 관한 바울의 관점은 바울로 하여금 제2 성전기 여러 유대인 공동체들과 불화하게 만들었을 가능성이 크다. 분명히 바울은 1세기에 살면서 이 같은 생각에 반대하는 폭력적인 압박에 직면했을 것이고 실제로도 그러했다. 그러므로 바울이 "기존 유대인의 견해"에 기초한 결론을 내리지 않았다는 샌더스의 통찰은 부분적으로는 옳다. 이 점에 관해 주어지는 우려는 샌더스가 '폐지됨'(abrogated)이라는 용어에 지나치게 비판적인 관점을 취하고 있으며, 또한 그가 슈바이처를 반박하려고 시도하는 가운데 갈라디아서 3:25에 대해 왜곡된 해석을 제시한다는 것이다.

율법은 죄를 초래하는 것일 뿐 아니라 죄를 행하도록 하는 **의도로** 주어진 것이라고 이해했던 불트만에 반대하면서, 샌더스는 불트만이 전제로 가지고 있었던 것은 단순히 바울의 관점에 따른 결과였다는 것을 지적한다. 더 직접적으로 말해, 그리스도의 오심으로 인해, 이방인으로서 율법을 지키려 노력하는 것은 **이제 죄가 된다**. 샌더스는 율법에 대한 바울의 관점은 바울의 확신에 의해 급격하게 형성된다고 주장하는데, 그 확신이란 만약 예수의 죽으심과 부활하심으로 구원이 주어졌고, 또 사람들이 성령을 받았다면, **이제는** (그리고 이것은 중요한 통보인데), **그리고 오로지 바로 그때에서야**, 다른 모든 수단들이 배제된다는 신념을 뜻한다. 율법에 관한 샌더스의 관점은 다음과 같이 요약될 수 있다: 이방인 회중, 그리고 바울의 구원론이 지닌 배타주의(말하자면, 유대인과 이방인 둘 모두에게 있어서 구원의 기초는 하나밖에 없다)라는 이 두 가지 주제가 "율법을 몰아낸 것이지, 율법에 대한 오해나 바울 자신의 배경에 의해서 미리 결정된 관점(슈바이처의 종말론적 관점과는 대조적인)이 율법을 몰아낸 것은 아니었다."[32] 이러한 내용의 마지막 영향은 더욱 의미심장하다. 샌더스는 율법에 관한 바울의 관점을 결정한 것이 바울의 인간론이 아니라 바로 바울의 그리스도론이라는 주장을 펴고 있다.

바울의 언약적 율법주의. 샌더스는 『바울과 팔레스타인 유대교』 거의 끝부분에서 자신의 연구를 둘로 나누어 이 둘을 서로 비교하는 작업에 착수한다. 우선 샌더스는 "언약적 율법주의"가 바울 안에서 나타나는지에 관한 논의를 시도한다. 이에 대한 간략한 대답을 보자면, 샌더스는 그 언약적 체계가 무엇보다 바울을 설명하는 데 별 도움이 되지 않는 것으로 보는데, 그 이유는 언약적 율법주의가 바울의 사상에 담긴 참여적인 행위들을 설명해 내지 못하기 때문이다. 샌더스의 진술에 따르면 이러하다. "언약적 개념은 과거의 죄로 인한 그리스도의 죽음에 관한 논의를 손쉽게 포함할 수 있지만, 그 개념은 그리스도와 함께 죽는 신자의 죽음을 설명하는 데는 적합하지 않으며, 따라서 이러한 점은 옛 시대와 죄의 권세에 대해서도 적합하지 않다."[33]

비록 서로 다른 용어가 사용되었지만, 사실 언약적 체계는 참여적 요소들을 설명할 수 있는 여지를 가지고 있다. 마찬가지로, 그 언약적 체계 전체가 받아들여지는 것은 아니다. 샌더스에 따르면, 그리스도와 함께 죽는 신자의 참여는 그 언약적 체계에 일치하여 들어맞지 않는다. 그

---

[32] *PPJ*, 482, 497.
[33] *PPJ*, 514.

렇다면 속죄일은 무엇인가? 우리는 레위기 16장을 대략 살펴봄으로써, 백성이 속죄에 **참여하는**(최소한 유비적인 방식으로라도) 수단으로서의 아사셀 염소와 대속 염소 이 둘 모두의 역할에 주목해야 한다. 그렇다면 대속 염소는 지난해에 지은 죄들에 대해 백성이 죽는 수단을 나타내는 것이 아닐까? 그 대속 염소는 백성을 대신하는 은유적 방식으로, 백성이 그 염소와 함께 죽으면 이들은 동시에 익히 잘 아는 다른 대속 염소인 아사셀 염소처럼 자유롭게 되는 것일까? 이처럼 구약의 언약적 체계 안에서 샌더스가 도외시한 참여적 요소를 볼 수 있는 여지가 있는 것이다.

결론에서 샌더스는 바울이 "팔레스타인 유대교 문헌에서 발견되는 어떤 종교 유형과도 본질적으로 다른 종교성"을 보여 준다고 주장한다. 그 중요한 차이점 하나를 보면, 우선 유대교 문헌에서는 토라에 대한 순종(회개의 개념을 포함하여)과 "지위 유지"라는 내용을 함의하지만, 바울에게서는 "이전(transfer) 용어"라 부를 수 있는 의로움이라는 단어이다.[34] 바울은 의로움이라는 단어를 '머무는' 기능에서 '들어가는' 기능으로 그 의미를 이전시킨다.

샌더스에 따르면, 두 번째 차이점은 죄에 대한 개념이다. 유대교 문헌에서 죄(sin)는 범죄(transgression)로 이해된다. 반면, 바울에게 있어서 죄는 권세로 이해되며, 구원받기 위해서는 "주권"의 변화가 필요하다.[35] 이 지점에서 묵시적 바울 해석자들, 이를테면 샌더스 시대에는 케제만에 의해 대표되기는 하나 이후 수십 년 동안 마틴과 여러 학자들의 연구를 통해서 심도 있게 이를 발전시킬 해석자들 간에 명확한 결속이 있다. 여기서 불가피하게 한 가지 주의해야 할 점이 제기된다. 샌더스가

---

[34] *PPJ*, 543-44.
[35] *PPJ*, 547.

주장한 것처럼, 바울을 유대교 사상가로 그의 위치를 설정한다면, 그다음에 우주적 권세로서의 죄의 영향력이라는 개념은 어디서부터 발생한 것일까? 바울에게서 독특하게 이러한 죄 개념이 나타난다는 샌더스의 진술에는 긴장이 있다. 그렇다면 동시에 우리는 어떻게 바울을 그의 시대의 유대교 종말론적 지평 내에 위치시킬 수 있을까?

더욱이 샌더스의 죄 개념은 제2 성전기 묵시 문학 안에서 죄의 역할에 대한 적합한 이해를 취하지 않는 것으로 보인다. 여기서는 그 문제를 충분히 다룰 만한 여유가 없다. 해링턴은 비록 외경과 위경 안에서 범죄로서 죄의 개념이 지속되지만, "하나님과 인간 모두에게 적대적인 **힘이나 영역으로서** 죄를 더욱 추상적으로 묘사하는 경향이 나타난다"라고 주장한다.[36] 분명히 쿰란 공동체와 사해 사본은 일부 성서의 지혜 문학을 지배하는 "두 가지 방식"의 모티프는 물론, 죄와 어둠의 힘 혹은 의로움과 빛의 힘과 관련된 두 개의 범주로 세계가 나뉜다고 보았다. 이처럼 죄에 관해서는, 비록 몇 가지 증거에 대한 해석에는 동의하지 않더라도, 바울이 그의 유대교적 유산과 결별하기보다는 그 유산이 제시하는 최종적인 결론에 이르는 궤적을 단순히 쫓아가는 것은 아닌가 하고 궁금할 것이다.

마지막으로, 샌더스는 바울의 유대교 이해에 관련해서 바울에 대한 날카로운 비판을 제시한다. 샌더스는 바울이 유대교 체계 안에 있는 언약적 측면을 "사실상" 부정했고, 이는 또 사실상 "유대교의 근간을 부정하는 것"이었음에 주목한다.[37] 그러나 이러한 내용이 바울을 유대교

---

36 Hannah K. Harrington, "Sin," in *The Eerdmans Dictionary of Early Judaism*, ed. John J. Collins and Daniel C. Harlow (Grand Rapids: Eerdmans, 2010), 1230.
37 *PPJ*, 551.

에 대한 급진적인 비판자로 보거나 유대교를 그리스도교와 정반대의 것으로 보았다는 내용으로 이어져서는 안 된다. 간단히 말해, 샌더스는 바울이 유대교에서 발견한 문제점은 유대교가 그리스도교는 아니라는 사실에 있다고 주장한다. 따라서 바울의 논쟁은 그리스도의 오심이라는 관점에서 이해되어야 한다. 이러한 관점에서 볼 때, 율법도 유대교도 그 자체로는 그리스도 안에서 나타난 하나님의 새로운 사역을 받아들이지 못했고, 따라서 이들은 바울의 입장에서 볼 때 결함이 있는 것으로 보였던 것이다.

결론과 최종적 비판. 이후 수십 년 동안 바울에 관한 논쟁을 형성하고 변화시킨 샌더스의 획기적인 연구에 대해 우리는 뭐라 평가할 수 있을까? 우선 첫째로, 샌더스가 대응하려 했던 유대교에 대한 부정적인 묘사는 강력하게 재고되어야 할 필요가 있음을 명확하게 주장해야 한다. 진실함과 정직함은 개념을 공정하게 드러내고자 하는 모든 역사적 연구 작업의 핵심이다. 예나 지금이나 고정관념은 도움이 되지 않으며 그것은 본질에 있어서도 기독교적이지 않다. 이러한 관점에서 볼 때, 연구사에서 제기되는 유대교에 대한 과격한 비판과 잘못된 관점을 해체하는 작업이 절실히 요구된다. 따라서 샌더스의 연구에서 해체적인 측면들은 높이 평가할 수 있다. 이것이야말로 지난 수십 년 동안 샌더스 연구의 중심축이었던 것으로 보인다. 축은 이동했고, 지금은 여러 가지 면에서 다시 되돌릴 수 없다.

이처럼, 샌더스가 조사했던 고대 유대교 자료들의 범위와 그에 대한 광범위한 연구에 대해서 우리가 감사해야 하는 것은 분명 적절한 반응이다. 샌더스는 논쟁의 본질을 더욱 명확하게 볼 수 있게 하는 방대한 증거들을 수집했다. 비록 그 증거들에 대한 **해석**에는 동의할 수 없겠지만, 샌더스가 착수했던 일에 대해서는 감사해야 할 것이다. 아무도 샌더스가 할 수 있었던 것처럼 이 주제에 대해서 해당 연구자들의 관심을 불러일으키고 이를 널리, 명확하게 알린 사람은 없었다.

비판적으로 말하자면, 분명 샌더스의 연구가 지닌 모든 측면이 큰 호응을 얻거나 깜짝 놀랄 만한 것은 아니다. 가장 큰 저항을 만나는 지점이 바로 연구의 건설적인 부분이다. 그 비판은 바울에 관한 새 관점이 되었던 것의 **내부**에서부터 제기되었다. 샌더스를 비판했던 사람들은 단지 바울과 율법을 연구한 전통적인 학자들만은 아니었다. 다음 장에서도 보겠지만, 던과 라이트 모두 샌더스의 몇몇 주장에 대해서 부정적인 평가를 제시했다. 유대교에 대한 바울의 비판이 유대교가 그리스도교가 아니었다는 사실에 있다는 결론은 많은 이들에게 호소하는 데 실패했고, 당연히 그럴 수밖에 없었다.

바울, 율법, 유대인

6년 후, 샌더스는 그의 초기 연구에 대한 몇몇 비판에 응답하고자, 그의 책 『바울, 율법, 유대인』에서 다시 바울의 그 주제로 되돌아갔다. 특별히 2장은 그의 표현대로 말하자면, "『바울과 팔레스타인 유대교』에서 대략적으로 설명한 율법에 대한 바울의 관점 논의 부분을 확장하고, 이를 명확히 했으며, 때론 수정했다."[38] 또한 샌더스는 이 연구서의 도입 부분에서, 바울과 유대교의 관계에 대해 주장한 그의 이전 연구와 의도에 대한 비판을 잠재우길 시도한다. 샌더스는 바울과 유대교의 관계를 말하는 것이 『바울과 팔레스타인 유대교』에서 보여 주고자 했던 의도

---

[38] PLJP, ix.

는 아니었다고 주장한다. 오히려, 그 연구는 "들어가는 것과 머무는 것"에 초점을 맞춘 것이었지 그 책의 출판 이래로 지금껏 바울 연구자들이 관심을 가져온 광범위한 주제들은 아니었다는 것이다.

샌더스는 이 주제를 향했던 모든 관심과 호응이 어떤 면에서도 거의 일치를 이루지 못했다는 사실에 대해 "얼버무림"의 어조로 이 연구를 시작한다. 이처럼 어려운 바울과 율법을 이해하려는 일련의 시도들은 그것이 쉬운 주제는 아니라는 것을 보여 준다. 처음에 문제가 되었던 것은 다음과 같은 샌더스의 진술이다. "바울이 율법에 관해 말했던 차이점들은 제기된 질문이나 문제들에 달려 있다. … [그리고] 이들이 나란히 배치될 때, 논리적 전체성을 형성하지 않는다." 오히려 샌더스는 바울이 당면한 문제들로 인해 발생한 그의 각각의 대응이 그것들만의 내부적인 논리와 일치한다고 주장한다. 비록 샌더스는 바울의 "중심적 관심들"(이후 샌더스가 유일신론, 모든 사람을 위한 구원으로서 그리스도를 보내심, 유대인과 이방인이 동일한 기초에 근거해서 구원받음 등과 같은 특징을 포함하는 것으로 정의 내린 용어)에는 일관성이 있다고 언급하지만, 율법은 샌더스의 목록에는 나타나지 않는다.[39]

몇 가지 문제들과 가능한 방안들이 여기서 부각된다. 어떤 면에서 볼 때, 바울은 그의 교회들이 처한 현장에서의 문제들에 대응하려 했고 그의 공동체들을 가르치기 위한 수단으로써 이러한 논쟁들을 이용했던 것은 사실이다. 그러나 율법에 관한 바울의 진술들이 그 자체적으로 "내부적인 논리"를 가지고 있다는 주장은 순환논법과 크게 다르지 않다. 고대, 근대, 혹은 다른 시대에 어느 누구도 자신의 논리가 순환적이

---

39 *PLJP*, 4-5.

라는 말을 듣고 고마워할 사람은 없다. 차라리 최소한 저자에게만은 분명해 보이는 사유의 논리적 연속성을 저자가 가지고 있다고 가정하는 편이 낫다. 그러한 가정이 바울뿐 아니라 다른 학자들에 관한 우리의 연구를 이끌어 가야 하는 것이다. 한 가지 도움이 될 법한 것은 율법이 20세기와 21세기 학자들이 제시한 것과 같이 그런 중심적인 성격이 아니었을 수 있다는 것이다. 갈라디아서와 로마서에 부여된 선입견과 고정관념은 바울 자신에 대한 것보다 오히려 종교개혁 이래로 형성된 근대 학계에 대해서 더 많은 것을 보여 줄지 모른다. 바울의 다른 여러 편지들을 조사한 결과, 바울은 그 당시 그의 교회들이 그러했던 것처럼 항상 율법에 대해서 이야기할 필요가 없었고, 오히려 그와 다른 관심사들을 가지고 있었던 것으로 보인다.

샌더스의 주장을 더 밀고 나가자면, 샌더스는 "그의[바울의] 사유에서 핵심적인 특징은 하나님의 승리에 대한 **그리스도론적** 해석이다"라고 주장한 크리스티안 베커의 후속 연구에 동의함으로써 『바울과 팔레스타인 유대교』에서 보여 준 그의 입장을 한 단계 뛰어넘는다.[40] 이러한 진술은 샌더스가 그의 초기 연구에서 표현한 내용들로부터 발전한 것이지만, 바울과 율법에 대한 그의 몇몇 주장들을 이해하는 데 또한 도움을 준다. 요약하자면, 우리는 **그리스도론**이 **율법론**을 결정한다고 말할 수 있다.[41] 샌더스는 "들어가는 것"과 "머무는 것"이라는 그의 패러다임을 사용하면서, 율법에 관한 바울의 관점은 그가 논쟁 속에서 대응하고 있었던 범주에 의해 결정된다고 결론짓는다. 바울이 '들어가는 것'을 논의할 때, 우리는 "율법의 행위로 말미암지 않는" 것과 같은 율법에

---

40 PLJP, 5
41 물론 율법론은 "법"을 뜻하는 그리스어인 nomos에 관한 연구를 말한다.

대한 부정적인 진술들을 발견한다. 하지만 바울이 '머무는 것'을 논의할 때는, 율법을 행하는 것과 율법을 지키는 것이 언급된다고 샌더스는 주장한다.[42] 『바울, 율법, 유대인』의 1장과 3장은 그 두 가지 범주를 이해하고자 한 샌더스의 시도라 할 수 있다.

『바울, 율법, 유대인』의 첫 번째 장 제목은 "율법은 입교 조건이 아니다"이고 율법에 대한 부정적인 진술과 더불어 '들어가는 것'에 관한 질문을 다룬다. 샌더스는 갈라디아서 2-3장; 5:3; 로마서 3-4장; 9-11장; 그리고 빌립보서 3:9을 다룬 후에 몇 가지 결론적인 내용을 언급한다. 샌더스가 이 최신 연구에서 제공해 주는 내용의 상당수는 사실 새로운 것이 아니다. 오히려 샌더스가 이전에 착수했던 연구에서 이미 취했던 입장들에 대한 확장이자 더욱 명료하게 만들어 놓은 것들이다. 샌더스의 주장은 이 장에서 더욱 분명해졌다. 샌더스는 관련 구절들에 대한 주석을 결론지으며, 갈라디아서에서 바울은 "언약과 선택에 관한 전통적인 이해에 대한 공격"을 제시한다고 기록한다.[43] **공격**이라는 단어는 이 장에서 빈번하게 나타난다. 『바울과 팔레스타인 유대교』에서 바울이 언약을 경시함에 대한 비판은 더욱 숨겨져 있고 덜 직접적이었던 반면에, 이번 최근 연구서에서는 그 내용이 더욱 집중적이고 명확해졌다.

샌더스의 전체적인 주장에 제기되는 한 가지 문제점은 그가 바울과 율법, 그리고 갈라디아서의 딜레마를 재구성하는 과정에 성령이라는 단어가 완전히 부재한다는 점이다. 샌더스는 성서에 나오는 성서적 증거들과 이로부터 도출된 논증을 정확하게 연결하지만, 성령을 빠뜨린다. 갈라디아서에서의 바울의 논증이 어떻게 갈라디아 사람들이 성령

42   *PLJP*, 10.
43   *PLJP*, 46.

을 받았는지(갈 3:2-5)에 대한 논의에서 시작한다는 것을 알아차릴 때 혼란은 가중된다. 갈라디아서에서 구축되고 있는 포함에 관한 논쟁의 일부분은 아브라함의 족보에 참여함이 이제는 공동체의 삶 속에서 성령의 역할로 인해 확인될 수 있다는 것이다. 이러한 입교 조건에 관한 논쟁에서, 바울이 그의 논증의 핵심인 성령을 강조하는 것 같다는 점에 샌더스가 초점을 맞추지 않는 것이 혼란을 일으킨다. 갈라디아서에서 성령이라는 단어(18회 등장)를 빼놓은 해석자는 바울의 논증에서 필수적인 요소를 빼놓은 것이라 할 수 있다. 이러한 관점에서 본다면, nomos(법)라는 용어는 25회 나타난다. 특별하게 관심을 기울여야 할 부분은 갈라디아서 5:5인데, 거기서 바울은 위에서 열거한 구절들에서 **율법**과 **의로움**을 연결하는 것과 비슷한 방식으로(샌더스가 다른 곳에서 강조한 것처럼) **성령, 믿음,** 그리고 **의로움**이라는 용어를 연결한다.

더 놀라운 사실은 샌더스가 율법에 대해, 그리고 율법이 입교 조건으로서, 특히 의로움과 관련해서 작동할 수 없음에 대해 논의할 때, 그가 성령과 율법에 관한 갈라디아서 후반부에는 관심을 기울이지 않는다는 점이다. 여러 단계로 전개된 논증에서, 바울은 성령이 "육체의 일"을 대적하고 악을 제한하며 선을 가져온다는 사실에서, 다소 법처럼 그 역할을 하는 "성령의 열매"를 맺기 때문에 율법은 불필요하다고 주장하는 듯하다(갈 5:16-26). 또한 바울은 성령에 힘입은 사람은 다른 사람의 짐을 짊어짐과 함께 이웃에 대한 사랑으로써 "그리스도의 법"(갈 6:2)을 성취한다고 말한다. 바울에게 있어서, 한 사람을 아브라함의 양자로 만들고 그렇게 함으로써 이미 맺어진 약속 안으로 받아들여지도록 하며, 성령에 의해 이를 확증시키는 이는 율법이 아닌 바로 성령이다. 비록 샌더스를 다루는 이 장에서는 언급되지 않지만, 이러한 문제는 적어도 왜 율법이 입교 조건이 아닌지와 관련이 있는데, 이러한 내용은 바울 신학에서 율법 완수에 관해 다룰 다음 장의 주제이기는 하다.

샌더스는 "율법은 완성되어야 한다"라고 제목이 붙은 그의 세 번째 글에서, 율법에 대한 긍정적인 진술과 "머무는 것"에 관한 문제를 다룬다. 샌더스에게 있어서 이러한 진술의 배후에는 율법이 의로움을 가져다주는 수단도 아니고, 입교 조건도 아니라는 생각이 자리하고 있다. 이 내용은 자연스럽게 다음과 같은 질문을 이끌어 낸다. "그렇다면 도대체 율법을 부여한 이유는 무엇인가? 또 율법의 역할은 무엇인가?"[44] 샌더스는 여기서 중요한 문제를 제기한다. 그리고 그것은 많은 바울 해석자들이 놓쳤던 부분이다. 많은 이들은 율법을 무시하거나 축소하려고 한다. 그러나 샌더스는 우선 어떻게 바울이 올바른 행위에 관해 그렇게 굳은 견해를 가지고 있었고, 또한 한 사람의 삶이 거룩함으로 특징지어져야 한다고 믿었는지에 대해 우리의 관심을 유도하고 있다. 바울은 때때로 그의 공동체들이 거룩한 삶의 방식으로 살아가는 데 실패하는 것을 보고 충격을 받는다.[45] 샌더스는 자기 견해를 두 가지 요점으로 요약한다. 샌더스는 바울이 반대했던 것은 "잘못되었거나 선택적인 것으로서 세 가지 법 혹은 세 가지 부류의 법인 할례, 특별한 날들, 특별한 음식에 대한 요구 조건인데, 이 법들이 가진 가장 분명한 공통분모는 이러한 것들이 유대인을 이방인으로부터 구별시켜 준다는 데 있다"라고 진술한다. 둘째로, 바울 스스로가 내세운 요구 조건들은 모세의 율법과는 다른데, 이는 "바울이 의무적인 것으로 여기는 행위의 많은 측면이

---

[44] *PLJP*, 93.
[45] 샌더스는 갈 5:14, 22; 6:2; 고전 1:8; 7:19, 34; 9:21; 고후 7:1; 롬 8:4; 12:2; 13:8-10; 빌 1:9-11; 2:15이하.; 살전 3:13; 4:3-7; 5:23을 인용한다(*PLJP*, 94).

특별하게 성서에 의해서 강요되는 것은 아니다"라는 점에서 그러하다.[46] 샌더스의 이 두 번째 제안에는 많은 이견이 있다. 히브리 성서가 빠진 채로 바울이 그의 공동체들의 행위를 논할 때, 그가 어떻게 히브리 성서를 제쳐 둘 수 있었는지 혹은 그것으로부터 논의를 형성하지 않을 수 있었는지는 상상하기 힘들다.

바울이 그의 이방인 공동체들을 위해 할례와 특별한 날들을 단정적으로 거부했다는 점에서 샌더스의 첫 번째 요점에 대해서는 많은 사람이 동의한다. 하지만 특별한 음식에 대해서는 약간의 의견 충돌이 있다. 고린도전서와 우상에게 바쳐진 음식에 대한 바울의 논의로 돌아가서 바울의 논증을 끝까지 읽었을 때, 바울이 실제로는 (1) 성전에서 먹는 것을 금지하고 (2) 만약 그 음식이 우상에게 바쳐진 것임이 알려졌다면, 그 고기의 실제 상태와 유래를 모른다는 유일한 예외를 제외하고, 그것을 먹는 것을 금지한다는 것을 알 수 있다. 고린도전서에서 바울이 새로운 음식법을 제정하는 것처럼 보인다는 점이 흥미롭다. 사실, 우회적으로 샌더스는 "행위에 대한 바울의 견해는 법처럼 작동한다는 중요한 의미가 있다"는 (그리고 종종 바울로부터 이러한 사실을 발견하는데) 결론을 이끌어 내는 듯하다.[47] 또한 이러한 관점은 바울이 성적으로 부도덕한 사람을 치리해야 함을 명령하고 "이 악한 사람은 너희 중에서 내쫓으라"라는 명령과 함께 신명기의 내용(신 17:7; 19:19; 21:21; 22:21, 24; 24:7)을 직접 인용하는 고린도전서 5장에서 찾아볼 수 있다. 고린도전서는 샌더스의 몇 가지 요점을 드러내지만, 이것의 더욱 분명한 특징들이 유대인-이방인 문제가 바울에게는 중요한 문제가 아니었던 편지에서 나

---

46   *PLJP*, 114.
47   *PLJP*, 114.

타난다는 것을 금세 알아차릴 것이다.

샌더스가 "율법에 대해 죽은 자들이 어떻게 율법에 순종하는지에 대한 체계적인 설명이 없다"라고 결론지을 때, 더 많은 문제들이 발생한다. 다시 말해, 위의 요점을 반복하자면, 샌더스는 바울의 사상, 논리, 신학에서 성령을 거의 전적으로 무시해 왔고, 이것은 수많은 문제들을 야기하고, 분명하지 않은 상황에 대해서는 복잡함을 초래한다. 샌더스의 장(chapter)에서, 성령의 역할에는 단지 작은 한 단락만 부여되는데, 이는 설명이라기보다는 진술에 더 가까운 것이다. 샌더스는 다음과 같이 이 문제가 틀에 맞춰진 그런 논의가 되는 것을 피하려고 애쓰는 것 같다. "하지만 우리의 현재 관심사는 바울이 '성령 안에서 사는 삶'을 무엇으로 의미했는지에 관한 충분한 설명을 제공하는 것이 아니라, 그가 율법을 어떻게 다루었는지를 이해하는 것이다."[48] 부분적으로 이 문제는, 바울의 말을 빌리자면, 건축자가 모퉁잇돌을 버렸다는 것이다. 이러한 부재는 샌더스로 인해 율법을 다루는 일을 더 복잡하게 만들고 따라서 다양한 수준에서 바울, 율법, 성령, 그리고 하나님의 백성에 관해 더욱 충분하게 이해하는 일을 오히려 불충분하게 만들어 버렸다.[49]

바울: 사도의 생애, 편지, 그리고 사상

샌더스의 오랜 구상과 기다림 끝에 2016년 바울에 대한 개론서인 *Paul: The Apostle's Life, Letters, and Thought*(바울: 사도의 생애, 편지, 그리고 사상)가 출간되었다. 샌더스는 원래 이 책이 1998년경에 출판되기를 바랐지

---

[48] *PLJP*, 99, 104, 114.
[49] 이 마지막 문장은 바울과 성령에 관한 고든 피(Gordon Fee)의 연구작인 *Paul, the Spirit, and the People of God* (Grand Rapids: Baker, 1996)를 떠올린다.

만, 그가 이 주제를 가지고 진지하게 연구를 시작한 것은 은퇴 이후인 2005년경이었다. 약 18년 후에 마침내 이 책이 나온 것이다. 샌더스가 바울과 관련한 방대한 분량의 출판 흐름을 따라잡지 못했음을 솔직하게 인정했음을 볼 때, 이 책의 출판이 이처럼 지연되었다는 사실은 주목할 필요가 있다. 이 책에서 샌더스는 "할 수 있는 한 가장 완벽한, 그런 완전한 모습의 바울"을 보여 주고자 했다.[50] 이 책은 분량에서 차이가 나는 두 부분으로 구성되어 있다. 전반부는 바울의 생애와 그가 살고 활동했던 고대 사회의 주변 특징을 다루고, 좀 더 긴 분량의 후반부는 여섯 개의 바울 서신(데살로니가전서, 고린도전서와 고린도후서, 갈라디아서, 빌립보서, 로마서) 연구로 구성되어 있다. 이 책의 방대한 분량으로 인해, 이번 장에서는 이전에 샌더스가 바울에 관해 연구한 책들을 통해서 개괄한 관점들이 추가적으로 수정된 부분이나 바뀐 부분을 보여 주기 위해, 샌더스의 이전 연구와 관련되는 이 책의 부분들을 살펴볼 것이다.

"사도로서 부르심받기 이전의 바울"이라는 장에서, 샌더스는 이방인을 위한 사도가 의미하는 맥락을 찾기 위해, 바울이 살았던 시대의 유대교(들)에 관한 설명으로 되돌아간다. 샌더스는 우선 바리새파 운동을 설명하는 것부터 시작한다. 샌더스는 바리새파 운동의 역사와 기원에 대한 간략한 설명을 제시한 후에, 바리새주의의 특징을 설명한다. 샌더스는 당시 잘 알려져 있던 그리스도교 사상과 신약학 연구 가운데 나타나는 바리새인들을 희화화한 두 가지 모습을 직시하는 것에서부터 시작한다. (1) 바리새인들은 율법의 아주 세세한 것들에 집착했다. (2) 바리새인들은 다른 유대인들이 그들의 가르침을 따르게 할 수 있는 능력/

---

[50] *PALLT*, xiv, xv.

권력을 가지고 있었다. 하지만 샌더스는 이 두 가지 내용 모두가 잘못된 것이라 생각했다.[51] 첫 번째 주장에 대해서, 샌더스는 율법의 그 세세한 것들이 사소한 것은 아니었다고 주장하고, 마치 그리스도인들의 부활절이나 성탄절 날짜를 바꾸기 위해 시도했던 것과 유사한 흥미로운 사례를 제기함으로써, 달력의 날짜에 관한 바리새인들의 논쟁을 예시로 보여 준다. 두 번째 관찰에서 샌더스는 바리새인들의 **열심**에 관한 부분이 과장되었다고 생각했다. 그는 바리새인들보다 더욱 열심 있는 몇몇 그룹들(예를 들면, 에세네파)이 있었고 로마에 대항한 반란을 주도한 자들은 바리새인들이 아니었다는 점을 지적한다. 샌더스는 바리새인들을 묘사하는 데 더욱 적합한 단어는 **엄밀한**(precise)이라는 단어이며, 이 점을 뒷받침하기 위해 누가와 요세푸스를 끌어들인다. 하지만 흥미로운 것은 **열심**(zeal)이라는 단어인데, 왜냐하면 바울이 예수를 만나기 이전까지 자신의 삶을 묘사하는 단어가 바로 그 단어이며, 동시에 이 단어는 폭력과도 연관되기 때문이다. 하지만 분명한 것은 바리새인들이 1세기의 정체성이 뚜렷한 그룹의 일원이 되기를 거부한, 이를테면 '암 하아레츠('am hā-'āreṣ, 그 땅의 백성)보다는 더욱 열심이었다고 결론을 내려야 한다는 것이다. **열심**은 본질적으로 비교를 뜻하는 용어이기에, 우리가 바울과 그의 바리새인으로서의 과거를 상정하기 시작할 수 있는 것은 다른 유대인 그룹들의 맥락 안에서만 가능하다.

샌더스는 "바리새주의 구원론"에서 그의 다른 연구에서 다룬 독특한 주제로 되돌아간다. 샌더스는 다음과 같이 거칠게 요약된 특이한 유비를 가지고 이 작업을 시작한다. "(1) 그리스도교는 교리/신념의 종교로

---

[51] PALLT, 32.

발전한다. (2) 그리스도교 신학자들은 교리적인 배경을 가지고 있다. (3) 그리스도교 신학자들은 자신의 교리적 범주를 고대 종교들에 적용한다. (4) 하지만 고대 종교들은 교리적이지 않았다. (5) 그러므로 고대 종교들은 '요구되는 신념'을 가지고 있지 않았기 때문에 고대 종교들 안에서 교리들을 찾아내려는 시도는 범주적 오류이다."[52] 샌더스가 사용하기로 한 가정된 체계는 곧장 두 가지 문제를 제기한다. 첫째, 샌더스가 밝혀낸 것처럼 그 체계는 확실한 것인가? 예를 들어, 유일신론 개념을 떠올려 보자. 분명 유일신론은 1세기 안에서 신념일 뿐 아니라 관습이기도 했다. 유일신론은 샌더스가 잠시 뒤에 "정의롭고, 의로우며, 공정한" 하나님에 대한 개념을 논의할 때 사용한 용어로 "흔하지 않은 유대인 교리"의 한 예인 것처럼 보이기도 한다. 유일신론에서 다양한 신념들이란 있을 수 없다. 유일신론자이거나 그렇지 않을 뿐이다. 만약 유일신론자가 아니라면, 그는 더 이상 유대인으로 간주되지 않을 것이다. 흥미롭게도, **일반적인** 유대인의 신념에 관한 논의에서, 샌더스는 유일신론을 언급하지 않는다.

유일신론은 두 번째 문제로 이어진다. 바로 용어상의 문제다. 비록 유일신론이 교리는 아닐 수 있어도, 대부분 집단들은, 특별히 1세기 유대교 집단은 집단들 사이의 경계에 관심을 가졌다. 쿰란공동체만 해도 그렇다. 누가 안에 있고 누가 밖에 있는지를 고려하는 것은 부정적인 일이 될 이유가 없고, 어떤 면에서 볼 때 그것은 다른 그룹을 식별하기 위해서 요구된다. 물론 고대 세계에서 이것은 신념과 관습 이 두 가지가 혼합된 것이었다. 그러나 그것은 분명히 신념을 희생시키는 것은 아

---

[52] *PALLT*, 44.

니었다. 여기 한 가지 예가 도움이 될 것이다. 마카비 혁명, 그리고 우상에게 제물을 바치려 했던 어느 헬레니즘 유대인을 죽였던 맛다디아를 예로 들어 보자. 맛다디아의 관점에서 보면 유대인은 우상에게 제물을 바쳐서는 안 된다는 요구 사항/신념이 있었던 것으로 보인다. 그리고 이것은 그가 가진 관습이 무엇인지를 알려 준다. 경계선은 중요했고 또 중요하며, 신념은 그 경계를 알리고 구분하는 데 도움이 된다.

1세기 유대교 내에서 신념의 다양성에 주목해야 한다는 점에서 샌더스의 주장은 옳다. 하지만 어떤 그룹은 오래된 고정관념에 발목 잡히지 않고 교리의 유연성을 강조했다고 말하는 것만으로는 충분하지 않다. 초기 그리스도교는 분명히 신념과 관습 모두를 염두에 두었으며 샌더스가 재구성하려 한 유대교(들)의 동일한 사회적 모체에서 발아한 운동이었다.

샌더스의 갈라디아서. 이 책의 중간쯤을 지나서, 샌더스는 바울의 생애와 사상에 있어서 갈라디아서를 논의한다. 비록 여기서 우리는 목적한 바를 위해 2부부터 4부까지를 다루지만, 샌더스는 갈라디아서를 네 개의 부분으로 다룬다. 2부에서 샌더스는 갈라디아서가 대응하려 했던 갈라디아의 문제들을 논의한다. 샌더스는 "갈라디아서의 대부분은 여러 부분들로 구성된 하나의 긴 논쟁"이며 따라서 우리가 그 논쟁을 끝까지 파악하지 않고 어느 한 부분을 취해서 그것을 전체인 것처럼 만들어 버리지 않도록 조심해야 함을 정확하게 인식하고 있었으며 이를 반복해서 되새긴다.[53] 위에서 제시한 샌더스의 해석적 체계에 관한 우리의 관심은 갈라디아서 2:14-3:29 해석에 초점을 맞추고 있고, 그 외 관

---

53 *PALLT*, 473. 사도행전과 갈라디아서의 관계라는 측면에서, 샌더스는 사도행전 11장 혹은 사도행전 15장을 갈라디아서 2장에서 묘사된 사건으로 보지 않는다(*PALLT*, 464).

련된 부분들도 적절하게 포함할 것이다.

샌더스는 바울 해석가들이 몇 개의 구절 내에서 매번 마주하는 용어인 '**의롭게 하다**', '**의로운**', 그리고 '**믿음**'을 다룰 때 나타나는 번역의 난해함에 관한 언어적 수업으로 갈라디아서 2:14-16을 설명하기 시작한다.[54] 샌더스의 이 논의는 모든 독자가 귀 기울일 필요가 있다. 뒷부분에 해당하는 상당수 내용들은 바울이 전개하는 주장 내에 관련된 용어들과 논쟁들에 관한 상세한 분석을 다룬다. 그 외의 것들 가운데 샌더스는 아브라함의 역할과 특징, 유대인의 해석적 관습, 구약성서 인용, 그리고 바울이 사용한 논증의 유형들에 대해 논의한다.

여기서 우리가 목적으로 하는 가장 중요한 내용은 샌더스가 갈라디아서 3:19a에서 나타난 율법의 **목적**을 다루는 방식이다. 샌더스는 율법의 목적에 관한 그의 논의를 불러일으킨 것이 율법의 "저주"에 관한 바울의 주장임을 상정한다. 샌더스는 자신이 갈라디아서를 해설하는 데 로마서를 지나치게 의지하는 것 같다고 순순히 인정하기는 하지만, 그럼에도 율법에 관한 논의에서 바울이 갈라디아서에서 하나님의 구원의 역사적 계획이 감추어져 있음을 보여 주는 단어인 **히나**$_{hina}$(~하기 위하여, ~하는 목적으로)를 사용한 내용에 대해 간략하게 요약한다. 샌더스가 규명한 이 부분의 주요한 질문 중 하나는 "그렇다면 왜 율법인가?"이며, 이 질문은 "바울은 왜 율법에 반대했는가?"라는 해석적 질문과 연관되어 있다. 우선 첫 번째 질문에서 샌더스는 그 질문에 대한 답으로 그리스도 이전까지 백성을 구속해 두기 위함이라고 결론을 내린다. 두 번째 질문에 대해서 샌더스는 그 답으로 "하나님이 그 백성을 또 다른

---

[54] *PALLT*, 503-14.

방법으로 구원하려 하시기 때문이다"라고 제시한다.[55]

두 가지 대답 모두 신학적인 중요성에 있어서 완전히 자의적이진 않더라도, 논쟁의 설득력에 있어서는 전적으로 부실하다. 특히 두 번째 대답은 최악의 형태로, 하나님이 결국에는 단순히 다른 방법으로 대체한 어떤 체계를 세우려 한 변덕스러운 존재로 보인다. 확실히 이러한 답들은 불만족스럽다. 원래 구상했던 각본은 플랜 A인데, 이것은 율법을 사용하는 것으로서, 율법은 "살게 하는"(혹은 "생명을 주는", 갈 3:21) 일에는 효력이 없었다. 그래서 하나님은 플랜 B로서 그의 아들을 보냈던 것이다.

둘째, 샌더스가 제시한 대답들과 갈라디아서 2:14-3:29에서 나타난 바울의 입장에 관한 그의 해석은 모두 율법이 "구원한다"라는 가정 위에서 작동한다. 일의 순서가 이상하지만, 샌더스는 그의 이전 연구가 해체한 바울에 대한 해석의 한 가지 요점을 가정해 왔다. 샌더스의 바울은 샌더스만의 새로운 관점을 필요로 한다. 샌더스에 따르면, 바울은 율법이 구원한다고 생각했거나, 아니면 적어도 그의 반대자들이 그렇게 믿었다고 가정할 수 있다. 그렇다면 바울의 반대자들은 제2 성전기 유대인들인가? 『바울과 팔레스타인 유대교』는 제2 성전기 유대인들이 그러한 관점을 가지고 있지 않았음을 주장하지 않았는가? 우리는 지금 난해함에 봉착해 있다. 곧 바울이 그의 반대자들을 잘못 이해했거나, 아니면 바울의 반대자들과 바울의 논증에 관해 샌더스가 가진 가정들이 잘못되었거나 한 것이다. 아무튼, 이 부분에서 바울에 관한 샌더스의 해석은 바울의 논리를 전통적인 독해와 비슷한 특징을 갖는 것으로 만들어 버린다.

결국, 따지고 보면, 갈라디아서에서 샌더스의 독해가 놓친 것은 바로

---

[55] *PALLT*, 530-33, 536.

시간적 논쟁이다. **이제** 하나님은 그분의 아들과 성령을 보내셨고, 율법은 그것의 가장 선하고 완벽한 목적을 성취했으며, **더 이상** 이방인들은 할례를 받을 필요가 없다는 것이다. 바울은 메시아가 올 때까지 율법에 **임시적인** 역할을 부여했다는 이야기를 담은 그의 전복적인 (재)독해를 제안하기 위해 그의 반대자들이 선호하는 인물인 아브라함을 사용하여 논쟁을 불러일으킬 것이다. 그러나 여기서 임시적인 것은 부정적인 것과 같다고 주장하는 것은 **해석적인** 움직임이다. 또 "후견인"이 속박과 같다고 주장하는 것 역시 해석적인 움직임이다. 이러한 결론들을 반드시 부정적인 것으로 볼 필요는 없다. 아마 어떤 이는 로마서에서 더욱 풍부한 표현과 완숙함으로 드러나는 율법에 대한 긍정적인 관점들을 통해서 바울 사상의 맹아가 싹트기 시작하는 것을 발견할 수 있다. 다시 말하자면, 율법은 "하나님의 말씀"(롬 3:2)이고, "거룩하고, 의로우며, 선하다"(롬 7:12). 율법에 관한 주제들, 즉 의로움과 믿음과 이방인들에 관한 내용은 이후에 바울이 로마인들에게 보낸 편지에서 다시 등장한다. 이제 이 내용을 살펴볼 것이다.

샌더스의 로마서. 샌더스는 로마서를 다루면서, 그의 이전 연구들에서 더 발전시킨 몇 가지 주제를 선별한다. 샌더스는 바울이 로마서를 쓸 때, 이전 갈라디아서의 몇몇 논증들로 돌아가 심지어 이를 재사용했다고 주장한다. 왜냐하면 바울은 "갈라디아서의 문제를 아주 깊이 고민하고 있었는데, 그것은 바로 이스라엘의 하나님 백성 안에서 이방인의 지위였다. 그 결과, 바울은 신적 섭리 안에서 유대인 율법의 역할이라는 복잡한 문제에 관해 여전히 고민하고 있었던 것이다."[56] 유대인과 이방

---

56 PALLT, 617.

인의 문제, 그리고 율법과 이들의 관계에 관하여 갈라디아서와 로마서 사이에 중첩되는 부분이 있는 것은 사실이다. 하지만 반대로, 같은 문제가 갈라디아에서처럼 로마에서도 드러난다고 샌더스가 결론짓고자 하는 만큼 이러한 사실이 명확한 것은 아니다. 비록 우리가 아브라함과 할례 문제에 관해 비슷한 주장을 펼지라도, 그 문제는 로마서 안에서는 살짝 다른 맥락 안에서 나타난다. 변화하는 맥락은 로마서 9-11장 하나님의 계획 안에서의 이스라엘의 성격, 이스라엘의 구성원이 되는 자격, 정체성, 그리고 목적에 대한 확장된 담론을 통해 로마서 안에서 나타난다. 이러한 논의는 로마서의 이 문제가 갈라디아서의 문제와 비슷하지만, 아마도 역행의 문제를 다루고 있음을 보여 준다. 말하자면, 갈라디아에서는 유대교로 전향하는 것이 매력적인 것이었지만, 이와 반대로 로마에서는 예수 운동의 유대적 뿌리가 이방인들에게는 경멸과 무시의 대상이었다. 바울은 이방인들이 가진 특권이라는 자만심을 스스로 교정하기를 주장하고, 로마에 있는 공동체들이 이 문제를 적절하게 이해하도록 되돌려 놓는다. 그래서 비록 표면상 로마서와 갈라디아서는 비슷한 문제들을 다루지만, 바울은 다른 관점에서 이 문제들을 다루고 있는 것이다.

샌더스는 로마서의 중요한 주제들에 대한 논의에서 다시 바울 사상의 해결-곤경 체계로 되돌아간다. 샌더스는 그가 "하나님의 위대한 계획"이라 부르는 것, 바로 그리스도 안에서 주어진 해결은 단 "하나의 문제", 즉 바울이 대문자 S로 시작하는 죄(Sin)로 규명하는 것을 필요로 한다는 자신의 주요한 결론을 되짚는다. 샌더스는 이 해결에서 곤경으로의 체계가 적어도 로마서 1-7장을 특징짓는다고 주장한다. 하지만 놀랍게도 샌더스는 비록 바울의 사유가 해결에서 곤경으로 진행되지만,

로마서에서는 그 반대 즉 바울의 사유가 곤경에서 해결로 나아가는 것을 보게 된다고 계속해서 진술한다.[57] 이러한 샌더스의 연구를 읽는 가운데 이 지점에서 의구심이 증폭되는데, 그것은 바로 왜 로마서에서는 바울의 사유가 가진 이러한 뚜렷한 특징이 나타나지 않았을까 하는 궁금함 때문이다. 만약 우리가 샌더스의 결론을, 심지어 바울 신학에 나타나는 사유의 발전에 관한 그의 주장까지 진지하게 받아들인다면, 왜 우리는 로마서에서 바울 사상의 그런 핵심적 요소를 발견하지 못할까? 더 나아가서, 위에서 언급한 것처럼 만약 바울이 갈라디아서에서 가져온 몇 가지 논증을 재사용하고 있다면, 왜 바울은 그 해결-곤경 체계를 재사용하지 않았을까? 증거는 정반대의 결론을 제시할 수 있지만, 샌더스는 왜 바울이 이렇게 중심적인 문제에서 그 입장이 변했는지를 설명하는 자세한 주장을 진전시키거나 발전시키지 않는다.

로마서 7장에 관한 논의를 다룰 때, 우리는 단지 로마서 해석에 관한 복잡한 논의뿐 아니라 율법에 관한 샌더스의 또 다른 관점을 다루기 시작한다. 샌더스는 선택/율법과 그리스도를 믿음이라는 "두 개의 경륜"에 관한 한 가지 논의와, 또 다른 논의로서 바울은 낡은 경륜을 폄하할 수 없었는데 왜냐하면 그 경륜 역시 하나님이 부여하신 것이기 때문이었다는 사실에 관한 논의로 되돌아간다. 샌더스는 바울이 "그 두 개의 신적인 경륜을 조화시키는 문제를 가지고 있었다"라고 주장한다.[58] 샌더스는 바울이 가진 그런 어려움을 가리키는 증거로서 로마서 2장과 로마서 9-11장을 지적한다. 매우 난해한 논쟁에서, 샌더스는 로마서 7장에서 명확하게 드러나는 복잡함을 보여 주는 바울의 사유를 다음과 같

57   *PALLT*, 622.
58   *PALLT*, 640

이 요약한다. 그 내용은 아래와 같다.

1. 온건한 입장: 종종 바울은 그리스도를 믿는 믿음이 옛 시대보다 "더 영광스러운" 새 시대라고 말한다.
2. 중재하는 입장: 또 어떤 때, 바울은 빌립보서 3:7-8에서 진술했던 것처럼, 율법은 "내버려야 할" 것이고 "아무것도 아닌 것"과 동일한 것일 수 있다고 말한다.
3. 부정적 입장: 마지막으로, 바울은 율법이 "무용"하다는 입장에서 율법은 "절대적인 **악**"이라는 입장으로 바뀐다.[59]
4. 결론: 바울은 이러한 대조되는 상황에서 당혹스러워 하는데, "하나님이 율법을 부여하셨기 때문에, 바울은 위의 부정적인 입장을 철회하거나 수정해야 할 것이다."

바울과 율법에 관한 이러한 가정들을 고려할 때, 율법을 이해하는 바울의 관점에 대한 샌더스의 결론은 바울의 관점이 일관성이 없으며 심지어 모순적이기까지 하다는 것이다. 샌더스는 한동안 이 입장을 고수해 왔으나 여전히 설득력이 없는 채로 남아 있다. 사안을 다소 더욱 어렵게 만들 만큼 이러한 복잡성은 더 이상 단순화할 수 없는 것인데, 그 이유는 이스라엘을 선택함과 율법의 수여, 그리고 우주적 구원을 모두 아우르는 시도는 샌더스로 하여금 이러한 작업은 "이루어 질 수 없다"라는 결론에 이르게 하기 때문이다.[60] 누군가 바울과 이후의 해석 전통에 관해 이야기해 주었으면 좋겠다! 확실히 이 문제는 그것을 보는 사람

---

59 *PALLT*, 641; 원문 강조.
60 *PALLT*, 641.

의 시각에 달려 있다. 우리는 바울을 향해 자신을 투사하는 바울의 해석자들의 경우에서 보듯이, 우리가 제기하는 문제들에 늘 신중해야 한다.

샌더스는 로마서에 관한 두 번째 부분에서, 로마서 9-11장의 가장 중요하고 근본적인 문제로 향한다. 로마서 9-11장은 로마서 대부분의 기초이자, 그 가치와 중요성은 로마서 메시지에 핵심적인 것으로 지난 세기 동안 올바르게 인식되어 왔다. 샌더스는 로마서 10:1-4 중간에서, 바울이 "유대인의 잘못은 이들이 그리스도인이 아니라는 것; 유대교의 잘못은 그리스도교를 받아들이지 않았던 것"이라고 결론을 내릴 때, 이 문제에 대해 그가 이전에 내린 결론들을 그대로 유지한다. 이러한 결론은, 샌더스의 말을 빌리면, 바울은 "하나님이 이스라엘을 선택하셨고 오직 그리스도를 통해서만 구원하신다는 그의 기본적인 전제에 의하면, 답이 없는 문제에 직면하고 있다는" 잘못된 가정에 기초하고 있다.[61] 이런 결론은 바울이 직면했던 명백한 혼란, 실제로는 로마서 9:3에서 묘사된 고뇌를 설명해 주지 못하는 것처럼 보인다. 또다시 우리는 로마서 9-11장에서 구약성서가 사용된 것을 고려할 때, 훨씬 더 충격적인 선험적 가정의 문제에 봉착하게 된다. 샌더스는 문제와 답을 혼동한 것처럼 보인다. 겉으로 보기에, 하나님이 이방인들을 자의적으로 선택하기 원해서 이스라엘을 버리신 것처럼 보는 것은 분명히 문제의 소지가 있다. 하지만 이것은 엄밀히 말해 바울이 **대답하려 한 것이지 그의 결론은 아니다**. 바울은 1세기 그의 공동체들이 직면한 본질적인 문제에 대한 더 나은 해결책을 찾기 위해 고심하는 것처럼 보인다. 로마서 9-11장은 바울이 그 해결책을 풀어 가는 과정이고, 놀랍게도 그의 주장은 구약성서 자체와

---

61   *PALLT*, 676, 681.

이스라엘 역사 전체를 관통하는 하나님 이야기에서 도출된다.

마지막으로, 샌더스가 유대교 **대** 그리스도교라는 구도를 만든 부주의함을 반드시 문제 삼아야 한다. 왜냐하면 이러한 구도는 1세기 현실성의 미묘한 차이가 가진 깊이를 결여하고 있으며, 여러 면에서 볼 때, 미래의 희화화된 모습을 1세기의 현실성 안으로 던져 넣기 때문이다. 이러한 모순은 지적되어야 한다. 비록 우리는 초기 그리스도교에 대해 이야기할지 모르지만, 아직 그 입구에도 들어서지 못했다. 분명히 로마서는 이방인이 주류가 되는 시나리오를 구상한 듯 보이지만, 다른 현실에 비추어 볼 때, 이 시나리오는 비록 도래할 일들의 징조임이 분명하지만 1세기 가정 교회들에 있어서는 무난하게 받아들여질 만한 것은 아니었다. 샌더스의 그리스도교 교리 설명에 있어서, 비록 샌더스가 바울은 교리를 세우고자 한 아퀴나스와 같은 신학자가 아니었다고 말하려고 애쓰지만, 그럼에도 불구하고 샌더스는 바울의 편지들을 통해서 우리가 도달할 수 없는 모든 면에 있어서 완벽한 체계를 갖춘 그리스도교의 현실성에 근거한 결론을 주장한다. 어느 누구도 양쪽 모두를 가질 수는 없다.

결론

학자는 그가 내린 결론에 사람들이 동의하는지 안하는지가 아니라 그 주제에 대해 사람들이 더 깊이 생각하도록 자극하는지 아닌지에 의해서도 평가받아야 한다. 이러한 특징은 E. P. 샌더스라는 사람과 그의 연구에서 나타난다. 그의 경력 전체에 걸쳐, 샌더스는 더 많은 성찰과 세심한 반응을 유도하는, 사유를 불러일으키는 생각과 책을 계속해서 제공해 왔다. 비록 사람들이 그에게 늘 동의하지 않았어도 말이다. 샌더스는 바울의 편지와 사유에 의해서 제기되는 역사적, 신학적, 윤리적 문제에 있어서 이러한 작업을 해냈다.

예를 들면, 바울은 조직신학자도 아니었고, 조직신학을 구축하려 하지도 않았다는 데 대부분 동의한다. 이러한 주장은 바울이 **신학적**이지 않았다는 것을 의미하지 않는다. 왜냐하면 바울은 분명히 매우 신학적인 사람이기 때문이다. 바울을 해석할 때, 바울이 그의 편지들을 통해 응답하고자 한 문제들과 그 편지들 배후에 숨은 사유의 과정 사이에서 반드시 발견해 내야 할 균형점이 있다. **때때로**, 바울은 그의 공동체가 제기한 문제에 즉흥적으로 응답한다. 그러나 이것이 바울 서신들이 즉흥적으로 부주의하게 쓰였음을 말하는 것은 아니다. 가끔 샌더스는 이러한 점을 제기함으로써 새로운 문제점을 만들어 낸다.

비록 *Paul: The Apostle's Life, Letters, and Thought*(바울: 사도의 생애, 편지, 그리고 사상)에 심각한 신학적 취약성이 있음에도 불구하고, 샌더스의 다른 많은 장점들에 대해서는 반드시 공정해야 한다. 그 한 예는, 로마서 7장에 대한 전형적인 루터교 해석에 대한 샌더스의 비판이다. 우리 관점에서 볼 때, 로마서 7장은 그리스도인의 삶에 대한 묘사가 아니다. 로마서 7장에 관한 샌더스의 논의는 이 장을 하나의 자서전 내지 한 그리스도인의 삶에 대한 묘사로서 읽을 때의 취약성을 보여 준다. 바울은 그리스도인은 죄의 속박으로부터 해방되었다고 주장한다. 로마서 7:14-25은 한 그리스도인이 자기가 그리스도인 되기 이전의 실존을 묘사한 내용이다.

샌더스의 가장 큰 단점은 그가 지난 20년간 이루어진 중요한 바울 연구들과 어떤 의미 있는 방식으로든 소통하는 데 실패했다는 점이다. 비록 샌더스가 이 점을 해명하기는 하나, 그것은 분명 이 책이 가진 문제이다. 또한 바울 해석자들은 사도행전을 다룸에 있어서도 학자들의 의견이 분분해서 어려움에 마주친다. 이를 위해서 샌더스는 우리의 관점에서 볼 때 사도행전에 대해 부정확한 많은 가정들을 만들어 낸다. 여기서 한 가지 두드러진 문제를 보면, 샌더스는 누가가 그의 지난 두 차례의 선교 여행 기간 동안에 바울의 동행자였을 수 있으며, 바울 자신으로부터 그의 인생 초반에 관한 정보를 어느 정도 입수했을 것이라는 희박한 가능성에 대해 어느 곳에서도 논하지 않았다는 것이다. 이런 가능성에 대해서 샌더스는 오직 침묵할 뿐이다. 심지어 비록 샌더스가 강하게 반대한다 하더라도, 논쟁이 제기될 필요는 있다.

이 과정에서 우리가 지적했듯이, 빈번하게 샌더스는 바울의 편지들이 침묵하는 부분을 해석하는데, 그래서는 안 된다. 하나의 예로 충분하다. 바울이 고린도후서 3-5장에서 그랬던 것처럼 "몸을 떠나 주와 함께 있는 것"에 관해 로마서에서도 그만큼 이야기하지 않았다고 해서, 바울이 그 주제에 대한 자신의 생각을 바꾼 것은 아니다. 바울은 다른 방식들로 비슷한 주제들에 대해 이야기할 수 있으며, 그 문제를 접할 때마다 매번 바울이 그 문제에 대해 이야기할 필요는 없는 것이다. 고린도후서 3-5장은 미래의 종말론을 결여하고 있지 않다. 그 대신에 그것은 심판의 날에 재판장 되신 그리스도에 대해 이야기한다. 오히려 바울이 어떻게 사후의, 그리고 장래의 두 가지 내세 개념을 모두 확언하면서 함께 견지할 수 있었는지를 논의하는 것이 더 도움이 될 것이다.

믿음으로 말미암은 의로움에 대한 샌더스의 논의는 어떠할까? 여기서 우리는 샌더스가 매우 도움이 되며, 그가 전가된 의에 대한 개념을 계속해서 비판하는 것이 옳다고 생각한다. 바울은 지금 법정 소설을 가지고 이야기하는 것이 아니다. 그는 실질적인 변화에 대해서 이야기하는 것이고, 그것은 단순히 지위에 있어서의 변화뿐 아니라 회심에 있어서 상태의 변화도 이야기하고 있는 것이다. 신자에게 그리스도의 의를 전가하는 것에 대해서는 어디서도 이야기하고 있지 않다. 사실, 신용과 부채와 결산과 관련된 모든 언어는 법적 용어가 아니다. 그것은 바울과 같은 장막장이들은 너무 잘 알고 있었던 사업상 용어다. 바울은 장 칼뱅처럼 숙련된 변호사는 아니었던 것이다.

샌더스는 지난 20년 동안의 바울 학계와의 실질적인 교류가 없었음에도 불구하고, *Paul: The Apostle's Life, Letters, and Thought*(바울: 사도의 생애, 편지, 그리고 사상)는 바울에 관한 자신만의 많은 관점을 탁월하게 요약함과 동시에 우리에게 수많은 흥미로운 주석들을 제공해 준다. 그리고 이 책은 바울에 관한 샌더스의 사유가 70년대 후반부터 지금까지 큰 변화가 없음을 보여 주는 중요한 책이기도 하다. 하지만 샌더스가 연구한 것만큼 유대인 율법에 관한 바울의 관점들과 초기 유대교에 대한 그리스도교의 우스꽝스러운 묘사에 대해 반박했던 것과 같은 그런 훌륭한 작업을 한 학자들은 거의 없다. 우리는 이 부분에 있어서, 그리고 바울과 초기 유대교를 이해함에 있어서 샌더스에게 큰 빚을 진 셈이다.

3. N. T. 라이트 산맥 오르기

> 라이트는 더 간략한 책을 썼을 것이다.
> … 하지만 그에겐 시간이 없었다.
> — 리처드 헤이스

비록 1977년부터 지금까지 N. T. 라이트가 쓴 방대한 저술들의 영향이 E. P. 샌더스의 저술만큼 그 영향이 **광범위하지** 않지만, 그럼에도 불구하고 보수적인 개신교와 가톨릭의 맥락에서 보면, *The Climax of the Covenant*(언약의 절정, 1991), *Justification: God's Plan and Paul's Vision*(2009, 『톰 라이트, 칭의를 말하다』) 같은 책들과 수많은 논문(라이트의 논문에 대해서는 *Pauline Perspectives: Essays on Paul, 1978–2013*을 보라)에서 나타난 것처럼, 이른 시기부터 여러 책을 내면서 연구를 시작했던 라이트만큼 바울에 대한 논의에 큰 족적을 남긴 사람은 없다.¹ 하지만 *Paul and the Faithfulness of God*(상, 하, 2013, 『바울과 하나님의 신실하심』)은 무려 그 분량이 약 1,500 페이지에 달하며, *Paul and His Recent Interpreters*(바울과 최근 바울 해석자들, 2015)에서 바울 연구자들의 최근 논의들을 재고찰하는 작업을 진행

---

1   N. T. Wright, *The Climax of the Covenant: Christ and the Law in Pauline Theology* (Minneapolis: Fortress, 1991); Wright, *Justification: God's Plan and Paul's Vision* (Downers Grove, IL: InterVarsity Press, 2009); Wright, *Pauline Perspectives: Essays on Paul from 1978–2013* (Minneapolis: Fortress, 2013). 이 장에서 일부 자료는 2014년 1월 11일부터 10월 8일까지 나의 블로그 Patheos의 The Bible and Culture에서 처음 소개했다. 더 많은 정보는 www.patheos.com/blogs/bibleandculture/2014/01/11/wrights-paul-and-the-faithfulness-of-god-part-one를 참고하라.

했던 것처럼, 바울과 관련된 주제들에 대한 라이트의 가장 풍부하고 완숙한 설명을 반영하고 있다 해도 과언은 아닐 것이다. 또한 라이트는 최근에 이방인들의 사도였던 바울에 관한 전기도 출간했다.[2]

이제 우리는 『바울과 하나님의 신실하심』에서 나타난 라이트의 분석과 비평에 집중할 것인데, 왜냐하면 이 책은 바울과 그의 사유 세계에 관련된 라이트의 주요한 주제와 주장, 그리고 일련의 접근 방식 등에 관한 많은 내용을 알맞게 요약하기 때문이다. 이처럼 하는 또 다른 이유가 있는데, 그것은 "야웨의 시온으로의 귀환과 포로 귀환"에 대한 라이트의 중요한 논지에 대해 수많은 학자들이 보인 반응은 말할 것도 없고, 라이트의 이 책에 대한 여러 학자들의 매우 폭넓고 자세한 반응이 *God and the Faithfulness of Paul*(하나님과 바울의 신실함, 크리스토프 헬리그 토마스 휴잇, 마이클 버드 편집, 2017, 800페이지 이상)이라는 이 한 권에 담겨 있기 때문이다.[3]

우선 시작부터 강조할 점이 있다. 그것은 라이트가 세계적인 학자이고, 큰 그림을 그리는 사상가라는 사실이다. 따라서 라이트가 쓴 주석의 미시적인 부분뿐 아니라 그가 제시하는 설명의 거시적인 부분까지 고려하지 않는다면 그가 한 연구에 대한 어떤 분석도 만족스럽지 못할 것이다. 여기서 거시적인 부분이란 라이트가 설명한 바울의 사유와 실천을 담은 지적인 체계뿐 아니라 특정한 텍스트에 대한 라이트의 주석을 안내하는 맥락적인 요소와 가정을 의미한다. 따라서 이 장에서는 바울을 설명할 때 라이트가 제시하는 어떤 개요나 전체적인 관점을 좀 더

---

2   N. T. Wright, *Paul: A Biography* (New York: HarperOne, 2018).
3   Christoph Hellig, J. Thomas Hewitt, and Michael F. Bird, eds., *God and the Faithfulness of Paul* (Minneapolis: Fortress, 2017); James M. Scott, ed., *Exile: A Conversation with N. T. Wright* (Downers Grove, IL: InterVarsity Press, 2017).

다루고자 하는데, 이러한 작업은 바울의 중요한 텍스트에 대한 라이트의 주석을 이해하는 열쇠를 제공한다.

황제 숭배

넓은 의미에서 볼 때, 바울은 그가 가고자 하거나, 사역하거나, 방문하거나 살았던 그 모든 곳이 로마 제국에 속해 있던 그런 맥락에서 활동했다. 그래서 바울이 로마 제국을 어떻게 이해하고 있었는지를 묻는 것은 자연스럽다. 하지만 가장 중요한 질문이 있다면 그것은 아마도 아우구스투스와 리비아 같은 황제와 그 후계자들처럼 당시 현존하거나 동시대에 살았던 역사적 인물에 대한 숭배를 포함해서 그 시대에 만연해 있던 황제 숭배를 바울이 어떻게 이해하고 있었는가 하는 것이다. 비록 라이트는 그가 선택한 경구, 곧 "바울에게는, 그리스도가 실재이며, 황제는 그리스도의 패러디에 불과하다"를 사용할 준비가 늘 되어 있지만, 황제 숭배에 대한 바울의 반응에 있어서 라이트가 초기에 제시한 몇몇 대담한 진술들은 미묘한 차이가 있다고 말할 수 있다. 하지만 라이트의 좀 더 미묘한 접근조차 주목할 만한 거센 비판들을 초래하는데, 그 예로 존 바클레이의 논문 「바울에게 로마 제국이 대수롭지 않았던 이유」를 들 수 있다.[4]

신약성서가 황제 숭배에 대한 비판을 반영하고 있음을 알려 주는 증거 연구를 포함해서 최근 수많은 황제 숭배 연구의 뒤를 이어, 몇 가지 측면에서 볼 때 『바울과 하나님의 신실하심』 5장은 이 두 권짜리 책의 첫 번

---

[4] John Barclay, "Why the Roman Empire Was Insignificant to Paul," in *Pauline Churches and Diaspora Jews* (Tübingen: Mohr, 2011), 363-87. 또한 김세윤의 "Paul and the Roman Empire," in Hellig, Hewitt, and Bird, *God and the Faithfulness* of Paul, 277-308에서 찾아볼 수 있다.

째 권에서 가장 중요하다. 이 책이 *Jesus Is Lord, Caesar Is Not*(스캇 맥나이트, 조지프 모디카 엮음, 2013, 『가이사의 나라 예수의 나라』)이 출간되기 직전에 편집을 마감한 것은 유감스러운 일이다. 왜냐하면 바울의 편지 중 많은 부분을 포함하여 신약성서 내 많은 곳에서 황제 숭배 비판을 읽어 내는 것에 관한 반론에 맞서는 라이트의 반응을 보는 것은 흥미롭기 때문이다.[5] 앞서 말한, 맥나이트와 모디카가 엮은 책은 대체로(편집자들을 포함해서 학자 열두 명의 의견을 통해서 볼 때) 반-제국주의적 수사법(rhetoric)은 신약성서 기자들의 주된 강조점이 **아니며**, 이들이 기록한 내용을 보아도 로마에 반대하는 내용이 신약성서 기자들이 가진 핵심적인 목적은 **아니**라고 결론을 내린다. 실제로, 이들 중 몇몇 저자들은 신약성서 안에 나타나는 대립은 하나님의 나라와 황제의 나라 사이에 있는 것이 아니라, 하나님의 통치와 사탄의 통치(비록 사탄이 다양한 방식으로 통치 구조에 개입하고 있지만) 사이에 있는 것임을 강조한다. 신약성서 해석에 있어서 황제 숭배 이론에 대한 비판을 이해하기 위해서 크리스토퍼 브라이언의 탁월한 책인 *Render to Caesar*(가이사의 것은 가이사에게, 2005)를 읽어 볼 것을 추천한다.[6] 자, 그렇다면, 라이트는 이 문제에 대해 뭐라고 주장하고 있는가?

우선, 라이트는 로마 역사를 재검토하는데, 곧 로마가 제국이 되도록 이끈 것, 그리고 아우구스티누스 때 전성기와 로마의 종말론 혹은 목적론이라 불리는 새로운 황금시대에 이르기까지 로마의 전 역사를 설명하기 위한 베르길리우스를 비롯한 다른 이들의 찬사들을 살펴본다. 여기서의 핵심은 로마의 복음, 로마의 왕, 로마의 나라라는 이 이야기가 바울이

---

[5] Scot McKnight and Joseph B. Modica, eds., *Jesus Is Lord, Caesar Is Not: Evaluating Empire in New Testament Studies* (Downers Grove, IL: InterVarsity Press, 2012).
[6] Christopher Bryan, *Render to Caesar: Jesus, the Early Church, and the Roman Superpower* (Oxford: Oxford University Press, 2005).

그리스도와 그의 나라를 이야기하는 방식에 영향을 주었거나 그에 대조되는 역할을 했는지를 제시하는 것이다. 라이트는 이렇게 주장한다.

> 비록 이 거대한 서사의 구성 요소들이 바울 자신이 살고 있다고 믿었던 단 하나의 위대한 이야기와는 아주 근본적으로 다르지만, 전체적인 형태, 다시 말해 수 세기에 걸친 긴 이야기에 어떤 전체적인 형태가 있다는 것은 파악할 수 있으리라 생각한다. … 다소에서 자란 영리한 소년이 예루살렘에서 그와 같은 문제에 관하여 더 세세한 부분은 아니더라도 최소한 그것이 말하는 중요한 주제들은 알고 있었을 것이라고 가정할 만한 이유가 있다.[7]

놀랄 것도 없이, 이 5장은 책 전체에서 가장 긴 장이라는 것이 입증된다. 이제 라이트가 그려 내고자 시도하는 것은 바울과 그의 사유 세계라는 그림에 있어서 훨씬 중요한 것이다.

5장은 AD 1세기 동안 황제 숭배가 성장했음과 그에 대한 증거를 보여 주는 데 대부분의 분량을 할애한다. 물론 그 증거들은 충분하지 않다. 하지만 우리가 그와 같은 고고학적 유물을 가지고 직접적으로 설명해 낼 수 없는 부분은 로마 제국에 살던 유대인들과 그리스도인들의 정신세계에 황제 숭배가 미쳤던 **영향**이다. 우리는 물론 모든 종류의 우상 숭배에 대해 유대인들과 그리스도인들이 반감을 가지고 있었다는 사실을 알고 있다. 또한 우리는 "오늘날 올림퍼스는 사람들로 인해 매우 붐빈다"라고 한 플루타르크의 탄식도 듣는다. 하지만 지혜서 14:17-21에서 나타나는 것처럼 왕이나 황제를 숭배하는 것에 대해 유대인들이 특별한 반감을 가

---

[7] PFG, 306-7.

지고 있었다는 더욱 구체적인 증거들이 이따금씩 나타난다. 바로 이 부분이 우리에게 특별히 흥미롭게 다가오는데, 그 이유는 십자가에 못 박힌 나사렛 출신의 육체노동자 역시 숭배되고 있음을 비-그리스도교 유대인들이 명확히 알게 될 때, 정확하게 동일한 반감 내지 혐오감을 가질 수 있을 것이라 상상해 볼 수 있기 때문이다. 유대인들은 메시아가 숭배를 받으리라고는 상상치 못했고, 하물며 십자가에 못 박힌 메시아적 인물이 그럴 것이라고는 말할 것도 없었다. 이제 질문이 제기된다. 유적을 통해서, 혹은 아마도 신약성서 안에서, 당시 그리스도인들이 황제는 단지 패러디에 불과하고 예수는 신적인 실재라 여기며, 이와 같은 방식으로 예수와 황제를 대조했을 것이라는 주장을 정당화할 증거들이 충분히 있는가 하는 점이다. 라이트는 5장에서 그 질문에 대한 답을 신약성서와 관련해서는 내리려 하지 않는다. 그보다는 동로마제국과 서로마제국에서 확산되고 있는 황제 숭배라는 인상적인 그림을 그리는 데 만족한다. 라이트 역시 그 증거가 복잡하다는 것을 잘 알고 있었던 것이다.

라이트는 이 주제에 관해 부분적으로 결론을 내리며, 프라이스의 연구를 인용한다. "장소의 종교가 이제는 사람을 중심으로 재구성되었다. 하지만 이것을 '황제 숭배'로 범주화하는 것은 오해의 소지가 있다. 황제 숭배라는 용어는 황제가 행하는 다양한 범주의 종교적 활동에서 황제 자신에게 돌릴 명예를 임의적으로 구분하고, 제국 전역에 황제를 숭배하는 단일한 기관이 있었음을 가정한다."[8] 같은 페이지에서, 황제, 황제의 가족, 혹은 황제의 조상들에 대한 숭배에는 공통적인 초점을 공유

---

[8] *PFG*, 313, S. R. F. Price, "The Place of Religion: Rome in the Early Empire," in *Cambridge Ancient History*, ed. A. K. Bowman, E. Champlin, and A. Lintott (Cambridge: Cambridge University Press, 1996), 10:812-47을 인용함.

하는 일련의 다른 숭배가 있었음이 강조된다. 하지만 이 숭배들은 다양한 장소에서 다양한 형태로 이루어졌다(때로는 데메테르와 같은 다른 신 숭배와 결합되거나, 때로는 건축된 성전이 아닌 단순히 특정한 제단과 결합된다). 라이트는 프라이스와 그의 동료들이 로마화는 종교적인 면에서 황제 숭배 의식 제정 그 자체보다 로마 식민지 설립에 의해서 더욱 발전했다고 말한 부분을 지적한다.

라이트는 "황제 숭배"라는 표현과 부합하는 단일하고 통일된 실재가 없었음을 인식하는 가운데, 황제 숭배가 여전히 신약성서를 분석할 때 고려해야 할 중요한 요소라고 말하는 것에 만족한다. 그런데 바로 이 부분이 라이트가 이전에 쓴 몇몇 저서에서 보인 견해들보다 더욱 미묘한 견해이다. **여기서 넘어서야 할 과제는 다원적인 형태의 황제 숭배가 신약성서 기자들에게 미치는 영향을 지나치게 축소하는 것과, 또 그 반대로 그 영향을 지나치게 과장하는 것 사이에서 정확하게 균형을 맞추는 것이다.** 정말로 신약성서 기자들은 종종 아니면 늘 황제 숭배를 경계하듯 주시하면서 황제 숭배에 반대하는 글을 썼을까? 내 생각에는 이들이 가끔씩은 그러했을 것으로 본다. 하지만 이런 방식으로 신약성서에 접근하는 것을 지지하는 대다수의 사람들의 주장만큼이나 그 규모가 광범위했으리라고는 생각하지 않는다(맥나이트와 모디카의 책을 다시 살펴보라). 여기 한 가지 예를 들겠다.

만약 "이 세대의 통치자(들)"라는 구절이 가이사를, 그리고/아니면 다른 인물을 언급하는 것인지 아니면 그 구절이 사탄과 그의 수하를 언급하는 것인지 판단하는 것은 쉬운 일이 아니다. 때로는 그 구절이 전자(예를 들어, 예수를 십자가에 못 박은 통치자들에 관한 이야기가 있는 고린도전서 2:6-8)일 가능성이 있고, 때로는 후자(천사들의 등급을 따른 이름들이 나타나는 단락이면서 천상의 존재를 언급하는 것으로 보이는 골로새서 1:16 이하)일 가능성도 있다. 또한, 인간이 세운 제도, 즉 황제 자신에게도 미치는 사탄의 영향력(예를 들어, 요한계시록 13:18에 나오는 666)을 가리키는 경우라 증명할 수도 있다. 그러나 대체로 에베소서 6:10 이하와 같은 텍스트를 읽을 때 중요하게 강조해야 할 점은 당시 그리스도인들이 치열하게 싸웠던 대상은 황제 숭배에 헌신한 자들이나 로마 제국의 이상이 아니라 어둠의 권세와 밤의 통치였다는 것이 분명하다는 사실이다. 바로 여기서 사탄이 구체적으로 언급된다.

신약성서에 등장하는 내러티브는 「반지의 제왕」과 더 비슷하고, 칼리굴라에 관한 영화와는 덜 비슷하다. 나는 라이트가 로마 제국 전역에서 부상하고 있던 황제 숭배의 강력한 영향력을 설명할 수 있을 만큼의 중요한 사례를 만들어 냈다고 생각한다. 그러나 신약성서, 특히 이 경우, 바울 서신들이 부상하고 있는 황제 숭배의 영향력에 대해 어느 정도 대응했는지에 대한 질문은 여전히 남아 있다. 예를 들면, 우리는 어떻게 네로나 도미티아누스나 칼리굴라처럼 악하고 제정신이 아니며 그리스도인을 박해하는 황제들이 그리스도인들에게서 어떤 반응을 불러일으켰는지를, 비록 분명하지는 않지만, 기록에서 볼 수 있다. 예를 들어 나는 데살로니가후서 2장이나 요한계시록, 몇몇 다른 곳에서 이러한 내용을 찾아볼 수 있다고 생각한다.

라이트는 프리즌을 인용한다. "황제 숭배 담론은 이 세상의 종말을 상상치 못하도록 방해하는 데 전념했다." 그는 또 덧붙여서 말한다. "바울은 아니라고 선언한다: 하나님은 세상을 심판할 날을 정하셨다."[9] 다

---

[9] *PFG*, 342, S. J. Friesen, *Imperial Cult and the Apocalypse of John: Reading Revelation in the Ruins* (Oxford: Oxford University Press, 2001), 130 인용.

시 말해, 황제 숭배뿐만이 아니라 제국의 종말론 역시 비판의 대상이 된다는 것이다. 그러나 그리스도인들은 AD 66년에 일어난 두 차례 유대인 반란과 2세기에 일어난 바르 코흐바의 반란에서 볼 수 있는 로마에 대한 폭력적 대응으로까지는 결코 나아가지 않았다. 이러한 사실은 부분적으로 그리스도인들이 예수의 비폭력 윤리(마태복음 5-7장을 살펴보고 로마서 12-13장을 비교해 보라)를 수용함에서 기인했을 수 있지만, 거기에는 또 다른 무엇인가가 작동하고 있었다. 그리스도인들은 그들의 실제적인 적이 혈과 육을 가지고 있는 것이 아니라 "공중의 권세 잡은 자"(엡 2:2)를 포함하는 영적인 세력들이라고 이해했다. 이것이야말로 인간 관료들 때문에 어려움을 겪었음에도 불구하고 로마서 13장, 왕과 권세자를 위해 기도하라는 가르침, 그리고 왕을 공경하라는 베드로전서와 같은 텍스트들이 여전히 우리에게 전해져 내려오는 이유다.

하나님의 백성을 대적하는 원수들에 관한 문제에 있어서, 이 적들은 이제 더 이상 이방인들이 아니라 정사와 권세, 그리고 영적인 세력들과 사탄이다. 싸움은 이제 혈과 육에 대한 것도 아니고, 로마인들이나 다른 정복자에 대한 것도 아니다. 이 싸움은 악한 영들의 수단과 미끼, 즉 죄와 사망에 대한 것이다. 이 전투는 눈에 보이는 것처럼 무기를 가지고 싸우는 싸움이 아니라, 생명과 용서, 사랑과 복음, 그리고 신앙으로 싸우는 싸움이다(에베소서 6:10 이하를 보라). 그 예로, 바울의 생애와 글에 있어서 그의 열심이 향하는 방향이 완전히 바뀌긴 했지만, 그럼에도 불구하고 그는 여전히 열심으로 충만하다. 이 문제에 대한 라이트의 접근 방법을 비판하는 존 바클레이의 주장에 잠시 주목해 보자.

바클레이는 바울에게 있어서 그리스도 사건에 의해 창조된 새로운 피조물은 이 세대의 신들, 말하자면 우주적인 사탄의 권세에 대적하는 것이지 로마 제국에 대적하는 것은 아니었다고 지적한다. 그리고 바울은 로마 제국을 그런 사탄의 권세 중 하나로 보지 않았고, 심지어 그러한 권세의 대리자로 볼 필요도 없다고 여겼다.[10] 좀 더 나아가, 악마적인 힘은 개인적, 사회적, 정치적, 우주적 실존의 전반적인 차원에 걸쳐서 작동한다. 그렇다면 로마 제국은 "이 악한 세대"의 한 부분이기 때문에 자신보다 더 큰 권세에 의해 선택되었을 수 있고, 사탄의 거짓과 망상의 영향을 받았을 수 있다. 하지만 다시 보면 그렇지 않다. 로마라는 이 특정한 제국이 우상 숭배나 부도덕함으로 하나님을 대적했던 이전의 다른 제국들과 그렇게 달라 보이지 않는다(어찌되었든, 수많은 고대 근동 제국에는 신성한 존재로서 숭배되길 원하는 통치자들이 있었다). 따라서 바클레이는 이렇게 결론을 짓는다. 바울은 "로마 제국을 종속적이고 파생적인 실체로 격하하고, 그것이 이 세계의 이야기 속에서 차별화되는 이름이나 중요한 역할을 가졌음을 부정한다."[11] 즉, 로마 제국은 선과 정의를 위한 대리자 내지 강제력이 될 수 있고(롬 13장), 악과 사악함의 대리자도 될 수 있다.[12]

---

[10] 황제 숭배와 그 수사법(예를 들어, 워런 카터[Warren Carter])의 관점에서 신약성서를 이해하는 것을 강하게 지지하는 사람들이 가진 한 가지 경향은 권세들과 정사들을 언급함에 있어서 우주적인 것과 일상적인 것을 혼합하는 것이다. 여기에 따르는 문제는 그리스도인들의 싸움이 **혈과 육에 관한 것이 아님**을 가리키는 핵심을 부정하는 것이다.

[11] Barclay, "Why the Roman Empire Was Insignificant to Paul," 384.

[12] 라이트는 바클레이의 비평에 어느 정도 동의하는 것처럼 보이지만(*PFG*, 1285-88을 보라), 바울이 로마를 "'그 권세들'의 모든 것을 집중적으로 실현화한 것"(1318)이자 특별히 중요한 것으로 이해했다고 제안함으로써 자신의 주장을 더욱 강화했다. 바울은 로마서 13장에서 결코 로마 제국을 이와 같은 이름으로 호명하지 않았을 뿐 아니라, AD 50년대 말 네로의 통치 기간에 그 반대인 것처럼 이야기했다. 김세윤이 "Paul and the Roman Empire," 281-88에서 지적한 것처럼, 우리가 바울의 견해를 요한의 밧모섬에서의 계시록에서나 발견할 수 있는 비판과 동일한 것으로 이해하는 것은 잘못이다. 바울은 편지를 쓸 당시의 가이사나 제국이 **필연적**으로 혹은 **본래적**으로 사탄의 주된 대리자나 다니엘서 7장의 네 번째 짐승이라고 이야기하거나 암시하지 않는다.

바울이 황제 숭배를 어느 정도 비판하고 **있었다**는 라이트의 강한 확신에 비추어 볼 때, 실제로는 라이트가 일반적인 관점에서 바울이 전복적이거나 정치적으로 혁명적인 인물로 보이는 것을 옹호한다고 사람들이 생각지 않도록, 다음과 같은 내용은 그런 우려를 방지하고 있다. 라이트는 이렇게 말한다.

하지만 나는 바울이 예수의 추종자로서는 말할 것도 없고 유대인으로서, 자신의 신학적 중심 내용들을 통해서, 로마의 오만함과 거만함에 연결시켰던 교만, 우상 숭배, 신성모독, 그밖에 다른 사악함을 약화시키는 동시에 인간이 만든 권위 구조가 지닌 선함과 이를 하나님이 부여하셨음을 확신했다는 최근의 분석을 믿는다. 마치 어떤 경찰이 부패와 인종차별주의, 혹은 조직적인 범죄와 연루되어 있다고 이야기하는 것이 "그래서 우리는 경찰 제도를 두어서는 안 된다"라는 뜻은 아니다. … 부패한 정부에 대한 해결책이 무정부주의가 될 수는 없다. 건실한 창조 유일신론자였던 바울은 이 같은 내용을 주장하지는 않았을 것이다. 재세례파는 물론이고 일부 자유민주주의자들에게도 충격적으로 보이는 로마서 13:1-7에서 나타난 바로 이 내용이 바울이 가진 확신 저변에 깔려 있다. … 창조 유일신론은 인간의 제도를 하나님이 부여하셨다는 것과 그와 동시에 유일하신 하나님이 위정자들에게 그 책임을 물으실 것이라고 암시하는 강한 진술을 수반한다.[13]

라이트는 정직한 학자다. 그래서 라이트는 바울 텍스트의 행간을 읽어 내어 아마도 그 당시 있었을 황제 숭배에 대한 비판을 더 많이 발견

---

[13] *PFG*, 381.

해 내고자 하는 자신의 성향에도 불구하고 이렇게 인정한다. "몇몇 도시들이 황제 건축물을 강조하기 위해 다시 설계되었다는 사실과 관련해서, 우리가 알고 있는 한, 바울이 이를 언급한 기록은 하나도 없다. 또한 그는 기본적으로 쓰이던 신성모독적인 구절, 곧 '대제사장과 신의 아들 가이사'(Caesar as Pontifex Maximus and Divi Filius)가 새겨진 동전에 대해서도 명시적으로 언급하지 않았다."[14] 정확히 그렇다. 이것은 바울이 진정한 해결책은 힘의 정치가 아니라 도래하는 하나님의 나라라고 생각했던 것처럼, 진정한 적 역시 초자연적인 부류의 것이라 생각했기 때문이다. 바울이 말하는 그리스도 이야기가 『아이네이스』(Aeneid)와 여러 원전에 있는 황제의 수사법에 대해 **간접적으로** 도전하는 이야기인 것은 사실이다. 하지만 바울의 그리스도 이야기는 직접적으로 반동적인 이야기가 아니지만 기본적인 원칙과 성경적인 설명에 기초한 결정적인 이야기이다. 더 나아가, 매우 확신에 찬 가운데 바울이 전했던 이야기는 그리스도가 다시 오실 때 일어나게 될 불가피한 역사적 결말을 지니고 있다. 이런 의미에서, 지금 이야기되고 있는 황제는 현세적이고 일시적이며 궁극적으로는 크게 중요하지 않다. 제국들은 이 악한 세대에서 일어서고 무너지지만, 도래할 시대는 현재 안으로 이미 뚫고 들어와서 인간이 세운 제국의 수사법을 무력화한다. **바울은 지상에서 이루어질 하나님의 미래를 신뢰하고 있었기 때문에, 우상 숭배와 부패함에 대해서 황제와 제국을 비판할 필요만을 느꼈던 것이지, 인간이 세운 제도 그 자체에 대해서는 그럴 생각이 아니었다.**[15]

---

14 *PFG*, 383.
15 바울의 편지들이 내부 문서이고, 한 그리스도인이 그리스도인 회중에게 소리 내어 읽어 주도록 의도되었음을 주목해야 한다. 이 문서들은 공적 게시나 선전포고를 위한 여지를 남기지 않았다. 그렇기에, 만약 바울이 로마 제국을 마왕인 사탄에게 좌지우지되는 "악

나는 라이트의 이 책 5장의 나머지 내용에 담긴 주요한 요지에 전적으로 동의한다. 바울의 세계관에서 중심이 되는 것은 단지 그리스도만이 아니다. 그것은 "새로운 공동체, 곧 일반적으로 이교도의 세계, 그리고 특히 제국주의 세계가 중요하게 여기는 계급, 인종적 기원, 지역, (특히) 젠더의 경계를 초월하는 공동체의 실제"이다.[16] 바울은 그리스도와 그의 백성에 초점을 맞추고, 이 세상에 초점을 맞추는 것이 아니라 확실하고 새로우며 포괄적인 공동체를 세움으로써 세상을 전복하는 것에까지 나아가고자 한다.

바울이 예수를 부활하신 주님이라 말했을 때, 이것은 역사적인 주장이면서, 물론 황제를 포함하여 소위 주님 행세 하는 것들을 간접적으로 비판한 것이다. 고린도전서 8장에서 바울은 그의 그리스도교 쉐마를 돋보이게 하는 인물로서 황제를 특정하지 않고, 하나님이 유일하신 성부이시며 예수 그리스도께서 유일하신 주님이심과는 달리 이교도의 세계에는 수많은 신들과 주인들이 있다고 이야기한다. 따라서 바울의 논쟁이 가진 초점은 단순히 제국주의적인 주장이나 형태에 맞추어진 것이 아니라 **또 다른 형태의 우상 숭배**에 맞추어져 있음을 알 수 있다. 요약

의 제국"으로 보았다면 로마 제국을 비판하는 데 적당히 봐주거나 모호했을 이유가 없다. 바울은 "평안과 안전"(살전 5:3)을 주는 것처럼 속이는 현재 통치자들의 거짓 주장을 암시할 수도 있다. 하지만 그와 같은 과장된 주장은 일반적으로 과대망상적인 인간 통치자들의 전형으로 보일 뿐이다. 로마 제국은 특수한 경우나 악의 제국의 최종적이고 완전한 표현으로 간주되지 않는다. 바울은 로마 제국과 그 황제를 가장 최악의 상태로 그리스도와 그의 나라의 패러디로 이해하기보다는 이미 흥하고 쇠한 이전의 타락한 인간 통치자들과 제국들의 반복으로 본다. 다시 말해, 새로울 것은 없고, 결국 "이 세상의 외형은 지나"가는데(고전 7:31), 왜 그에 대해서 논쟁하고 반대하는 데 시간과 힘을 낭비하는 것일까? 그것은 일종의 환원주의이다. 왜냐하면 진정한 문제는 우주적인 차원에 있지, 정치적인 차원에 있는 것이 아니기 때문이다. 가이사는 바울의 사유 안에서 "이 세상의 신"이 아니다(예: 롬 16:20).

[16] *PFG*, 383.

하자면, 바울은 비록 사실이기는 하나 단순히 그리스도를 황제가 패러디한 실재로서 대조하고 있는 것만은 아니다. 바울이 다음과 같이 주장한다는 점에서 라이트의 말은 옳다.

> 하나님은 오직 한 분이시고, 오직 하나의 인간 가족, 즉 그리스도 안에서 믿음으로 연합한 가족만이 존재하기 때문에, 노예와 자유인, 남성과 여성, 유대인과 이방인이 연합하는 것을 가로막는 경계가 무엇이든지 간에, 우리는 계속해서 그 경계를 뚫고 나아가야 한다. 바울은 그리스도 안에서의 연합과 일치를 만들어 가려고 노력했다. 이러한 그의 노력은 유대교의 경계적인 의식들에 대한 함의는 말할 것도 없고, 노예제도와 가부장제와 같은 제도들에 대한 매우 급진적인 사회적 함의들을 내포한다.[17]

바울의 내러티브 사유 세계와 언약 신학

라이트는 7장에서 바울의 편지들에 대한 서술적 분석에 반대하는 비판을 시도한다. 이것은 라이트가 인간은 이야기를 통해서 그들에게 일어나는 일을 이해한다는 사실을 알았기 때문만이 아니라, 루돌프 불트만이 틀렸기 때문이기도 하다.

> 불트만의 [비신화화] 제언이 가진 중요한 문제점은 그가 "신화"[꼭 허구적인 이야기를 가리키는 것은 아니다]가 가진 의미들을 이해하기 힘들게 만든 것과 더불어, 그가 초기 그리스도교 세계가 가진 "신화"를 제거해야 한다고 주장했을 때, 이것이 단순히 계몽주의 이전의 과학적 가정들 없이 복음

---

17   *PFG*, 384.

이 제시하는 실존적 도전을 표현해야 함을 의미할 뿐 아니라, 복음을 비-내러티브적 형태로 재개념화하여, 복음을 이전과 이후로 펼쳐진 앎의 시간이라는 관점에서 생각하기보다 **지금** 하나님의 말씀을 듣도록 부름받은 매 순간의 순수한 실존적 도전으로 환원시켰음을 의미한다.[18]

여기서 라이트가 정확하게 보여 주듯이, 불트만조차도 내러티브가 없이는 바울의 복음을 서술할 수 없었던 것이다. 사실, 불트만은 바울의 복음을 재신화화했다.

여기서 바울의 상징적 우주(하나님과 같이 거창하고 당연하게 받아들여지는 개념들)는 바울이 특정한 상황들로 신학화하는 가운데 나온 이야기로 구성되어 있다는 것을 기억할 필요가 있다. 바울 "신학"이라고 하면 대개 바울의 편지들 안에서 그가 신학화했던 것을 우리가 구성하고, 결합하고, 분류하고, 추려낸 것을 의미하지만, 바울 자신은 그의 편지에서 신학을 구성하지 **않았다**. 바울은 그가 편지를 쓰고 있었던 대상인 회중이 처한 특정한 상황에 대응하고자 신학화하고 윤리화하고 있었던 것뿐이다.[19]

라이트는 불트만의 새로운 내러티브 구성을 이렇게 지적한다. (1) 한 줌의 흙에 불과한 자신 안에 감추어진 신적인 불꽃을 알지 못하는 인간, (2) 인간의 의식을 고양시키는 계시 혹은 계시자의 도래, (3) 자신의 염려를 내버리고 내면의 신적인 불꽃과 조화를 이루며 살아가는 인간 —

---

18 *PFG*, 457. 불트만에 대한 라이트의 비판은 불트만 연구의 르네상스와 그의 작업에 대한 재인식이라는 점에서 더욱 시의적절하다. Bruce W. Longenecker and Mikeal C. Parsons, eds., *Beyond Bultmann: Reckoning a New Testament Theology* (Waco, TX: Baylor University Press, 2014)에 있는 여러 논문을 보라.

19 Ben Witherington III, *The Indelible Image*, 2 vols. (Downers Grove, IL: InterVarsity Press, 2009–2010)을 보라.

사실 이것은 본질적으로 영지주의를 요약한 것이다. 라이트의 이런 지적은 정확하다. 무엇보다도, 불트만의 새로운 내러티브는 이 이야기의 급진적인 비-유대교화를 포함하고 있다. 정말 바울은 복음의 메시지를 비-유대적 형식으로 재구성하려 했을까? 라이트는 여기에 대해 부정적으로 답한다.

라이트는 이 모든 것이 다음과 같은 질문으로 귀결된다고 말한다. "초기 그리스도인들은 자신들이 가진 죄, 구원, 영성의 내러티브보다 더 큰 내러티브 안에서 살고 있다는 것을 인식하고 있었을까, 그렇지 않았을까?"[20] 라이트는 다음 질문이 진정으로 바울의 새 관점 전체 논쟁에 관한 모든 것이라고 주장한다. 즉, 실제로 바울은 오랜 유대인 이야기를 이어받아, 이를 변형시키거나 폐기했는가? 진정 바울은 그의 이전 세계관(상징, 이야기, 실천)과 결별하고 새롭게 출발했는가, 그렇지 않은가? 이따금씩 **종말론적**이라는 용어는 어떤 묵시나 인물의 신적인 침입을 통해서 옛 이야기에 끼어들고 간섭하고 그 이야기를 바꾸는 것을 가리키는 데 사용된다. 라이트는 급진적이고 새로운 그 무엇, 하지만 유대교 내러티브라는 더욱 커다란 역사적인 체계 안에 있는 것을 가리키는 말로 **종말론적**이라는 용어를 계속 사용하고자 한다. 이 지점에서 라이트와 같은 내러티브 신학자와 그렇지 않은 다른 신학자들 사이에 놓인 진정한 논쟁을 볼 수 있다. 그것은 다음과 같은 질문을 야기한다. 새로운 언약은 얼마나 새로운 것인가? 모세 언약과 새 언약 사이에는 얼마만큼의 불연속성이 있는가? 바울은 주로 모세와 이스라엘의 이야기 혹은 그보다 더 이전 족장들의 이야기를 예수 이야기의 전조로 삼고 있

---

[20] *PFG*, 460.

는 것인가? 지금 라이트가 경계하고 있는 것은 이전 유대인들 이야기와의 급진적인 불연속성을 주장하기 위해 루이스 마틴의 방식으로 **종말론적**이라는 용어를 사용하는 것이다.

라이트는 바울의 복음이 그 특성상 내러티브가 **아니며** 바울의 복음은 이스라엘 이야기의 절정 혹은 구원사라는 이야기의 절정으로 보기에 적합하지 않다고 주장한 J. C. 베커와 프란시스 왓슨의 반론을 다시 반박한다.[21] 라이트는 그 이야기 즉 복음이 바울 서신에서 늘 표면으로 드러나는 것은 아님을 인정하지만, 자신의 입장에서 그 이야기는 근본적인 것이고 전체를 뒷받침하는 것이었다. 바울의 편지에서 세계관은 한 사람이 무엇을 **향해** 보는 것이 아니라 그것을 **통해서** 보는 것이다. 라이트는 텍스트가 하나에서 그다음으로 넘어갈 때, 표면상으로 이야기하는 시적 순서와, 그 표면상의 이야기나 순서가 진정으로 무엇이며, 또 무엇을 가리키는지를 뜻하는 지시적 순서, 그리고 이 둘 모두를 뒷받침하는 세계관 사이의 차이점을 설명한다.

이제 세계관은 이야기처럼 상징과 실천으로 쉽게 표현될 수 있다. 따라서 특정한 상황으로의 신학화와 윤리화의 기초가 되는 바울 내러티브에 초점을 맞춘다는 것은 상징과 실천이 무시되어야 함을 뜻하지 않는다. 그것은 정말로 아니다. 하지만 예를 들어, 주의 만찬과 같은 실천은 세례와 마찬가지로 그 주제를 위한 이야기를 내포하고 있음을 염두에 두어야 한다. 결국, 라이트의 요점은 "이야기 없이 우리는 어떤 상징적 실천의 의미를 파악했다고 확신할 수 없다"라는 것이다.[22]

라이트가 계속해서 이야기하듯이, 바울과 그의 이야기들에 관한 많

---

21   *PFG*, 462.
22   *PFG*, 467.

은 부분은 종말론이 의미하는 바가 무엇인지에 달려 있다. 만약 라이트가 말하는 종말론적인 것이 예상치 못하게 이야기 안으로 들어가서, 그것 전체의 의미에 새로운 빛을 비추거나 심지어 이야기를 절정에 이르도록 하는 어떤 것을 의미한다면, 그것이 한 가지 의미다. 만약 종말론적인 것이 마치 화재경보기처럼 연극 공연 중간에 소리를 울려서 사람들을 강제로 대피시키고 그 연극을 마무리하지 못하게 만드는, 즉 이야기 전체를 강력하게 중단시키는 그 무엇이라면, 그것은 앞의 것과는 완전히 다른 의미다.[23]

기록상에서 바울이 **신비**(mysterion)라는 용어를 사용할 때, 그는 거의 항상 어떤 이야기의 결말에서 놀랍거나 예상치 못한 결말 혹은 예상했던 것의 반전을 이야기하는 것처럼 보인다는 점을 지적할 필요가 있다. 예를 들면, (1) 고린도전서 15장에서 언급한 부활에 관한 **신비**; 혹은 (2) 이스라엘과 이방인들에게 일어날 일에 대한 **신비**(이들이 종말론적인 하나님의 백성으로 들어오는 순서), 그리고 모든 이스라엘이 구원받을 때; 또는 (3) 그리스도와 그의 교회의 결혼, 그리고 이 일이 언제 일어날지에 관한 것이다. 달리 말해, 바울이 종말론적 비밀에 관해 말하기 시작할 때, 그것은 중요한 이야기, 즉 바울이 줄곧 말해 왔던 중요한 이야기의 절정이나 결말과 관련이 있다는 것은 매우 분명해 보인다.

라이트는 바울을 이해하는 데 있어서 중요한 다섯 가지 이야기를 떠올리며, 이 다섯 가지 내러티브가 많은 구절을 주석하는 데 있어 새로운 조명을 가능하게 한다는 점을 강조한다. 라이트가 외부 이야기라 부르는 것은 하나님과 창조에 관한 이야기이다. 그러나 사실 이 이야기는

---

[23] *PFG*, 473.

또한 타락에 관한 이야기이기도 한데, 타락 이야기가 없다면 다른 이야기가 성립하지 않는다. "하나님이 우주를 창조하셨다"는 이야기는 "고양이가 매트 위에 앉았다"는 이야기와 다를 바가 없다. 여기서 우리가 어떤 줄거리를 갖기 시작하는 것은 죄와 타락이 창조 이야기에 들어갈 때이지, 단순히 성취를 선언할 때가 아니다. 지금은 악한 세대이고, 반드시 예수는 그 악한 세대를 위해 중보하고 끝을 맺어, 원래의 계획과 이야기를 제대로 완성시켜 줄 수 있는 새로운 창조를 열어야 한다. 하지만 이 이야기는 악한 세대로부터 건짐을 받는 이야기지만 이 세상 밖으로 건짐을 받는 이야기는 아니다. 이 이야기는 물질은 악하고 영혼은 선하다고 주장하는 영지주의적인 이야기가 아니다. 이 이야기는 피조물과 피조 세계의 구속에 관한 것이다.[24] 예수의 죽음과 부활을 통해서 낡고 무너진 질서, 즉 타락한 세계는 십자가에 못 박혔고, 이로써 그 낡은 세계의 형태는 지나갔으며, 결국 새로운 세계가 점점 더 망가져 가는 옛것의 한복판으로 침입해 들어온 것이다.

하나님과 창조라는 커다란 줄거리의 제목 아래에는 바울의 편지에서 일곱 번이나 나타나는 주제가 있다. 그것은 바로 하나님의 통치, 혹은 어둠의 세력으로부터 그의 피조 세계를 되찾으시는 하나님이다. 다시 말해서, 하나님은 단순히 인간만을 구원하는 데 관심이 있는 것이 아니다. 하나님은 그의 온 피조 세계가 새로워지는 데 관심이 있다(로마서 8장을 보라). 그러므로 라이트는 하나님과 창조에 관한 더 큰 외부 이야기가 바로 심판에 관한 이야기임을 강조한다. 심판은 결정적인 것으로 이해된다. 심판은 이 세상, 육체, 악과 대결하고 심판함으로써 피조 세계

---

[24] *PFG*, 476-79.

의 균형을 회복시킨다. **바실레이아**(basileia)라는 용어는 한 인간이나 공동체의 삶에서 현재 구원하시는 하나님의 통치를 가리키는 것일 수 있지만, 그 용어가 미래 동사와 함께 쓰일 때는 일반적으로 하나님이 예수를 통해서 이 땅을 되찾을 때의 하나님의 영역, 그리고 "이 세상 나라가 우리 하나님과 그리스도의 나라가 된다"라는 것을 가리킨다. 그러는 동안에 우리는 "당신의 나라가 오게 하시며"라고 기도하는데, 이는 그 나라가 아직 완전히 오지 않았음을 나타낸다. "심판은 창조주가 지은 세계 자체를 그 모든 충만함 속에서 '그렇다'라고 긍정하기 위해서, 그 세계를 향한 창조주의 선하고 절대적인 목적에 대항하여 일어난 그 모든 것에 대해 '아니다'라고 부정할 때 일어나는 사건이다."[25]

더욱 폭넓은 외부 줄거리 안에는 세 가지 하위 줄거리들이 있다. 라이트는 다음과 같이 나열한다. (1) 인간 — 그들의 소명, 실패, 구원, 회복; (2) 세상의 빛으로 부름받은 이스라엘; (3) 이스라엘이 세상의 빛이 되는 데 실패한 일을 반드시 성공시켜야 하는 유대인 메시아 예수. 인간 줄거리는 외부 줄거리와 관계되는데, 그 이유는 인간이 맨 처음에 피조 세계의 청지기적 과업을 부여받았기 때문이다. 만약 인간이 이 일에 실패한다면, 피조 세계와 그것을 보살피는 하나님의 계획은 좌절된다. 따라서 먼저 이스라엘 이야기로 들어가고, 다음으로 그리스도 이야기(그리고 나는 아마도 여기에 그리스도 안에 있는 자들, 즉 그리스도인들을 마지막으로 추가할 것이다)로 들어간다. 마치 창조 이야기가 모든 피조물(단지 인간뿐 아니라)을 포함하듯이, 타락 이야기 역시 모든 피조물(롬 8장)을 포함한다. 따라서 구속 이야기 역시 인간만이 아니라 피조물 모두를 포함하게 된다.

25 *PFG*, 481, 483.

라이트는 하나님의 형상을 가진 인간은 "이 세계에 하나님을 반영하는 것(목적)과 신적인 사랑을 받고 되돌려 주는 것(관계) 두 가지 모두와 관련을 맺는다"[26]라고 말한다. 요한계시록은 모든 신자들이 가진 제사장직이라는 관점에서 이 사실을 이야기한다. 그리스도가 우리를 대신하여 이 땅을 통치하시는 것이 목적이 아니다. 그리스도와 함께, 그리스도를 통하여 이 땅을 다스리기 위해서, 하나님의 형상으로 창조된 자들이 창조의 과업을 그리스도를 통해 회복하는 것이 목적이다. 그러므로 그리스도가 다시 올 때, 심지어 천사들이나 그와 같은 존재들을 우리가 심판한다는 언급이 등장하는 것이다. 하나님의 자녀들이 또다시 그들의 창조적 과업을 감당할 수 있도록 영광을 받고 권능을 부여받을 때 피조물들은 자유로워진다(롬 8:21). 하나님의 자녀들의 영광은 하나님의 자녀들의 영광스러운 통치와 관련 있다(롬 5:17). 피조물들은 성도들이 가진 이 영광을 나누어 가지지 못할 것이다. 성도들이 부활로 인해 영광을 받을 때, 그제야 비로소 피조물들 역시 질병과 부패, 죽음으로부터 자유로워질 것이다.

비록 다음과 같은 평가에 라이트가 완전히 동의하지 않으리라는 것을 나는 확신하지만, 이 부분에서 바울의 인간론적 용어에 대한 라이트의 논의가 나에게는 매우 불트만적으로 들린다.[27] 육체, 몸, 영, 정신, 마음, 의지는 단순히 한 인격 전체에 대해 말하는 **다른 방식들**이라는 것은 결코 사실이 아니다. 로버트 건드리는 그의 중요한 논문에서 불트만의 유명한 격언, 즉 "사람이 몸(soma)을 가지고 있는 것이 아니다. 사람 자체가 몸이다"라는 말은 근본적으로 틀린 말임을 보여 주었다. sōma는

---

26   *PFG*, 487.
27   *PFG*, 490ff.

인간 영혼과 가장 기본적으로 대조되는 인간의 외적인 육체적 요소이다. 바로 이것이 바울이 고린도후서 5장에서 우리가 죽었을 때, sōma(예를 들어, 우리 각자의 몸)는 부재하나 주님과 함께 현존한다고 이야기할 수 있었던 이유이다. 물론, 우리는 영과 육 전체이다. 우리가 누구인지에 대한 이 모든 측면은 다양한 방식으로 얽혀 있다. 반면, 라이트가 바울이 **육체**(sarx)를 포함한 이 모든 용어를 긍정적인 의미에서 사용할 수 있었고 그렇게 했다고 말했을 때, 그는 내용을 정확히 파악하고 있었다. 바울은 영지주의자도 아니었고, 물질과 영혼 사이를 구분하는 일종의 우주적 이원론에 빠지지도 않았다.

인간의 이 모든 부분들과 양상들이 부패할 수 있고, 또 그러기에 구속받아야 한다는 점에서 라이트의 주장이 옳다. 때때로 바울이 "육" 혹은 "혈과 육"을 말할 때, 그 몸은 부패의 대상으로서의 몸을 가리키며, 따라서 그 몸은 구속받지 못한다. 즉, 구속받는 것은 새로운, 혹은 새로워진 부활의 몸으로 된 인격이지, 그 나라를 상속받지 못할 그 무엇(말하자면, 부패할 혈과 육)으로 만들어진 것이 아니라는 사실이다.

또한 구약성서와 그 이야기들 대부분을 우회하는 개신교 신학 내에서 나타나는 경향인, 타락 이야기에서 그리스도 이야기로 곧바로 건너뛰는 것에 관해 라이트가 항의한 것은 정당하다. 그래서 라이트는 이렇게 말한다. "거의 모든 주석가들이 놓친 필수적인 내러티브 요소이자 중요한 전환은 [바로] 창조주의 계획이 아브라함과 그의 가솔들을 불러내는 것이었다는 사실이다." 라이트는 이를 "이스라엘 이야기"와 동일시한다.[28] 하지만 이것이 모두 정확히 들어맞는 것은 아니다. 아브라함과

---

[28] *PFG*, 494.

세 명 족장들의 이야기는 한 민족으로 형성되는 이스라엘 이야기, 이스라엘의 지도자인 모세 이야기, 시내산 언약 이야기, 그 외 다른 이야기들에 앞선다. 사실, 우리는 **야곱의 이름이 바뀌었을 때**, "이스라엘"이라 불린 누군가의 혹은 그 무엇의 이야기를 접하기 시작한 것뿐이다. 이것은 바울이 늘 실증적인 방식으로 분명하게 언급한 아브라함의 이야기와 동일한 것은 아니다. 예를 들면, 이것은 구원자가 반드시 시온에서부터 나와서 돌이켜야 할 "야곱과 그의 경건하지 않은 것"에 관한 내용과 매우 다르다(롬 11장). 다시 말해, 아브라함 이야기는 하나의 이야기다. 이스라엘과 이스라엘 이후 이야기는 다양한 방식으로 아브라함 이야기와 연관되고 의존하고 있지만, 그것은 **그 후의 이야기**이다. 여기서 짚고 넘어가야 할 점은 아브라함은 이미 약속의 땅에 살고 있었다는 것이다. 아브라함은 이집트의 속박에서 구원받을 필요가 없었다. 그의 이야기는 솔직히 말해서 출애굽 이야기도, 시내산 이야기도 아니다. 그렇다고 바울이 갈라디아서 4장에서 아브라함 언약과 의도적으로 대조한 모세 언약에 관한 이야기도 아니다. 바울이 로마서 4장에서 아브라함 이야기를 반추하고 우리의 조상으로 아브라함을 언급할 때, 그가 그렇게 했던 이유는 아브라함이 야웨를 신뢰하기 이전에 이교도였다는 사실을 알고 있었기 때문이다. 따라서 바울이 구속의 종말론적 순서가 우선 이방인의 충만한 수가 먼저 차고, 그 이후에야 "모든 이스라엘이 구원을 받을 것"(롬 11:25-32)이라는 주장으로 나아가는 것처럼, 사실상 아브라함이 이방인과 유대인 모두에게 믿음의 조상이 될 수 있는 것이다.

여기서 나는 라이트가 모든 하위 줄거리에 관한 통찰력 있는 분석을 하기 위해서는, 하나의 하위 줄거리로는 턱없이 부족하다는 점을 지적하고 싶다. 우리는 아브라함에 대한 하위 줄거리가 필요하고, 이스라엘에 관한 또 다른 하위 줄거리가 필요하다. 다시 말하자면, 하나님의 백성은 그때나 지금이나 하나님을 향한 아브라함의 신뢰를, 그리고 그 신뢰로 인해 의롭다 인정받는 것을 본받아야 한다. 하지만 또 하나님의 백성은 모세 율법과 모세 언약으로부터 벗어나야 하며, 바울은 정확하게 그것이 그리스도가 와서 한 일, 즉 율법 아래 있는 자들을 율법으로부터 속량한 것(갈 4장)이라고 말한다.

이 같은 사실은 우리로 하여금 모세 언약 아래 있는 이스라엘의 이야기를 유대인 메시아가 올 때까지의 어떤 고정된 패턴, 중간적 방식, 일시적 언약을 주는 이야기로 이해하도록 만든다. 이것은 바울에 의해 이루어진 이야기의 급진적인 읽기 혹은 다시 읽기이며, 이는 모세 언약을 아브라함의 언약뿐 아니라 심지어 아담에게 주어진 언약 내지 계명으로까지 되돌리길 원했던 사람들과 얼마나 다른지를 보여 주는 내용이다. 바울은 갈라디아서 4장에서 하갈, 시내산, 지금 있는 예루살렘, 속박을 이야기하고, 이와 대조해서 사라, 위에 있는 예루살렘, 약속의 언약, 자유를 이야기한다. 따라서 바울은 "우리"(예를 들어, 그리스도 안에서 유대인과 이방인)가 이삭처럼 약속의 자녀들이라고 말한다. 이것이 에서나 이후 후견인(paidagōgos) 즉 모세 언약 아래 있는 자들과 같지 않다는 것을 주목해야 한다. 그리스도를 따르는 자들은 모세 언약(할례, 음식법, 안식일)의 표식을 지니고 있을 필요가 없을 뿐 아니라 결코 모세 언약 아래 있지도 않다.

이것은 물론 라이트의 관점은 아니다. 그리고 나는 그것이 어떤 면에 있어서 라이트가 그의 탁월한 바울 독해에 있어서 저지른 가장 근본적인 실수라 이야기하고 싶다. 예수는 이스라엘이 아니고, 예수는 이스라엘의 메시아다. 그리고 바울이 말한 것처럼, 예수는 "아브라함의 씨"이지, 하나님의 이스라엘은 아니다. 제기되어야 할 질문은 **어떤 방식으로 아브라함과 그리스도 사이의 줄거리가 진행되었는가** 하는 것이다. 우리가 보고 있는 것은 포로기 이전과 포로기 기간, 그리고 포로기 이후에 한 백성을 구속하시고 창조하시기 위해 하나님이 펼치시는 다양하고 예비적이며 부분적으로 성공한 시도들이다. 만약 정말로 성공했다면, 그리스도가 와서 죽거나 부활하지 않아도 되었다. 이것이 왜 하나님의 진정한 종말론적 백성이 그리스도 밖이 아니라 그리스도 안에서 연합한 유대인과 이방인이어야 하는지를 설명하는 이유다. 그 급진적인 구속자가 와서 이스라엘의 잃어버린 양들로부터 시작하여 구속하지 않았더라면 그와 같은 백성이 있을 수 없었을 것이다. 바울이 갈라디아서에서 그의 이방인 개종자들에게 "우리는 아브라함의 자녀들이다"라고 말했을 때, 혹은 로마서에서처럼 아브라함을 가리켜 "우리 조상"이라 말했을 때, 이는 실로 놀라운 일이라 할 수 있다.

좀 더 설득력 있는 부분은 라이트가 이스라엘은 하나님의 신탁을 받아 그것을 열방과 함께 나누도록 위임받았다는 것을 강조하는 내용이다. 소명과 구원이 별개라는 점에서 라이트의 주장이 절대적으로 옳다. 나는 특별한 소명을 위한 선택과 각 사람의 구원을 위한 선택이 동일하지 않다는 것을 덧붙여 말하고자 한다. 고레스는 하나님의 백성을 해방시키기 위해 "기름 부음을 받고" 선택되었지, 그의 개인적인 구원과는 아무런 상관이 없었다.[29]

만약 예수가 열방의 빛이 되는 아브라함의 백성의 숙명을 완성할 아브라함의 씨이고 참유대인이라면, 아브라함 이후부터 그리스도까지의

---

[29] *PFG*, 496. 이러한 전체적인 주제에 관해서는 Ben Witherington III, *Biblical Theology: The Convergence of the Canon* (Cambridge: Cambridge University Press, 2019)을 보라.

이야기 전체는 대부분 메시아의 탄생으로 향하는 가운데 온전히 드러나는 완전한 구원이나 온전하게 성취된 소명도 없이 진행되는 일련의 불행한 사건들과 흥망성쇠에 지나지 않는다. 따라서 그리스도는 인류 이야기를 그 절정과 완성에 이르게 하는 마지막 아담이다. 그는 약속의 언약을 성취로 이끄는 아브라함의 씨이다. 그는 또한 이스라엘이 실패했던 소명을 떠맡아 이를 홀로 완수한 참유대인이다. 하지만 로마서 11장에 따르면, 예수도 교회도 그리스도의 다시 오심을 기다려야 하는 운명을 지닌 이스라엘과 동일시되지 않는다.

성례전으로 전해진 이야기: 출애굽이 아니면?

라이트는 세 가지 중요한 제목(이야기, 상징, 프락시스[praxis, 실천])으로 내용을 분석하고 이 세 가지 모두를 이야기를 전하는 것, 혹은 그렇지 않더라도 최소한 이야기에 기초하고 있는 것으로 이해했다. 나는 이 문제에 관련하여 성례전으로 전해진 이야기들은 그 핵심이 유대교적인 것이라는 결론에 라이트와 의견이 같다. 이 이야기들은 실제로는 신비종교를 말하고 있지 않다(그리고 내가 보기에 이 부분에 있어 웨더번[A. J. M. Wedderburn]에 의해 이루어진 우도 슈넬레[Udo Schnelle]와 그 밖의 다른 학자들에 대한 비판이 정확하고 결정적이고 최종적이라 생각한다). 라이트가 제시하고자 한 핵심은 세례란 "우리"에 관한 것이고 우리가 속한 공동체는 무엇인가에 관한 것이지, "나" 혹은 내가 누구인지에 관한 것을 주된 관심으로 삼지 않는다는 사실이다.[30]

라이트가 충분하게 논의하지 않은 것은(내가 아는 범위 내에서) 바울이

---

30   *PFG*, 421.

고린도전서 1장에서 물세례 그 자체에 관해 이야기한 내용과, 비록 바울이 물세례라는 용어를 사용하지만 실제로는 물세례라는 의식에 관해 이야기하는 것이 아니라 성령의 사역에 관해 이야기하고 있다는 것 사이의 차이다. 바울은 고린도전서 12:13("우리가 … 다 한 성령으로 세례를 받아…")에서, 그리고 갈라디아서 3:27("누구든지 그리스도와 합하기 위하여 세례를 받은 자는 그리스도로 옷 입었느니라")에서 성령의 활동에 관해 이야기한다. 이 내용은 바울이 로마서 6장과 골로새서에서 그리스도와 함께 장사되는 세례에 관해 이야기한 것, 혹은 골로새서에서 할례에 관해 이야기한 것과 함께 대조해 보아야 한다. 비록 세례가 모든 성별을 포함하는 상징이기는 하나, 모세 언약의 할례 의식과 병행하는 내용이 있다는 점에서 라이트의 주장은 옳다.

할례는 단절의 의식, 즉 맹세 저주(만약 네가 이 계명들을 지키지 않는다면, 너는 끊어질 것이다)의 표시이다. 마찬가지로, 세례는 옛 자아를 장사 지냄의 상징, 즉 새로운 생명으로 일어서기 위해 육체를 포기하는 것의 상징이다. 세례는 예수의 죽음 자체가 그의 부활을 함의하는 것 그 이상의 함의로 새 생명으로의 부활이나 일으켜짐을 뜻하지 않는다(왜냐하면 신비종교들의 경우가 그러했기 때문이다). 세례는 옛 세상과 옛 자아를 끊어 내고, 새로운 공동체에 참여하는 것, 즉 입교 의식에 관한 것이다.

이 논의 중간에 라이트는 고린도전서 10장을 지적한다.[31] 아쉽게도, 바울은 고린도 사람들에게 성례전은 마술적으로 작동하지 않고 앞으로 있을 수 있는 배교나 해로움으로부터 그들을 지켜 주는 일종의 보호 역할을 하지 않음을 경고하기 위해 출애굽 세대를 비유로 들고 있다. 어찌

---

[31] *PFG*, 418-27.

되었든, 모세에게는 세례란 없었다. 이스라엘 백성은 젖지 않은 채로 홍해를 건넜기 때문이다. 이 비유의 요점은 영적인 유익함에 관한 것이지, 의식적인 실천에 관한 것은 아니었다. 그렇지 않았다면 그리스도인들은 훨씬 더 건조한 상태의 세례 의식을 필요로 했을 것이다. 하지만 출애굽과 시내 광야 여정의 이야기가 세례 이야기를 뒷받침한다는 것을 인정한다 해도, 요지는 세례의 상징으로서 이집트를 떠남(출애굽)이 약속의 땅으로 들어감을 함의하지 않는다는 것이다. 그것은 오랜 속박에서 벗어나서 떠나가는 것이지, 새로운 약속의 땅으로 들어가는 것이 아니다. 결국, 이 일은 두 명의 이스라엘 사람만이 해냈다. 다시 말해, (1) 물세례 의식은 육체의 단절 즉 옛 자아를 벗어 버림을 상징한다. 하지만 (2) 물세례와 동시에 일어날 수도 있고 그렇지 않을 수도 있는 성령의 실제적인 사역만이 그리스도와의 연합을 가져온다. 즉, 물세례가 옛 자아를 벗어버림을 상징하는 것과 성령의 내적 사역을 통해서 실제적으로 생명을 얻게 되는 것은 전혀 다른 별개의 것이다.

    이 내용은 우리를 주의 만찬과 유월절에 관한 이야기로 데려다 놓는다. 만약 주의 만찬이 예수의 죽음과 부활의 관점에서 유월절 이야기를 다시 이야기하는 것 내지 새롭게 갱신하는 것이라면, 세례는 출애굽과 관련되어 있지만, 주의 만찬은 **출애굽 이전의 사건**, 즉 유월절 사건과 연관되어 있다. 따라서 순서상 주의 만찬이 출애굽 이전의 유월절을 기념하는 식사라는 것이 약간 이상하게 생각되었을 것이다. 이것은 이야기를 거꾸로 돌리는 것이 아닌가? 이 질문에 대한 답은 바울은 고린도전서 1-11장에서도, 로마서 1-11장에서도(라이트가 로마서 주석에서 말한 내용에도 불구하고), 그리고 어느 곳에서도 이것을 전체 이스라엘 이야기와 함께 전달하는 것에는 관심이 없어 보인다는 것이다. 단지 바울은 몇몇 경우에 있어 유비를 이끌어 내려고 구약성서의 일부를 선별했고, 다른 경우에 있어서는 더 많은 내러티브를 전제로 했지만, 이러한 일은 선별적으로 이루어졌다(예를 들면, 바울은 아브라함을 생각할 때 아브라함이 하나님을 신뢰한 이야기만을 기본적으로 생각했지, 그 이야기가 어떤 반향을 가져오는지와 상관없이, 아브라함이 이후에 겪은 불운한 일이나 그의 아들 이삭을 제물로 바친 사건은 염두에 두지 않았다).

여기서 이러한 내용을 꺼내는 요지는 라이트가 신약성서를 독해함에 있어서 **지나치게 사용한** 구약성서의 두 가지 이야기가 있다는 것이다. 그것은 바로 출애굽 이야기와 유배 이야기이다. 내가 "지나치게 사용함"이라고 말한 이유는, 라이트가 이러한 모티프들이 존재하지 않는 신약성서 안에 그 모티프들이 있다고 보았기 때문이고, 그 모티프들이 존재하지 않는다는 것은 그리스도 안에서 연합한 유대인과 이방인은 **이스라엘이나 이스라엘 역사의 재현**으로는 보이지 않기 때문이다. 로마서 11장이 분명히 밝힌 것처럼, 이스라엘에 관해서는 여전히 해야 할 이야기가 있다. 그 이야기는 교회 이야기에 포함되거나 이어져서는 안 된다.

예를 들어, 라이트의 책 7장의 마지막 부분을 고려해 보자. 이 부분은 우리에게 라이트의 분석에서 가장 중요하면서도 논쟁적인 요소들을 제시한다. 우리는 여기서 라이트가 세계관에 관해, 그리고 신학화의 저변에 흐르고 있으며 또 밑바탕이 되는 세계관의 일부인 이야기들에 관해 이야기하고 있다는 것을 염두에 둘 필요가 있다. 예를 들어, 라이트의 주장에서 매우 핵심적이라 할 수 있는 신명기 27-30장은 단순히 내러티브적인 설명이 아니라 죄, 심판(라이트가 '유배'라 부르는), 그리고 하나님의 백성에 대한 심판을 능가하는 구속이라는 패턴을 보여 주는 긴 예언처럼 다루어진다.

진정한 논쟁거리는 이스라엘 이야기와 그것이 메시아 이야기와 맺는 관계에 관한 라이트의 분석에 있다. 놀랄 것도 없이, 어떻게 모세 율법이 이러한 이야기들과 들어맞는지에 대한 부분은 그리스도를 이스라엘로 보는 라이트의 이해를 수용할 수 있는가에 대한 여부에 달려 있다. 기록상으로는, 바울이 실제로 그리스도를 마지막 아담 혹은 종말론적 아담으로 불렀지만, 그리스도를 마지막 이스라엘 혹은 참이스라엘로는 부르지 않았다는 점이 강조되어야 한다. 그리스도는 유대인의 메시아이며, 열방에 빛이 되어야 할 유대인의 소명을 완수할 것이다. 하지만 이스라엘 이야기는 메시아 이야기로 혹은 그 반대 방향으로도 간단히 통합되지 않는다. 이 사실은 특별히 로마서 9-11장에서 분명해지지만, 라이트의 입장에서 볼 때 그 텍스트가 이스라엘과 율법을 이야기하고 있다고 생각한, 로마서 7장에 관한 라이트의 석의에서 찾아볼 수 있다. 오히려 그것은 그리스도교 관점에서 볼 때 아담과 아담 안에 있는 사람들을 지칭한다고 나는 제안하고자 한다. 로마서 9-11장에서, 메시아는 이스라엘에서 나오지만 이스라엘로 제한되지 않는다. 따라서 바울은 육을 따라 난 이스라엘과 참이스라엘을 언급했을 수 있지만, 그 어느 경우에도 그리스도를 지칭하지 않는다(로마서 9-10장을 보라).

심지어 이후 로마서 11장에서 이방인의 충만한 수가 들어오고, 여기서 바울은 "그리하여 온 이스라엘이 구원을 받으리라"(**구원을 받고 있다**가 아니라 미래에 구원을 **받으리라**)라고 말한다. 이 구약성서의 인용문은 야곱(다시 말해, 이스라엘)의 불경건함은 구속자가 하늘의 시온에서 나올 때 반드시 사라지게 됨을 완벽하게 밝혀 준다. 즉, 이스라엘 이야기는 그리스도의 이전 지상 사역에서 완성되지 않는다. 그 이야기에는 여전히 미래가 있으며, 그 미래란, 참된 농부이신 그리스도(바울이 아니라)가 다시 오실 때, 하나님의 수많은 이방인 백성들, 바울이 사용한 은유대로 말한다면, 감람나무에 접붙임을 받은 이방인들에게 이스라엘이 다시 연합하게 되는 것이다.

라이트는 갈라디아서 4장의 후견인(파이다고고스, paidagōgos) 은유는 모세 언약의 율법인 토라가 이스라엘과의 관계에 있어서 일시적인 기능을 가지고 있음을 가리키는 것으로 이해한다는 점을 명확히 밝힌다. 토라가 가진 필수적이고 예비적인 역할은 그리스도가 오시면 끝이 난다. 토라는 이스라엘이 하나님의 백성임을 보여 주지만 동시에 이스라엘이 여전히 아담 안에 있으며, 따라서 율법은 죄를 불법으로 바꾼다는 것을 분명하게 밝힌다. 라이트는 바울이 율법을 결코 나쁜 것으로 이해하지 않았고, 율법은 오히려 좋은 것이지만 죄를 짓는 육체로 인해 그 목적이 좌절된다는 것을 분명하게 말한다. 그러나 그것이 문제가 아니다. 라이트는 어떤 경우에 있어서도 율법은 사람으로 하여금, 그 사람이 아담이든 이후 타락한 다른 사람이든 상관없이, 율법을 지키게 하거나 순종하게 할 수 있는 능력을 가지고 있지 않았다는 것을 덧붙였어야 했다.[32]

율법은 사람에게 지식을 주지만 변화시키지는 못한다. 율법은 사람에게 그가 해야 할 것을 말해 줄 수는 있지만 그것을 할 수 있게 만들지는 못한다. 라이트는 "이제 '죄를 짓는 육체'가 메시아의 죽음 안에서 처리되었으므로, 이제 토라는 (메시아의 죽음과 성령의 능력으로) 그 원래의 목적을 완수할 수 있다"라는 의미에서, 로마서 8장을 로마서 7장의 연속선상에서 읽어야 한다고 제안한다.[33] 하지만 이러한 주장은 "모세 율법이 할 수 없었던(실제로도 결코 할 수 없는) 것을, 하나님의 성령은 가능

---

[32] *PFG*, 510-11.
[33] *PFG*, 511-12.

하게 하셨다"라고 말하는 로마서 8장 서두의 대조를 극단적으로 간과하게 만드는 것이다. 따라서 라이트는 로마서 8:2의 **법**(nomos)이라는 단어를 토라를 가리키는 것으로 읽기를 바라지만, 그럴 수 없었을 것이다. 그 이유는 이미 로마서 7:13-25에서 우리가 "마음의 법"과 "내 지체 속에 있는 한 다른 법" 사이의 대조를 보았기 때문이다. 때로는 바울이 실제로 **법**(nomos)을 "모세 율법"이 아니라 "지배하는 원리"로 의도했고, 이것은 로마서 7:13-25에 나타난 대조에서 충분하게 명확히 드러난다. 마음의 법은 아마도 하나님의 법일 수 있으며, 혹은 더욱 좁은 의미에서 모세 율법일 수도 있다(만약 바울이 그리스도 밖에 있는 유대인을 생각했다면). 하지만 이 법은 한 인간의 육체 안에 있는 인간의 타락성이 지배하는 원리와는 반대되는 것이다. 하나님의 법은 그와 같이 제멋대로이며 거룩하지 않은 원리가 아니다.

그래서 로마서 8:2에서도 역시 생명의 성령이 가진 지배하는 원리는 선하지만 무력한 모세 율법과는 다른 그 무엇이다. 그리고 바울은 여기서 이러한 대조점을 매우 분명하게 보여 준다. 요컨대, 그리스도를 참이스라엘 혹은 참이스라엘 사람이라 주장하려 하는 시도만큼이나 바울 안에서 어느 곳이든 모든 곳에서 **법**(nomos)을 "토라"로 이해하려는 시도는 별로 설득력이 없다. 새 언약은 갱신된 모세 언약이 아니다. 그것은 아브라함과 연결된 새로운 언약이다. 모세 언약의 이야기는 모세 율법의 목적을 완성한 그리스도 안에서 끝이 나고, 끝이 났기에 신자들의 삶을 지배하는 효력을 더 연장하지 않는다.

"그리스도의 법"이 있다. 하지만 이것은 새 언약의 법이지, 단순히 토라의 연장이 아니다. 따라서 라이트가 다음과 같이 말한 내용에 대해 강한 반론이 제기된다.

이 새 언약의 백성들은 토라가 가진 필수적이고 고유한 정죄의 선언이 공표되는 자리에서 살아가는 "육체를 따라 난 이스라엘"이 아니라는 점에서 이들은 "토라의 영향 아래 있지 않다." 하지만 아담과 동일시되는 이스라엘의 육적인 정체성으로 인하여 토라의 영향 아래서 불가능하던 것을 성령으로 성취할 수 없었던 사람들이 신명기 30장의 백성들이라고 한다면, 새 언약의 백성들은 "토라의 규례를 완수하고" 진정으로 "하나님의 명령을 지킨다."[34]

틀렸다. 만약 토라가 모세 율법을 의미한다면, 새 언약의 백성들은 어떤 의미에서도 토라의 영향 아래 있지 않다. 그뿐만 아니라, 새 언약의 백성들은 토라의 규례를 지킬 필요가 없는데, 왜냐하면 그 언약은 그리스도 안에서, 그리스도로 인해 완성되었고 그리스도가 십자가 위에서 새 언약을 개시함으로써 옛 언약이 소멸되었기 때문이다.

하나님의 백성은 한 번에 두 개의 언약 아래 놓이지 않고 오직 하나의 언약 아래 놓인다. 그 하나가 바로 그리스도의 법으로 맺어지는 새 언약이다. 새 언약은 모세 율법 안에서는 발견되지 않을 뿐 아니라, 모세 율법에 "눈에는 눈"이라는 원칙으로 나타난 동해보복법을 뛰어넘는, 예수께서 주시는 많은 명령들을 포함하고 있다. 따라서 라이트가 "바울이 예수에 관해 이야기한 모든 것은 하나 혹은 그 이상의 다른 이야기들 … 창조주와 우주의 이야기 … 하나님과 인류의 이야기 … 그리고 하나님과 이스라엘의 이야기 안에 자리매김한다"라고 말했을 때는 어느 정도 도움이 되는 반면, 이것은 그럴 수도 있고 아닐 수도 있다는 반응을 받을 만하다. 예수 이야기는 몇 가지 새로운 요소를 그 중요한 내러티브

[34] *PFG*, 513.

안으로 끌어들인다. 그리고 그리스도가 일반적으로 우주와 인류의 이야기뿐 아니라 하나님의 백성 이야기를 계속 이어 나가도록 해 주는 것은 사실이지만, 모든 그리스도 이야기가 그런 것은 아니다. 그리고 어떤 측면에서, 그리스도는 모세 언약 아래에 있는 이스라엘 이야기의 하위 줄거리를 결말짓는다. 그리스도 안에서 한번 완성된 것은 계속 반복되지 않는다. 여기서 "이스라엘의 메시아는 이스라엘의 역사를 기묘하고 예측할 수 없는 결론에 도달하도록 만들었다. 정확히 말해, 이렇게 함으로써 그는 하나님의 정의를[혹은 더 좋게 말해서 자비를] 모든 열방에게 가져다줄 수 있었다"라는 라이트의 언급은 우리에게 도움이 된다.[35]

그리스도가 참여하는 이 구출 작전은 악한 세대로부터의 구출이지, 시공간의 세계로부터의 구출은 아니라는 점을 라이트는 정확히 강조한다. 그리고 라이트가 구원에 관한 바울의 두 가지 모델, 즉 한편으로 재판적인 혹은 법정적인 모델과 다른 한편으로 합체적인 모델 사이에서 발생할 것이라 예상되는 충돌이나 갈등 역시 범주적 실수이며, 바울의 서로 다른 이야기들이 실제로 어떻게 작동하는지를 보지 못한 실패의 결과라는 것을 강조했던 예고도 똑같이 도움이 된다. 그러나 라이트가 빌립보서 2:5-11에 아담의 이야기가 암시된 것이라고 보았을 때, 실수가 발생한다(던이 주장하는 견해에 따르면 그러하다). 아담은 선재하지도 않았고, "그 본질상" 하나님도 아니었다. 여기서 핵심 용어가 가리키는 바는 "이용하다"라는 의미이지, 가지고 있지 않은 무언가를 "잡아채다"의 뜻이 아니다. 분명, 아담은 후자로 행했지만, 빌립보서 2:5-11은 그리스도가 그와 다른 일을 했다고 한다. 그는 그의 신성한 특권을 이용하지

---

35   *PFG*, 517-18.

않았던 것이다.³⁶

이 중요한 장의 마지막에서, 라이트는 긴 세계관에 관한 논의 가운데 왜 그가 교회 이야기 혹은 그리스도인 이야기를 다루지 않았는지를 설명한다. 라이트가 말하길, 그 이야기는 바울 텍스트의 표면에서 일어나지, 저변에 놓인 것이 아니기 때문이라고 한다. 하지만 충분히, 그리고 분명하게 이처럼 여러 가지 다른 이야기들이 때때로 텍스트의 표면으로 떠오른다. 그리고 만약 라이트가 말한 것처럼, "**에클레시아**(ekklēsia) … 자체가 바울의 **세계관**의 중심적 상징을 구성하고 있다면", 그것은 여기에서, 그리고 예비 장들에서 다루어졌어야 했다.³⁷

누가, 무엇을, 언제?

『바울과 하나님의 신실하심』 첫 번째 권의 마지막 장은 누가, 무엇을, 언제, 어디서, 왜라는 질문에 대한, 그리고 그 외 다른 질문들에 대한 라이트의 대답을 다시 고찰한다.³⁸ "누가"에 관한 질문에서, 라이트가 바울은 어느 그리스도인이든지 "유대인"뿐 아니라 "아브라함의 씨"이자 "이스라엘"이라 불렀을 것이라고 거침없이 말한다는 점이 주목할 만하다. 이 세 가지 용어들의 중간인 "아브라함의 씨"는 충분히 명확하다. 하지만 나머지 둘은 논쟁의 여지가 꽤 있다. 예를 들어, 이러한 사실은 로마서 9-11장에서 이스라엘이라는 용어를 사용한 점과 잘 맞지 않고, 실제로 갈라디아서 1장과 같은 본문을 볼 때, 바울이 버리고 떠난 삶의 방식으로 **이우다이스모스**(Ioudaismos; 유대교)를 언급한다는 점을 라이트

---

36 *PFG*, 532-34.
37 *PFG*, 536, 강조는 추가한 것.
38 *PFG*, 538-69.

는 인정해야 한다. 심지어 바울은 자신의 개인적 정체성에 관해서도, 고린도전서 9:20에서 선교를 위해 종종 "유대인과 같이" 되어야 한다고 말한다. 하지만 물론 이것이 의미하는 바는 바울이 적어도 실천에 있어서는 더 이상 단순히 유대인이 **아니**라는 사실이다.

우리는 이방인의 사도인 바울이 그의 회중을 "하나님의 이스라엘"이라 부르지 않은 아주 좋은 이유가 있다고 제안한다(그리고 갈라디아서 6장에서는 그렇지 않다). 오히려, 바울은 이들을 이곳저곳에서 **에클레시아**(ekklēsia, 교회) 혹은 "하나님의 성회"라고 부른다. 하나님의 새로운 백성은 단순히 유대인만이 아니라 그리스도 안에서 연합한 유대인과 이방인이다. 바울이 자신의 선교를 베드로의 선교와 구별할 때, 바울은 베드로가 할례자들에게 나아갔고, 자신은 무할례자들에게 나아갔다고 말한다. 비록 마음의 할례라는 은유가 어떤 회심을 의미할 수 있지만, 바울은 그의 이방인 개종자들을 단순히 "할례자"로 부르는 것을 달가워하지 않았다. 이 새로운 공동체를 가리키는 바울의 용어에 대해 우리가 매우 신중하게 이야기하는 것이 중요한 이유는 **하나님의 교회**(ekklēsia tou theou, 에클레시아 투 테우)가 바울의 세계관의 중심이 된다는 라이트의 주장에 우리가 동의하기 때문이다. 이 새로운 공동체는 이미 도래했지만 아직 오지 않은 공동체이다. 하나님은 이 공동체를 새로운 창조가 그리스도의 재림에서 완성될 때 이루어질 모습으로 만드는 일을 아직 끝내지 않았다.

오늘날 대체주의자로(혹은 심지어 "적대적 인수[takeover]"로) 불릴 만한 용어를 사용함에 있어서, 바울이 침묵하는 합당한 이유가 있다. 비-그리스도교 이스라엘의 이야기는 아직 끝나지 않았고 예수의 초림이나 예수의 죽음과 부활에 의해서 완성되지 않았다는 것이다. 로마서 11장은 이렇게 말한다. 비-그리스도교 이스라엘 이야기는 더 나은 해결이 오기를 여전히 기다리는 이야기다. 그 해결이란 그리스도가 다시 왔을 때 에클레시아의 이야기 안으로 들어가고 "모든 이스라엘이 구원"받는 것이다. 바울의 이방인 개종자들은 아브라함의 씨인 그리스도를 통해서 아브라함의 상속에 포함되었지 이스라엘 이야기에 포함된 것이 아니다. 만약 후자처럼 이스라엘 이야기에 포함되는 경우라면, 유대주의자들이 더 합당했을 것이다. 왜냐하면 이방인들은 유대인 메시아의 추종자가 되기 위해서는 유대인이 되어야 하기 때문이다. 바울이 율법 아래의 상태에 놓인 사람들을 위해 (모세) 율법 아래에 있는 자 중 한 사람처럼 된다고 말한 고린도전서 9장을 주목할 필요가 있다. 이와 같은 상태는 그의 일반적인 **운용 방식**(modus operandi)이 아님을 가리킨다. 바울은 계속해서 이와는 전혀 다른 그리스도의 법 아래 있음에 관해 이야기한다.

라이트는 "바울 자신이 속해 있다고 생각한 그 백성은 성서의 이야기, 하나님과 이스라엘의 위대한 이야기를 **이제 메시아 안에서 성취하고, 메시아에 의해 변화된 그들만의 이야기를** 말하는 백성들로 정의 내릴 수 있다"라고 주장한다.[39] 하지만 이러한 것이 실제로 바울이 그리스도 안에서는 유대인도, 이방인도, 이스라엘도, 다른 어떤 이교도들의 인종적 정체성도 없다고 말한 갈라디아서 3:28의 기준을 취한 데서 온 것일까? 에클레시아는 정말로 이스라엘 이야기를 가로챘거나, 아니면 에클레시아는 아직 완성된 것이 아니며 미래에 대한 어떤 열린 결말을 가지고 있는 것일까? 바울의 관점에서, 후자에 대한 답은 '그렇다'이다. 에클레시아는 그리스도 안에서 연합한 유대인과 이방인, 즉 메시아의 백성들이다. 자신들의 메시아를 거절하고 에클레시아에 참여하길 거부

---

39 *PFG*, 543. 원문 강조.

한 유대인들이 있는데, 바울에 따르면 이들은 **일시적으로**(이 말을 강조하여) 하나님의 백성으로부터 단절되었다(그리스도교 시대에 유대인 그리스도인들은 "뿌리"로 이해된다). 하지만 바울이 분명히 이야기한 것처럼, 이들은 다시 접붙여질 수 있다(이방인들 역시 신실하지 않다면 다시 끊어질 수 있는 것처럼). **따라서 이것은 유동적인 상황이다.**

"무엇이 잘못되었는가?"와 "무엇이 해결책인가?"라는 질문에 대한 라이트의 답은 논쟁의 여지가 없으며 이미 전에 언급되었다. 문제는 단지 개별적인 인간의 죄가 아니다. 문제는 바로잡혀야 할 모든 피조물의 타락함이다. 위대한 철학자의 독설을 인용해 표현하자면 이렇다. "만약 부패하고 죽어 가는 세상에서 살고 있다면 부활한 몸이 무슨 소용이 있겠는가?" 라이트가 강조한 바처럼, 그 해결책은 바로 성도들의 도움을 통해 이루어질 회복적 심판을 실행하기 위해 그리스도가 다시 오시는 것이며, 결국 이 땅이 새로워지는 것은 말할 것도 없이, 온 땅에 그리스도의 통치가 퍼져 가는 것이다.

'언제'에 관한 문제를 해결하기 위해서, 라이트는 빌립보서 3장을 좋은 예로 인용한다. 성숙은 아직 성숙, 완성, 완전에 도달하지 못했음을 인식함에 있다. 실제적인 몸의 부활은 신자들에게 아직 일어나지 않았다. 바울과 관련해서 '이미'와 '아직'을 논의한 것은 바울이 설명한 미래에 관한 라이트 자신의 관점을 명확하게 하는 데 도움이 된다. 분명히 바울은 더 실현된 종말론 혹은 덜 실현된 종말론 중 어느 쪽에도 책임이 없다. 마찬가지로, 바울은 그리스도가 이미 마지막 때, 즉 "시대의 종말"을 선언했다고 믿는다.[40]

---

40   *PFG*, 552ff.

이 내용의 끝에서, 바울에게는 '기대'가 무엇을 의미했는지에 관한 눈부신 논의가 있음을 확인해 본다. 앤서니 티슬턴의 주장에 기대어, 라이트는 이렇게 지적한다.

"기대"란 단순히 "정신적 상태"가 아니다. 그렇다고 미래를 예측하거나 상상력을 가지고 미래에 대한 꿈을 꾸는 것도 아니다. 기대는 … "주어진 특정한 상황 속에서 취해야 할 적절한 행위 혹은 행동"으로 이루어진다. 차를 마시러 오는 손님을 기대한다는 것은 "손님이 도착하는 것을 상상함"을 의미하지 않는다. 그것은 "찻잔, 잔 받침대를 놓고, 케이크를 사고, 방을 정돈하며, 주전자에 물을 끓이기 시작하는 것"을 의미한다. 데살로니가 교인들에게 주님의 오심을 "기대"한다는 것은 "그들이 반드시 거룩함을 추구하고 열심히 일해야 한다"는 것을 의미한다.[41]

라이트를 그처럼 흥미로운 신약학자로 생각하게 된 이유 중 하나는 그가 다소 사변적이면서 결실을 맺을 수도 있고 그렇지 않을 수도 있는 논쟁을 추구함에 있어서 두려움이 없다는 점 때문이다. 그러한 탐구 중 하나가 바울이 현재 침입해 들어오는 하나님의 통치를 지금 여기서 세워지는 그런 안식일로 생각했을지에 관한 부분이다.[42] 만약 **지금**이 구원의 날이라면, 온 세계가 신음하는 가운데 기다려 오던 날이라면, 그렇다면 **지금**은 또한 샤밧 샬롬(shabbat shalom, 평안의 안식일)이 일어나거나, 일어나야 하는 때다. 이러한 경우, 이 일은 바울의 사역을 통해서 이루어진다. 지금이 바로 새 창조의 시작인 것이다.

---

41   *PFG*, 554.
42   *PFG*, 557-59.

하지만 이것은 그렇기도 하고 그렇지 않다고도 할 수 있는 문제다. 우선, 그렇지 않다; 그 피조물 자체는 아직 해방되지 않았다. 그렇다; 그리스도 안에서 이미 새로운 피조물이 되었다. 아니다; 세상은 아직 놓임 받지 못했고, 인간의 몸도 질병, 부패, 고통, 죄, 슬픔으로부터 벗어나지 못했다. 하지만 그렇다; 그리스도 안에 있는 자들의 마음, 정신, 의지, 감정, 내적 자아의 회복이 일어난 가운데 이미 새로운 무엇인가가 있다. 더욱 넓은 범위에서 본다면 ─ 그렇다; 정사와 권세에 맞선 전쟁의 전환점은 그리스도의 죽음과 부활과 승귀 안에서 일어났다. 하지만 아니다; 그러한 권세는 이 세상에서 계속해서 위협을 가하는 일에서 아직 제거되거나 사라지지 않았다.

요한계시록은 최종적 안식일의 쉼과 회복은 지금 일어난 것이 아니고 예수의 재림, 그리고 천 년 왕국과 원수들의 최종적 처분 이후에 일어난다는 것을 암시한다고 보아야 한다. 그러나 **쉼**이라는 용어는 하나님이 그의 백성들과 함께, 그리고 그 백성들 가운데 마침내 "거하시는 것"을 지칭하는 것일 수 있다는 점에서 흥미롭다. 이것은 존 월턴(John Walton)이 창세기 이야기에서 하나님이 6일간 창조 후에 그의 성전인 피조물 가운데 거처할 곳을 두었던 내용을 염두에 두고 제안한 것이다. 종말론적인 '이미'와 '아직' 사이에서 정확한 균형을 취하기란 매우 힘든 일이라는 점에서 라이트가 옳다. 스킬라는 단순히 이 세상이 새로운 피조물처럼 보이지 않는다는 것에 근거를 둔 비관론자이고, 카리브디스는 예수가 부활했기 때문에 모든 만물이 이미 움트기 시작했다고 보는 낭만적인 낙관론자이다(그리스 신화에서 스킬라와 카리브디스는 바다에 사는 괴물이며, "스킬라와 카리브디스 사이"[Between Scylla and Charybdis]는 진퇴양난이라는 의미로 쓰인다. ─ 편집자 주). "성숙은 이 시대의 진흙탕과 비참함 속에서 메시아적 시대를 경축함에 있다. … 그 두 시대를 성숙하게 혼합함이 바울의 전체 세계관의 기초이다."[43]

이제 라이트는 바울과 그의 소명을 상기시킴으로써 2부의 끝으로 안내한다. 바울만이 자신을 이방인의 사도로 주장했다. 라이트의 견해로 보면, 이는 바울이 자신을 고난 받는 하나님의 종으로, 그리고 열방에 빛이 되는 이스라엘의 부르심을 완수할 소명을 가진 메시아를 위한 특별한 직분을 맡은 자로 이해했음을 의미한다. 따라서 바울은 그의 선교에서 이러한 메시아적 소명을 받아들이고, 빛 되신 그리스도의 이야기 안팎에서 살아가는 자신을 발견했던 것이다.

라이트는 이것이 왜 중요한지를 설명한다. "바울에게, 세계관의 중심적 상징은 연합되고 거룩한 에클레시아라 할 수 있는데, 그 세계관이 견고히 세워지고 온전히 유지되기 위해서는 신학이 매우 필수적인 것이었다." 흥미롭게도, 라이트는 바울과 같은 초기 그리스도인들에게 있어서 신학이 그렇게 중요했던 이유가 이들이 유대교의 상징들과 경계적 표지들을 거부했고, 동시에 이교적 상징들과 경계적 구분 역시 수용하려 하지 않았기 때문임을 강조한다. 그러므로 이들은 자신의 신앙을 유지하기 위해서 깊고 심오한 신학적 뿌리를 가질 필요가 있었다. 그 신앙이란 단순히 교회의 프락시스(praxis, 실천)나 중심적 상징만으로 유지될 수는 없었다. 새롭게 된 마음과 그것이 믿는 바를 깊이 이해하는 것, 그리고 실제로 구원받기 위한 믿음의 필요성에 대해 생각하는 것이 필요했다. 이것은 바른 실천(orthopraxy)에 초점을 두고 유일신론을 자신들의 세계관의 일부로 간주했던 유대교와, 바른 교리(orthodoxy)에 초점을 두고 구

[43] *PFG*, 562.

체적으로 신학적 용어들을 정의해야 했던 그리스도교 사이의 중요한 쟁점의 차이를 설명하는 데 도움을 준다. 마침내, 라이트의 말처럼, 바울은 우리가 오로지 생각하는 일에만 치우치는 것에는 별 관심이 없었다. 오히려 능동적으로 사고하도록 우리의 정신을 일깨우고, 그리스도교 전통 안에 있는 신학과 윤리를 실천하는 과업에 기여하도록 우리를 자극하고 안내하는 데 더욱 관심이 있었다. 그렇지 않다면, 라이트가 잘 이야기한 것처럼 "누군가에게 생각할 거리를 주라. 그러면 너는 그들이 하루를 살아가도록 도움을 준 것이다. 이들이 [신학적으로] 사고할 수 있도록 가르쳐라. 그러면 너는 그들이 평생 변화하도록 만든 것이다."[44]

자명한 이론: 유일신론

바울의 사유와 실천을 파헤치기 위한 라이트의 접근 방식은 다음과 같은 기본적인 가정에 기초한다(이것은 라이트가 텍스트에 대한 양식 비평 접근을 완전히 거부했다는 것을 증명한다). (1) 라이트는 바울 서신들이 어떤 내적인 논리와 쟁점을 가지고 있다고 가정한다. (2) "그와는 반대로, 나는 그것을 자명한 것으로 받아들인다. 바울은 전체적인 주장들을 신중하게 제시하지, 무관하고 '우발적인' 맥락 속에서 그냥 우연히 나타날 뿐인 파편적이고 잡다한 주제를 보여 주지 않는다."[45] 정확히 그러하다. 그것은 엄밀히 말해 바울의 논쟁들 가운데 전체적인 논증에 대한 수사학적 분석이 왜 그렇게 중요한지에 관한 것이다. 미시적 수사법에 해당하는 사소한 수사학적 장치들만 연구하는 것으로는 부족하다. 거시적 수사법에 해당하는 전체 논증, 바로 이것이 흐름을 이끌어 간다. 그러나

44   *PFG*, 566, 569.
45   *PFG*, 610.

이상하게도, 라이트는 바울 서신에 대한 수사학적 분석을 진행하지 않는다. 그리고 이러한 분석을 광범위하게 진행한 학자들과도 교류하지 않는다. 그 대신에 라이트는 고린도전서를 예로 들면서, 케네스 베일리의 교차대구적 유형 분석을 끌어들이는 경향이 있다.[46]

이것은 여러 가지 이유로 문제의 소지가 있는데, 특히 바울의 서신들은 구두로 기록된 문서이며, 듣는 것을 의도한 것이지, 그것을 보고 연구하는 의도로 기록된 것이 아니었다는 점에서 그러하다. 바울의 독자 중에는 글을 읽을 줄 아는 엘리트들뿐 아니라 오로지 듣고 곰곰이 생각할 줄만 아는 수많은 평범한 사람들도 포함되어 있었다. 교차대구는 이 독자들이 그 방식에 아주 익숙하지 않다면 구두만으로는 인식할 수 없는 장치이다. 하지만 라이트와 베일리는 고린도전서에서 교차대구가 몇 장에 걸쳐 나타나는 것으로 본다.[47] 이러한 종류의 광범위한 구조는 보아야 하는 것이지, 들어서 되는 것이 아니다. 이 구조들은 구술적이고 청각적인 장치가 아니며, 엄밀한 의미에서 교차대구에 관한 일반적이고 학문적인 비평은, 아름다움과 같이, 보는 사람의 **눈에서** 이루어지는 경향이 있음을 설명한다.

라이트가 가진 또 다른 근본적인 가정은 구원이 **선택**이라는 주제 아래서 가장 잘 다뤄진다는 것이다(라이트의 핵심 범주인 유일신론, 선택, 종말론을 기억하라).[48] 이러한 가정을 통해서 볼 때, 라이트는 몇몇 개혁주의적 가정을 가지고서 개혁주의 전통 위에 서 있는 학자라는 점이 분명해

---

[46] 가장 최근 저서인 바울의 전기에서 라이트가 아시아적인 수사학의 한 예로 에베소서의 광범위한 수사학적 분석의 결실을 인정한다는 것이 흥미롭다.
[47] 특히 케네스 베일리의 *Paul Through Mediterranean Eyes: Cultural Studies in 1 Corinthians* (Downers Grove, IL: InterVarsity Press, 2011)을 보라.
[48] PFG, 611.

진다. 선택은 소명과 관련 있는 것이지 개인적이거나 개별적인 구원과 관련 있는 것이 아니다. **이러한 사실은 구약성서에서 특히 명확해지는데, 거기서는 예수로부터 오는 영원한 생명의 선물을 의미하는 구원에 관한 그리스도교적 개념은 표면화되지 않았고, 아직 선택에 관한 충분한 논의들도 없다.** 선택이 논의될 때, 그것이 통합적인 개념이라는 점에서 라이트에게 동의한다(선택은 구약성서에서는 이스라엘 안에서 나타나고, 신약성서 안에서는 그리스도 안에서 나타난다). 여기서는 라이트가 구원론을 바울 신학을 이해하는 중심적 범주 혹은 렌즈로 만들고자 하는 개신교의 일반적인 경향에 반대한다는 것만 지적하도록 하겠다.

유대교 유일신론. 라이트는 바울이 유대교의 중심적 개념들을 유일신론, 선택, 종말론(메시아와 성령을 기초로 하여 재구성된)으로 재구성하려 했을 때 다루어야 했던 중요한 내용들을 규명하는 가운데, 다음과 같이 이야기하면서 자신이 웨인 믹스(Wayne Meeks)의 주장에 근본적으로 동의한다는 것을 깨닫는다. "바울 자신에게 있어서, 핵심적인 문제는 단지 유일신론에 함의된 내용을 자세히 설명하는 것뿐 아니라 어떻게 하나님의 통일된 목적이 역사를 통해서 십자가에 못 박힌 메시아의 **새로움**(novum)을 포함할 수 있는지를 설명하는 것이었다."[49] 또한 라이트는 바울이 단지 다른 유대인들과 그들의 세계관에 관해서 유대교 회당 내에서 이루어지는 대화에만 참여한 것이 아님을 계속해서 강조한다. 바울은 복음이 가진 변화의 능력이 참된 인간성을 향한 철학자들의 꿈과 탐구를 능가한다고 주장하면서, 이교도 세계와 끊임없이 대화하는 가운데 있었던 것이다. 바울은 교회로 하여금 이교도의 종교가 그토록 추

---

49   *PFG*, 612n9, 웨인 믹스(Wayne Meeks)의 고전인 *The First Urban Christians* (New Haven, CT: Yale University Press, 1983) 재인용.

구했지만 얻지 못한 성령과 함께 살고 **코이노니아**(koinōnia, 교제)를 이루며 살아가도록 격려했다. 그리고 바울은 황제의 신성함을 내세우는 거창하지만 허울뿐인 주장들을 그리스도의 주권이 능가함을 믿었다. 바울은 그리스도를 위해 다른 모든 사상을 포획하는 데 아주 능숙했고, 그래서 때로는 이교도 철학의 개념들을 빌려 오지만, 그 기본적인 체계와 운용 방식은 유대교적이었다. 결국, "인간성이 우상 숭배로 인해 훼손되었다는 사실로 인해 구원의 신적 계획이 인간성을 완전히 폐기해야 함을 의미하는 것은 아니었다."[50]

오직 한 분 하나님이 계시다는 믿음이 초기 유대교에서 중심적이었던 만큼, 바울 신학에 있어서도 그 믿음이 의미하는 바를 재구성하는 것이 동일하게 중심적이라는 점에서 라이트의 주장은 분명 타당하다. 그리고 라이트는 그 이유를 다음과 같이 설명한다. "유대교 세계의 주요한 상징적 실천(할례, 음식법, 안식일 준수)이 '아디아포라'(adiaphora, 비본질적 문제)로 여겨졌을 때, 신학, 특별히 유일신론은 근본적으로 새로운 형태로 그 세계관을 유지하기 위해 훨씬 더 많은 부담을 짊어져야 했다."[51] 제2 성전기 유일신론을 설명하는 열쇠는 유일하신 하나님의 내적 본성에 대한 주장이 아니었다. 그리고 보좌나 높은 곳에 있는 천사들에 관한 논쟁과도 아무런 상관이 없었다.[52] 하나님이 우주에 존재하는 유일한 비인간적 지성이라는 주장이 제2 성전기 유대교 세계관의 일부였던 적은 결코 없었다. "우리가 지금 살펴보고 있는 시기의 유대교 유일신론이 가진 주요한 초점은 유일하신 하나님에 관한 분석을 향

---

50 *PFG*, 613-14.
51 *PFG*, 625.
52 여기서 라이트는 전자에 관해 리처드 보컴에게 대체로 동의하고, 후자에 관해 래리 허타도와는 의견을 달리한다.

하여 그 안으로 파고드는 것이 아니라, 결정적으로 밖을 향해 즉 유일하신 하나님이 세계와 맺는 관계를 향해 파고든다."[53]

"그러므로 유일신론은 근본적으로나 성서적으로 존재론적 이원론의 포기를 의미했다. 세계 자체를 부정하는 것, 즉 세상을 어둡고 음울한 장소로 여기며, 영혼이 물질적인 육체에 갇혀 있다고 불평하거나 인간 통치자와 권력 구조의 실존에 대해 투덜대는 것은 유일신론 세계관의 일부가 아니다."[54] 하나님이 계시고, 그 유일하신 하나님이 창조한 모든 것이 있을 따름이다. 이것이 바로 창조적 유일신론이 말하고자 하는 바이다(존재하는 모든 것에 대한 이원론을 근본적으로 부정하는 것).

따라서 창조적 유일신론은 존재하는 모든 것이 지닌 본질적인 선함을 경축하는 것을 포함한다. 그러므로,

그들[유대인들]은 **쉐마**로 매일 두 번 이상 기도할 때, 마음으로, 생각으로, 호흡으로, 자신들이 우상들에 대해, 그리고 우상들을 만들고 그것을 숭배하는 것에 대해, 또 우상들과 함께하는 삶의 방식에 대해, 특히 "민족들의 신들"을 중심으로 삶을 영위하는 실제 인간들과 실제 인간 제도들, 이들이 지은 신전들과 이곳에서 이루어지고 있는 숭배에 대해 반대하고 있음을 알고 있었다.[55]

따라서 창조적 유일신론은 배타적 유일신론의 한 종류이지, 유대인이 예배하는 야웨 하나님을 그리스인들은 제우스나 그 밖에 다른 이름

---

53 *PFG*, 627.
54 *PFG*, 628.
55 *PFG*, 630.

으로 부른다고 하는 아리스테아스의 편지 16장에서 발견할 수 있는 그런 종류의 것이 아니다. 유대인에게 있어서 장미 외에 다른 이름으로 불리는 장미는 사실상 **장미가 아니다.** 성서에서 이야기가 전개되듯이, 특수주의라는 매개를 통한 보편주의만이 존재한다. 즉, 세상은 성서에 나오는 유일하신 하나님을 믿는 믿음을 통해서만 올바르게 세워진다. 여기서 현대 다원주의를 지지하는 어떤 주장도 찾아볼 수 없다. 하나님이 오셔서 이 땅 위에 그분의 나라를 세울 것이다. 그 나라는 모든 이들이 충성해야 하고, 만약 그렇게 하지 않는다면 그들이 떠날 수밖에 없는 그런 나라다. 그 느낌을 실어 표현한다면 이러하다. "제2 성전기 유일신론에서는 가장 높으시며 모든 것을 창조하시고 다스리시는 유일하신 하나님만이 계시다는 사실이 천상의 영역에서 다른 거주자들의 … 가능성을 부정하지 않으며 사실상 이들의 존재 가능성을 암시하는 경향이 있다."[56] 이 초자연적 존재들은 단순히 신들이 아니다. 이들은 타락한 인간이나 타락한 세계처럼 본래 선하게 창조된 피조물이었지만 타락하게 된 피조물이다. 하나님의 절대적인 선함과 그의 모든 피조물이 (본래적으로 가진) 선함에 대한 믿음은 영지주의 사상에서 발견되는 것과 같은 어떤 도덕적이고 물질적인 이원론을 함의하지 않는다. 악은 단지 그 선함의 안과 밖에 있는 암과 같은 것이지, 독립적인 신이나 존재자나 실재가 아니다.

라이트는 리처드 보컴의 독특한 개념인 종말론적 유일신론을 인정한다. 야웨는 그가 이 땅에서 그의 통치를 완전히 이룩할 때 마침내 홀로 유일하게 설 것이고 그의 이름 역시 유일하게 될 것이다. 그렇게 될 때,

---

[56] *PFG*, 632.

자발적이든 그렇지 않든, 알고 하든 모르고 하든, 그 앞에 모든 무릎이 꿇고 모든 혀가 고백할 것이다(이사야가 말한 것처럼). 라이트는 초기 그리스도론은 천사 중재자 혹은 그와 같은 것에 관한 초기 유대교적 믿음을 재구성한 것이 아니라고 주장한다. "초기 그리스도론은 그리스도교 이전의 유일하신 하나님에 대한, 특별히 그 유일하신 하나님이 **행하기로** 약속하신 것에 대한 유대인들의 믿음을 급진적으로 구체화한 것이었다."[57]

라이트는 정확히 어떻게 바울이 논쟁의 중심이 되는 텍스트인 로마서 8:18-30을 가지고 유대교 유일신론을 개혁하고 재천명했는지에 대한 논의를 시작한다. 이 핵심 구절들에 대한 라이트의 번역은 흥미롭다. 그는 **미리 정하신**(predestined)이라는 단어 대신에 "그 아들의 형상의 본을 따라 빚어지도록 하기 위해 미리 구분해 놓은(marked out in advance)"이라는 표현을 선호한다. 또 라이트는 비록 '그의'(his)라는 단어가 그리스어 사본 어디에도 나타나지 않지만 "그의 목적을 따라 부르심을 받은"(called according to his purpose)이라는 번역을 선호한다. 그리고 크리소스토무스가 말한 것처럼, 이 말 자체는 "목적"뿐 아니라 "선택"을 의미할 수도 있다. 이제 누구의 선택인지, 즉 하나님의 선택인지 아니면 응답하는 자의 선택인지를 물어야 한다. 이는 충분히 가능한 질문인데, 그 이유는 로마서 8:29a에 나오는 "ous"(those whom, 자들)는 "하나님을 사랑하는"이라는 선행사를 가지고 있기 때문이다. 다시 말해, 텍스트는 "하나님을 사랑하는 자들, 하나님이 미리 아신 자들을 위해, 그는 또한 미리 정해 놓았거나 구별해 놓았다"라고 읽힌다. 그렇다면 이제 논쟁은 신자들의 운명에 관한 것이지, 어떻게 사람이 먼저 신자가 될 수 있었

---

[57] *PFG*, 633, 원문 강조.

는가에 관한 것이 아니다. 신자들의 운명은 그 아들의 형상을 따르는 것이다. 또다시, 바울은 한 무리의 사람들, 즉 "하나님을 사랑하는 자들, 그 선택/목적에 따라 부르심을 입은 자들"을 언급하고 있다. 하나님이 미리 아신 그 사람들은 하나님을 사랑할 것이다(하나님의 선택은 단순히 그리해야 한다거나 자의적인 것이 아니라, 이 백성이 어떻게 반응할지를 앞서 아는 하나님의 명확한 지식에 기초하고 있다는 것이 명확해진다). 그리고 하나님은 앞서 이들을 구별하셨다. 이러한 내용들 중 어느 것도 그 책에서 실제로 다루어지지 않는다. 우리는 이 모든 것을 창조하신 하나님이 그 모든 것을 재창조하는 과정 가운데 계신 하나님이라는 분명한 확신을 가지고 있다는 점에서, 라이트의 주장은 분명 옳다. 이것이 바로 창조적 유일신론이 드러내고자 하는 바이며, 이제 그 아들과 그 아들의 형상으로 빚어짐을 포함하도록 재구성된 것이다.[58]

하지만 창조적 유일신론의 진술에는 더 많은 함의가 있다.

이렇게 창조에 관한 긍정적인 관점은 바울이 심지어 이교도들도 메시아의 백성들의 선한 행실을 알아보고 이를 본보기로 삼을 수 있는 도덕적 지각이 있음을 알려 주는 구절들에 대해서도 설명해 준다. 적어도 바울이 그들로 하여금 제2 성전기의 일반적인 관점과 정확히 같은 일직선상에서 정부와 권세들의 선함과 하나님께서 그것을 부여하심을 인정할 수 있게 만들어 주고, 반대로 하나님이 그들에게 부여하신 의무를 상기시키고 이와 관련하여 책임을 묻는 권리를 알게 해 준 것도 바로 이것이다.[59]

---

58 *PFG*, 636.
59 *PFG*, 639.

또한 우상이 있어서는 안 된다는 것은 타락 이래로 이 땅에는 하나님의 오직 하나의 참 "형상"만이 존재해 왔음을 의미하는데, 그 형상이 바로 참인간인 메시아 예수이다. 메시아 안에 있는 자들은 그의 형상을 따라 새로워지도록 되어 있다. 비록 라이트가 말하지는 않았지만 이야기했을 법한 것은 이러한 사실이 바울의 주장, 즉 첫 번째 아담이 하나님의 형상으로 창조되었다는 사실을 기억할 때, 그리스도는 마지막 아담이라는 주장과 잘 맞아 떨어진다는 것이다.[60]

그리스도와 유일신론. 예수와 유일신론에 관한 라이트의 논의를 더욱 구체적으로 다루자면, 고그리스도론(high Christology)은 후대의 것이어서 역사적 예수에 대해 알려 주는 것이 거의 없다고 주장하는 전통적인 자유주의적 관념이든지, 아니면 고그리스도론은 완전히 유대교적이며 그리스도교 초기부터 그러했음을 증명하려는 마르틴 헹엘과 그 그룹들이든지, 라이트는 그 둘 다에 만족하지 못한다. 라이트는 분명하게 현대적인 분석에 반대하면서 이렇게 말한다. "이와 동시에, 낭만주의는 어떤 운동의 그 '원시적인' 형태가 참되고 영감이 깃든 것이며, 그 형태가 카리스마에서 위원회로, 예배에서 행정으로, 자발적이고 전복적인 영성에서 안정적 구조와 급여를 받는 성직 제도로 움직여 감에 따라서 시간이 흐를수록 원래의 비전은 희미해진다는 것을 계속해서 주장한다."[61]

헹엘, 보컴, 허타도의 연구는 "부세트와 불트만(심지어 던, 케이시, 베르메시까지)의 시대로 돌아가는 것을 거의 상상조차 할 수 없도록" 만들었다고 한 라이트의 표현에서 어떤 빈정거림이 보인다. 명백하게, 라이트는 바트 어만이 이들 연구의 가정에 기초해서 *How Jesus Became God*(2015,

---

[60]   *PFG*, 640.
[61]   *PFG*, 646.

『예수는 어떻게 신이 되었나』)이라는 책으로 또 다른 신호탄을 쏘아 올리려 했다는 사실을 알지 못했다. 그럼에도 불구하고, 고그리스도론이 분명 후대의 것이 틀림없다는 생각을 대다수가 받아들이지 않은 나머지, 다니엘 보야린 같은 유대인 성서학자조차도 "완전히 정반대 방향으로 돌아서서 초기 그리스도론의 거의 대부분이나 모든 요소들은, 특히 대망했던 메시아의 '신성'은 사실상 그리스도교 이전 유대교 자체 내에서 이미 존재했었다고 주장한다"라고 라이트가 판단한 것은 옳다.[62] 보야린은 초기 유대교 텍스트가 지지하는 것 이상으로 훨씬 더 많은 것을 주장했다고 라이트는 판단한다.

더욱 중요한 것은, 라이트가 바울이 논쟁할 필요가 없었던 내용을 정확히 알아차렸다는 것이다.

바울이 살던 시대에 초기 그리스도인들은 이미 이전에 그 누가 상상했던 것 이상으로 예수의 "신성"에 대한 믿음을 훨씬 강력하고도 시적으로도 표현했다. 사실, 바울은 예수에 관한 그의 (아주 "높은") 관점을 당연한 것으로 가정할 수 있었다. 심지어 고린도 교인들에게도 바울은 "어떻게 너희들은 예수가 단순히 뛰어난 인간일 뿐 그 이상은 아니라고 말할 수 있는가?"라고 말한 적이 결코 없다. 또한 그리스도론은 바울과 (말하자면) 예루살렘 교회 사이에서 어떤 논쟁거리가 된 것으로 보이지 않는다. 흔히 주어지는 가정들과 주장들에도 불구하고, **예수와 이스라엘의 하나님을 동일시하는 것을 부정하려 했다는 초기 "유대 그리스도교"에 대한 어떤 역사적 증거도 찾아볼 수 없다.**[63]

---

[62] *PFG*, 647-48.
[63] *PFG*, 648, 강조는 추가한 것.

따라서 라이트는 예수에 관해 가지고 있었던 바울의 모든 견해가 다메섹 도상의 계시적 순간에서 온 것만은 아니었을 것이라고 결론짓는다.

이제 역사와 관련된 질문이 남는다. "무엇이 부활절 이후 예수의 초기 추종자들을 고그리스도론으로 몰아간 것일까?" 라이트는 예수 스스로 "인자"와 같은 단어를 사용하여 자신과 이스라엘의 하나님 사이의 어떤 동등함을 암시함으로써 그러한 일을 가능하게 했고 또 이를 확증했다는 것과, 초대 교회는 부활이 그러한 예수의 주장을 확인시켜 준 것이라고 보았다는 이전의 견해에 만족하지 못한다. 라이트는 이와 같은 견해에 대해서 다음과 같이 모호하게 말한다. "나는 그러한 견해가 완전히 호도하는 것이고, 잘못된 것은 아니지만 별로 기대할 것 없이 방해가 되는 것 정도로 간주한다."[64] 여기서 라이트는 방해가 된다는 말이 무엇을 의미하는 것인지에 대해서는 더 이상 설명하지 않는다.

반면, 라이트는 래리 허타도의 다음과 같은 제언에는 더욱 공감한다.

예수의 가장 초기 제자들로 하여금 처음부터 예수를 경배하게 만들었고 (그렇다고 유일신론을 포기하지도 않고), 또 이후에 유일하신 하나님과 관련된 본문에서 예수를 "발견"하는 방식으로 이스라엘의 성서를 다시 읽어 내도록 만든 것은 살아 계신 하나님의 현존을 경험하는 것을 기대할 수 있는 방식과 동일하게 주어지는 **승귀하신 예수의 인격적인 현존에 대한 지각과 경험이었다.**

다시 말해, "이후 삼위일체와 성육신 신학이 될 그 처음 시작으로 몰

---

[64] *PFG*, 649.

고 간 것은, 그들 안에서 일어난, 부활하신 주님을 '초기 그리스도인들이 경험한 일'"이었던 것이다.⁶⁵

라이트는 이러한 현상에 대한 허타도의 설명과 분석이 기본적으로 옳다고 생각한다. 그리고 라이트는 허타도의 설명이 부세트의 가설(말하자면, 그리스도교가 이교 세계와 완전하게 결합했을 때, 그리스도교는 신성과 주인에 대한 이교적 관념들을 흡수하여 그것을 그리스도에게 적용했다는 주장)을 완전히 배제했다고 보았다. 게다가, 라이트는 초기 그리스도인들과 예수 사이의 관계에 대한 바울의 묘사가 이스라엘과 유일하신 하나님 사이의 관계에 대한 성서의 묘사와 일치함을 보여 준 크리스 틸링의 최근 연구를 제시한다.⁶⁶ 예를 들면, 그리스도와 신자들의 결혼에 관한 바울의 구절들을 보면 이를 확인할 수 있다(고후 11:2; 롬 7:4-6; 야웨의 신부가 되는 이스라엘이라는 구약성서 주제와 직접적으로 연관된 에베소서 5장이 있음도 알아둘 만하다).

하지만 허타도에 대한 기본적인 동의 이외에도, 라이트는 리처드 보컴의 주장을 더욱 중요한 것으로 생각한다. 거기서 핵심이 되는 부분은 고양된 천사들과 중재자들에 대해 초기 유대교에서 이야기한 내용이 신적인 존재로서 예수를 예배하는 것과 서로 연결될 수 없다는 것이다. 예를 들어, 요한계시록에서 천사를 숭배하는 것을 강력하게 반대하는 것은 하나님과 어린양에 대한 선명한 예배와 짝을 이룬다는 점을 주목해 볼 수 있다. "보컴의 주된 제안은, 바울이 포함된 신약성서가 유일하신 하나님의 고유한 정체성 안으로 예수를 포함시키는 그런 신적인 정체성을 내세우는 그리스도론을 제공한다는 것이다."⁶⁷ 그래서 보컴은

---

65   *PFG*, 650. 원문 강조.
66   Chris Tilling, *Paul's Divine Christology* (Tübingen: Mohr, 2012).
67   *PFG*, 651.

그러한 신적 정체성은 하나님이 **무엇인지**에 관한 신적 "본성"과는 구별되고, 오히려 하나님이 **누구인지**에 대한 내용과 관계된다는 점을 강조한다. 따라서 보컴은 예수의 신성과 인성에 관해 이후에 벌어질 논쟁과 신약성서 안에서 벌어지고 있는 일을 구분한다. 그러나 보컴은 중재적인 인물들을 예배하는 것을 반대할 때 한 가지 예외가 있음을 주목한다. 이를테면, 『에녹1서』 비유의 책에 나오는 인자에 대한 이야기가 그것이다. 이 내용은 옳다. 그리고 그것은 승귀의 의미에서 예수가 "인자"라는 표현을 사용한 배경을 제공해 주는데, 이는 라이트가 더 많이 알려 주어야 하는 내용이다.

따라서 보컴은 다음과 같이 결론을 내린다. "가장 가능성이 큰 그리스도론(고유한 신적 정체성 안에 예수를 포함시키는 것)은 신약성서가 기록되기 이전 초대 교회 신앙에서 중심적인 것이었다고 볼 수 있는데, 그 이유는 이 그리스도론이 모든 신약성서 안에서 나타나기 때문이다."[68] 보컴은 유대교 유일신론을 다루는 세 가지 중요한 핵심적 측면이 있다고 강조한다. 그것은 하나님이 유일무이하신 창조주시고, 하나님은 마침내 그의 나라를 세우실 것이며, 하나님이, 오직 하나님만이 홀로 경배를 받으셔야 한다는 것이다. 이어서 보컴은 신약성서에서 그리스도는 창조의 주체로서, 그리스도를 통해서 모든 만물이 화해하고 그분의 나라가 도래하는 것으로 묘사되며, 따라서 그리스도가 경배를 받는다는 점을 계속해서 입증한다. 라이트의 제언은 보컴의 주장을 기초로 하고 있지만 종말론적 유일신론에 또 다른 요소를 추가하는데, 그것은 성전이 부패했을 때 그 성전을 떠난 하나님이 포로 생활 이후에 예루살렘과 그의

---

[68] *PFG*, 652에서 라이트가 인용함. 이러한 보컴의 견해가 가장 직접적으로 나타난 자료는 그의 책, *Jesus and the God of Israel* (Grand Rapids: Eerdmans, 2008)이다.

성전으로 다시 돌아오실 것과, 또다시 시온에서 왕이 되기 위해 다시 오실 것, 그리고 그의 백성을 속박에서부터 해방시킬 것을 약속했다는 내용이다.

라이트의 기본적인 전제는 바울이 중재적인 인물들과 상징들을 취해서 예수를 신적인 영역으로 **승격시키기** 위한 기초로 이들을 사용하기는커녕, 하나님의 이미지들을 직접 취해서 이를 그리스도에게 적용했다는 것이다. 특히, 라이트는 유대인들의 질문(하나님이 시온으로 다시 오실 때, 그것은 어떤 모습인가? 또다시 그 언덕 위에 선 왕은 누구이며 그의 백성을 해방시킨다는 것은 어떻게 이루어질 것인가?)을 취해서 이것을 예수의 성육신, 생애, 죽음, 부활에 대한 그의 분석에 적용한다. 라이트의 관점에서, 이 모든 것은 이 땅 위에 도래하는 하나님 나라의 개시였다. 라이트는 이 내용을 다음과 같이 간결하게 말한다.

초기 그리스도론은 중재적인 인물들에 대한 이전 시대의 유대교 언어를 기억함에 기초한, 혹은 예배와 기도 가운데 주어진 예수의 인격적 현존에 대한 강력한 인식에 기초한 낯설고 새로운 믿음으로 시작하지 않았다. … 전자는 … 적절하지 않고, 후자는 중요하지만 부차적이다. 가장 중요한 것은 예수의 생애, 죽음, 부활을 통해, 예수가 새로운 출애굽을 완성했고, 이스라엘의 하나님이 그의 인격 안에서 행하겠다고 말씀하신 바를 예수의 인격 안에서 행하셨다는 것이다. 예수는 하늘에서와 같이 이 땅에서 하나님의 나라를 시작하셨다. 학자들은 인물들, 천사들, 혹은 그 밖의 다른 중재자들에 관한 그리스도교 이전의 유대교 사상을 찾아내기 위해 너무 많은 시간을 들였다. 하지만 그리스도교 이전의 유대교 사상에서 중요한 것은 이스라엘의 하나님에 관한 내용이다. 예수의 처음 추종자들은 그들 스스로가 예수에 대해 하나님이라는 말을 사용하는 것이 허용될 뿐 아니라 유일하신 하나님에 대해서도 예수라는 말을 사용할 수밖에 없음을 알게 되었다.[69]

비록 이러한 분석이 몇 가지 타당한 요소를 가지고 있지만, 그럼에도 불구하고 물어야 할 질문이 있다. 그것은 이러한 설명에서 문제가 되는 것이 무엇인가라는 질문이다. 여기에는 예수의 초림을 여호와의 날(Yom Yahweh) 전통의 성취로 보는 것과 관련된 문제가 놓여 있다. 왜냐하면 예수는 그의 초림 기간에 인간 세상을 심판하는 임무를 떠맡지 않았기 때문이다. 사실, 마가복음 14:62은 예수가 이 구절의 내용을 이후에 일어날 사건과 연관 짓고 있음을 주장한다. 그러나 라이트가 마가복음 14:62의 장면을 원래 그 구절이 말하고자 한 예수의 재림과 연결하지 않고 오히려 다니엘 7장과 예수의 승귀에 관련된 다른 자료들과 연관시키려 할 때 문제는 더욱 복잡해진다.[70]

이어서 라이트는 바울이 집회서 24장과 지혜서의 자료를 하나님의 아들의 인격과 사역을 묘사하는 데, 그리고 하나님의 지혜가 육체에 깃드는 것을 묘사하는 데 어떻게 사용하는지에 대한 설명으로 나아간다. 나는 바울이 사용한 이러한 전통들의 영향력에 관한 내용에 있어서 라이트에게 동의한다. 그리고 그가 말한 것처럼, 이러한 전통들은 하나님 자신과 관련이 있으며, 그보다 덜한 중재자들과는 아무런 관계가 없다. 의인화된 지혜는 의인화된 유일하신 하나님의 지혜다. 의인화된 지혜는 유일하신 하나님과 함께 있는 천상의 두 번째 위격을 언급하는 것이 아

---

[69] *PFG*, 654-55.
[70] 다니엘 7장에 사용된 말들은 이 땅을 심판하기 위해 내려옴에 관한 말이지, 올라감에 대한 말이 아님을 매우 명확히 드러낸 Michael S. Heiser, *Angels: What the Bible Really Says About God's Heavenly Host* (Bellingham, WA: Lexham, 2018)을 보라.

니다. 심지어 시편 2:7-8의 관점에서 보면, "'하나님의 아들'이라는 구절은 우리가 아는 한 그리스도교 이전 유대교 세계 내에서 이스라엘의 하나님의 인간적 구현이라는 뜻으로 사람에게는 적용되지 않았다"라고 제안하는 주장은 설득력이 떨어진다.[71] 아마도 "이스라엘의 하나님의 인간적 구현"이라는 표현이 너무 많은 것을 이야기하는 듯하지만, 그럼에도 불구하고 우리가 알고 있는 사실은 시편 2편이 원래 다윗 왕을 위한 대관식의 일부분이었던 것으로 보이고, 고대 근동 지역에서 기름 부음 받은 왕들은 특별한 의미에서 신의 아들이라 불렸으며, 이는 일종의 신과 유사한 지위와 힘을 가진 것이라 주장할 수 있다는 점이다.

이 연구에서 라이트는 출애굽과 노예 해방 주제가 바울의 핵심적인 구절들, 이를테면, 갈라디아서 4:1-11, 로마서 8:1-4, 고린도전서 8-10장을 뒷받침함을 보여 줌으로써 이전보다 더 나은 성과를 보여 준다.[72] 이는 예수의 초림을 하나님이 그의 백성들에게 돌아옴으로 이해했던 사례를 더욱 발전시킨 것이지만, 예수를 이스라엘로 이해한 것까지 나아간 것은 **아니다**. 만약 예수가 지혜이자 시내 광야 유랑 시기에 언급된 반석이라면(라이트는, 고린도전서 10장에서 하나님의 임재가 이스라엘 백성과 함께했다고 바울이 생각한 것으로 여긴다), 예수는 광야에서 헤매고 있었던 이스라엘 백성은 아닌 것이다. 만약 예수가 창조주이며 구속자이신 하나님이라면, 그는 피조물이며 구속되어야 할 하나님의 백성 역시 아닌 것이다. 다시 말해, 바울의 그리스도 담론에서 고그리스도론적 독해가 우세할수록, 예수에 대한 교회론적 독해는 더욱 빈약해진다. 바울이 예수를 "유일신론을 폐지할 수 있는" 제2의 하나님으로 이해하지 않았다고 한 점에서

---

[71] *PFG*, 658.
[72] *PFG*, 658-61.

라이트는 타당하다.[73] 바울은 "우리에게 오직 한 분이 계시다"라고 말했다. 라이트는 "'우리에게 둘이 있다'라고 말하거나 암시했다는 것은 '우리는 그저 새롭고 묘하게 제한된 형태의 이교도일 뿐이다'라는 것을 의미했을 것이다. 반면 바울은 그 편지 전체를 통해서 [고린도전서에서 확인된 바에 따르면] 이교도 세계에 대항하여 유대교 방식의 유일신론의 토대 위에 서 있음을 주장하고 있는 것이다."라고 말한다.[74]

라이트에게 동의하는 또 다른 지점은 십자가 사건은 유일하신 참 하나님의 성품을 계시함에 있어서 매우 핵심적인 것이며, "그리고 이를 성찰함은 공동체의 삶을 통해서 반드시 부각되어야 한다"라는 것이다. 이에 대한 예시로, 강한 자와 약한 자 사이의 관계에서 강한 자들이 자기희생적 행위에 헌신하는 그런 삶을 들 수 있다. 만약 자기희생, 더 구체적으로 자기희생적 사랑이 하나님의 성품을 계시하는 전형이라면, 이러한 신의 이미지는 자기의 영광을 빈틈없이 지키며 그 인격의 핵심에 있어서 자기 준거적이고 나르시시즘적인 신의 이미지와는 매우 다르다는 사실을 추가할 가치가 있다.[75]

라이트가 골로새서 1장에 나타난 그리스도 송영을 다루는 내용은 매우 유익한데, 특히 그가 프로토토코스(prototokos)를 "그리고 그는 먼저 나시고,"라고 번역한 것에서 그러하다. 이 구절은 이후에 나오는 "그는 그 모든 것의 시작,"이라는 구절과 짝을 이루는데, 이 구절은 사람들로 하여금 그리스도를 창조주라기보다 가장 첫 피조물로 오해하게 만드는 혼란스러운 출생 개념을 제거한다. 또 라이트는 고린도전서 8:6과 여러

---

73 *PFG*, 666. 이 설명이 나타나는 쪽수는 이상하게 적절해 보인다.
74 *PFG*, 666.
75 *PFG*, 667.

곳에 쉐마에서 나오는 유일신론적 용어들이 반복됨을 보여 줌으로써 도움을 준다.[76]

라이트는 골로새서 1장의 그리스도 송영에서 그 시작과 형상 모두가 되는 그리스도를 가리키는 언급이 식별력 있는 독자들에게 창세기 1장을 떠올리도록 했을 것이라 주장한다. 문제는 골로새 교회 회중 가운데 과연 그렇게 식별력 있는 독자가 있었는가 하는 점이다. 라이트는 고린도후서 5:16-19의 텍스트를 더 면밀히 읽어야 할 것을 주장한다. "하나님은 그리스도 안에서 자기와 세상을 화해시키고 계셨다. 이것은 단순히 '그리스도를 통하여'가 아니라 그리스도 안에서 이루어지는 것인데, 왜냐하면 바울은 그리스도를 골로새서 1장에서 '신성의 모든 충만한 분량이 육체로 거하여 왔다'로 표현된 신적 정체성 안으로 포함시켰기 때문이다." 골로새서 1장은 창조론적이고 종말론적인 유일신론 이 두 가지 모두를 표현한다. 그리스도의 목적은 피조 세계로부터 인간을 구해 내는 것이 아니라 피조 세계 자체를 구속하는 것이며, 그리스도는 이 두 영역 모두에서 머리이다.[77]

또한 고린도후서 3-4장에 관한 더욱 긴 석의가 있다. 라이트는 모세와 그 당시 하나님의 백성들에 관한 설명(하나님은 그분의 얼굴을 모세에게 보여 주지 않았으며, 모세는 백성들 앞에 나갔을 때, 이들 마음의 완고함으로 인해 그의 얼굴을 가려야 했다. 이들은 셰키나 즉 하나님의 영광을 견딜 수 없었을 것이다)과 예수와 지금 하나님의 백성에 관한 설명(이제 하나님의 백성은 그 마음이 변화되었고, 따라서 이들은 예수의 얼굴에 나타난 하나님의 영광을 볼 수 있다) 사이에 놓인 차이점을 설명한다. 즉, 고린도후서 3-4장은 예수의 인

---

[76] *PFG*, 670-73.
[77] *PFG*, 676-80.

격 안에 나타난 최종적인 종말론적 신현에 관해 이야기한다. 이는 하나님이 다시 그분의 백성에게로 돌아온 것을 의미한다. 여기서 짚고 넘어가야 할 점은 지혜 그리스도론이야말로 예수를 하나님의 표현으로, 즉 예수의 신적 정체성을 가장 탁월하게 설명한다는 것이다. 지혜 그리스도론은 예수를 구속받아야 할 하나님의 백성인 이스라엘로 설명하지 않는다. 라이트는 "예수를 둘러싼 신적 정체성에 관한 유일신론을 수정하고자 한다."[78]

그다음, 빌립보서 2:5-11, 특별히 그리스도 송영 후반부와 같은 텍스트에 관한 라이트의 석의가 더욱 문제시되는 측면은 그가 두 마리 토끼를 한꺼번에 잡으려 한다는 사실이다. 내가 말하고자 하는 바는, 라이트는 그리스도가 하나님의 오른편으로 승귀하게 됨과 그리스도에게 하나님의 영광이 우주적인 찬송과 함께 주어짐, 그리고 이사야 45-46장의 예언이 이러한 그리스도의 승귀를 **하나님의 종말론적인 귀환에 관한 내용으로** 만들었다고 생각한다는 것이다. 뒤의 주제인 종말론적 귀환은 제2이사야에 나타나는 반면, 그것이 빌립보서 2장에도 반드시 나타나는 것은 아니다. 즉, 승귀 그리스도론은 재림 그리스도론(parousia Christology)과 동일하지 않다. 진짜 문제는 바울이 이런저런 텍스트를 인용할 때 때론 구약성서의 맥락이 더 많이 암시되는 것은 사실이나, 더욱 큰 구약성서의 맥락이 작동하고 있음을 늘 당연하게 여길 수 있는 것은 아니라는 사실이다. 이러한 문제가 단지 라이트의 연구에서만 나타나는 것이 아니라, 리처드 헤이스와 R. 바그너의 경우에도 그러하다. 이것은 그럴 수도 있고 아닐 수도 있는 사안이다. 다시 말해, 때로는 신

---

[78] *PFG*, 680.

약성서 안에 놓인 요점을 이해함에 있어서 더 큰 구약성서의 맥락이 가정될 수 있고 또 중요하지만, 때로는 그렇지 않다. 요한계시록 13:18이 말하듯이, "이런 때일수록 지혜가 필요하다."

라이트는 어느 정도까지는 던의 뒤를 이어서, 빌립보서 2:5-11 전반부의 배경에는 아담의 이야기가 놓여 있다고 제안한다.[79] 아담은 선재하지 않았다. 그리고 아담은 인간이 되기 위해 스스로 선택을 내리지도 않았다. 또 아담은 인간이 되기 위해 스스로를 제한한 적도 없다. 뱀이 "너는 신들처럼 될 수 있다"라고 말한 상대는 아담이 아니었다. 따라서 우리는 아담이 신과 같은 지위를 소원했는지는 알 수 없다. 여기서 문제의 일부는 **형태**(form)라는 말로 잘못 번역되는 **모르페**(morphē)라는 단어에 대한 잘못된 해석이다. 훨씬 더 나은 번역은 "본성"(nature)이다. 왜냐하면 이 단어가 의미하는 바는 단지 그 사람이 보여 주는 모습이나 되고자 하는 바가 아니라 이미 그 사람이 어떤 존재인지를 외적으로 드러내는 것이기 때문이다. 예수는 종이라는 단순한 "형태"를 취하지 않았다. 그는 진정 종이었고, 실제로 자신이 온 목적이 섬기기 위한 것임을 주장했다(막 10:45). 더 나아가서, 이 그리스도 송영의 전반부에는 피조 세계에 주권을 행사하는 그리스도나 아담에 관한 내용이 없다. 즉, 피조물의 통치자라는 주제는 없는 것이다.[80]

이미 우리가 주장했듯이, 이 전체적인 기획에 대한 라이트의 핵심 논지들 중 하나는 예수의 첫 번째 추종자들이 예수를 **귀환한 야웨의 구현**으로 생각하게 된 몇 가지 이유가 있다는 것이다. 그 첫 번째는 메시아

---

[79] 나는 왜 이 내용이 설득력이 없다고 생각하는지에 관한 몇 가지 이유를 빌립보서 주석에서 제시했다. Ben Witherington III, *Paul's Letter to the Philippians* (Grand Rapids: Eerdmans, 2011)을 보라.

[80] Witherington, *Paul's Letter to the Philippians*을 보라.

사상과 관련이 있고, 두 번째는 그 추종자들이 자신들의 마음 안에서 활동하는 성령의 역사를 통해 그의 현존을 지각함과 관계있다. 물론 이 중 첫 번째에 관해 제기되는 질문은, 가장 초기 그리스도인들이 진정으로 예수를 "그의 초림에서" 자기 백성에게 돌아온 야웨의 귀환으로 이해했는가 하는 것이다(예수의 재림이 아니라 그의 초림이라는 점을 주목하라).

라이트는 부활이 예수의 부활절 이전의 메시아적 주장이 진실함을 입증했을 뿐 아니라, 이 진실성은 야웨의 귀환이라는 주제와 함께 예수의 승천 이후 예수의 추종자들 사이에 나타난 예수의 영적 현존과도 결합되는 것으로 이 셋은 깨질 수 없는 삼중 구조, 즉 고그리스도론을 낳은 세 가지 요소라고 강조한다. 라이트는 이 주제들 중 어느 한 가지만으로는, 심지어 이 중 두 가지만으로도 고그리스도론이라는 결과를 가져오기에 충분치 않았을 것이고, 반드시 이 세 가지 모두가 필요한 것이라고 주장한다.

초기 그리스도교의 발흥을 설명하기 위해 야웨의 귀환이라는 주제가 왜 필요한지를 이해하는 것은 어렵다. 특히 그러한 결과를 만들어 냄에 있어서 야웨의 귀환이라는 주제가 예수의 재림보다 예수의 초림과 관련되어야 한다고 주장한다면 더욱 그렇다. 만약 예수가 부활 후 그리고 승천 후, 제자들이 함께 모일 때마다 어디서든지 성령으로 현존했다면, 그리고 부활과 부활하신 예수와의 만남의 결과로써 성서가 메시아적으로 읽히고 있었다면, 이것 자체만으로도 분명히 신적 그리스도론을 만들어 내기 충분했을 것이다(오직 하나님만이 한 번에 두 곳에 계실 수 있다!). 이러한 결론에 도달하려고 야웨의 귀환에다가 야웨의 심판자 되심을 덧붙일 필요는 없다. 도움이 될지 모르지만, 마가복음 14:62에서 예수 자신은 그의 초림이 아니라 재림을 사람들을 심판하기 위해 오는 인자와 관련시킨다.

아마도 이 지점이 라이트가 "그 이야기"를 재구성하는 데 사용했던 서로 연결된 두 가지 핵심 요소, 즉 야웨의 시온으로의 귀환과 초기 유대인들이 스스로를 여전히 포로 생활 중에 있는 것으로 보았다는 논지를 좀 더 길게 논의하기에 적합한 곳으로 보인다. 이 두 가지 견해는 라이트가 예수와 바울 모두가 예수의 초림과 관련해서 단언했던 것임을 증명할 수 있다고 생각했던 견해들이다.[81] 제임스 스콧은 쌍둥이 같은 이 두 가지 주제가 『바울과 하나님의 신실하심』에서 최소 75군데에 나타난다고 헤아리는데, 두 권으로 된 이 두꺼운 책 전반에 걸쳐서 다소 동등하게 분포되어 있다.[82] 그 주제는 아마도 모든 곳에서 나타나지 않을 수 있지만, 예를 들어 그리스도의 신성이나 재림에 관한 논의보다 놀라울 정도로 굉장히 더 많이 나타난다. 그것은 분명 라이트가 이스라엘 이야기와 그리스도 이야기를 재구성한 내용을 이해하는 열쇠이다.

초기 유대인들이 스스로를 여전히 포로 생활 가운데 있다고 보았다는 이론에 관해 가장 먼저 이야기해야 할 것은 우리는 이와 같은 광범위한 일반화를 경계해야 한다는 것이다. **일부** 유대인들이 약속의 땅에 살고 있는 동안에 스스로를 그렇게 이해한 경우는 있을 수 있다. 아마도 제2바룩서는 이 텍스트가 AD 70년에 일어난 성전 파괴 이후에 쓰였고, 그 시기 이후 초기 유대교 안에서 많은 변화가 일어난 것으로 보인다는 점을 제외하면 이러한 사실을 지지할 좋은 텍스트가 될 것이다. 어찌되었든, 나는 제2바룩서의 모든 곳에서 에스라4서의 것과 같은 텍스트들을 지목할 수 있는데, 에스라4서는 명백하게 아주 같은 시기에 나온 것이지

---

[81] Scott, *Exile*, 19-80에서 제공하는 더 많은 텍스트 지원으로 이 논지에 관한 더 새롭고 향상된 내용을 볼 수 있다.

[82] Scott, *Exile*, 8n8.

만, 미래에 관한 내용에 있어서는 그런 성취를 여전히 고대하고 있다.

따라서 우리는 몇몇 초기 유대인들이 라이트가 확신하는 것과 유사한 견해를 가지고 있었을 것이라는 주장에 반박하고 있는 것이 아니다. 문제는 그것이 아니다. 문제는 이 견해가 초기 유대교 안에 **매우 광범위하게** 뿌리내리고 있었는지에 관한 여부이며, 더 중요한 문제로는 예수와 바울이 정말로 그렇게 생각했는지에 관한 여부다. 그 문제의 일부분은 예수와 바울 모두에게 있어서 종말론적인 신적 구원 활동이나 하나님의 통치가 오는 것은 **이미 이루어진 것이면서도 아직 이루어지지 않은**(already-and-not-yet) 사안이었다는 점이다. 그리고 **아직 이루어지지 않은 것**(not yet)은 예를 들면, 말라기에 이르기까지 줄곧 선지자들에게 암시된 마지막 심판과 같은 내용을 포함하고 있다. 또한 아직 이루어지지 않은 것에는 하늘로부터 온 구속자 곧 예수가 이스라엘의 잃어버린 양들을 되찾는 내용이 포함된다. 이 중 어떤 것도 (마지막 심판이나 포로 생활로부터의 마지막 귀환이나 잃어버린 이스라엘의 마지막 되찾음도) 예수나 바울에 의해 예수의 초림과 연결되지 않는다. 다시 말해, 이 이론은 지나치게 과장되게 실현된 종말론을 포함하고 있다. 이 이론이 바울의 사상이 어떻게 구성되는지에 대한 전체적인 형태를 뒷받침하기 위해 신명기 30-31장에 지나치게 많이 의존하고 있음은 말할 것도 없다.

앞서 언급했던 책 *Exile*(유배)에서 도움이 될 부분이 있는데, 거기서 스캇 맥나이트는 다음과 같은 중요한 점을 지적한다.

예수가 "**하나님의** 나라가 가까이 왔다"라고 선언할 때, 우리는 잠시 멈춰서서 "하나님의"라는 말에서 아주 특별한 그 무엇을 볼 필요가 있다. 이 나라는 모세의 나라도, 사무엘의 나라도, 솔로몬의 나라도, 그리고 이스라엘과 유다의 그 어떤 왕의 나라도 아니다. 이 나라는 사무엘의 숙명적인 요청과 이러한 요청을 제기한 이스라엘을 하나님이 허락하시기 이전의 **하나님의** 나라다. 하지만 하나님은 그의 아들인 왕이신 예수 안에서 통치하시며, 예수는 다윗을 본받게 될 것이다.[83]

다시 말해, 하나님 나라의 도래는 이스라엘 이야기의 연장이 아니다. 하나님의 나라는 한 번 더 침입하는 하나님의 직접적인 통치라 할 수 있는데, 이것은 하나님의 백성이 다른 나라들처럼 왕을 요구했을 때, 그들이 이미 포기했던 것이다. 이 마지막 종말론적인 하나님의 통치는 새로운 언약과 새로운 이야기를 포함하고 있다. 교회가 이스라엘 이야기의 연장이 되기보다, 예수가 다시 돌아와서 야곱의 불경건함을 돌이키고, 그다음 "모든 이스라엘"(여기서 바울은 비-그리스도교 유대인을 의미한다)이 구원받게 될 때까지, 이스라엘은 이야기를 계속해 나간다.

그러나 이 내용을 다른 관점에서 고찰해 보자. 바울 자신은 예수를 이스라엘 혹은 이스라엘 이야기와 연결 지으려 하지 않았다. 오히려 바울은 고린도전서 15장과 로마서 5:12-21에서 예를 든 것처럼, 예수를 더욱 보편적인 아담의 이야기와 연결하려 했으며, 갈라디아서 3장과 로마서 4장에서 매우 분명하게 나타난 것처럼 모세 이전, 신명기 이전의 더욱 보편적인 아브라함 이야기와 연결을 짓는다. 아브라함이 처음부터 히브리인으로 태어나지 않았다는 사실이 초기 유대인들에게 분명하게 알려져 있었다는 사실은 결코 우연한 일이 아니다. 아브라함은 후대의 모세 언약에 대한 복종에 기초한 것이 아니라, 성경의 하나님을 신

---

[83] Scot McKnight, "Exiled in the Land," in Scott, *Exile*, 214.

뢰함으로, 그리고 살아 계신 하나님과 올바른 관계를 맺음으로 인해 이를 의로움으로 인정받았다는 단순한 기초에 근거하여 이방인들과 유대인들 모두와 관련을 맺을 수 있었다.

바울 서신에서 모세는 고린도후서 3장에서 모세의 사역과 언약을, 바울의 사역 및 새 언약과 극적으로 대조시키기 위해서 나올 뿐이다. 더욱 극적인 대조를 보자면, 시내산 언약과 모세 언약의 이야기는 갈라디아서 4장에서 여종 하갈과 현재 예루살렘에 관한 부분에서 끝이 나는데, 이는 사라의 이야기(아브라함 전승의 또 다른 부분), 그리고 위에서 나온 새 언약과 새 예루살렘과 대조된다. 다시 말해, 바울은 모세를 대수롭지 않게 다루는데, 왜냐하면 모세 언약은 새 언약이 아니며 단지 빛바랜 영광만을 가지고 있기 때문이다. 바울이 생각하기에 미래는 비그리스도교 이스라엘을 위한 **지금**이 아니고, 이방인의 충만한 수가 무리에 들어오고 있는 지금도 아니다. 미래는 더욱 이후인 예수께서 다시 오셔서, 이 땅을 심판하고(고전 15장) 이스라엘을 구원할 때이다. 그때 이스라엘은 예수를 믿는 믿음을 통한 은혜와 하나님의 자비하심으로 주어지는 새로운 언약의 상황이라 할 하나님 나라로 들어가게 된다. 마지막 심판을 위해 야웨는 아직 시온으로 귀환하지 않았고, 이스라엘의 길고 험난한 역사와 고난과 흩어짐도 아직 끝나지 않았다. 바울은 주 예수께서 다시 오셔서 죽은 자들을 다시 일으키고 통치함으로써 하나님의 나라가 하늘에서와 같이 이 땅에서도 이루어지는 더 나은 도약을 지켜보라고 말한다.

예수의 성육신과 관련하여 "야웨의 귀환"을 언급하는 바울의 다양한 텍스트에 관한 라이트의 주장을 더욱 명확히 이해하기 위해서, 라이트는 가능한 분명하게 바울의 어느 텍스트가 **분명하게** 예수의 재림을 언급하는지를 진술하도록 요청받았다. 라이트가 보낸 짧은 목록에는 다음 구절들이 있다: "분명히 빌립보서 3:20이하, 데살로니가전서 1:10, 데살로니가전서 4장은 물론, 골로새서 3:4 … 그리고 나는 예수의 오심/나타나심은 로마서 8장과 고린도전서 15장과 같은 '큰 그림'을 가진 본문들의 중요한 주제라고 가정한다." 이것이야말로 이 텍스트들을 공정하게 읽는 것이다. 라이트는 그리스도의 재림에 관한 모든 미래적 언급들을 그리스도의 초림에 관한 언급들로 얼버무리지 않는다. 그러나 여기서의 논의는 바울이 계속해서 예수의 성육신을 "야웨의 귀환"(Yom Yahweh) 텍스트와 연관시키는 곳이 어디인지에 관한 질문으로 정확하게 이어진다.[84] 문제는 갈라디아서 4장과 그 외 여러 텍스트들이 예수의 초림은 이스라엘을 율법의 지배로부터 구해 내기 위한 것이었지, 이스라엘의 죄에 대해 심판하기 위해서가 **아니었다**고 말한다는 사실이다. 특히, 바울은 기존의 헤롯 성전에 대해 거의 말하지 않았으며, 이는 그 자체만으로도 상당히 주목할 가치가 있다. 더욱 주목할 만한 것은 로마서 11:26-27에서 바울이 인용한 이사야 59:20-21에 관한 부분이다. 여기서 바울은 예수의 재림을 마침내 야곱의 불경건함을 돌이키고, 야곱의 죄를 심판하고, 야곱을 구원하기 위해 시온으로 돌아오는 야웨의 귀환과 연결한다. 바울은 이것이 "모든 이스라엘이 구원받을" 때라고 이야기한다.

여기서 야곱과 이스라엘을 나란히 비교하는 것은 로마서 11:25의 "이스라엘"이 교회(혹은 비그리스도교 유대인들이 아니라 유대 그리스도인들)를 지칭할 수 있다는 주장을 배제한 것이 분명하다. 바울의 전체적인 주장은 이방인의 충만한 수가 먼저 구원받고, 이후에 동일한 방식으로

[84] PFG, 700-710.

예수의 재림 때 "모든 이스라엘"이 구원받는다는 것이다. 모든 이스라엘이란 유대인의 많은 수("모든 이스라엘"이라는 구절은 구약성서와 미쉬나의 여러 곳에서 의미하는 것과 같은 것이지, 마지막까지 각각의 이스라엘 사람이 구원받을 것이라는 주장이 아니다)를 의미한다. 자, 만약 이것이 사실이고, 또한 바울이 심판을 위한 야웨의 귀환을 "모든 만물을 그의 발아래에"(고전 15:27) 두기 위한 그리스도의 재림과 연결시켰다는 것이 사실이라면, 이제 야웨의 귀환(Yom Yahweh)을 그리스도의 초림과 연관 지어야 한다고 주장하는 것은 혼란스러움을 야기한다. 또한 만약 바울이 이렇게 주장했다면, 바울 자신에게도 그것은 뒤죽박죽인 것처럼 보였을 것이다.

    라이트는 새로운 언약은 아브라함에게 주어진 약속인 아브라함과 맺은 언약의 "갱신"이라고 말한다. 사실 이것은 바울이 그 문제를 이해하는 방식이 아니다. 그것은 새로운 언약 안에서 아브라함의 언약이 성취되는 것에 관한 문제이고, 그 과정에서 임시적인 언약인 모세 언약을 건너뛰는 것에 관한 문제이다. 언약의 갱신과 언약의 성취는 별개의 문제이다. 모세 언약은 그리스도 안에서 성취되었고, 결말/완성/목표에 다다른다(롬 10:4). 이것은 모세 언약이 새로운 언약 안에서 갱신되었다는 것을 의미하지 않는다. 그럼에도 불구하고, 바울이 그리스도를 **하나님**(theos)이라고 부를 수 있게 만든 고그리스도론을 당연하게 여겼다는 라이트의 주장은 옳다. 라이트는 이 점에 대해서 논쟁하지는 않는다. 그는 단지 이를 주장하고 그의 독자들이 동의할 것이라고 가정할 뿐이다. 이것은 실제로 고그리스도론, 심지어 신적 그리스도론이 AD 40년대에 살던 초기 그리스도인들의 생각과 마음에 존재하고 있었으며, 실제로 예루살렘 공동체도 이미 이런 생각을 하고 있었음을 암시한다(그러므로 이는 마라나타 기도나 부르짖음의 기원이 되었다).

성령과 유일신론. 라이트가 자신이 주장하려는 바나 믿는 바를 요약하는 과정에는 중요한 요점들이 있다. 이것은 논의를 명확하게 이해하는 데 도움이 된다. 예를 들면,

그리스도론과 성령론 모두에 있어서, 많은 [현대의] 학자들이 가진 일반적인 가정은 근본적으로 잘못된 것으로 보인다. 이 주제들에 관해 신약성서가 불분명하거나 애매해서, 예수와 성령에 대한 고양된 견해를 초대교부들이 고안했고, 이것이 초기 그리스도교 시기의 것으로 잘못 읽혔다는 것은 사실이 아니다. 오히려, 초기 그리스도인들은 엄밀히 말해 제2 성전기 유대교 유일신론을 가지고 별 어려움 없이 예수와 성령을 신적 정체성 안에서 곧장 인식했으며, 이를 초대 교부들이 헬레니즘 철학의 매우 상이한 범주들로 되살리기 위해 고군분투했던 것으로 보인다. 그리스도론과 마찬가지로 성령론 역시 그러하다. "낮은"이라는 개념이 유대교에서 시작해서 이후 그리스 철학에 기초하여 점층적인 "상승"이 형성되었다는 주장은 완전히 잘못된 것이다. 유대교 맥락은 철저히 "고"그리스도론과 성령론을 위한 체계를 제공한다. 그리고 그것은 핵심적인 유대교 범주들의 도움을 빌리지 않고서 헬레니즘 철학의 용어로 재진술하려는 시도였으며, 이는 점점 더 어려운 교리라는 인상을 가지게 되었다.[85]

이제 라이트는 왜 신약성서 시대에 삼위일체 하나님 안에서 성령의 지위에 관한 더 많은 논의가 없었는지를 설명한다. "바울과 그의 동시대인들에게 있어서 성령은 논의되어야 할 '교리'나 '도그마'가 아니었다. 다

---

[85] *PFG*, 710.

만 성령은 다른 모든 것을 논의하도록 해 주는, 그리고 더 나아가서 이들이 예배하고, 사랑하고, 일하도록 만들어 주는 생명의 호흡이었다. 따라서 우리는 유일신론적 논의를 포함해서 성령에 **관한** 논의가 상대적으로 부재한다는 것에 그리 놀라서는 안 된다."[86] 라이트는 세계관과 성령 사이에서 유비를 이끌어 낸다. 즉, 성령은 당신이 주로 바라보는 어떤 것이 아니라, 다른 사물들에 관한 당신의 생각에 영향을 주는, 당신이 통해서 바라보는 그 무엇이다. 성령 안에 있는 생명은 모든 초기 그리스도인들의 사유를 형성하는 인지 방식(gestalt, 게슈탈트) 혹은 조건이었다.[87]

계속해서 라이트는 그리스도인 공동체와 개개인에 의해 이루어진 성전이라는 용어 사용과 성령에 관한 담론 사이에 놓인 연관성에 주목한다. 하나님의 살아 계신 현존인 성령이 어떤 것에 거주할 때, 그것은 성전이 된다. 그러므로 어떤 것을 성결하게 하며, 거룩함을 자아내거나, 구별하는 것, 그리고 마침내 통일시키는 것은 바로 이 살아 계신 하나님의 현존이다.

그래서 라이트는 바울이 교회의 설립은 오랫동안 기다려 온 성전의 재건이며 오랫동안 바라온 성령의 거주하심은 시온으로 온 야웨의 귀환임을 이야기하고 있다고 결론짓는다. "신적인 성령이 교회 안에 그 거처를 정했다는 것은 출애굽기 40장과 에스겔 43장이 급진적이고 예상치 못한, 그리고 심지어 충격적인 방식으로 새롭게 성취되었다는 것이다."[88]

---

[86] *PFG*, 710, 원문 강조.
[87] 단순히 힘이나 능력이 아니라 한 인격으로서의 성령에 대한 논의는 위더링턴의 *Biblical Theology*에서 검토해야 한다. 또한 고든 피의 자세한 연구인 *God's Empowering Presence* (Grand Rapids: Baker, 2009)를 고려해야 하는데, 이 연구는 라이트가 바울의 신학에서나 여기저기서 성령의 역할과 바울이 성령에 대해 실제로 말해야 했던 것을 심각하게 과소평가했음을 분명히 밝힌다.
[88] *PFG*, 711.

하지만 만약 약속된 하나님의 **귀환**이 성육신으로, 그리고 이후에 오순절을 통해서 성취되었다면, 왜 바울은 데살로니가후서 2장과 같은 본문에서 이미 발생한 성육신과 승천이라는 두 사건이 아니라 세상을 심판하기 위한 하나님의 귀환과 예수의 재림을 연결시켰는지에 대한 이유를 설명하기 어렵다. 심지어 로마서 11장에서 명확하게 말한 것처럼 하나님이 여전히 비그리스도교 이스라엘을 위한 장래 계획을 가지고 계신 것을 알게 될 때, 이 모든 것을 이해함은 더욱 어렵다. 구속자가 하늘의 시온으로부터 와서 야곱(이것이 교회인지는 분명하지 않다)의 불경건함을 돌이킬 때, 이스라엘은 구원받을 것이며 하나님의 백성 안으로 다시 불러들여지게 된다.

즉, 하나님이 처음 선택한 백성들을 심판하고 구속하는 것, 하나님의 온전한 나라가 하늘에서와 같이 땅에서도 이루어지는 것은 바울 안에서 가장 일반적으로 아직 일어나지 않은 사건들과 관련된다. 라이트의 '이미'에 대한 해석에 질문이 제기되는 것은 정확히 바로 이 아직 이루어지지 않은 사건들에 관한 것이다. 출애굽기 40장과 에스겔 43장이 교회 자체가 아니라 다수의 유대인들을 포함할 때, 그리고 이들의 구속과 심판과 관계될 때, 가장 잘 성취된 것으로 보인다고 하면 어떨까? 결국, 당신이 라이트의 접근 방식을 취할 때, 바울은 은유들을 무차별적으로 섞어서 혼탁하게 만드는 사람처럼 보일 것이다. 만약 당신이 출애굽기 40장과 에스겔 43장과 같은 텍스트들이 교회 안에서 이루어진 현재적 성취와 이후 종말에 이루어질 성취 이 두 가지 모두를 담고 있다고 주장하고자 한다면, 이는 너무 많은 것을 가지려는 시도일 수 있다. 대체로 "이스라엘"을 향한 야웨의 귀환에 대한 약속은 예수가 다시 돌아왔을 때에 이루어질 성취를 여전히 기다리고 있는 것이다. 이는 바울이 교회와 개별적 그리스도인들을 성령이 거주하는 종말론적인 하나님의 성전이라고 말하지 않는다는 것이 아니다. 라이트가 했던 방식으로 이렇게 구약성서 텍스트들을 그러한 현실에 적용하는 것은 바울이 했던 방식이 아니다.

위에서 말한 바와 같이, **바울이 구약성서로부터 용어를 이끌어 낼 때, 우리가 단순하게 이러저러한 구약성서 본문이나 책 전체의 전체적인 커다란 맥락을 가정하는 일이 기본값이 되어서는 안 된다.**[89] 존 웨슬리처럼 바울은 "성경"(Biblese)을 말했다. 그렇다고 해서 웨슬리가 엡워스에서 발생한 목사관 화재에서 구출된 후에 자신을 가리켜서 "불에서 막 꺼낸 부지깽이"라고 불렀을 때, 우리는 웨슬리가 묵시적 예언자들로부터 나온 그 텍스트가 자신의 삶에서 성취된 것으로 생각했고 따라서 그 구절이 가진 전체적인 맥락을 고려해야 하고 그 구절이 웨슬리의 경험에서 어떻게 성취되는지를 살펴보아야 한다고 단순하게 가정해서는 안 된다. 웨슬리는 단순히 자신의 경험을 묘사하기 위해 성서 언어를 사용했을 따름이다. 단지 그뿐이다. 바울 역시 가끔 그렇게 한다. 살아계신 하나님의 임재인 셰키나 영광이 신자들의 삶 속에 도래함이라는 성령의 개념은 물론 바울 안에서 충분하게 명확히 발견될 수 있다. 그리고 라이트가 내주하시는 성령에 의해 우리가 영광에서 영광으로 변화되고 있음을 이야기하는 고린도후서 3장을 언급하지 않았다는 사실이 약간 놀랍다. 진실로, "우리 안에 계신 그리스도"가 우리와 함께하시는 하

---

[89] 나는 Ben Witherington III, *Isaiah Old and New: Exegesis, Intertextuality, and Hermeneutics* (Minneapolis: Fortress, 2017); *Psalms Old and New: Exegesis, Intertextuality, and Hermeneutics* (Minneapolis: Fortress, 2017); *Torah Old and New: Exegesis, Intertextuality, and Hermeneutics* (Minneapolis: Fortress, 2018)에서 헤이스와 라이트, 그리고 다른 학자들의 상호 텍스트성 연구에서 나타나는 이러한 문제들을 다루었다.

나님인 것처럼, 성령은 우리와 함께하시는 하나님 곧 임마누엘이다. 하지만 이것은 야웨의 시온으로의 귀환에 관해 언급할 때, 구약성서에 언급된 모든 사건을 통으로 한꺼번에 묶어서 적용하는 것을 의미하지 않는다. 이 중 몇몇은 여전히 해결되지 않은 채 남아 있으며, 아직 현재 교회의 맥락에서는 일어나지 않고 있다. 그렇지 않았다면, 바울은 예수가 돌아올 때 일시적으로 하나님의 백성으로부터 끊어진 이스라엘 가지들을 다시 하나님의 백성 안으로 접붙이는 것에 대해 결코 이야기하지 않았을 것이다.[90] 어느 것이 성취된 것이고, 어느 것이 아직 성취되지 않았는지를 파악하는 일은 여전히 신중한 주석과 식별력을 요구한다.

유일신론에 대한 논쟁의 끝으로 가면서, 라이트는 특별히 고린도후서 3-4장에서 표현된 성령론적 유일신론의 해석에 주로 천착한다. 이러한 주석에는 몇 가지 유익한 점이 있다. 특히, 바울이 완고함과 관련해서 구약성서의 하나님 백성과 신약성서의 하나님 백성을 대조한다고 한 라이트의 주장은 옳다. 하지만 그보다 더 많은 내용이 담겨 있다. 거기에는 모세의 사역과 그와 관계된 희미해진 영광을 바울의 사역과 대조한 것도 있다. 고린도후서 3장에서 언약의 **갱신**에 관해서 설명하는 것, 바울이 말한 폐지될 것은 무엇인지, 그리고 언제 그렇게 되는지에 관해 설명하는 것은 거의 불가능하다. 그렇다면 과연 **그것**은 무엇일까? 바울이 말하길, 이전에 영광스러웠던 것은 이제 전혀 영광스럽지 않게 되었다. 여기서 바울은 분명 옛 언약에 관해 이야기하고 있다. 이것이 (1) 모세 (분명히 그는 죽었다)의 영광 혹은 (2) 하나님의 영광의 폐지라고 말하는 것은 납득이 가는 설명은 아니다. 옛 언약은 희미해진다. 하지만 폐지되

---

[90] *PFG*, 717.

지는 않는다. 아니다. 폐지되는 것은 모세의 사역이며 그것의 결과물인 모세 언약이다. 구약성서 텍스트와 예언서의 성취를 모세 언약의 갱신과 함께 엮어서는 안 되지만, 이 일이 지금 여기서 하고 있는 일이다.

이 모든 것에는 한 가지 문제가 더 있다. 모세 율법에 문제가 없었다는 것은 사실이 아니다. 오히려 문제가 있었다. 그것은 타락한 인간을 바꾸기에 무력했다는 것이다. 따라서 모세 율법은 성령과 대조된다. 이스라엘이 타락한 인간들을 포함하지 않았다 하더라도, 바울이 한 사람의 삶에 있어서 성령 없이 율법만으로도 충분하다고 말했을지 의심스럽다. 하지만 확실히, 타락한 인간에 대한 모세 율법의 효력은 생명을 수여하는 것이 아니라 죽음을 다루는 것이며, 바울은 이러한 사실을 고린도후서 3장에서 이야기하고 있다. 바울이 말하길, 문자는 죽이지만, 성령은 살린다.[91] 다음에 라이트는 하나로 연합한 하나님의 권속과 유일신론을 다룬다. 여기서 라이트의 기본적인 논지는 "결국 메시아를 따르는 자들의 연합은 진정 자신들이 새로운 인류, 즉 한 분이신 이스라엘 하나님의 참백성임을 보여 줄 것이다"라는 주장이다. 라이트에게 있어서 이러한 내용과 그 공동체에 대한 쟁점은 매우 중요하다. 단순히 새로운 생각만으로는 새로운 세계관을 만들어 내는 데 충분치 않기 때문이다. 라이트는 같은 페이지에서 이 내용을 다음과 같이 설명한다. "바울의 세계관의 상징적 실천(그 세계관이 가시화되고 실재화되는 장소)은 연합한 공동체라는 구체적인 실재였고, 그 공동체는 바울이 하나하나 세심하게 돌보고, 계속해서 찾아오는 위험에 맞서며, 다양한 방식으로 사역했던 공동체였다."[92] 그 새로운 성전은 새로운 인류였으며, 살아 계

---

91 *PFG*, 718-27.
92 *PFG*, 728.

신 하나님의 살아 있는 현존이 그 안에 있었다. 그리고 이제 그것은 성부와 함께 그리스도와 성령을 모두 포함하는 것으로 이해되며, 그리스도와 성령을 중심으로 재형성되었다.

결론

우리는 이 장에서 라이트가 신적 정체성의 부분으로 하나님, 그리스도, 성령에 대한 이해를 설명하는 과정에 초점을 맞추었다. 그리고 이 장의 초반에서는 바울이 황제 숭배에 대응했는지에 관한 라이트의 견해를 평가하는 데 초점을 맞추었다. 우리는 이 같은 라이트의 커다란 논쟁의 중요한 측면에 집중했는데, 왜냐하면 그 외 측면들은 이 장에서 열거된 다른 학자들의 최근 출판물을 통해서 매우 자세히 다루어졌기 때문이다.

라이트는 그리스도와 그의 백성을 이스라엘의 완성과 이스라엘의 임무가 성취된 것으로 이해하기 때문에, 마크 나노스(Mark Nanos)나 폴라 프레드릭슨과 같은 유대인 학자들이 가장 최근에 옹호하고 있는, 때론 "바울에 관한 급진적 새 관점"으로 불리는 두 방향의 제안을 당연히 반대한다.[93] 이들의 관점은 바울이 **배타적으로** 그의 편지들을 이방인들에게만 썼으며 할례를 포함한 모세 언약에 대한 바울의 비판은 이방인들에게는 적용되지 않았다고까지 주장한다. 이들은 그리스도를 통한 구원이라는 또 다른 길을 제시하고 있었던 것이다. 안타깝게도, 이 관점은 특히 그리스도의 오심과 그의 종말론적 나라의 시작이라는 관점에서 모세 언약에 대한 바울의 더욱 급진적인 비판과 언약이 가진 결함을 공

---

[93] 가장 최근의 것으로 Paula Fredriksen, *Paul: The Pagan's Apostle* (New Haven, CT: Yale University Press, 2017)을 살펴보고, 나의 블로그인 Patheos blog, The Bible and Culture 에서 2018년 2월과 3월에 올린 그 책에 대한 자세한 비평을 살펴보라.

정하게 다루고 있지 않다. 더 나아가서, 라이트는 바울에 관한 새 관점의 다른 지지자들과 더불어 바울이 pistis Christou를 가지고 십자가의 죽음까지 이르는 그리스도의 신실함을 간단하게 요약하고 있다고 확언하는 것을 목표로 삼는다. 그리스도의 신실함은 바울이 갈라디아서와 로마서에서 이야기한 구원의 객관적인 수단이며, 반면에 그리스도에 대한 믿음과 신뢰는 바울이 이야기한 구원의 주관적인 수단이다.

이 장의 처음에서 우리가 밝혔듯이, 라이트는 신약학자들 사이에서 필적할 만한 사람이 거의 없는 세계적인 학자이다. 우리는 그의 역작들을 통해서 바울과 관련된 수많은 주제들을 새롭게 조명할 수 있게 된 점에 대해서 그에게 빚을 지고 있다. 이 장에서 행한 그의 연구에 대한 비판은 그가 일군 연구의 결과물이 지닌 긍정적인 측면들을 부정하거나 축소할 수 없다. 아마도 보수적인 개신교 내에서 어느 누구보다도, 라이트는 수많은 방식으로 바울에 대해 우리가 가지고 있는 이해를 더욱 발전시켜 주었고, 우리로 하여금 왜 "바울 탐구"가 여전히 살아 숨 쉬고 있으며 반드시 계속되어야 하는지를 보여 준다.

4. 제임스 던, 그리고 바울과 경계 표지들

> 당신이 나를 용서하셨다 해도, 용서하신 것이 아닙니다.
> 왜냐하면 저는 그보다 더 많은 죄를 지었기 때문입니다.
> — 존 던, "성부 하나님께 드리는 찬송"

제임스 D. G. 던은 더럼대학교 신학과의 라이트풋 명예교수다. 그는 23년간(1990-2013) 더럼대학교에서 이 직을 맡았다. 던은 그의 경력 기간 동안 수많은 기고문과 논문, 그리고 무엇보다 세 권으로 된 책, *Christianity in the Making*(생성기의 그리스도교)를 통해서 초기 그리스도교 연구에 많은 공헌을 했다. 앞서 서론에서 언급했던 것처럼, 던은 1983년 T. W. 맨슨 강연에서 처음으로 "바울에 관한 새 관점"이라는 용어를 도입한 사람으로 인정받는데, 이 일은 E. P. 샌더스의 주장에 대한 던의 응답이자 교감의 차원에서 이루어진 일이었다. 바울 연구에 있어서 던이 미치고 있는 영향력은 바울에 관한 몇몇 중요한 글들과 책들 혹은 그의 대표적인 연구서라 할 로마서 주석을 통해서만이 아니라, 가장 분명하게는 간략한 제목으로 출판되었지만 바울에 관한 그의 가장 면밀한 연구서라 할 수 있는 『바울 신학』(*The Theology of Paul the Apostle*)에서 확인해 볼 수 있다.¹ 던은 약 800페이지에 달하는 이 책에서 바울 사상을 가장 상세하게 다루고 있으며, 이 책은 이후 던의 삼부작 *Christianity in the*

---

1   NPP도 주목할 만하다.

*Making*의 두 번째 책인 *Beginning from Jerusalem*(『초기 교회의 기원 – 상』)에 의해서 조금 더 보충되고 수정된다.

프롤레고메나(prolegomena)

던은 『바울 신학』에서 바울의 신학을 구성하는 작업과 관련된 역사적이고 철학적인 고찰을 시작으로 연구를 진행한다. 그런데 이것이 정말 가능한 작업일까? 왜냐하면 던이 가진 질문들의 스케일이 결코 작은 것이 아니기 때문이다. 여기서 던이 제기한 한 가지 주요한 질문은 이것이다. "우리가 '바울'의 '신학'을 이야기할 때, 이는 어떤 특정한 편지가 가진 신학을 말하는 것인가, 아니면 모든 개별 편지들이 전체로 축적된 것의 신학을 말하는 것인가?" 던은 우리가 바울의 모든 편지를 가지고 있지 않다는 사실을 언급하면서, 그 편지들 배후에 있는 저자와 그 편지들을 직접 기록한 저자 자신 사이에 뚜렷한 구분이 있음을 정확히 언급한다. 그리고 바울의 신학이 단순한 편지 그 이상임을 가리키는 차원에서 바울의 편지들을 "간헐적인 대화들의 연속"으로 규정할 때, 던에게 있어 이제 해석학적 관심은 그 중심이 된다. 편지는 신학을 가지고 있지 않다. 사람이 신학을 가지고 있다. 던은 적절한 표현으로, 만약 우리가 연구한 모든 것이 단순히 편지들뿐이라면, 기껏해야 우리는 "바울 논쟁의 신학"만 연구하게 될 것이라고 말한다.[2] 던에 의하면, 이 해석적인 덤불숲에서 한 걸음 더 앞으로 나아가는 길은 부분들의 총합 그 이상의 것, 분명히 총체 그 이상을 다루는 신학을 갖는 것이다. 던이 바울을 신학화하는 과정은 바울과의 대화로 특징지어지는 것이지, 바울이 생각했던 바를 순전

---

2   *TPA*, 12, 14, 17.

하게 설명하는 것은 아니다. 결국, 이와 같은 신학화 과정은 바울 신학이 교리와 실천 모두를 담고 있으며, 더 나아가 교리와 실천은 서로 지속적으로 상호 작용한다는 인식으로까지 나아간다.

이런 관심은 바울을 해석하는 사람에게 바울의 편지들이 가진 일방적인 특성을 상기시켜 준다. 더 직접적으로 말하자면, 바울의 편지들 속에서 우리가 얻은 정보는 바울이 주어진 주제에 대해 이야기한 모든 내용이 아니라, 특정한 교회들을 향해 전달한 상황화된 메시지였다는 사실이다. 심지어 다루어진 모든 주제들조차 바울이 관여했던 지역 공동체들과의 논쟁에 의해서 형성되었다. 예를 들어 보면, 주의 만찬에 관한 바울의 논의는 고린도전서에는 등장하지만 갈라디아서에는 등장하지 않는다. 마찬가지로, 아브라함에 대한 언급도 주로 갈라디아서와 로마서로 국한된다. 좀 더 자세한 설명을 위해서 이론적인 질문을 제기해 보자. 만약 고린도교회 사람들이 주의 만찬과 관련해서 어떤 문제들을 가지고 있지 않았다면, 우리가 주의 만찬에 대한 바울의 생각을 알 수 있었을까? 아마 거의 불가능했을 것이다. 이와 같은 질문은 바울의 편지 자체가 가지고 있는 조건적인 특징을 보여 준다.

또한, 바울이 조직신학자는 아니었다고 종종 이야기되곤 한다. 그러나 이러한 주장을 가지고 바울은 신학적이지 않았다는 의미로 이해해서는 안 된다. 분명히 바울은 신학적이었다. 그런데 바울이 다루었던 주제들은 그의 교회들이 직면했던 가장 시급한 문제들에서 비롯된 것이었지, 성령론이나 교회론 같은 추상적인 개념들을 체계적으로 다루고자 하는 열망에서 비롯된 것이 아니었다. 이런 신학적 개념들은 교회 자체 내에서(고린도전서와 같이) 혹은 바울과 그의 공동체들 사이에서(갈라디아서와 같이) 일어난 갈등과 대립을 통해서 상황화된 것이다.

여기서 몇 가지 쟁점들이 바울의 신학을 발견하기 위한 이러한 노력을 더욱 복잡하게 만든다. 우선 첫 번째로, 던은 바울의 편지가 가진 다층적 성격을 보여 주는데, 그것은 몇 가지 중요한 특징들을 포함한다. 우선 라이트는 헬라어의 지시적 특징으로 논의를 시작하는데, 이것은 바울을 해석하는 일에 있어서 처음부터 반드시 필요한 길잡이라 말할 수 있다. 비록 기초적인 내용이긴 하지만 바울은 현대 서구 문명이 가진 개념적인 패턴을 가지고 영어로 글을 쓰지 않았다는 점을 계속해서 염두에 둘 필요가 있다. 바울은 그가 살던 1세기의 역사적 맥락과 공명하는 패턴, 이미지, 은유를 가지고 주로 헬라어를 구사하는 그의 청중과 소통하기 위해 코이네 헬라어와 그 당시 수사학을 사용했던 고대 사상가이자 저술가였다. 이런 지식이 없으면, 자기만의 통찰을 가지고 단순하게 바울을 읽어 낼 뿐, 바울이 살던 1세기 맥락에서 발휘된 그가 가진 신학적 깊이와 영향력을 파악할 수 없게 된다.

둘째, 바울의 담론과 상응하는 두 번째 층이란 바울이 유대교 경전, 특히 70인역(LXX) 구약성경을 사용했다는 것인데, 던은 이 70인역을 바울 신학의 '하부구조'로 규정한다. 이러한 사실은 바울이 모세오경, 시편, 혹은 자신이 선호한 예언자인 이사야의 구절들을 직접적으로 인용했던 단순한 사례들 그 이상의 내용이다.[3] 또한 바울이 구약성서를 사용할 때는 성서 이야기 자체에 내재된 다양한 이미지, 은유, 미묘한 표현들을 통해서 구약 신학의 더 큰 주제들까지 포함하는 것이다.[4] 우리가 바울 신학으로 규정한 모든 내용이 그 자체로 **독특한** 것은 아니다. 바울

---

3   Ben Witherington III, *Isaiah Old and New: Exegesis, Intertextuality, and Hermeneutics* (Minneapolis: Fortress, 2017)을 보라.

4   Richard B. Hays, *Echoes of Scripture in the Letters of Paul* (New Haven, CT: Yale University Press, 1993).

신학의 대부분의 내용은 구약성서, 특별히 모세오경과 이사야에 담긴 증언에 그 뿌리를 두고 있다. 이러한 점들은 "바울 신학"이라 불리는 것은 무엇이든지 간에, 이미 그 신학에는 바울의 편지 이전에 이루어진 바울 자신의 구약성서 독해가 깊이 각인되어 있었다는 주장으로 발전한다. 이제 바울 해석자들을 고심하게 만들 쟁점이 있다면 그것은 바울 신학 전체에서 바울이 가진 구약성서 내용이 얼마나 많은 부분을 차지하고 있는지에 관한 문제이다. 또, 그렇다면 무엇이 수정되었고, 무엇이 각색되었는가 하는 부분도 문제로 남는다. 하지만 더욱 논란이 되는 부분은, 바울이 이 중 어떤 것을 내버렸고, 또 이 새로운 혼합물이라 할 바울 신학에 주입된 새로운 내용이란 무엇이었을까 하는 점이다.

셋째, 던은 바울의 공동체들이 이미 공통적으로 가지고 있는 신앙은 일련의 본질적이고 기본적인 그리스도교의 가르침이었던 케리그마 전통을 포함한다는 사실을, 이를 종종 잊어버리는 우리 앞에 다시 가져다 놓는다. 비록 바울이 여러 공동체들의 설립자였다 할지라도, 그에 앞서 전임자들이 있었다는 사실을 우리는 기억해야 한다. 그래서 실제로, 바울이 직접 세우지 않았던 로마 공동체의 경우, 바울은 그의 독자들에게 "너희에게 전하여 준 바 교훈의 본을 마음으로 순종"(롬 6:17 NRSV; 고전 15장 참조)하라고 훈계할 수 있었다. 아마 바울이 그의 개종자들에게 전해 주었던 많은 가르침은 그의 선교 여행 중 한 지역 공동체에서 다음 지역 공동체로 이동하기 전에 직접 이루어졌을 것이다. 하지만 우리는 이러한 형태로 이루어진 가르침에 대한 언급은 거의 발견하지 못했고, 또 바울이 그의 새로운 개종자들과 논했던 기초적인 신학에 대한 통찰도 거의 가지고 있지 않다. 위에서 말한 요점을 다시 설명하자면, 바울의 편지들은 어느 정도 그 목적이 독자들을 개종시키는 데 있었던 것이 아니라, 공동체가 가진 문제들을 바로잡거나 긍정적인 신념과 행위들을 더욱 진전시키는 데 있었다는 사실이다. 물론, 에베소서처럼 이런 일반적인 규칙에서 벗어나는 몇 가지 예외들도 있다.

넷째, 바울의 담론이 가지고 있는 신학에 영향을 주는 그다음 쟁점은 바울의 권면에 나타나는 예수 전통에 대한 언급이다. 비록 이 주제를 가지고 자주 논쟁이 이루어지지만, 예수의 가르침과 바울의 윤리적 훈계 사이에는 상당할 정도로 중복되는 부분이 있다(마 5-7장; 롬 12-15장을 보라). 가장 이른 시기의 예수 공동체들이 가지고 있었던 초기의 가르침과 신학은 예수 본인의 가르침이었을 것이고 바울의 가르침과 마찬가지로 그것만의 다층적 특징(구약성서 사용을 통해서)을 담고 있다고, 던은 독자들에게 상기시킨다. 확실히 이와 같은 그리스도교 공동체들의 신학 형성에 관해서는 예수 전통(들)과 이런 지평들 속에서 이루어지는 바울의 신학화, 이 두 가지 모두를 면밀히 검토해야만 한다.

던은 이와 같은 사안들과 주제들을 통해서 제기된 난제들에 대해 다음과 같은 해답을 제시한다. 위의 네 가지 쟁점은 바울의 편지들만으로는 바울 신학을 구성하거나 재구성하는 데 충분치 않다는 사실을 진지하게 대면하게 하고 이를 재차 확인시켜 준다. 이러한 담론들이 가진 상황적 특수성은 **표면에서부터** 일종의 신학을 추론해 내는 것을 거부한다. 던(그리고 여러 학자들)이 집중해 온 질문은 이와 같은 심오한 신학화 작업의 **원천(들)**에 관한 것이다.[5] 바울이 그의 공동체들에게 주었던 신학적

---

5   이와 관련해서 필수적인 연구로는 Ben Witherington III, *Paul's Narrative Thought World: The Tapestry of Tragedy and Triumph* (Louisville, KY: Westminster John Knox, 1994); Richard B. Hays, *The Faith of Jesus Christ: The Narrative Substructure of Galatians 3:1–4:11*, 2nd ed. (Grand Rapids: Eerdmans, 2002)이다. 또한 Bruce W. Longenecker, ed., *Narrative Dynamics in Paul: A Critical Assessment* (Louisville, KY: Westminster John

해결책들은 이런 깊은 신학적 원천들이 보관된 저장고에서 부풀어 오른 것이기에, 바울의 해석자들은 바울 신학을 연구하기 위한 수단으로서 바울 사상의 "하부구조"를 밝혀내고 또 이를 찾아내는 것을 목표로 삼는다. 바울 신학의 "내용"은 바울 신학화의 "방법"만큼이나 중요하다.

바울 사상의 하부구조에 대한 던의 분석은 세 가지 주요한 단계를 파악하는 것으로 나아간다. 첫 번째이자 가장 깊은 차원에 해당하는 단계는, 마치 레이더와 같은 전파 탐지기로는 잡아낼 수 없는 것처럼 하부구조 표면 아래에서 작동하는 것인데, 이것은 바울이 물려받은 전통인 하나님과 이스라엘의 이야기이다. 하부구조의 두 번째 단계는 "변화의 순간들"인데, 여기에는 바울 자신의 개종과 부르심, 그리고 다른 사도들과의 교류가 포함된다. 던은 이 단계들이 아마도 바울 신학의 형성에 가장 중요한 측면일 것이라고 주장한다. 세 번째 단계는 가장 명확하게 드러나는 것으로 바울이 직면하고 있는 쟁점과 성찰이 담긴 "이야기/이야기들"을 포함하고 있으며, 바울의 편지들 표면에서 드러난다. 이 단계는 바울의 편지들 속에서 바울이 추구하는 질문과 쟁점을 볼 수 있도록 해 준다. 이제 던은 바울 신학은 바울의 편지들 안에서 명백히 드러난 이 세 가지 단계의 상호 작용이 가져온 실재라고 결론 내린다.[6]

나는 던이 제시한 바울의 하부구조에 대해서 대체로 동의하지만, 여기에는 더욱 발전시킬 여지가 있다고 생각한다. 즉, 하나님과 이스라엘의 이야기를 단순하게 일회적으로 이해하기보다는, 다른 장들을 통해서 이와 같은 구속의 신적 드라마가 지속적으로 전개되어 나간다는 사실을 꼭 알아 두어야 한다는 점을 덧붙이고자 한다. 우선 분명한 사실은 바울

Knox, 2002)을 보라.
6 TPA, 18-19.

이 하나님과 이스라엘 이야기가 궁극적으로 시작하는 지점인 하나님으로부터 시작한다는 것이다. 바울은 확고한 창조적 유일신론자였다(롬 1:18-32; 8:26-38을 보라). 그러나 우리는 이 이야기에 하나님뿐만 아니라 하나님과 창조와 망가진 세상의 이야기 역시 포함시켜야 한다(롬 5장). 이스라엘 이야기는 망가진 세상의 이야기로부터 파생한다. 비극적이게도, 이스라엘 이야기는 망가진 세상의 이야기 안에 놓이게 된다. 따라서 그리스도 이야기는 망가진 세상의 이야기와 이스라엘 이야기 둘 다를 다루고자 하며, 앞의 두 이야기의 뒤섞임과 함께 엮이게 된다.

그리스도 이야기는 새로운 현실을 선포한다. 이제 바울은 이 새로운 현실을 전하기 위한 전령이 되었으며 바울의 공동체들은 그 현실에 참여하고 있다. 그리스도를 따르는 자들의 이야기는 그 순서로 볼 때, 마지막에서 두 번째 이야기가 되며 완성 이야기 전에 등장한다. 물론 바울의 공동체는 앞선 네 개의 이야기들로부터 나오게 된 것이고, 역사의 결정적 전환점에서 그리스도 이야기와 완성 이야기 사이에서 살아가도록 부름을 받는다. 이러한 내용들은 던을 지나치게 비판하고자 함이 아니라, 바울이 쓴 것처럼 "말세를 만난"(고전 10:11 ESV; 롬 13:11-12) 그의 공동체들에 대한 바울의 생각을 형성했던 이야기를 추가하고 더욱 발전시키기 위함이다.

바울 신학을 어떻게 구성할 것인가 혹은 어떻게 연구할 것인가에 대한 문제는 대답하기에 무척 쉬워 보이지만, 그에 관한 질문들과 쟁점들 이면에는 바울 사상의 **일관성**에 관해 바울 연구 내에서 이루어졌던 논쟁이 자리 잡고 있다. 모든 바울 해석자들이 바울 사상 안에 일관성과 통일성이 있다고 긍정적으로 판단하고 있는 것은 아니다. 사실, E. P. 샌더스는 율법에 관한 바울의 진술들이 서로 모순된다고 판단했으며, 몇몇 학자들은 이러한 주장을 더욱 밀고 나갔다. 더 나아가서 헤이키 레이제넨은 그의 말년에 핵심적인 차원에서 볼 때 바울은 일관성이 없는 사상가였다고 주장했다. "바울의 복음은 그 자체로도 **치명적인** 문제를 내포하고 있다. 바울은 그의 생각의 가장 핵심에 '상충하는 신념들'을 가지고 있다." 레이제넨은 각주를 통해서 "나는 그를[바울을] 완전히 모순적인 인물로 판단한다"라고 계속해서 진술한다.[7] 비록 레이제넨은 극단적인 입장을 대변하는 것이 분명하지만, 던과 여러 학자들의 연구는 그러한 맥락 속에서 이루어졌으며, 확실한 것은 던의 연구가 그런 급진적이고 결함을 가진 주장들에 대해서는 반대하는 입장에 서 있다는 사실이다.

바울: 편지 이전

바울은 자기 자신에 대해서, 그리고 자신의 정체성에 대해서 어떻게 생각했을까? 『초기 교회의 기원』에서, 던은 빌립보서 3:4-7에 바울이 자신을 묘사한 내용이 우리로 하여금 바울이 자기 정체성에 대해 가진 확신을 구성하는 데 도움을 준다고 주장한다. 바울 자신에 대한 묘사가 나타난 그 구절들을 보면, 바울은 자신이 신실한 유대교 가족 안에서 양육을 받은 것으로 이해했다는 강력한 공감대가 형성된다. 가장 크게 관심을 끄는 부분은 바울이 자신의 계보에서 오는 유산("베냐민 지파")이 무엇인지, 그리고 자신의 지파가 솔로몬의 가문에 타격을 주고 왕국을 분열시킨 내전 이후에도 충성스럽게 남아 있었던 유일한 지파였다는 사실을 알고 있었다는 사실이다. 바울은 말 그대로 분명히 순수한 혈통의 사람이었다.

---

7   Heikki Räisänen, *Paul and the Law*, 2nd ed. (Eugene, OR: Wipf & Stock, 2010), xxiii, 원문 강조.

하지만 바울이 예루살렘이 아니라 다소에서 태어나고 자랐다는 사실에 대해서는 어떻게 이해해야 할까? 이런 질문은 바울이 그의 디아스포라에서의 양육을 통해서 얼마나 헬레니즘화가 되었을지에 대한 질문으로 이어진다. 지금은 현존하지 않는 종교사학파는 바울이 예수 전통보다 그리스 철학 사상에서 더 많은 영향을 받았다는 것을 입증하는 중요한 증거로 바울의 헬레니즘적인 양육을 꼽는다. 종교사학파의 관점에서 보면, 당시 바울이 성장했던 헬레니즘 세계는 바울이 밀의 종교들의 죽음과 부활에 관한 신화를 모델로 삼아 그리스도의 부활, 세례, 주의 만찬과 같은 주제를 이해하도록 영향을 미쳤다. 던은 이러한 접근 방식을 강하게 거부하면서 바울은 "단순히 '헬라어를 말하는 사람'이라는 것 이상으로 '헬레니스트[그리스 문화 숭배자]'라는 별명이 그에게 붙여지는 것을 전적으로 반대"했을 것이라 주장한다.[8] 바울에게 끼친 헬레니즘의 영향이라는 측면에서, 던은 바울의 편지가 바울이 그리스 수사학을 잘 이해하고 있음을 알려 주고 그 수사학이 그의 편지에 중요한 영향을 미치고 있다는 점을 주목한다. 사도행전 22장은 바울이 어린 소년이었던 10대 초반부터 예루살렘에서 자랐음을 암시한다. 어찌되었든, 바울은 그의 성장에 있어서 가장 중요한 시기에 예루살렘에서 교육을 받은 것으로 보인다.[9]

바울의 배경은 모든 바울 해석자들이 반드시 다루어야 할 문제를 제기한다. 그것은 다메섹 도상에서 부활하신 예수를 만난 바울의 경험이 어느 정도까지 그의 신념을 형성하게 되었는가에 관한 부분이다. 여기

---

[8]   *BJ*, 329.
[9]   이 내용에 관한 더욱 깊은 논의를 위해서 Ben Witherington III, *The Paul Quest: The Renewed Search for the Jew of Tarsus* (Downers Grove, IL: InterVarsity Press, 1998), 90-98를 보라.

서 내가 **개종** 혹은 **소명**과 같은 용어를 사용하지 않았다는 것을 눈치챘을 것이다. 물론 '소명'이라는 용어는 크리스터 스텐달 이래로 바울 연구에서 유명해졌다. 던은 이 특별한 대화에 중점을 두고 그러한 이분법은 "상당히 무의미하다"라고 생각했다.[10] 던은 우리가 시대착오적인 것을 피해야 하며, 바울이 어느 한 종교에서 다른 종교로 "개종한 것"이라 생각해서도 안 된다고 제대로 주장한다. 개종과 같은 개념은 현대적인 상황에서 주어지는, 피해야 할 부담으로 가득 차 있다. 이 문제는 바울이 유대교**로부터** 개종했는지에 관한 것이 아니라 오히려 그가 그리스도의 추종자가 되었을 때 어떤 사람**으로** 전향했는지에 관한 문제이다.[11]

예를 들면, 현대의 논의에서, **개종**은 보통 한 종교에서 다른 종교로 옮기는 것을 말한다. 바울과 초기 그리스도인의 경우 이 문제는 조금 복잡하다. 물론 바울은 다신론자에서 유일신론자로 옮겨 간 것은 아니다. 바울은 이 부분에 있어서는 유일신론자 그대로이다. 마찬가지로, 바울은 구약성서가 하나님의 계시라는 믿음을 계속해서 가지고 있었다. "율법은 거룩하고 의로우며 선하다"와 같은 진술은 분명 바울이 다메섹 도상 사건 이전은 물론 그 이후에도 한 말이다. 바울에게 있어서 이러한 연속성은 이 주제에 있어서, 그리고 분명 더 많은 주제들에 있어서 **개종**이라는 용어를 문제시할 것이다.

바울이 부르심을 받은 것인지 개종을 한 것인지에 관해 계속되는 논쟁에서, 던은 후자 편에 선 것으로 보인다. 던은 빌립보서 3:7에서 나오는 바울의 진술인 "그러나 무엇이든지 내게 유익하던 것을 내가 그리스도를 위하여 다 해로 여길뿐더러"라는 구절을 극명한 입장 변화의 명백

10 *BJ*, 353.
11 앞에서 샌더스에 관한 논의를 살펴보라.

한 지표이며 "상상할 수 있는 한 그것은 분명히 '개종'을 의미하는 것"이라고 받아들인다. 함정은 **개종**이라는 용어를 우리가 어떻게 정의 내리느냐에 관한 세부 사항에 도사리고 있다. 던은 만약 우리가 제2 성전기 유대교의 한 형태에서 다른 형태로 개종하는 것, "즉, 바리새주의에서 예수 메시아주의로" 개종하는 것을 생각한다면, 우리는 신학적으로나 역사적으로 훨씬 더 확고한 위치에 설 수 있을 것이라고 주장한다.[12] 이제 던은 **개종**(conversion)은 종교사학자들의 용어이지만 **파송**(commissioning)이라는 용어가 바울 자신에 대한 설명에 더욱 근접하고, 그렇지만 이 두 가지를 첨예하게 상충하는 것으로 보아서는 안 된다고 결론을 내린다.

그렇다면 바울은 자신의 파송을 어떻게 이해했을까? 던은 그 문제와 관련된 바울의 몇 가지 핵심적인 텍스트에 주목한다. 바울의 경우에는, 이사야와 예레미야의 예언자적 소명이 바울이 보기에 자신이 발을 들여놓기 시작한 그 경력을 형성한 것이 틀림없다. 갈라디아서 1:15-16에서 바울은 자신이 "태에서부터" 구별되었고 자신의 역할은 열방의 빛이 되어야 할 이스라엘의 임무를 완수하는 것이라고 진술하면서 예레미야 1:5과 이사야 49:1-6을 모두 상기시킨다. 던은 이 부분을 정확하게 지적한다.

다메섹 도상에서 일어난 사건은 개종**이었다**. 그것은 이스라엘을 향한 하나님의 뜻과 목적이 어떻게 이어져 나가야 하는지에 관해 사울이 이전에 이해했던 내용을 버린 개종이었다. 바울은 이를 이스라엘을 향한 하나님의 뜻과 목적을 진정 올바르게 이해한 더 나은 개종으로 보았다. 바울은 이방

---

12 *BJ*, 353.

인을 위한 사도였지만 이스라엘을 **배교한** 자는 아니었다. 오히려 그는 "열방의 빛"이 되어야 할 이스라엘의 운명을 이어 나가도록 파송된 이스라엘의 사도였다.[13]

바울과 다메섹 사건에 대한 이런 핵심적인 논쟁이 제기하는 또 다른 질문은 이것이다. 과연 부활하신 예수와 관련된 그런 경험이 바울의 사유를 어느 정도까지 형성했을까 하는 것이다. 아마 더 중요한 질문은 이러한 쟁점이 **즉시** 명확하게 된 것인지, 아니면 **시간이 지남에 따라 발전한 것인지** 하는 부분이다. 만약 시간이 지남에 따라 발전했다면, 이러한 변화 혹은 수정이 언제 일어났고, 우리는 이것을 어떻게 알 수 있을까? 이러한 역동적 사유의 항구적인 예 중 하나는 갈라디아서와 로마서에서 율법에 대한 바울의 논쟁에 나타난 취지와 어조이다. 그렇다면 바울은 갈라디아서에 나타난 그의 몇몇 도발적인 진술들을 조금 누그러뜨린 로마서와 같은 이후 편지들에서는 율법에 대한 그의 성숙한 입장을 보여 주고 있는 것일까? 아마도 더욱 논란이 되는 지점은 종말론과 그리스도의 재림이라는 주제와 관련해서 바울의 사유가 보여 주는 변화일 것이다. 그렇다면 데살로니가전서와 같은 편지에서 많은 이들이 흔히 볼 수 있었던, 그리스도의 **임박한** 재림에 대한 바울의 신념은 그리스도가 기대했던 것만큼 속히 돌아오지 않았던 현실로 인해 결국 사라져 버렸던 것일까? 이런 쟁점들과 더 많은 질문들은 모두 바울의 사유에 관한 주제, 그리고 그의 사유가 시간의 흐름에 따라서 변화했는지에 관한 주제

---

[13] *BJ*, 355. 원문 강조. 여기서 던은 1세기 유대인의 관점에서 볼 때, 바울은 배교한 유대인이었다는 앨런 시걸의 주장에 반대한다. Alan Segal, *Paul the Convert: The Apostolate and Apostasy of Saul the Pharisee* (New Haven, CT: Yale University Press, 1992)를 보라.

와 직접적으로 관련되어 있다. 이러한 논쟁의 밑바탕에는 던과 김세윤 사이에서 현재까지 수십 년에 걸쳐 계속되는 논쟁이 자리하고 있다. 던은 김세윤이 "바울의 개종이 바울의 복음에 미친 유일한 영향력은 아니더라도 주요한 한 가지 창조적 영향력이라는 명성은 되찾아" 주었다고 생각한다.[14] 던은 바울의 개종(앞에서 정의한 것처럼) 이후 바울의 사유에서 일어났을 법한 가능한 변화를 설명하기 위한 두 가지 핵심적인 영역을 규명하는데, 그것이 바로 그리스도론과 속죄이다.

첫 번째 영역인 그리스도론의 경우, 바울이 다메섹 도상에서 예수를 만난 전후로 그의 사유 안에서 예수의 정체성에 대한 인식이 변화를 겪은 것은 분명하다. 그 변화에는 예수가 죽음에서 부활했다는 것, 그가 이스라엘의 메시아였다는 것, 그가 하나님의 아들이었다는 것, 그가 주님이 되었다는 것, 그리고 이러한 사실이 유대인들과 이방인들을 위한 기쁜 소식 즉 복음이었다는 인식이 포함된다.[15] 즉각적인 변화의 두 번째 영역인 속죄와 그리스도가 "우리 죄를 위해 죽으셨다"는 것에 대한 확신에 관해서는, 던은 바울의 사유가 가진 이와 같은 특징이 바울에게 매우 일찍 찾아온 것으로 간주한다. 예수의 죽음을 죄를 위한 희생으로 본 바울의 인식은 속죄의 날(레위기 16장)과 관련된 희생에 그 뿌리를 두고 있다. 이 두 가지 주제들은 바울의 한 가지 중요한 케리그마적 주제로 요약된다. 그것은 바로 십자가에 못 박힌 그리스도다.

바울의 개종과 관련해서 바울 신학의 또 다른 중심적 요소들, 특히 이신칭의와 율법의 역할에 관한 주제는 덜 분명하여 더욱 논란이 된다. 내가 보기에, 이신칭의는 바울이 독특하게 주장한 것이라는 가정에 대해

---

14   *BJ*, 357.
15   *BJ*, 357-58.

서는 반드시 신중을 기해야 한다. 만약 이러한 접근법을 취한다면, 이와 같은 단순한 질문이 제기될 때 분명 문제가 발생할 것이다. 만약 이신칭의 교리가 바울만의 교리이고, 또 그의 다메섹 도상의 경험에서 나온 결과물이었다면, 베드로가 줄곧 이러한 내용을 설교했다는 사실은 어떻게 이해해야 하는가? 또 이 주제에 관해서라면, 예수 자신은 어떠했는가?

던은 이신칭의가 분명 바울의 경험에 있어서 출발점이라는 것을 강조하는데, 누군가가 제시하는 것처럼, 그 출발점이 다메섹 도상의 경험에만 있는 것이 아니라 바울이 유대교를 이해하는 방식에도 있다는 것이다. 던이 제기한 중요한 쟁점은, 정확히 말해 "바울이 자신의 선교 경험을 통해서, 그리고/혹은 다른 선교사들과 대립하는 관점에서 그러한 기본적인 통찰을 발전시켰는지"에 관한 여부다.[16] 달리 표현하자면, 바울이 이신칭의를 믿었다는 것은 분명하다. 그러나 불분명한 것은 이신칭의라는 개념을 바울이 독특하게 강조한 것이 이방인 청중과의 교감에서 나온 결과물이었는지, 아니면 좀 더 부정적으로 말해, 다른 선교사들과의 대립에서 발생한 결과물이었는지에 관한 부분이다. 바울에게 이신칭의는 현실에서 유용한 그 무엇이었는가, 아니면 대립이라는 장에서 나온 산물이었는가? 던은 후자를 긍정한다.

이신칭의라는 주제를 더욱 복잡하게 만든 쟁점들 중 하나는 바울의 사유에서 드러나는 또 다른 골치 아픈 난제인 모세 율법에 대한 그의 관점과 연관되어 있다. 과연 바울의 다메섹 도상 경험은 율법에 대한 바울의 관점과 관련이 있었을까? 던에 따르면, 율법과 율법이 그리스도 사건 및 이방인 청중과 맺는 관계에 대한 바울의 관점은 시간이 흐름에

[16] *BJ*, 360.

따라 발전된 것이지 바울 자신의 다메섹 경험의 직접적인 결과물은 아니었다. 오히려 던은 바울의 사유에 있어서 율법을 이해하는 결정적인 요소는 "이스라엘을 정의하는 역할"에 있다고 상정하고, 이것을 다메섹 도상 사건 이전 바울의 혁명적인 열심과 연관시킨다. 바울은 초기 예수 운동을 유대인의 경계 표지인 율법을 위반하는 것으로 이해했고, 바울은 그 열심 때문에 이 초기 예수 운동을 박해했다. 하지만 명백한 것은 바울이 이방인들에게 설교하기 시작했을 때, 적어도 할례는 이방인들에게 더 이상 요구 사항이 아니었다는 사실이다. 아마도 이것은 바리새인이었던 이전의 사울과 사도가 된 이후의 바울 사이에 놓인 크게 두드러지는 차이들 중 하나로 드러날 것이다. 던이 이스라엘의 경계 표지를 다루는 방식은 아마 바울 연구에 그가 기여한 가장 지속적인 공헌 중 하나이면서도, 그와 동시에 던 자신의 발전 과정을 거친 것이며, 그리고 아마도 던의 신학에서 가장 잘못 이해되고 있는 요소일 것이다.

던과 "율법의 행위"

아마도 던의 학문적 경력 전체에서 가장 많은 변화를 겪었다고 할 수 있는 그의 바울 연구 방식이 가진 특징은 바울의 사상에 있어서 "율법의 행위"에 대한 던의 이해이다. 또한 이 구절은 바울 연구 내에서 이루어진 논쟁의 시금석이었으며, 그의 주장들은 오늘날 바울 해석의 역사에서 분기점이 되는 순간으로 증명되었다.

반드시 알아야 할 것은, 던의 연구는 바울 연구에 있어 1980년대에 일어났던 더욱 광범위한 운동들 내에 위치시켜야 한다는 점이다. 다시 상기하자면, E. P. 샌더스는 1977년에 현재까지 널리 영향을 미치는 『바울과 팔레스타인 유대교』를 출판했다. 이 책은 바울의 제2 성전기 이해를 다루는 가장 중요한 자료이지만, 바울에 대한 샌더스의 설명에 많은 학자들이 만족하지 못했고, 특별히 던은 더 그러했다. 그렇게 샌더스의 바울 이해에 대해 불만족스러워하는 상황에서, 던은 1983년에 (지금은 유명해진) T. W. 맨슨 강연을 한다. 던 자신의 표현에 의하면, 이 강연은 "더 나은 답을 주고자" 한 시도였고, 던에게는 갈라디아서 2:16과 "율법의 행위"라는 구절을 정확히 해석하는 것이 그 답을 얻기 위한 필수적인 요소였다.[17]

1983년 맨슨 강연에서 던은 새로운 방향으로 나아가기 전에 바울 해석의 몇 가지 가닥을 잡는다. 던은 바울의 사역이라는 특정한 맥락을 강조한 크리스터 스텐달의 영향을 언급하고, 그와 동시에 스텐달의 통찰을 제2 성전기 유대교에 관해 새로운 설명을 제시한 샌더스와 연결시키면서, 이 둘의 결론을 취해서 갈라디아서에 나타난 바울의 유대인-그리고-이방인 맥락에 적용하는 작업을 진행한다. 갈라디아서 2:16의 "율법의 행위"를 정의한 것은 던이 기여한 핵심적 공헌이 된다. 옛 언약에 의해 정해진 어떤 행위를 언급하는 것으로 여겨지는 이 구절에 대한 전통적인 해석을, 던은 "'율법의 행위'를 통해서 바울은 독자들이 **할례와 음식법과 같은 특정한 율법을 준수하는 것**을 생각하도록 의도했다"라는 자신의 설명과 대조한다.[18]

던은 할례, 음식법, 안식일 준수의 구체적인 주제들을 언급하기 위해 그의 강연에서 자주 "율법의 행위"라는 구절을 더욱 협소하게 정의 내렸다.[19] 바울이 갈라디아서의 맥락에서 반대하는 것은 이와 같은 일련의

---

17 *NPP*, 8.
18 James D. G. Dunn, "The New Perspective on Paul," in *NPP*, 108, 원문 강조.
19 Dunn, "New Perspective on Paul," 108-11, 113. 이 협소한 정의를 마음에 두고 있다는 것은 바울이 부인한 "**특정한 일**"에 대한 요구를 던이 강조하는 진술에서 확연히 드러난다(115).

특정한 관습들이다. 갈라디아서에서, 던은 그 구절이 "이 편지에서 할례로 적확하게 예시된", 매우 구체적인 의미를 전달한다고 주장한다.[20] 그리스-로마 세계 내에서 유대인 정체성이 가진 역할에 비추어 볼 때, 공동체적 정체성 혹은 국가적 정체성을 정의 내리기 시작한 것은 바로 이 관습들에 의해서였다. 할례(매우 고통스럽지만), 음식법, 안식일 준수라는 관습들은 1세기에 (그리고 그보다 좀 더 전에) 인종적인 유대인 정체성을 정의했으며, 던에 의하면, 바울이 반대했던 것은 이처럼 매우 급진적으로 정의된 개념이었다.

좀 더 쉽게 이해하자면, 1983년 던의 강연에 의하면, "율법의 행위"는 예를 들어 십일조나 의복에 대한 계명을 가리키는 것이 **아니라**, 특별히 유대인들이 살던 그리스-로마 세계에서 유대인들을 식별해 내는, 앞서 말한 국가적 정체성의 "배지" 같은 것을 가리키는 것이었다. 던은 갈라디아서의 이 구절이 지닌 고유한 특수성을 강조한다. "율법의 행위"는 일반적으로 율법에 대한 **동의어**로 쓰이지 않는다.[21] 던은 다음과 같이 말한다.

논점이 흔들리지 않도록 하기 위해, 나는 여기서 바울이 일반적으로 행위를 폄하하거나, 육체적으로 이루어지는 외적인 의례적 행동과 영적으로 작동하는 내적인 은혜 사이의 이분법을 강조하지 않았음을 반복해서 말하고자 한다. 다시 말해, 우리는 바울이 목표로 삼고 있었던 제한된 대상을 관찰해야만 한다. 바울이 반대했던 것은 인종적 특권을 내세우는 행위, 즉 바

20 Dunn, "New Perspective on Paul," 116.
21 사실, 던은 1983년, 샌더스의 『바울과 팔레스타인 유대교』와 *Paul and the Jewish Law*(바울과 유대교 율법)을 모두 비판하는 데 이를 인용한다("New Perspective on Paul," 117).

울이 맹렬히 비판했던 것은 그리스도를 믿는 믿음이 언약적 구성원의 표시로는 불충분하다고 여겨지기 때문에 요구되는 육체로 이루어지는 행위였다. 베드로를 비롯한 다른 유대 그리스도인들에게 반대하면서 바울은 신자들에게 호의를 베푸시는 하나님의 판결은 처음부터 끝까지 믿음을 통해서 실현되는 것이지, 유대인만을 하나님의 백성으로 특징짓고 구별했던 율법의 행위를 준수하는 것에 달린 것은 결단코 아니었다고 주장한다.[22]

1984년에 던은 이 강좌를 연장해서, 할례, 음식법, 안식일과 같은 "율법의 행위"에 대한 자신만의 정의를 사용하여 이스라엘을 다른 민족들로부터 구분하거나 차별화하는 이러한 관습들이 가진 **사회적 기능**을 강조한다. 율법을 준수하는 것은 경계 표지로서 사회적으로 작동한다.[23] 이러한 통찰은 1988년에 출판된 던의 권위 있는 연구서인 로마서 주석을 따르고 이를 토대로 한 것이다.

던이 더 많은 청중에게 "율법의 행위"에 대한 자신의 견해를 전달하는 데 가장 효과적이었던 것은 바로 그의 로마서 주석이었다. 던은 반복해서 강조한다.

또한 사회학적 관점은 자신이 특권을 부여받아 선택되었다는 확신과 언약적 율법주의에 기초한 관습이 이스라엘의 독특한 정체성에 대한 감각을 강화하고 이스라엘을 다른 민족들로부터 가장 명확하게 구분지어 주는 독특성, 특정한 율법, 그리고 특히 의례적 관습이라는 공통 영역 안에서 어떻게 불가피하게 표현되었는지를 이해하도록 만들어 준다. 이러한 경우에,

---

[22] Dunn, "New Perspective on Paul," 117.
[23] *NPP*, 7-8.

이스라엘 율법 중 세 가지가 특별히 구별 짓는 것으로서 독특한 중요성을 갖게 된다. 그 세 가지는 바로 할례, 음식법, 안식일이다. … 즉, 이것이 바울이 로마서에서 율법을 다루는 내용을 우리가 위치시키고 대조해 보는 맥락이다. … 내가 생각하기에는, 이들은 바울이 염려했던 것이 언약적 약속과 율법이 인종적 이스라엘, 특히 할례, 음식법, 안식일 준수를 실천함으로써 민족적 특수성을 가진 유대인들과 불가분의 관계에 있다는 사실이라는 것을 알았을 것이다.[24]

이제 위의 진술은 던이 "율법의 행위"라는 구절을 어떻게 보았는지를 실질적으로 이해하게 한다. 이런 해석이 지금은 일반적이지만, 처음에는 그렇지 않았고, 학계에서 광범위하게 강력한 반향을 불러일으켰다.[25]

2005년에 던은 바울에 관한 그의 연구, 특별히 바울에 관한 새 관점의 발전에 있어서 자기가 한 역할에 대해 회고했다. 이는 던으로 하여금 바울에 관해 20년 넘게 해 온 연구의 발전과 한계를 성찰하도록 했다. "새 관점: 어디서부터, 무엇이, 어디로 향하는가?"(The New Perspective: Whence, What, and Whither?)라는 장에서, 던은 그의 연구에 있어서 몇 가지 내용을 명확히 했고, 그의 연구에 대한 오해를 해명했다. "율법의 행위"에 대한 던의 해석은 그가 밝히고자 한 네 가지 중요한 영역 중 하

24 James D. G. Dunn, *Romans* (Dallas: Word, 1988), 1:lxxi.
25 던의 논문에 대한 가장 처음이자 좀 더 비판적이었던 반응 한 가지는 C. E. B. Cranfield, "'The Works of the Law' in the Epistle to the Romans," *Journal for the Study of the New Testament* 43 (1991): 89-101이었다. 크랜필드는 이렇게 결론 내린다. "던 교수가 비판했던 로마서의 ἔργα νόμου에 대한 설명은 타당한 설명이다. 즉, 그것은 율법이 요구하는 행위(의 행함), 율법에 대한 순종을 가리킨다. 그리고 바울이 어떤 인간도 율법의 행위로는 하나님 앞에서 의롭다 할 수 없다고 말했을 때, 그는 어떤 인간도 율법에 대한 순종으로 하나님 앞에서 의로움의 지위를 획득할 수 없을 것이라는 점을 의미했다."(100)

나였다.

던은 "율법의 행위"에 관한 정의에 있어서 그의 첫 주장이 그가 초기에 의도했던 것보다 더욱 면밀한 검토와 반향을 불러일으켰다는 점에 유감을 표현했다. 그는 "율법의 행위"라는 구절은 다음과 같은 내용을 가리킨다고 분명히 주장한다.

- "율법이 요구하는 것"
- "토라가 규정한 행위"
- "율법이 행해져야 한다고 요구하는 모든 것은 율법을 '행하는 것'으로 묘사될 수 있다."[26]

그러나 던은 갈라디아서 2:16의 선언, 즉 "사람이 의롭게 되는 것은 율법의 행위로 말미암음이 아니요 오직 예수 그리스도를 믿음으로 말미암는 줄 알므로"라는 구절이 가진 맥락은 "특정한 율법의 행위로 일반적인 원리가 흔들릴 수 있다"라는 것을 상기시켜 주는 것임을 매우 강조하고자 했다.[27] 다시 말해, "율법의 행위"라는 구절은 단순히 경계표지 그 이상의 의미를 가리키는 것일 수 있지만, 경계표지만으로도 갈라디아서 안에서 바울이 가지고 있었던 주요한 관심사를 제기하기에 충분하다. 따라서 율법의 행위라는 용어는 할례, 음식법, 안식일 그 이상의 것들을 의미할 수 있지만, 최소한 이것들을 다루고 있음이 분명하다. 던은 할례와 음식법과 같은 중요한 문제들에 확고하게 집중하는 것이 매우 제한적인 것처럼 보인다면, 갈라디아서 2:14에서 "유대인답게

---

26 *NPP*, 23-24.
27 *NPP*, 25.

살게"라는 난해하기로 유명한 구절은 아마도 많은 이들이 "율법의 행위"라는 구절과 동일시하려는 더욱 확장된 개념일 것이라고 인정한다.

또한 율법의 행위라는 쟁점은 이방인 개종자들과 더 넓게는 그리스-로마 세계의 사회학적 관점에서 반드시 고려해 보아야 한다. 확실히, 모세 율법에 익숙하지 않았던 사람들은 "율법의 행위"라는 구절을 밭에 두 가지 다른 종자를 섞어 뿌리는 것(레 19:19) 혹은 제사장직이나 성전과 연관된 레위기에 적힌 율법처럼 모세가 규정한 많은 특수한 율법들과 연관시키지는 않았을 것이다. 비-유대인들은 분명 유대인들이 얼마나 다양한 방식으로 예배를 드렸는지를 알기 위해 모세의 율법 규례에 신경 쓰지 않았고 면밀히 알아보지도 않았다.

하지만 비-유대인의 세계에 사는 수많은 사람들의 눈에 쉽게 띄는 것은 규정된 식료품처럼 쉽게 관찰될 수 있고 매우 비용이 많이 드는 항목일 텐데, 이는 집에서부터 시장에 이르기까지 전 생활 영역에서 다양한 유대인 집단들이 먹을 수 있고 서로 어울릴 수 있게 하는 항목을 결정해 주기 때문이다. 실제로, 로마에는 유대인들이 유대교 율법에 따라 만든 식료품을 구매하기 위한 그들만의 시장이 있었다. 이와 비슷하게, 안식일 준수는 단순히 노동에 있어서뿐만 아니라 다른 구체적인 사례에 있어서도 비-유대인들이 쉽게 관찰할 수 있는 것이었다. 예를 들어, 필론은 아우구스투스가 무상 곡물 배급과 관련해서 로마에 있는 유대인 집단에게도 이를 허용했다는 것을 시사한다(*Laws* 158). 만약에 무상 곡물을 나눠 주는 일이 안식일로 배정된다면, 아우구스투스는 유대인들이 그 곡물을 평일에 가져가도록 허락했을 것이다. 이러한 특혜는 분명 유대인이 아닌 사람들의 눈에 쉽게 띄었을 것이다.

마지막으로, 유대인의 할례 문제가 있다. 어떻게 비-유대인이 유대인 남성의 할례 여부를 알 수 있었을까 하고 의아할 수 있다. 좀 더 분명한 사실을 말하자면, 아마도 유대인 남성들에 대해 대다수 비-유대인들이 가진 고정관념은 충분히 예상하고도 남는 것이었다. 그래서 이들 비-유대인들은 만약 누군가 유대인이고 남성이라고 한다면, 그는 분명 할례를 받았을 것이라고 단순하게 **가정했다**. 더 나아가, 만약 고대 세계의 주요 도시들에 있는 연무장에 들어가거나 목욕탕에 자주 드나들었다면, 여러 장소에서 드러난 유대인 남성들의 벌거벗은 모습은 이들의 실제적인 삶의 모습을 엿볼 수 있게 해 주었을 것이다. "율법의 행위"라는 구절은 더욱 넓은 의미를 가지고 있지만, 특별히 이 주제를 유대인 관습에 대한 그리스-로마 세계의 관점에서 고려해 볼 때, 그것은 단순히 앞서 말한 중요한 주제들 못지않다. 바울은 분명히 이 구절을 통해서 더 많은 것을 의미했을 것이고, 그의 공동체는 그보다 더 많은 것을 짐작했을 수 있다. 하지만 더욱 넓은 로마 세계에서 그것은 유대인 정체성의 경계 표지에 지나지 않는 것으로 추측되었을 것이다.

율법의 행위에 대한 던의 이해를 계속해서 비판하던 학자들에게 놀랄 만한 일이 있었는데, 그것은 2005년 던이 "난 '율법의 행위'를 경계적인 문제로 좁히고 싶지 않다"라고 흔쾌히 인정한 일이었다. 그보다 던은 다른 율법들의 행위를 나타내기 위해 "율법의 행위"를 가장 넓은 범위로 정의하고자 한다면, 유대인들과 이방인들이 함께 식사하는 것과 같은 문제, 던이 표현했던 것처럼, 그와 관련된 "사실"을 분명하게 인정해야 한다고 주장한다.[28] 2005년 던의 답변은 비록 간결했지만, 분명 "율법의 행위"라는 구절에 대한 던의 이해에 있어서 어떤 전환점을 보여 준다.

---

[28] *NPP*, 28.

8년 후, 던은 「바울에 관한 새 관점에 대한 새 관점」이라는 논문을 통해서 바울에 관한 새 관점 논의를 또다시 제기한다. 거기서 던은 이신칭의와 율법의 행위라는 주제가 바울에 관한 새 관점의 논쟁을 이해함에 있어서 중심이 된다는 것을 인정한다. 던은 이 주제들과 관련된 구절들이 처음 나타난 가장 중요한 본문이라 할 수 있는 갈라디아서 2:1-16로 다시 돌아온다. 던은 갈라디아서 2:16로, 그리고 "율법의 행위"와 "그리스도를 믿음", 이 두 개의 병행 구절로 다시 돌아온 다음, "물론 '율법의 행위'를 통해서 그가[바울이] 의미했던 것은 율법이 요구하는 것이었다"라고 언급한다. 같은 쪽 각주에서, 던은 그의 T. W. 맨슨 강연이 "그 점에 대해 몇몇 오해 내지 혼란을 야기"했기 때문에 이 사실을 강조한다고 말한다.[29] 던은 비록 "율법의 행위"가 율법이 요구하는 것은 무엇이든 그것을 뜻할 수 있으나, 본문의 맥락에서 보면 이 구절은 안디옥 사건의 핵심적인 문제들, 즉 디도에게 할례를 행하고자 한 일(갈 2:3-6), 정결과 부정에 관한 율법(갈 2:14), 구별(갈 2:12), 유대인답게 사는 것(갈 2:14)과 같은 문제들을 둘러싸고 있다는 사실을 보여 준다. 비록 던은 이전 저서들과 논문들에 나온 몇몇 주장을 반복하고 있지만, 이는 좀 더 새로운 결론으로 이어진다.

반복해서 말하자면, "율법의 행위"는 율법이 요구하는 모든 사항에 있어서 율법을 지키는 원리를 지칭하는 더욱 일반적인 구절이다. 하지만 그 구절이 이방인을 향한 바울의 선교라는 상황에서, 특히 유대인 신자들이 이방인 신자들에게 유대인처럼 살도록 강요하는 상황에서, 그 구절이 가장 명

---

[29] James D. G. Dunn, "A New Perspective on the New Perspective on Paul," *Early Christianity* 4 (2013): 174 and n67.

확하게 가리키는 것은 이방인과 유대인을 갈라놓는 담과 같은 역할로서의 율법, 즉 누가 "안에" 있고 누가 "밖에" 있는지, 다시 말해, 누가 율법/언약 안에 있는지, 그리고 누가 율법/언약 백성 밖에 있는지를 규정하는 경계 표지 역할로서의 율법이다.[30]

위와 같은 던의 진술은 율법의 행위라는 주제에 관하여 1983년에 있었던 그의 첫 번째 강연 이후로 그의 사유가 어떻게 변화했는지를 보여 준다. 1983년부터 2013년까지를 살펴보면, 던은 "율법의 행위"를 할례, 음식법, 안식일로만 다소 제한적으로 정의하는 입장에서 좀 더 일반적인 의미로 그 구절을 해석하는 입장으로 변화하면서, 갈라디아서의 교신자로 대표되는 안디옥 교회 안에서 일어나는 상황은 초기 그리스도교 운동 내에서 이 구절이 어떤 역할을 했는지를 보여 준다는 점에 있어서 과소평가 되어서는 안 된다고 시종일관 주장한다. 요약하자면, 던은 양자 모두(both/and) 접근법으로 옮겨 간 것으로 보인다.

여기 바울 연구자들을 위한 약간의 결론을 제시하고자 한다. 가장 중요한 것으로, 한 연구자가 증거 자료를 독해하고, 그 증거 자료를 다시 동료 연구자들이 비판하는 방식으로, 그렇게 한 연구자가 다른 대화 상대자와 교감하면서 서로의 주장과 결론들을 경청하고, 그다음 각자가 가진 관점을 수정하고 서로 조정하는 방식으로, 던은 비판적 연구의 가장 좋은 모범을 보여 준다는 것이다. 비록 이 같은 과정은 학계에서는 매우 드물지만, 실제로 이러한 일이 일어나는 것을 보면 신선하다. "율법의 행위"에 관한 던의 관점은 이러한 과정의 한 예를 제시한다.

---

30 Dunn, "New Perspective on the New Perspective," 174-75.

또 다른 중요한 결론이 있다면 이 분야가 계속해서 변화하고 있다는 사실을 깨달아야 한다는 것이다. 분야뿐 아니라, 학자들이 가진 견해도 시간이 지나면서 넓어지고 성숙해진다. 조금 부정적인 관점에서 볼 때, 오늘날 바울을 연구하는 몇몇 학자들은 저자의 연구, 성장, 혹은 발전하는 속도를 따라잡지 못하고, 오래된 견해들을 다른 학자들에게 더하는 잘못을 저지른다. 의도적이든 그렇지 않든, 심지어 그들은 이미 일어난 변화에 대해서도 심각하게 무지한 경우가 있다. 이러한 점에 있어서 해당 분야에 계속해서 참여해야 하고, 연구 상황에 대한 최신 동향을 계속해서 파악해야 함은 물론, 그 분야의 몇몇 가장 시급한 쟁점에 있어서는 더욱 그러해야 함을 던은 우리에게 보여 준다.

율법

우리가 "율법의 행위"라는 특정한 구절에서 일반적인 율법으로 그 범위를 넓힐 때, 던은 어떻게 바울 사상 안에서 율법을 이해할지에 관한 몇 가지 주장을 제시한다. 우선 율법에 대한 바울의 입장은 다양한 측면을 가지고 있으며, 주로 논쟁이 발생한 상황(유대인/이방인)에 의존하고 있었다는 점을 알아야 한다. 바울 사상 안에서의 율법에 관해 논의할 때 내재하고 있는 한 가지 함정은 환원주의와 단순하게 범주화하려는 경향이다.

율법을 논의함에 있어서 던의 첫 번째 출발점은 전통에서 시작하는 것이다. 전통적으로 율법은 죄를 규정하는 역할을 했다. 율법은 죄를 범법함으로 규정하고, 그 범법함에 대해 유죄 판결을 내린다. 바울에게 있어 율법은 유대인들에 대해 이러한 일을 하며, 어느 정도는 이방인들에게도 그러하다(롬 2:14-15). 흥미롭게도, 던은 이 점이 갈라디아서에 언급되어 있지 않으며, 바울의 사유에 있어서 우발적인 측면을 반영하는 것일 수 있다는 점을 언급한다.[31] 그러나 이마저도 바울에게는 새로운 사실이 아니었으며 구약성서 전체에 걸쳐서 율법 규정에 반영되어 있는 것이었다. 사실, 희생제도 전체는 율법 위반이 일어날 수도 있다는 가정하에서 작동하는 것이었다. 따라서 이러한 부분은 바울과 그의 동시대 유대인들에게는 논쟁거리가 되지 않았을 것이다. 비록 이러한 점이 율법을 논의하는 데 있어서 전통적인 출발점일 수는 있어도, 바울이 율법을 논하는 방식에 있어서는 단지 통상적인 것에 지나지 않는다.

둘째, 던은 율법과 그것이 이스라엘과 맺는 연관성의 문제, 특히 율법이 가진 보호적 측면과 훈육적 측면에 관한 문제를 제기한다. 이것은 사실 율법이 가진 "임시적" 측면이다. 바울은 이 점을 특별히 갈라디아서에서 명시했다. 던은 율법이 범법함을 "위해" 주어진 것임을 암시하는 여러 난해한 구절들을 다룬다. 던은 이 본문들을 불경건하게 해석하지 말고 오히려 "범법함을 다루고" 희생제도를 통해서 해결 방법을 주고자 율법을 부여한 하나님의 은혜로운 행위로 해석해야 할 것을 제안한다. 또 이러한 면에 있어서 이스라엘이 "법 아래" 있음을 이해해야 한다. 즉, 이스라엘은 율법의 보호와 훈육 아래 있는 것이다.[32] 위에서 진술한 바처럼, 속죄 제도 전체는 율법 위반이 발생할 것을 가정할 뿐 아니라, 당시에 다양한 속죄제를 통해서 범법함에 대처하는 데 필요한 수단을 제공해 준다. 율법이 구약성서 안에서 어떤 역할을 했는지에 관한 측면에서 문제와 해결 **두 가지가 함께** 그 시작부터 제시되었고, 이는 바울에게 있어서도 마찬가지였다.

---

31   *TPA*, 134.
32   *TPA*, 139, 141-42.

셋째, 던은 바울이 그의 동시대 유대인들을 주로 비판한 점은 이들이 율법의 역할이 가진 임시적 측면을 보지 못했다는 것임을 주장한다. 던은 이런 측면에서 바울의 관점이 가진 "기본적 특징"이 표면화되었음을 지적한다. 던과 여러 학자들에게 있어서, 이러한 사실은 아마도 초기 그리스도교 운동에 기여한 바울의 독특한 공헌이었을 것이다. 바울의 통찰은 그리스도의 오심이 "하나님의 가장 중요한 목적의 절정이자 완성을 나타낸다"라는 사실에 있다.[33] 이 같은 완성은 이스라엘이 더 이상 율법의 보호와 관리를 필요로 하지 않는다는 것을 의미했다. 그러므로 이제 율법에 대한 바울의 비판은 **주로 종말론적인** 것이 된다. 율법에 대한 종말론적 비판은 바울로 하여금 메시아의 도래 이후에 율법 아래서 "역사적으로 이어져 내려온 특권적 지위"를 당연하게 여기고 있던 사람들과 대립하게 만들었고, 따라서 바울은 갈라디아서에서 유대인처럼 살고자 하는 사람들과 논쟁을 하게 된 것이다.

이 점에 있어서, 던은 자신의 설명을 좀 구체적으로 제시할 필요가 있다. 바울 안에서 율법의 임시적 성격에 관한 이런 진술들은 분명하게 나타난다. 하지만 아직 다루어지지 않은 점은 메시아 시대에 율법이 가진 역할에 관한 공통된 가정이 무엇이었는가 하는 것이다. 이것은 알베르트 슈바이처가 최초로 제기했고, 이후 E. P. 샌더스가 제기했던 질문이다. 던은 율법에 대한 자신의, 혹은 바울의 결론을 입증하기 위해, 도래하는 시대에 율법이 가진 역할에 대해 명확한 답을 내리지 않는다. 1세기 유대인 집단들 사이에 있었던 율법에 대한 여러 견해들과의 교감이 필요하다. 분명, 이 중 어떤 이들은 율법이 본질상 영원한 것이라 간주

---

33   *TPA*, 143.

했겠지만, 이 점은 바울은 물론 필론과 같은 다른 동시대 유대인 사상가들에게는 낯설게 보였을 것이다. 토라의 임시적 특성은 바울 사상에 있어서 더욱 논란이 되는 측면들 중 하나다.

비록 바울이 모세 율법에 대한 그의 견해로 인해 논쟁을 불러일으켰지만, 이것이 결과적으로 그가 율법 폐기론자가 되었음을 의미하지 않는다. 오히려, 바울이 묻고 있었던 보다 정확한 질문은 **어떤** 율법이 이방인 개종자들에게 적용되어야 하는가였다는 점이 흥미롭게 다가온다. 모세 율법은 다른 언약의 한 부분이며, 그것은 이방인들에게는 적용되지 않는다(갈 3-4장). 바울은 단순히 모세 율법을 성령으로 대체하지 않았다. 그 대신에, 우리는 바울이 수수께끼와 같은 "그리스도의 법"(갈 6:2; 고전 9:21)을 논하고 있음을 발견하게 된다. 게다가, 비록 공식적으로 율법을 가리키는 것은 아니지만, 바울은 그의 로마 회중이 그들에게 전해진 "교훈의 본"(롬 6:17)에 순종했다고 칭찬한다. 대체로 바울은 교훈과 순종이라는 개념에 반대하지 않았다. 정반대로, 거의 모든 곳에서 바울은 그의 공동체들이 순종하기를 바라는 교훈을 그들에게 전하고 있으며, 명백히 이를 중요한 믿음의 순종(롬 1:5)으로 언급하는 데까지 나아간다. 바울에게 있어서 핵심은 갈라디아서 4:1-6에 나타난 것처럼 시대가 변했고 이제 종말론적 시대가 도래했다는 사실에 있었다. 그러나 종말론적 시대에서조차, 하나의 법이 여전히 작동한다. 그것은 바로 성령을 통해서 힘과 도움을 얻어 완성하는 그리스도의 법이다. 율법에 대한 바울의 입장을 이해하기 위해서는 반드시 종말론적인 전체적 그림을 확실하게 파악하고 있어야 하며, 이는 던 자신이 설명하고자 착수한 일이었다.

율법에 대해서 종종 바울이 취했던 비판적인 입장을 이해하기 위해서는 그가 어떤 시대들을 대조하면서 율법에 대해 가장 비판적인 진술을 했다는 사실을 기억하는 것이 중요하다. 던이 언급한 것처럼, "하나님의 목적에 있어서 모세로부터 그리스도까지의 단계를 아담에서부터 그리스도까지의 시대 내에 위치시킬 때, 이스라엘과 관련된 율법의 더욱 긍정적인 역할은 시야에서 점점 멀어지고" 율법의 부정적인 역할이 전면에 나선다.[34] 이와 같은 논쟁의 초점은 갈라디아서 4장, 로마서 5장, 고린도후서 3장에 집중된다. 율법에 대한 바울의 부정적인 진술들을 극명하게 보여 주는 것은 시내산과 노예, 율법과 죽음, 두 개의 서로 다른 언약 이미지들이다. 그러나 이와 같은 각각의 논쟁은 바울 자신이 성령의 종말론적 시대에 살고 있다는 입장에서 바라보았기 때문에 본질적으로 종말론적이다. 하지만 이러한 내용은 바울과 율법에 대한 더욱 복잡한 문제를 제기한다. 그것은 율법의 본질이 무엇인지에 관한 질문이다. 율법은 생명을 주는 것인가, 아니면 죽음을 가져오는 것인가? 더 나아가, 율법에 대한 이런 입장은 율법이 생명으로 이끄는 길이라고 이해했던 신명기의 증언과 모순되지 않을까?

던은 이러한 질문들을 제기함과 동시에, 죄는 인간으로 하여금 자신이 가진 연약함을 통해서 죄를 짓도록 율법을 이용한다는 주장으로 이에 답한다. 이러한 바울의 사유가 가진 특징을 설명하기 위한 던의 주요한 초점은 로마서 7장에 맞추어진다. 던은 율법과 죄가 서로 공조하는 것처럼 보이는 로마서 7장에서 율법에 대한 비판적인 진술들이 실제로는 "율법에 대한 변호"에서 나오는 것이고, "율법이 죄냐?"라는 수사학적 질문에 대한 답으로 제시된다는 사실을 정확히 언급한다. 물론

---

34 *TPA*, 146.

바울의 반박은 "그럴 수 없느니라"(롬 7:7)이며, 율법은 "거룩하고 의로우며 선하"(롬 7:12)다는 것이다. 율법을 취해서 그것을 오용하고 남용하는 것은 바로 죄이다. 던이 주장하는 것처럼, 율법이 가진 부정적인 영향은 "율법의 약점은 단순히 하나님의 뜻을 위한 수단이자 심판을 위한 척도로서 그 역할이 가진 반대 측면이자 불가피한 귀결이라는 사실이다. … 만약 인간의 행동을 안내하는 법과 가장 효과적으로 협력하며 살도록 보장해 주는 규칙이 있다면, 범법자들과 규칙을 무시하는 자들이 발생함은 인간 사회가 가진 필연적인 특징처럼 보인다."[35]

이제 던은 문제가 되는 것은 율법이 아니라 율법을 자신의 거대한 그물망 안으로 얽어매고 자신의 목적을 위해 율법을 이용하는 죄라고 결론 내린다. 던은 고린도후서 3장에 나온 바울의 주장에 등장하는 용어를 사용해서, 죄는 율법을 gramma(조문)으로, 원함을 탐심으로 바꾸어 버린다고 주장한다. 이러한 주장은 던의 최종 지점으로 이어진다. 즉, 율법은 이제 죄와 사망과 공조한다는 것이다. 하지만 던은 율법을 우주적 힘으로 이해해서는 안 된다고 주장한다. 따라서 던은 슈바이처, 불트만, 케제만, 심지어 베커와 라이트와도 극적으로 대조되는 입장에 서게 된다.

던은 율법이 죄와 사망에 의해서 오용되고 남용되지만 그럼에도 불구하고 율법이 가진 한 가지 긍정적인 특징은 그것이 "죄인에게 임하는 최종적 심판이었던 사망을 죄 그 자체의 최종적 파멸인 사망으로 변화시킨다"라는 것임을 주장한다. 따라서 율법은 이중적인 역할을 담당할 수 있다. 율법은 범법함이 무엇인지를 규정하기 위해서뿐 아니라, 죄와 사망이 율법과 공조하는 우주적 관점에서 볼 때, 범법함이 가능하도록

---

[35] TPA, 157, 159.

하기 위해서 하나님께 받은 수단으로 사용될 수 있다. 율법은 이처럼 두 가지 방향에서 사용될 수 있으며, 이는 바울이 어떻게 율법을 긍정적 용어로 또는 부정적 용어로 언급할 수 있었는지를 설명해 준다.[36]

구원

『바울 신학』 5장에서, 던은 바울이 다룬 구원이라는 주제로 향한다. 던은 바울 학계에서 지배적이었던 몇 가지 중요한 쟁점을 언급함으로 시작한다. 첫째, 바울 해석자들은 바울의 "시대적" 전환과 가장 초기 그리스도교인들의 메시지를 반드시 고려해야 한다는 것이다. 늘 그렇듯이, 종말론이 중요한 변수다. 예수의 죽음과 부활은 시대를 바꾸어 놓았다. 그래서 이제 세상은 새로운 시대, 새로운 가능성의 시대로 접어들었다. 던에게 있어서, 죄와 사망의 옛 시대는 이미 지나가 버렸고, 은혜와 믿음의 시대로 대체되었다. 비록 던은 이러한 시대 전환을 범주화하기 위해 종말론적 용어를 사용하지 않았으나, 과연 종말론적 용어가 이러한 내용을 가리키는 것인지는 궁금할 것이다. 또한 죄와 사망 그리고 은혜와 믿음으로 특징지어지는 시대에 대한 던의 논의에 조금 주의를 기울여야 할 필요가 있다. 이 같은 일반화는 은혜와 믿음이 이전 시대의 것이 아니라고 생각하도록 오도할 수 있다. 물론 이것은 잘못된 결론이다. 비록 던이 꼭 이런 식으로 자신의 주장을 의도하지 않았지만, 이것이 던이 의도한 바였다는 잘못된 결론을 내릴 수 있는 여지를 남긴다.

또한 구원 사건에 있어서, 던은 인류의 삶 안에서 울려 퍼져야 할 "첫 아담에서 마지막 아담으로"의 급진적인 전환을 강조한다.[37] 진정으로,

---

[36]　*TPA*, 159, 161.
[37]　*TPA*, 318.

구원 경험이란 이 메시지를 선포한 바로 그 사람들 안에서 구현되는 것이었다. 각 사람과 공동체는 그들 개인과 공동체의 생활 속에서 그와 같은 시대의 전환을 반영해야 한다. 이러한 특징은 이후에 다시 보게 될 것이다.

바울 신학을 연구함에 있어서 던의 주된 강조점은 바울이 구원을 묘사하는 데 사용한 은유에 있다. 던은 바울이 효과적으로 소통하기 위해서 그가 살던 시대의 은유에 의존했다는 사실을 중요한 점으로 언급한다. **구원**에 관한 가장 일반적인 이해를 표현한 "육체의 강건함과 보존"과 같은 말은 물론이고, **칭의, 구속, 화해, 해방, 시민권, 상속** 등과 같은 용어들은 모두 바울의 청중들이 살았던 사회적 세계와 친숙했을 개념들로부터 끌어온 것이다. 던은 이처럼 다양한 은유를 통해서 두 가지 결론을 도출한다. 첫째, 이 은유들은 경험적 실재를 이끌어 낸다. 경험적 실재란 던이 각 공동체 구성원들이 손쉽게 알아낼 수 있었던 것이라 말했던 그 무엇이다. 던은 바울이 구원을 표현하기 위해 자주 사용한 죽음, 생명, 결혼과 같은 말은 삶을 변화시키는 사건들을 가리키는 데 사용된 중요한 용어들이라고 언급한다.[38] 이처럼 초기 그리스도인들에게 실체적인 그 무언가가 일어났는데, 그것은 단순히 이전의 바람직한 삶을 미미하게 바꾸어 놓은 것이 아니라, 오히려 삶을 변화시키는 실재로써 그들의 정체성과 삶의 본질을 통째로 바꾸어 놓은 것이다.

비록 던은 이런 귀결을 도출하지는 않았지만, 이와 같은 새로운 실재에 대한 심오한 경험은 처음 몇 세기 동안 그리스도교의 성장에 기여했다. 분명 지중해 세계에서 뭔가 극적인 일이 발생했고, 사람들은 그 변

---

[38] *TPA*, 328-29, 331.

화에 주목했다. 단지 갈라디아서 3:28과 같은 바울의 선언처럼 구현된 그리스도교 공동체의 구성원들을 생각해 볼 필요가 있다. 바로 그 공동체의 구성원들은 공동체 구조 안에 내재된 자신들의 변증적/복음적 파동을 전했다. 그리스도인들은 자신들의 살아 숨 쉬는 경험을 통해서 세계가 뜻밖의 광경을 목격하도록 만들었다.

다양한 은유가 가진 두 번째 특징은 각 은유가 설명을 초월하는 어떤 개념을 표현하려는 시도였다는 것이다. 다시 말해, 만약 그렇지 않았다면, 그 은유는 하나님이 그리스도 안에서 성취했던 것의 온전한 실재를 충분히 설명할 수 없었을 것이다. 이는 읽는 이로 하여금 주목하게 한다. 바울이 무엇을 기록했는지만이 아니라 어떻게 기록했는지를 살펴보는 가운데, 던은 같은 시대의 바울 학계를 겨눈 후속적인 쟁점을 이끌어 낸다. 던은 특정한 은유를 받아들여서 그것을 바울의 사유를 이해하는 중심적 혹은 주된 방식으로 만드는 것과, 대중적인 복음주의가 중생을 강조하는 경향 그리고 개신교 신학이 칭의의 은유에 주목하는 방식 역시 잘못된 것으로 간주한다.[39] 바울을 해석하는 사람들을 위해서 교육적 차원에서 던이 바라는 바는 바울이 자신의 공동체가 직면했던 특수한 상황들을 겨냥하여 풍부하고 다양한 도발적인 은유들을 사용했던 방식으로, 우리 역시 구원에 관해 이야기하는 것이다.

던은 이신칭의에 관한 교리에 집중하면서 구원에 관한 논의를 계속해 나간다. 던은 20세기 신학의 학문적 맥락 안에서 칭의에 관한 문제를 제기하고, 칭의는 신약학계의 역사가 가진 두 가지 경향 중 하나임을 지적한다. 일반적으로 볼 때, 칭의는 바울 신학의 중심으로 이해되며

---

[39] *TPA*, 332.

교회의 궁극적인 교리로 간주된다.[40] 이러한 입장은 루돌프 불트만과 그의 제자인 에른스트 케제만이 취한 접근 방식이다. 이 접근 방식의 한 가지 부정적인 결과는 그것이 종종 반-유대적인 입장을 취할 수도 있으며, 바울이 유대교에 **적대적이어서** 나타내는 반응으로 보일 수 있다는 것이다. 따라서 그리스도교는 유대교에 대립하는 것으로 자리매김하게 된다.

바울과 관련한 20세기 신약 학계에서 나타난 두 번째 경향은 칭의를 바울과 그의 선조들의 종교 즉 유대교 사이의 논쟁으로 이해하는 것이 아니라 그리스도교 안에 존재했던 다양한 집단들 사이의 논쟁으로 이해하는 것이다. 이러한 경향은 최종적으로 초기 그리스도교를 그리스도교 유대인와 그리스도교 이방인 사이의 갈등으로 본 F. C. 바우어의 분석으로 거슬러 올라간다. 이러한 입장에서 볼 때, 이신칭의에 대한 자신의 주장으로 인해 바울은 다른 유대인 그리스도교 선교사들과의 갈등 상황에 놓였다. 이러한 내용에 대한 특별한 예는 갈라디아서 2장에서 바울과 베드로 사이에서 일어난 논쟁일 것이다. 『바울 신학』이 출판되기 2년 전에, 던은 바울과 모세 율법에 대한 주제를 다루기 위해 제3회 더럼-튀빙겐 학술 심포지엄을 개최했다. 던은 이 심포지엄에서 "공통의 토대를 찾아서"라는 제목의 글을 통해서 다음과 같은 내용을 일종의 합의점으로 받아들인다.

바울의 편지에서 바울이 율법을 다루는 주된 방식은 비-그리스도교 유대인들과의 논쟁과 대화에서 형성된 것이 아니라 동료 그리스도교 유대인들

---

[40] TPA, 336.

과의 논쟁과 대화에서 형성된 것이었다. … 율법에 관해 바울의 복음에 반대하는 자들이 생겨났는데, 왜냐하면 바울을 추종하는 많은 유대인 신자들은 아브라함의 자녀라는 스스로의 정체성과 이스라엘 백성으로서 물려받은 유산이 바울의 선교 사역 성공으로 인해서 의문시되고 심지어는 위협을 받고 있다 느꼈기 때문이다.[41]

바울이 물려받은 전통에 대한 그의 연속성과 불연속성이라는 주요한 문제는 바울에 대한 20세기 신학계의 두 가지 경향에서 비롯된 것이다. 신약학자들은 그 연속성 대 불연속성의 정도에 따라 넓은 스펙트럼 안에 다양하게 분포되어 있다. 하지만 칭의에 대한 정확한 주장들은 바울을 해석하는 두 가지 경향 내에 자리할 때 서로 미묘한 차이가 있다. 두 번째 경향에서 눈에 띄는 한 가지 특정한 요소는 우리로 하여금 바울에 관한 새 관점의 출발점으로 돌아가게 한다. 만약 바울이 1세기 유대교와 논쟁을 벌이거나 유대교에 반대하는 논쟁을 벌였던 것이 아니라, 유대 그리스도인 선교사들과 내부에서 논쟁을 벌인 것이라면, 던의 말처럼, "이신칭의 교리는 초기 이방인 선교라는 맥락 안에서 형성된 것이자 바로 그 선교의 결과물이었다. 이신칭의는 논쟁을 불러일으키는 교리다. 원래 이 교리는 율법 없이 이루어지는, 그리고 할례를 요구하지 않는 바울의 선교에 대한 유대 그리스도인들의 반대에 직면해서 고심 끝에 나온 교리이다."[42] 이 책의 첫 장을 떠올려 본다면, 이 내용은 향후 바울에 관한 논의에 관해서 선견지명을 가진 것으로 입증된 크리스터

---

41 James D. G. Dunn, "In Search of Common Ground," in *Paul and the Mosaic Law*, ed. James D. G. Dunn (Grand Rapids, Eerdmans 2001), 310.
42 TPA, 340.

스텐달의 주요한 논점이었다는 것을 알 수 있을 것이다. 바울의 칭의 이해에 대한 논쟁은 우리로 하여금 바울 연구에 있어서 가장 활발하고 첨예한 논쟁들 중 하나로 우리를 안내한다.

던은 핵심 쟁점들과 측면들을 조사하면서 자기 방식으로 칭의를 분석하기 시작하는데, 그 핵심 쟁점이란 곧 하나님의 의로움, 율법의 행위, pistis Christou(그리스도의 신실함) 논쟁이다. 우선, 하나님의 의로움에 관해, 던은 이것이 가진 히브리적 특성을 강조하고 각 개인에게 부여되는 관계적인 측면과 의무를 강조한다. 하나님의 의로움은 인간에 대한 하나님 자신의 의무 즉 자신의 언약을 지키려는 하나님의 신실함으로 볼 수 있다. 실제로 던은 하나님의 신실함/의로움을 로마서에 나타난 바울의 중요한 관심사 중 하나로 이해한다. 칭의에 대한 바울의 교리는 그분의 백성인 이스라엘을 불렀던 하나님의 주도적인 은혜를 포함하는 구약성서의 주제에 뿌리를 두고 있다. 따라서 칭의는 바울 자신이 물려받은 유산에 반대함에서 나오는 반동이 아니라, 오히려 그 유산이 가진 근본적인 원리에 대한 긍정이었다.[43]

그다음, "그리스도의 믿음/신실함"이라는 주제와 관련해서, 던은 자신만의 고무적인 공헌을 한다.[44] 던은 pistis Christou라는 구절은 문법적으로 쉽게 가늠할 수 없는 용어라는 점을 지적하면서 논의를 시작한다. 각각의 예가 가진 의미를 결정하는 것은 바로 맥락이다. 던은 맥락과 관련된 문제들로 이동하기에 앞서, "그리스도의 믿음"(the faith of Christ)처럼 만약 이 구절이 주격으로 이해된다면, 사람들은 그 구절에

---

[43] *TPA*, 341, 345.
[44] 바울 학계 내에서 이 구절이 가진 중요성에 관한 도움이 될 책으로는, 마이클 버드(Michael F. Bird)와 프레스턴 스프링클(Preston M. Sprinkle)이 편집한 *The Faith of Jesus Christ* (Peabody, MA: Hendrickson, 2009)을 보라.

서 정관사를 예상할 것이라고 말한다. 하지만 흥미롭게도, 우리는 그 구절이 정관사를 가진 채로 등장하는 것을 찾을 수 없다. 바로 이것이 던의 주장이 설득력을 갖는 부분이다. 요약하자면, 던은 pistis Christou가 나오는 갈라디아서의 모든 언급들을 "그리스도를 믿음"(faith in Christ)처럼 목적격으로 취한다. 그다음으로 던은 로마서로 옮겨서, 로마서 3:21-26에 나오는 것들은 대속을 가리키는 분명한 예시를 보여 준다고 언급한다. 하지만 이 부분에도 문제는 있다. 던이 주요하게 반대한 내용은 그 구절이 주격 속격으로 이해되는 것이 그의 독자에게는 친숙한 주제였을 것이라는 가정이다. 던은 로마서에서 그 구절을 "그리스도의 믿음"으로 이해하는 것은 독자들이 기저에 가지고 있었던 익숙한 내러티브에 대한 "단순한 연구" 혹은 "가정"에 너무 많이 의존하는 것이라고 결론짓는다. 결국, 그 텍스트들은 "그 흐름 안에서" 자연스럽게 "그리스도를 믿음"을 가리킨다.[45]

이제 pistis Christou를 번역하는 문제와 관련해서 몇 가지 쟁점을 언급해야 한다. 첫째, 던은 자신이 지적한 것처럼 정관사를 가지고 있지 않으면서 앞에 어떤 것을 덧붙이기 쉽고, 두 가지 방향으로 해석될 수 있는 단어로, 또 바울이 골로새서 2:5에서는 사용하지만 갈라디아서에는 나오지 않는 예로, 단어에 덧붙이기 쉬운 헬라어 전치사 en이 있음을 언급한다. 하지만 부재하는 것에 관한 논쟁은 피해야 한다. 둘째, 로마서 4:16을 살펴보면, 거기에 아브라함의 믿음과 관련하여 앞의 것과 비슷한 구도가 있다. 갈라디아서에 나온 것과 비슷한 문법적 유형의 구절이 있다. 그러나 바울이 로마서 4:16에서 가리키는 바가 아브라함'을'

---

[45] TPA, 381, 384-85.

믿는 것이 아니라 아브라함'의' 믿음임을 의심할 여지가 없다. 세 번째이자 마지막은, 갈라디아서 1:1에서 바울이 그리스도 안에서 인간의 활동과 신적인 활동을 나란히 배치하고 있다는 것을 주목해야 한다. 바울은 갈라디아서 2:16에서도 두 가지 주제를 병치하고 있는 것으로 보인다. 만약 그 주제가 율법의 행위 대 누군가에 대한 신자들의 믿음이었다면, 바울은 아마 두 가지 인간 행위를 비교했을 것이다. 그보다는 오히려, 바울은 인간적 행위(율법의 행위)의 한 형태와 하나님에 대한 예수의 신실함을 대조하고 있는 것으로 보인다.

그렇다면, "그리스도의 신실함"이라는 구절은 무엇을 뜻하는 것이며, 왜 바울은 이 구절을 율법의 행위와 병치하는 것일까? 일반적 차원에서, 바울은 하나님의 뜻에 대한 예수의 순종을 가리키고 있다. 로마서 5-6장의 표현을 빌리자면, "새로운 아담"인 그리스도는 하나님께 온전히 순종했다. 그러나 더 정확히 말하자면, 바울은 예수의 죽음의 행위를 언급하고 있는 것처럼 보인다. 이러한 내용은 갈라디아서 1:4에 나오는 내용이다. 바울이 그리스도를 언급한 바로 그다음에 곧장 "우리 죄를 대속하기 위하여 자기 몸을 주셨으니"라고 언급하는데, 이는 바로 그리스도의 죽음을 가리킨다. 우리는 또한 정확히 같은 내용을 이야기하는 빌립보서 2:5-11을 언급할 수 있다.

더 나아가, 던이 칭의에 대해 결론내린 것처럼, 그는 바울의 칭의 교리에서 비롯되는 몇 가지 특징을 열거한다. 이 특징들은 하나님께 용납됨, 하나님과의 화평, 하나님께 나아감, 하나님의 영광 안에서 자랑함, 유대인과 이방인의 연합, 율법으로부터의 해방을 포함한다. 마지막 특징인 율법으로부터의 해방에서, 바울이 믿음을 갖게 된 것은 '해방되는 것'과 같은 경험이었다고 주장하는 던의 입장과 관련해서는 좀 더 면밀한 조사가 필요하다.[46] 던은 마치 노예 생활에서 해방되는 것처럼 바울이 율법에서 해방되는 것으로 경험했다고 말한다. 던은 바울이 나중에 이러한 결론에 이른 것으로 간주한다. 즉, 지금 바울은 그의 이전 삶을 노예 생활과 같은 것으로 보았다는 것이다. 하지만 바울 자신의 개인적 경험에 대한 이런 설명을 바울의 편지 어디에서 발견할 수 있을까? 의심할 여지 없이, 바울은 율법을 노예 생활과 관련지어 언급한다. 하지만 이것은 율법을 받아들인 이방인 개종자들에 관련된 경우에 한에서만 그런 것이고, 또한 그리스도 안에서 이루신 하나님의 궁극적인 행위에 대한 오해에서 비롯된 것이라고 말한다. 갈라디아서에서 보면, 바울은 그의 이방인 개종자들이 잘못된 길로 나아가는 것을 막기 위해 금지의 수사학(the rhetoric of avoidance)을 사용한다.

하지만 이것은 바울이 자신의 경험을 바라보는 관점이 아닌 듯하다. 우리는 바울이 지나친 죄책감이나 스스로에게 짐을 지게 만드는 불안이 있었다는 것을 감지하지 못했다. 우리는 바울의 편지들로부터 바울 자신의 개인적 개종 경험과 그가 겪었던 일들에 대한 통찰을 거의 얻지 못했다. 사도행전을 보아도, 우리는 크게 특별한 내용을 발견하지 못한다. 바울이 그리스도를 알거나 그분을 얻음과 관련해서(빌 3장) 그가 이전에 이룬 것들을 다 "해"로 여긴 것은 사실이지만, 그 해로 여긴 것이 노예의 삶과 정확히 일치하는 것일까? 아마도 그런 주장을 펴거나 이 은유들을 엮는 것은 어려울 것이다. 율법과 관련해서 바울이 그의 이방인 개종자들과 논의한 것이 바울 자신이 율법과 맺은 개인적 관계에 대한 성찰과 동일한 것이라 가정하는 것은 실수일 것이다. 다시 말하자면, 이방인들

---

46 *TPA*, 385-88.

을 향한 바울의 사도적 부르심은 무시되어서는 안 된다. 그리고 성령이 주어졌기에, 이방인 개종자들은 이제 예전의 삶으로 되돌아갈 수 없다. 그러나 이 부분에 대해서, 던은 다소 불분명한 태도를 취하며, 바울의 경험에 관한 그런 진술들 역시 바울의 이전 주장들과 어긋나 보인다.

던이 그리스도 안에 참여함에 관해 다룬 부분은 칭의 부분과 비교해 볼 때 상당히 적은 분량이지만, 던이 바울 신학을 이해한 내용과 관련해서 중요한 주제가 그 안에 있다.[47] 던은 이전 시대에 그리스도 안에 참여함이라는 주제를 바울 사상의 중심적인 것으로 옹호한 중요한 학자들(아돌프 다이스만, 부세트, 슈바이처)과 좀 더 최근의 학자들 중에서는 샌더스를 언급하면서 연구사를 간략하게 요약한다. 그리스도 안에 참여함이라는 주제는 세계 대전 이후라는 맥락 속에서 바울 연구 내에 입지를 굳히는 데 초반에 어려움이 있었지만, 던은 이 주제가 그리스도론, 성령론, 그리스도인의 삶, 세례, 그리스도의 몸과 같은 수많은 주제들에 가려져 있기에, 다시 이 주제를 바울 신학의 핵심으로 보고 새롭게 연구해야 한다는 신호를 보낸다. "그리스도 안에"라는 말은 바울의 편지 곳곳에서 나타날 뿐 아니라(약 83회 정도), 거의 바울에게서만 찾아볼 수 있는 것이기에 중요하다.[48] 바울이 구원을 논하기 위해 사용한 표상이라는 점에서, 이 짧은 구절은 많은 의미가 있다.[49]

던은 바울의 "그리스도 안에"라는 단어를 세 가지 주요한 범주로 구분한다.

---

[47] *TPA*, 390-412.
[48] *TPA*, 396.
[49] Constantine R. Campbell, *Paul and Union with Christ: An Exegetical and Theological Study* (Grand Rapids: Zondervan), 2012에서 볼 수 있듯이, 이후 학계는 새로운 활력을 가지고 이 강조 구문을 연구하기 시작했다.

1. 그리스도 안에서 일어난 구속적 행위에 초점을 맞춘 객관적 의미(예: 롬 3:24; 6:23; 8:2; 고전 1:4; 고후 5:19)
2. 신자들이 그리스도 안에 있는 **존재**로 불린다는 뜻에서의 주관적 의미. 이 주관적 의미는 신자의 경험을 강조한다(예: 갈 2:4; 3:28; 롬 6:11; 8:1; 고전 1:2).
3. 바울 자신의 활동이나 자신의 명령이 그곳에 중심을 두고 있다는 의미 (고전 4:15; 빌 1:13)

바울은 "그리스도 안에" 있도록 부르심을 받았고, 신자들은 "주 안에서 소망해야" 한다. 던은 광범위한 바울 신학과 특별히 그리스도의 객관적인 구원 사역은 "그리스도 안에"라는 말로 요약되며, 이러한 사실이야말로 "그리스도 안에"라는 주제를 바울에게 있어서 가장 의미심장한 주제로 만들어 준다고 되풀이해서 이야기한다.[50] 따라서 이것이 바울에게 있어서 별로 중요하지 않은 것이며 단지 바울의 사유에 의도치 않게 더해진 내용일 뿐이라 생각한다면 이는 잘못 안내받은 것이다.

던은 이 용어가 하나의 표어 정도로 축소되어서는 안 되며, 오히려 "그 주제의 중심에 자리 잡고 있는 것은 그리스도에 대한 믿음뿐 아니라 그리스도 자체를 만난 경험"임을 계속해서 주의하라고 당부한다.[51] "그리스도 안에"라는 말은 은유를 초월할 뿐 아니라 예수의 실제 인격을 지나쳐 버리지 않는다. 학계에서 바울 사상의 핵심에 관한 광범위한 논쟁들을 가정할 때, 이 구절이 최근까지 적절한 주목을 받지 못한 것은 안타까운 현실이다.

50   *TPA*, 399.
51   *TPA*, 400.

칭의 주제와 마찬가지로, 던은 "그리스도 안에"라는 용어에서 몇 가지 결론을 도출한다. 이 결론은 그리스도의 죽음과 부활(위에서 언급한 객관적 범주)의 두 가지 구원론적 순간을 포함한다. 우선 그것은 그리스도에 참여함은 언제나 그의 죽음에 동참하는 것이며 부활을 가리킨다는 사실이다. 둘째, 이 용어가 가진 공동체적인 성격이 명확히 드러나며, 이는 학계와 교회 모두에서 바울 해석의 대다수를 지배하고 있는, 그리고 걷잡을 수 없이 퍼진 바울에 관한 개인주의적 독해에 대한 좋은 해독제 역할을 한다. 셋째, 바울은 그의 가르침에서 윤리적인 요소를 "그리스도 안에" 있음을 표현하는 용어 및 심상과 연결한다. 따라서 "그리스도 안에"라는 용어는 "새로운 피조물" 혹은 새로운 삶을 설명하는 출발점이 된다. 던은 "그리스도 안에"라는 용어는 윤리적 삶을 위한 "원천이자 영감"이라고 명시적으로 진술한다.[52] 또한 공동체가 바울이 묘사했던 새로운 삶의 실재 혹은 현실을 살기 시작할 수 있는 것은 오로지 그리스도 안에 있음을 통해서다. 그리스도교의 덕목은 그리스도와 공동체 모두를 필요로 하며, 그리스도교적 삶을 살아가기 위해서는 반드시 이 두 영역 안에 있어야 한다.

넷째, "그리스도 안에"라는 용어는 종말론적이면서 우주적인 의미를 담고 있다. 이 용어는 개인적 구원 과정뿐 아니라 전 우주적 구원 과정을 설명하는 로마서 8:16-29에서 가장 뚜렷하게 나타난다. 바울은 그리스도, 성령, 피조물, 구원의 각 요소를 구속이라는 큰 틀 안에서 결합시킨다. 따라서 "그리스도 안에" 있는 자들은 정죄함이 없으며(롬 8:1), 성령으로 인해 해방되어 생명을 얻고, 그와 동시에 노예적 삶과 사망으

---

[52] *TPA*, 411.

로부터 해방된다(이 노예적 삶은 인류뿐 아니라 다른 피조물들도 겪고 있다; 롬 8:21). "그리스도 안에" 있는 자들의 자유와 부활은 더 넓은 차원에서 공동체와 피조물의 해방됨의 일부이다. 이와 같은 의미에서, 바울이 말하는 것처럼, 자유롭게 된 자들은 하나님이 전 우주를 위해서 계획한 구속과 해방의 첫 열매이다. 달리 표현하자면, 우리 모두는 하나님의 구속과 해방 안에 함께 있는 것이다.

바울의 윤리

기념비적인 책인 『바울 신학』 끝 무렵에 이르러, 던의 논의는 새로운 종말론적 창조의 피조물로서 그리스도와의 연합과 참여라는 관점에서 신자들이 어떻게 살아야 하는지에 대한 내용으로 넘어간다. 던은 바울 신학의 중요한 한 가지 특징이 있다면 그것은 "생명력 있는 윤리적 관심"임을 언급하면서 이를 시작한다.[53] 일반적인 견해들과는 반대로, 바울은 복음의 빛 안에서 그리스도인들이 어떻게 살아갈 것인지에 **관심을 기울인다**. 이러한 주장을 복잡하게 하고 바울이 행위에 대해서는 많은 이야기를 하지 않았을 것이라고 우리를 혼란스럽게 만드는 것은, 흔히 제기되는 바울 편지의 "신학"과 "윤리" 이분법이다. 그러나 이 두 가지는 바울의 담론들 안에서 서로 엮여 있기 때문에(롬 1:5), 이와 같은 이분법적 접근은 잘못된 것이다. 바울의 편지들에서 그 내용을 둘로, 즉 "신학이 먼저, 윤리는 그다음"이라는 방식으로 나누면, 마치 윤리는 바울이 생각했던 "진정한 신학적 관심사"에서 부차적인 것이라는 잘못된 인상을 주게 된다. 바울의 윤리적 관심이 부수적인 것이라는 주장은 타당성

---

53 *TPA*, 626.

이 없는데, 왜냐하면 윤리적 관심은 몇몇 바울 편지들의 존재 이유 그 자체이기 때문이다(예를 들면, 고린도전서!). 윤리적 관심은 바울의 편지에 있어서 끝으로 밀려나서는 안 되며, 로마서 5-6장을 통해서도 알 수 있듯이 바울 편지의 바로 그 중심에 놓여 있다.

불트만과 빅터 퍼니쉬의 뒤를 이어, 던은 바울의 윤리를 직설법과 명령법의 지시문으로 나누는 전통적인 틀에 동의한다. 바울에게서 직설법은 두 가지 사건으로 구성된다. 바로 예수의 죽음과 부활, 그리고 "구원의 시작" 또는 칭의 용어이다.

명령법 역시 두 가지 강조점으로 구성된다. 그것은 성화라고 불리는 "하나님의 변함없는 은혜"와 인간의 책임이다. 던은 직설법 – 명령법 구조가 바울 사상이 가진 '이미/아직 아닌'의 종말론적 긴장에 사로잡혀 있으며, 이는 바울의 윤리를 해석함에 있어서 결정적인 쟁점이 된다고 정확히 강조한다.[54] 이처럼, 현시대의 모든 행동은 어느 정도 결함이 있으며, 던에 따르면, "원칙에 입각한 절충"은 이 세대를 살아가면서 윤리적 결정을 내릴 때의 특징이라고 할 수 있다. 그러므로 던은 세 가지로 바울의 윤리를 범주화한다. 그것은 바로 믿음, 그리스도, 성령이다.

던은 바울의 윤리가 내부적 동기와 외부적 규범 사이의 균형임을 확인함으로써 결론을 요약한다. 던이 의미한 외부적 규범은 전통적 지혜, 율법(토라로 알려진), 덕/악덕 목록, 옳고 그름, 사회를 위한 선한 질서에 대한 관념들이다. 또 던이 의미하는 내부적 동기란 하나님의 뜻을 분별할 줄 아는 새로워진 마음, "그리스도 안에서 사는 것", 그리고 그리스도인의 자유이다.[55] 전자인 외부적 규범을 지나치게 강조하는 것은

---

[54] *TPA*, 629.
[55] *TPA*, 668-69.

gramma(조문) 혹은 율법주의로 이어지고, 후자인 내부적 동기를 지나치게 강조하는 것은 율법 폐기론과 방탕한 삶으로 이어진다. 바울은 그의 공동체가 새로운 피조물로서 "그리스도 안에" 사는 삶에 어울리는 행실과 은사에 따라서 행동하기를 기대한다.

결론

지난 수십 년 동안, 제임스 던은 바울 연구에서 가장 시의적절한 몇몇 쟁점을 강조했다. 그것은 바울의 개종, 모세 율법과 율법의 행위, 이신칭의, 바울의 윤리, 바울 사상에 대한 신학적 분석과 요약이다. 바울 연구 분야에 미친 던의 영향력이 지대했음은 말할 필요도 없다. 아마도 던이 가지고 있었던 특별한 재능은 바울의 언어들을 가능한 한 많이 종합하려고 시도하면서 바울 사상의 세부적인 사항들에 주의를 기울였다는 데 있을 것이다. 던의 이런 특징은, 바울을 거시적인 시각으로 보았지만 바울 사상의 세세한 부분들에 주의를 기울이지 못했다는 비판을 종종 받아온 동료인 N. T. 라이트와 대조된다는 점에서 주목할 수 있다. 제임스 던만큼 바울이 살던 세계뿐 아니라 그의 사유, 주석, 신학에 대해 이처럼 세심하고 폭넓게 읽어 낸 사람은 극소수에 불과하다. 바울의 편지들에 대한 면밀한 독해는 물론이고 바울의 생각이 지닌 미묘한 차이까지 드러내기 위해 그가 기울인 노력은 감탄할 정도다. 그에 대해 비판할 부분이 없는 것은 아니나, 자신의 경력 전체에 걸쳐서 던은 자신을 비판한 사람들에게 성실히 대응했고 성서학 연구는 어떻게 이루어져야 하는지를 보여 주었다. 몇몇 사람들은 이러한 변화를 주목하지 않았는데, 이러한 사실은 던보다는 그의 비판자들에 대해서 더 많은 것을 설명해 준다.

던이 바울 연구에 기여한 공헌과 새 관점에 관해 수행한 연구는 세대를 거쳐 계속해서 수많은 학자들에게 영향을 미치고 있다. 비록 그들이 던의 주장에 동의하지 않을 수는 있어도, 그럼에도 불구하고 던의 영향력 있는 공헌으로부터 벗어날 수는 없을 것이다. 앞으로 살펴보겠지만, 던의 연구는 이후에 이어질 일련의 담론들의 원천으로 자리매김하고 있으며, 던 자신은 학계에서는 물론 교회 내에서도 바울 연구에 관한 주요한 주장을 펼친 사람으로 남아 있을 것이다.

5. 새로운 묵시적 바울

> 묵시는 모든 그리스도교 신학의 어머니다.
> — 에른스트 케제만, "The Beginnings of Christian Theology"
> (그리스도교 신학의 기원)

오늘날, 바울에 관한 묵시적 연구가 한창 무르익은 부흥기에 있는 것은 분명한 사실이다.[1] 하지만 과거와 현재의 바울에 대한 묵시적 해석자들에 대해 알아보기 전에, 계속 반복해서 제기되는 용어 정의 문제를 대면해야 한다. 지난 몇 세기에 걸쳐서, **묵시**(apocalyptic)라는 용어, 그리고 이와 동일한 어원을 가진 단어들(**묵시사상, 묵시론** 등)은 여러 분야의 학자들이 용어를 정의하는 데 공감대를 형성하기는커녕, 그 정의를 내리기조차 어려웠다. 용어의 일관성 결여는 그 분야에서 논쟁하거나 토론하거나 동의하거나 동의하지 않는 문제들에 대해 현장에서 일어나는 반응들 사이에 혼란을 야기해 왔다.

---

[1] 최근 몇몇 연구들은 이러하다. Ben Blackwell, John K. Goodrich, and Jason Matson, eds., *Paul and the Apocalyptic Imagination* (Minneapolis: Fortress, 2016); Beverly Roberts Gaventa, ed., *Apocalyptic Paul: Cosmos and Anthropos in Romans 5–8* (Waco, TX: Baylor University Press, 2013), J. P. Davies, *Paul Among the Apocalypses?: An Evaluation of the "Apocalyptic Paul" in the Context of Jewish and Christian Apocalyptic Literature* (New York: T&T Clark, 2016).

묵시/묵시사상은 무엇인가?

먼저, **묵시**(apocalypse)란 용어는 1832년 고트프리트 크리스티안 뤼케(Gottfried Christian Lücke)가 요한계시록에 대한 서론을 통해 학문적 담론 안으로 도입했다. 이 용어는 일련의 텍스트들과 개념들을 분석하기 위해 사용한 근대적 표현이었다. 묵시에 관한 초기 연구는 주로 다니엘서와 요한계시록에 집중되었다. 그리고 19세기 초, 에녹1서와 같은 수많은 묵시적 텍스트들이 발견되어 이 분야에 새로운 활력을 불어넣었다. 이러한 묵시 문학 자료들의 초기 해석은, 종말에 대한 기대와 또 다른 세상에 대한 희망 그리고 복합적인 이미지 사용 때문에, 묵시가 모세 율법에 대한 신중한 해석에 기초한 것들과는 대조되는 1세기 유대교 중 하나의 독특한 형태에서 나왔다는 결론을 도출했다. 크리스토퍼 롤런드는 이 분야를 정의 내리는 데 도움을 준 필립 빌하우어(Philip Vielhauer)를 인용하면서 명확하게 강조한다. "우리는 묵시를 랍비들로 대표되는 민족적 종말론과 함께 존재했던 유대교 종말론의 특수한 표현이라 지정할 수 있다. 묵시는 수많은 개념들을 통해서 민족적 종말론과 연관을 갖게 되지만, 그와 동시에 하나님과 세계와 인간에 대하여 매우 상이한 이해를 갖기에 그와 차별화된다."[2] 위의 진술 안에 담긴 몇 가지 쟁점들, 이를테면 "민족적 종말론"에 대한 호소, 그리고 1세기 랍비 문학의 역할과 같은 문제들은 이후 학계의 도전을 받았다. 그러나 묵시사상의 **전형적인** 특징들에 대한 빌하우어의 평가는 이후 논의에 영향을 미쳤다. 빌하우어는 묵시사상의 특징으로 다음과 같은 요소들을 포함시킨다.

---

[2] Christopher Rowland, "Apocalypticism," in *Eerdmans Dictionary of Early Judaism*, ed. John J. Collins and Daniel C. Harlow (Grand Rapids: Eerdmans, 2010), 345.

- 도래할 시대는 영원불멸하는 반면, 현시대는 일시적이고 소멸한다.
- 새로운 시대는 인간적 활동의 도움 없이, 신적인 개입을 통해서 외부로부터 침입해 들어오는 초월적 성격을 갖는다.
- 묵시사상은 단순히 이스라엘 자체에 초점을 맞춘다기보다, 우주적인 차원의 좀 더 전 지구적인 관점이라고 말할 수 있다.
- 묵시사상은 세계 역사에 대한 관심을 포함한다.
- 일어나는 모든 일은 하나님이 예정하셨다.
- 세계 역사는 시대별로 나누어진다.
- 묵시사상은 이 세상과 이 세상이 가지고 있는 부정적인 측면들이 속히 끝날 것이라는 기대를 포함한다.

20세기 후반에는 묵시의 범주를 체계화하고 정의하려는 시도가 이루어졌다.[3] 문학 장르로서의 묵시와, 세계를 이해하는 방식 혹은 운동으로서의 묵시 사이의 차이도 드러났다. 또한 이 지점에서 용어의 의미론적 영역이 출현하는데, 그 예로, 사회적 이데올로기의 특징으로서의 **묵시사상**이라는 용어와, 너무 광범위하게 정의되어 별로 도움이 되지 않는 주제별 사안들을 가리키면서 혼란만 가중시키는 용어인 **묵시적 종말론**이 그러하다.

존 콜린스는 1979년 학술지인 *Semeia*(세메이아)를 통해서 묵시를 문학 장르로 정의 내리는 데 기여한다. 콜린스가 내린 묵시에 대한 정의는 기원전 250년에서 서기 250년까지 유대교와 그리스도교 문헌뿐 아

---

[3] John J. Collins, "The Apocalyptic Genre," in *The Apocalyptic Imagination: An Introduction to Jewish Apocalyptic Literature*, 3rd ed. (Grand Rapids: Eerdmans, 2016) 1-52; Collins, "What Is Apocalyptic Literature?," in *The Oxford Handbook of Apocalyptic Literature*, ed. John J. Collins (New York: Oxford University Press, 2014), 1-18.

니라 영지주의 문헌, 그리스-로마 문헌, 페르시아 문헌, 그리고 관련된 여러 유대교 문헌에 대한 조사에 기초하고 있었다. 콜린스와 여러 학자들이 제시한 바에 따르면, 묵시는 "초자연적인 존재가 인간 수신자에게 계시를 전달하는 내러티브이며, 그것은 종말론적인 구원을 상상하는 한에 있어서는 시간적이며, 또 다른 차원의 초자연적인 세계를 포함하는 한에 있어서는 공간적인 초월적 실재를 드러낸다"라고 제안한다.[4]

비록 이러한 묵시에 대한 정의가 널리 받아들여지긴 했지만, 여러 해석자들이 비슷한 용어들을 서로 다르고, 모순되고, 혼동되는 방식으로 사용하면서 혼란을 야기했다. 신약성서에서 묵시의 중요성에 관한 연구서 서문에서 이러한 혼란에 대해 편집자들은 다음과 같이 토로한다. "똑같은 묵시라는 단어가 어떤 때는 문학 장르(apocalypse)를 묘사하고, 또 어떤 때는 종말론의 유형을 묘사한다. 또 어떤 때는 사회 운동(apocalypticism)을 묘사하고, 또 어떤 때는 세상을 바라보는 방식을 말한다."[5] 존 콜린스가 "처음부터 'Apokalyptic'이 지칭했던 바가 문학 장르였는지 아니면 일종의 신학이었는지는 분명하지 않았다"라고 언급했던 것처럼, 이와 같은 혼란은 묵시라는 용어를 정의 내리는 일 전반에 걸쳐서 나타난다.[6]

우리가 볼 수 있듯이, 앞서 제시했던 후자의 주제인 "일종의 신학"으

---

[4] John J. Collins, "Introduction: Toward the Morphology of a Genre," *Semeia* 14 (1979): 1-20.

[5] Joel Marcus and Marion L. Soards, foreword to *Apocalyptic and the New Testament: Essays in Honor of J. Louis Martyn*, ed. Joel Marcus and Marion L. Soards (Sheffield: JSOT Press, 1989), 7.

[6] Collins, "What Is Apocalyptic Literature?," 1. 또한 혼란스러움을 피하기 위해서, 이와 관련된 유용한 연구인 R. Barry Matlock, *Unveiling the Apocalyptic Paul: Paul's Interpreters and the Rhetoric of Criticism* (Sheffield: Sheffield Academic Press, 1996)을 보라.

로서 묵시는 묵시적 바울을 둘러싼 논의, 그리고 어떤 주제가 묵시적인지 아닌지에 대한 논의를 지배하기 때문에 이와 같은 문제들은 중요하다. 그 예로, 고린도후서 12:1-4을 들 수 있는데, 거기서 바울은 우리가 예상할 수 있는 다양한 묵시적 환상들을 보았다고 말한다. 또한, 바울은 갈라디아서 1:4에서 "이 악한 세대"라는 말을 쓰고, 심지어 갈라디아서 1:12에서는 apokalypsis(계시)라는 용어까지 사용한다. 이러한 증거들은 apocalyptic이라는 용어가 사용되었음을 뒷받침하고 있다. 하지만 바울 사상의 다른 특징들에 대해서는 어떠한가? 그리스도를 보냄은 묵시적 사건인가? 그리스도의 십자가 죽음을 묵시적으로 볼 수 있는가? 우리는 그리스도의 부활은 물론 그의 재림을 어떻게 이해해야 하는가? 이와 같은 질문들은 묵시 논쟁이 전면에 나서는 전쟁터를 방불케 한다.

묵시 자료의 성격에 대한 우리의 이해는 사해사본의 통찰에 크게 의존한다. 이 발견은 일반적인 차원에서 신약학 연구는 물론 특히 묵시 논쟁에서 대변혁을 일으켰다. 여기서 내가 의미한 **대변혁을 일으켰다**는 말은 우리가 가진 단순한 정의들이 더욱 복잡해졌다는 것을 뜻한다. 위에서 언급한 것처럼, 학문적 방법론은 한때 다니엘서와 요한계시록의 묵시적 특징들이 주를 이루었다. 그러나 사해사본의 증거들을 통해 이와 같은 학문적 방법론은 더욱 넓어지고 깊어졌으며 어느 정도는 문제시되기도 했다. 이제 우리는 정경에 속하는 다니엘서와 요한계시록에 더하여, 에녹1, 2서, 바룩2, 3서, 모세 승천기, 아브라함 묵시록, 그 외 수많은 텍스트를 함께 고려해야 한다. 외르크 프라이가 주장했던 것처럼, 이러한 자료들은 과소평가되어서는 안 되며, "만약 이런 방대한 증거들을 고려하지 않는다면, 묵시에 대한 더 이상의 논의는 불충분한 것으로 여겨지게 될 것이 틀림없다."⁷ 하지만 우리가 앞으로 보겠지만, 바울에 관해서 묵시적 연구는 종종 이러한 작업을 수행하는 데 실패했다. 물론, 우리는 과거에 이러한 자료들을 사용할 수 없었던 학자들에 대해서 시대착오적으로 판단할 수 없다. 그러나 우리는 이런 발견된 자료들을 가지고서, 바울에 관한 좀 더 최근과 현재의 묵시적 해석들을 판단해야만 한다. 그렇지 않으면, 우리는 과거의 실수와 혼란을 되풀이할 수밖에 없다.

외르크 프라이는 방대한 양의 문헌들에서 "새로운 통찰들"을 한데 끌어모아 유용한 분석을 제공한다. 그는 지금 논의에 적합한 내용들을 도출해 냈고, 이러한 내용에는 다양한 장르와 하위 장르, 그리고 공간-대-시간 지향성을 가진 묵시 문헌 자료들이 포함된다. 수많은 묵시 텍스트들의 발견은 "다양한 장르들과 하위 장르들이 모두 다양한 모티프와 주제들을 포함하고 있으며, 따라서 이 모든 묵시 텍스트들을 하나로 대표하는 모티브나 주제란 없다"라는 것을 보여 준다.⁸

프라이의 결론이 의미하는 바는 어떤 상징적 특징들, 다양한 이원론들, 심지어 시간을 두 세대로(이 세대 대 도래하는 세대) 구분하는 것과 같은 특정한 개념에 근거해서 묵시를 정의할 수 없다는 것이다. 이러한 특징들만으로는 묵시가 될 수 없고, 이것이 다른 사람들보다 1세기에 살던 사람을 더 (혹은 덜) 묵시적으로 만들 수 없다. 또한 묵시 대 역사적 구원(apocalyptic versus salvation historical) 같은 차별화되는 특징을 미리 상정해 놓는 것도 어떻게 묵시적 특징들이 제2 성전기의 다양한 틀 안으로 통합되는지를 충분히 살펴보는 데 실패한다. 이 문제를 바울에 관한

---

7   Jörg Frey, "Demythologizing Apocalyptic?," in *God and the Faithfulness of Paul*, ed. Christoph Hellig, J. Thomas Hewitt, and Michael F. Bird (Minneapolis: Fortress, 2017), 513.
8   Frey, "Demythologizing Apocalyptic?," 516.

논의에 위치시킬 때, 결론은 더욱 명확해진다. 바울은 여러 가지 틀 안으로 묵시적 요소들을 포함시킬 수 있었다. 만약 묵시적 사유와 이미지와 모티프가 다양한 제2 성전기 저자들의 장르와 틀 안으로 통합될 수 있었다면, 바울 역시 이러한 작업을 할 수 있었을 것이다. 하지만 이제 곧 살펴보겠지만, 이러한 시도는 비평이 이루어져야 할 바울 자료들을 분리해 놓는 시도일 뿐이다.

프라이는 묵시 자료들의 공간-대-시간 지향성에 관한 논의에서 「파수꾼들의 책」(the Book of Watchers)과 「7일간의 묵시」(the Apocalypse of Weeks)를 인용하면서, 묵시의 시간적 측면에 초점을 맞춘 방법론을 비판한다.

> 처음부터 … 묵시는 그런 차원에 초점을 맞추지 않았을 뿐더러, 일반적으로 볼 때, 이후에도 시간적 측면들로 특징지어지지도 않았다. 유대교(그리고 그리스도교) 묵시는 언제나 이들의 세계관 안에서 공간적 측면을 내포하고 있었으며, 이는 묵시를 어떤 특정한 종류의 미래 지향적 종말론으로, 혹은 심지어 그 나라에 대한, 혹은 가까이 온 종말에 대한 "임박한 기대"라는 개념으로 "정의하는" 오류 내지 잘못을 저질러 왔다.[9]

아마도 프라이의 결론은 다음에 다룰 우리의 논의에 가장 적합하다 할 수 있는데, 왜냐하면, 이 결론은 묵시가 역사와 맺는 관계에 관한 지난한 대화와 관련이 있기 때문이다. 또한 프라이의 결론은 묵시를 침입이라는 개념으로 묘사하게 된 바울에 관한 이후 묵시 논쟁의 또 다른

---

[9] Frey, "Demythologizing Apocalyptic?," 515.

귀결점을 이끌어 낸다. 이어지는 아래의 논쟁을 통해서 볼 때, 우리는 다음과 같은 내용을 떠올려야 한다. "비록 악의 권세의 최종적 패배에 대한 기대가 늘 이전의 (성서적) 약속들과 관련이 있는 것이 아니라, 새로운, 이런 의미에서 예기치 못한 신적 개입이 예상되는 것이기도 하지만, **이는 실제로 인간에게는 종종 보이지 않고 감추어져 있는 왕권을 가진 우주의 왕이자 통치자인 하나님을 믿는 신앙적 표현이다.**"[10] 비슷하게, 여러 학자들과 함께 특히 크리스토퍼 롤런드는 어떻게 이후의 연구가 빌하우어의 몇몇 주장들을 반박했는지를 보여 준다. 그중 한 가지 중요한 수정 사항은 이러하다. 그는 이렇게 말한다. "뒤이은 연구는 유대교의 다른 요소들로부터 'Apokalyptik'을 이처럼 깔끔하게 분리시켜 버리는 것은 잘못이라는 점을 보여 주었다. 그리고 종말론적 기대는 대부분의 다양한 고대 유대교가 가진 핵심적인 측면일 뿐 아니라, 에스라 4서와 같은 자료들은 모세 율법이 묵시 문학에서 중요한 역할을 할 수 있었다는 것을 나타낸다."[11]

이제 결론을 더욱 확연하게 도출할 수 있다. 우리는 묵시의 성격에 대해 논의할 때, 묵시를 명확하게 구별 짓는 것을 피해야 한다. 마치 롤런드가 묵시적 내용과 묵시 사상과 관련해서 경고한 것처럼, "우리는 묵시들로 이루어진 종말론 안에서 '현세'에서 '내세'로 이동하는 이처럼 급진적이고 광범위한 변화가 있었을 것이라 가정하지 않도록 주의할 필요가 있다. 묵시는 이 세상에서 성경이 완성될 것에 대한 소망을 반영한다."[12] 바울 텍스트와 관련해서, 이제 몇몇 내용들이 더욱 분명해져

---

10   Frey, "Demythologizing Apocalyptic?," 517, 강조는 추가한 것.
11   Rowland, "Apocalypticism," 346.
12   Rowland, "Apocalypticism," 346.

야 한다. 이전 목록에서 몇 가지 특징들은 바울을 묵시적으로 해석하는 여러 학자들에게 지배적인 사항이 되었다. 여기서 프라이, 롤런드, 그리고 다른 학자들의 비판은 다루지 않았다.

이후에 보게 되겠지만, 부상하고 있는 묵시 학파가 강조한 한 가지 두드러진 특징은 이와 같은 "급진적"(radical) 단절이다. 그러나 이 급진성을 약화시킴으로써 묵시 텍스트들 내에 있는 공통적 특징들을 다루고 그 특징들을 모두 포함시키는 실질적인 연구가 가능하게 된다. 아마 이 주제는 해석학적 문제라고 결론지을 수 있을지 모른다. 해석학적인 측면에서 볼 때, 묵시는 계시를 이용해서 성서 텍스트를 다시 읽어 내도록 해 주는, 그리고 다소 다르면서도 이전에는 이르지 못했던 결론들에 이르도록 만들어 주는 어떤 통찰이 된다. 따라서 묵시적 방법론은 성서의 직접적 증언이 아님에도 불구하고, 그렇다고 성서적 증언과 늘 모순되는 것은 아니지만 종종 극적이고 역설적인 해석을 수반한다.

'묵시적으로 바울 읽기'의 간략한 역사: 시작과 방향

신약성서 연구에서 묵시의 발흥을 다루기 위한 좋은 출발점은 바로 요하네스 바이스(Johannes Weiss)다. 그는 묵시의 문학적인 개념보다 신학적인 개념으로 강조함으로써, 신약성서 연구의 초점을 묵시적 종말론으로 옮겼다(위에서 형식 대 내용으로서의 묵시에 대한 논의를 보라). 바이스는 **메시아적** 왕국으로서의 하나님 나라라는 이미지와 그에 따른 종말론적/묵시적 개념에 중점을 두었다. 따라서 하나님 나라에 관한 예수의 거의 모든 가르침은 이제 묵시적인 것으로 여겨졌다.

예수의 묵시적 요소들에 초점을 맞췄던 사람이 바이스라고 한다면, 예수와 바울을 이들 사유의 일관된 측면인 묵시를 통해서 연결했던 사람은 바로 빌헬름 부세트였다. 이제 비로소 묵시적 바울 읽기의 토대가 되는 연구가 착수된 것이다. 그러나 *The Mysticism of Paul the Apostle*(사도 바울의 신비주의)라는 책을 통해 바울 연구 과정을 근본적으로 바꾸어 버린 사람은 다름 아닌 알베르트 슈바이처였다.[13] 슈바이처는 바울 사상에서 예수의 재림과 심판, 종말론적인 영광이 "늘 변함없이 중요한 주제가 된다"라고 주장한다. 다시 슈바이처의 표현을 빌리면, 바울은 하나부터 열까지 전부 종말론적이다.[14] 슈바이처에 따르면, 일단 우주적 사건으로서 예수의 죽음과 부활이 가진 중요성이 종말론적 기대라는 측면에서 이해되면, 예수 자신의 부활을 죽은 자들의 부활의 시작으로 보게 되는 것이다.

따라서 전통적 종말론은 더 이상 유지되지 못하고 이제 수정되어야만 했다. 바울에게 있어서, 모든 신자들이 기다리는 종말론적 실재는 메시아가 육체로 나타나, 죽고, 다시 살아났다는 바로 그 사실과 일맥상통해야 했다.[15] 따라서 슈바이처는 종말론적 사상의 메시아적 요소를 매우 강조했다. 가장 초기에 신약성서의 종말론적 해석들 가운데는 세상의 임박한 종말에 대한 기대, 혹은 파루시아/그리스도의 재림, 아니면 이 둘 모두에 초점을 맞추고자 하는 경향이 있었다. 그러나 이러한 사건들은 발생하지 않았다. 그렇다면 신약성서 내 모든 종말론적 요소들을 가지고 무엇을 해야 하는가? 종말론적 사상은 신약 성서의 가장 중요한 인물들, 즉 예수와 바울에게 있어서 지배적이었기 때문에 이 주제가 가진 중요성은 이루 말할 수 없다.

---

[13] Albert Schweitzer, *The Mysticism of Paul the Apostle* (New York: Seabury, 1968).
[14] Schweitzer, *Mysticism of Paul the Apostle*, 52.
[15] Schweitzer, *Mysticism of Paul the Apostle*, 100.

만약 슈바이처의 바울이 철저한 묵시 사상가였다고 한다면, 반세기 후에, 신약성서 연구에서 이러한 기획을 해체시키는 작업은 또 다른 탁월한 학자의 몫이 되었다. 요약하면, 신약성서 저자들이 이 세상의 종말이 임박했다고 잘못 알고 있었다는 주장이 20세기 중반의 일반적인 분위기였다면, 이제는 여기서 빠져나와야 할 필요가 있었던 것이다. 이러한 흐름 속에서 작동하고 있는 주목할 만한 매우 특별한 묵시에 관한 정의를 살펴볼 수 있다.

우선 루돌프 불트만에서 시작해 보자.[16] 불트만이 예수와 바울의 메시지를 이해하기 위해서 현대적 용어로 바꾸어 표현하고자 했던 것은 바로 예수와 바울의 종말론적 내용들이었다. 이러한 시도는 불트만 이전의, 그리고 불트만이 살던 시대의 신약성서 연구 맥락에 있어서 필요한 일이었다.[17] 이제 불트만은 복음서와 바울 서신을 묵시적인 호소가 아니라 실존적인 호소로 번역했다. 리처드 헤이스가 통찰력 있게 지적한 바처럼, 불트만의 『신약성서 신학』은 "비신화화 기획의 설명도 아니고 옹호도 아니다. 그것은 비신화화 기획이 필요하다는 것을 미리 상정하는 것이다. 그러므로 이 책은 하나의 **성과**로 그 역할을 감당한다." 여기서 성과란 비신화화 기획과 그 가정들이 가져온 성과이다.[18] 바울에

[16] 최근 몇 년 사이, 불트만과 그의 저작들에 관한 연구에 있어서 일종의 르네상스가 일어나고 있다. Bruce W. Longenecker and Mikeal C. Parsons, eds., *Beyond Bultmann: Reckoning a New Testament Theology* (Waco, TX: Baylor University Press, 2014); David W. Congdon, *Rudolf Bultmann: A Companion to His Theology* (Eugene, OR: Cascade Books, 2015); Congdon, *The Mission of Demythologizing: Rudolf Bultmann's Dialectical Theology* (Eugene, OR: Cascade Books, 2015)을 보라.

[17] 앙겔라 스탄다르팅거(Angela Standhartinger)의 탁월한 논문인 "Bultmann's *Theology of the New Testament* in Context," in Longenecker and Parsons, *Beyond Bultmann*, 233-55을 보라.

[18] Richard B. Hays, "Humanity Prior to the Revelation of Faith," in Longenecker and Parsons, *Beyond Bultmann*, 72.

관한 불트만의 거창한 재구성이 도전을 받기까지는 수십 년이 걸렸다. 그러나 결국 그 도전은 다른 사람이 아니라 바로 불트만의 제자, 에른스트 케제만이 제기했다.

바울 사상의 묵시적 특징을 재발견한 것은 케제만의 연구의 핵심이자, 그의 스승 불트만의 사상에 대한 정면 도전이었다. 불트만이 묵시를 현대적 언어로 설명해 내거나 번역해 내야 하는 어떤 부담으로 이해했다면, 케제만은 묵시를 바울 사상의 생성적 중심으로 이해했다. 이런 통찰은 케제만의 그 유명한 표현, 즉 묵시란 "모든 그리스도교 신학의 어머니"라는 주장에 이르도록 만들었다.[19] 케제만은 바울 사상이 가진 묵시적 특징을 다시 논쟁 안으로 끌어들였다. 케제만에게 있어서, 묵시적 관점은 바울의 역사 개요(아담, 모세, 그리스도 등의 시대로 정의되는)뿐 아니라, 인간과 세계와 이방인을 향한 바울의 선교에도 중요한 영향을 미치는 것이었다.[20] 즉, 묵시가 모든 것을 아우른다. 케제만에게 묵시는 궁극적으로 우주의 역사, 즉 우주의 창조, 우주의 통치자인 주 예수, 하나님의 의, 그리고 칭의를 이야기한다. 묵시 사상은 하나님이 그의 창조 세계에 미치는 주권, 그 창조 세계와 피조물을 그의 의로운 통치하에 되돌려 놓으려는 시도와 관련되어 있다. 묵시적 바울은 비록 수십 년 동안 밖으로 밀려나 있었지만, 이제 케제만에 의해서 다시 주목을 받았고, 후속 연구를 위한 발판을 마련하게 된다. 이와 같은 묵시에 대한 강조는 케제만을 새로운 묵시 학파의 지적 조상으로 만들었다.[21]

---

19 Ernst Käsemann, "The Beginnings of Christian Theology," in *New Testament Questions of Today*, trans. W. J. Montague (Philadelphia: Fortress, 1969), 102.
20 Ernst Käsemann, *Perspectives on Paul* (Philadelphia: Fortress, 1971), 24.
21 케제만에게 주어진 이 명칭은 외르크 프라이(Jörg Frey)가 "Demythologizing Apocalyptic?," 503에서 쓴 것이다.

케제만의 묵시에 대한 관점을 어떻게 평가할 수 있을까? 묵시라는 용어가 신약성서 연구에서 모호하게 사용되기 때문에, 특정한 저자가 그 용어를 사용하는 방식을 파악하는 것은 분명히 유용한 일이다. 그리고 이 경우, 케제만이 이후 연구들에 끼친 영향을 고려해 볼 때 더욱 그러하다. 묵시에 대한 케제만의 관점은 필립 빌하우어에게서 많은 통찰을 얻은 것으로, 두 세대(에온, eons)를 포함하는 이원론적 세계관과 결정론적 역사관이 가진 측면들에 초점을 맞추었으며, 현재에 대한 부정적인 견해를 제시함과 함께 결정적으로는 임박한 파루시아에 대한 기대를 포함한다.[22] 이런 방법론 안에서 두 가지 특징이 바울에 관한 케제만의 주장에서 중요한 요소가 된다. 그 두 가지란 우선, 그리스도가 반역하는 우주를 장악하겠다는 것이다. 즉, 그리스도는 이 세상의 의로운 **주님**이시다. 그리고 바울이 추구하기로 선택한 것은 바로 하나님의 의라는 것이다. 케제만에 따르면, 이러한 하나님의 침입은 새로운 세상을 창조하는데, 다음과 같은 궁금함을 자아낸다. 과연 옛 세상과 새로운 세상 사이의 관계는 무엇인가?

묵시적 독해를 둘러싸고 지속적으로 제기되는 질문 한 가지는 묵시 사상이 역사와 적대적 관계에 있는가에 관한 것이다. 바울에 관한 묵시적 해석에 대한 비판이 진행될수록, 이와 같은 질문이 오늘날 논쟁에서 자주 제기되는 것을 보게 된다. 묵시가 역사와 맺는 관계에 대한 주제는 게르하르트 폰 라트의 연구로까지 거슬러 올라갈 수 있다. 리처드 스텀이 그의 매우 탁월한 논문에서 언급했던 것처럼, "묵시는 역사에 대해서 적합하지 않은 이해를 가지고 있다"라는 어떤 고유한 가정이 있

---

[22] Philipp Vielhauer, "Apocalypses and Related Subjects," in *New Testament Apocrypha* (Louisville, KY: Westminster John Knox, 2003), 2:542–68.

다.²³ 폰 라트는 이렇게 말한다. 묵시 사상에서의 구원은 "이제 역사의 가장자리를 향해 이동했다. … 그리고 결국에는 구원의 새벽으로, 더욱 정확히 말하자면, 구원론에 있어서 역사의 고갈로 간 것이다."²⁴ 케제만은 그의 묵시적 틀 안에 우주론을 포함시킴으로써 그리스도교 신앙이 역사와 시간의 문제와 관련이 있다고 보고 묵시와 역사의 관계에 관한 이와 같은 논의에 다시 불을 붙인다. 프라이에 따르면, 묵시에 대한 케제만의 관점은 십자가 사건에 의해서 형성되었다. 프라이는 "그 묵시적 사건 안에서 이 세상의 모든 지혜가 전복되었고(고전 1:18-25 참고) [그러므로] 그리스도교 신앙의 본질 또한 철저하게 내세의 것으로 특징지어질 수 있으며, 이러한 사실은 인간의 다른 종교적 견해들에 대해 근본적으로 의문을 제기한다"라고 언급한다.²⁵

이와 같은 주장과 논쟁을 가지고 우리는 무엇을 해야 하는가? 중요한 도전 중 하나는 이와 같은 "이 세상"과의 철저한 단절은 바울이 유대교와 맺은 관계에 관한 함의를 가지고 있다는 사실이다. 케제만과 여러 학자들이 제기한 한 가지 중요한 가정은 바울이 그의 동시대 유대인들에게 "이 세상 지혜"라는 범주를 부여했다는 것이다. 과연 그러한가? 바울이 주로 대화한 대상이 동시대 유대인들이 아니라 헬레니즘 소피스트 전통의 영향을 받은 고린도 지역의 이방인들이었음을 보여 주는

---

23   Richard E. Sturm, "Defining the Word 'Apocalyptic': A Problem in Biblical Criticism," in *Apocalyptic and the New Testament: Essays in Honor of J. Louis Martyn*, ed. Joel Marcus and Marion L. Soards (Sheffield: JSOT Press, 1989), 29. 스텀은 이 주제에 대한 연구사를 훌륭하게 개관하고 있으며, 이 장에서 역사에 관한 논쟁의 틀을 잡기 위한 윤곽을 제공하는데 큰 도움을 주었다.
24   Sturm, "Defining the Word 'Apocalyptic,'" 29, Gerhard von Rad, *Old Testament Theology* (New York: Harper & Row, 1965), 2:273를 인용.
25   Frey, "Demythologizing Apocalyptic?," 508.

고린도전서 1:18-25에 나타난 특정한 주제를 읽어 냄 없이, 바울과 그의 동시대 유대인들 사이에 그러한 관계를 가정하는 것은 분명히 문제의 소지가 있을 것이다.

또한, 고린도전서 1:18-25에서, 바울이 지혜에 관해 이야기할 때마다 지혜를 유대인이 아니라 헬라인들과 관련시킨다는 점을 주목해야 한다. 거기서 보면, 유대인들은 "표적"을 구하고, 헬라인들은 "지혜"를 찾는다(고전 1:22). 또 그리스도는 유대인들에게는 "거리끼는 것"이고, 헬라인들에게는 "미련한 것"이다. 여기서 미련한 것과 지혜 사이의 대조를 주목해 보라(고전 1:23). 바울은 유대인과 헬라인 모두가 부르심을 받았다고 말하고, 그리스도가 하나님의 능력이고 하나님의 지혜임을 언급하는데, 이 두 가지 내용은 지혜가 헬라인들과 연결된다는 이전의 비교와도 잘 어울린다. 바울이 헬라인 사상가들을 대화 상대로 삼고 있었다는 주장을 받아들여서, 이를 다시 뒤집어 다른 1세기 유대인들에 대한 질문에 적용하는 것은 무리다. 좀 더 엄밀한 관점에서 볼 때, 바울에 의하면, 바울의 동시대 유대인들에게 있어서 고린도전서 1:18-25에 나타난 십자가라는 주제는 부딪치는 돌과 약함이라는 주제였지, 십자가를 어떻게 보느냐에 대한 "세상의 지혜"라는 주제인 것은 아니다. 그렇다. 십자가는 이해하기 어려운 것이지, 어리석은 것은 아니다.

다시 케제만으로 돌아와서, 그가 활동했을 당시의 맥락, 즉 불트만이라는 대단히 뛰어난 학자와 바울을 헬레니즘화하려는 종교사학파를 배경으로 해서 생각해 보면, 바울을 형성한 것은 헬레니즘의 범주들이라기보다 유대교 묵시였다는 슈바이처의 결정적으로 중요한 사유를 다시 불러일으키는 데 케제만이 성공했다는 사실에 주목해야 한다. 이제 논쟁의 중심은 유대교로 옮겨 갔다. 이와 비슷하게, 불트만과는 대조적으로, 케제만은 바울 사상이 가진 미래 지향적인 측면들을 비신화화하거나 부정하는 길로 가지 않았다. 그 대신에, 그는 이러한 미래 지향적인 측면들을 바울 사상에 있어서 본질적이고 핵심적인 것으로 이해하게 되었다. 케제만은 바울의 급진적인 비전을 제시하여, 그의 제자들은 물론 이후 바울 해석자들의 관심을 사로잡고 이들의 흥미를 불러일으켰다. 케제만의 연구는 바울 해석에 있어서 묵시적 흐름을 정립하지는 않았지만 이를 다시 활성화했다. 즉, 케제만은 바울에 대한 묵시적 해석을 다시 무대의 중심에 올려놓은 것이다.

오늘날 묵시적으로 바울 읽기

이제 바울의 묵시적 해석이라는 무대가 마련되었고, 새로운 세대의 학자들이 케제만의 역할을 이어받아 그가 준비해 놓은 길을 계속해서 걸어갔다. 짧게 살펴보겠지만 몇 가지 수정된 사항들이 있었다. 바울 연구에서 묵시적 흐름이 갱신된 것은 뉴욕에 있는 유니언신학대학원의 교정을 밟은 이곳 출신 학생들에게 마틴과 베커가 영향을 미친 덕분에 형성된 유니언 학파라 불릴 수 있는 이들이 가진 독특한 특징이다. 이제는 J. 크리스티안 베커, 루이스 마틴, 마르티누스 드 부어, 베벌리 가벤타의 연구와 묵시 르네상스를 현재 궤도에 올려놓은 이들의 영향력을 살펴보겠다.

베커와 묵시의 일관성. J. 크리스티안 베커는 프리스턴신학대학원에서 30년 동안 신약학 분야에서 리처드 디어본 석좌 교수(Richard J. Dearborn Professor)로 재직했다. 그는 *Paul's Apocalyptic Gospel: The Coming Triumph of God* (1982, 바울의 묵시적 복음: 다가오는 하나님의 승리)와 *The Triumph of God: The Essence of Paul's Thought*(1990, 『크리스티안 베커의 하

나님의 승리』)를 집필한 영향력 있는 저자이다.[26] 베커는 바울 사상이 가진 묵시적 특징을 강조하면서 바울 사상을 설명하는 데 일관성과 우발성이라는 용어를 사용한 것으로 잘 알려져 있다. 베커는 신약성서 기자로서 바울이 기여한 독특한 공헌은 꼭 새로운 신학적 혹은 교리적 진술이라기보다 그의 해석학이라고 주장한다. 바울의 해석학이란 바울이 영구적으로 물려준 유산으로서 복음이 가진 일관된 요소(일관성)를 특정한 상황들과 공동체들 속에서(우발성) 번역해 내는 바울의 해석적 능력을 말한다. 더 나아가, 베커는 바울 해석의 산적한 어려움을 극복하고, 바울 사상의 중심은 바로 "그리스도 안에서 하나님의 승리"라는 입장을 고수한다. 베커의 "이중 논지"는 일관성과 우발성이라는 바울의 해석학과만 관련이 있을 뿐 아니라 그의 전체적인 기획을 형성하는 묵시적인 주제와도 관계된다.

베커는 바울 해석학이 바울 사상과 분리되었으며, 또 바울 사상은 불트만과 같은 학자들에 의해서 그 묵시적 성격을 상실했다고 주장한다. 베커는 바울의 "일관적 중심"은 그리스도 사건(그의 죽음과 부활)을 묵시적 유대교의 언어로 표현하고자 한 "상징적 구조"로 이해해야 한다는 주장을 펼친다. 그러나 베커는 그리스도 사건은 "바울의 전통적 묵시 언어를 변형시켜서" "그리스도교의 묵시적 사유 구조"로 만들었다고 주장한다. 따라서 그리스도 사건은 묵시적 성격에 주목하지 않고는 이해할 수 없는 것이 된다. 베커는 더 나아가서, 암시적이든 명시적이든, 묵시적인 것으로 주입된 바울의 모든 우발적인 해석학적 전략은 바울 사상의 일

---

[26] J. Christiaan Beker, *Paul's Apocalyptic Gospel: The Coming Triumph of God* (Philadelphia: Fortress, 1982); Beker, *The Triumph of God: The Essence of Paul's Thought* (Philadelphia: Fortress, 1990).

관적 핵심인 "임박한 하나님의 우주적 승리"를 가리킨다고 주장한다.[27]

베커에 의하면, 바울 신학의 일관적 중심은 철저하게 묵시적이며, 묵시에 대한 이런 선호는 바울의 개종/소명보다 **앞선** 것이고, 바울이 가진 바리새파적 배경의 일부였으나 그리스도 사건에 의해서 변형된 것이다. 케제만의 뒤를 이어, 베커는 "바울 사상의 일관적인 묵시적 해석"을 바탕으로 바울에 대한 참신한 이해를 제공하고자 노력했다. 베커는 바울 사상을 특징짓는 세 가지 주요한 묵시적 특징을 규명하는데, 그것은 (1) 역사적 이원론, (2) 보편적인 우주적 기대, (3) 임박한 세상의 종말이다. 베커는 바울이 묵시적 사유 체계 밖에 있는 사람으로 오해받는 유일한 인물이 아님을 지적하고, 바울과 유사한 집단으로 쿰란 공동체, 시카리(Sicarii), 열심당(Zealots)을 언급한다.

위의 간략한 설명은 우리가 베커에게서 받은 묵시에 대한 정의에 가깝다. 베커의 방식에서 흥미로운 점은 케제만 이후부터 그가 집필한 시기에 이르기까지, 베커는 여전히 필립 빌하우어(1963)와 클라우스 코흐(1972)의 것과 동일한 자료에 의존했고, 그 결과 묵시에 대한 개념이 불충분해졌다는 것이다. 이원론만으로는 묵시가 되지 않으며, 다른 두 가지 특징들 역시 그러하다. 베커는 그의 1990년도 저서인 『하나님의 승리』에서 묵시에 대한 그의 제한된 방법론에 대한 비판에 응수하는데, 여기서 그는 묵시에 대한 그의 정의는 결함이 있음과, "아마도 성경적 묵시의 가장 중요한 요소일 하나님의 신실함과 그에 대한 신뢰를 놓치고 말았다"라는 사실을 언급한다.[28]

---

[27] J. Christaan Beker, *Paul the Apostle: The Triumph of God in Life and Thought* (Philadelphia: Fortress, 1980), 15-16, 19.
[28] Beker, *Triumph of God*, 64, 136, 143.

그의 뒤를 이은 어떤 학자들보다도 베커는 바울을 해석함에 있어서 구속사와 묵시라는 범주 사이에서 벌어지는 논쟁에서 더 많이 매체를 통해서 주장한다. 베커는 비록 불충분한 정의를 가지고 연구하지만, 묵시보다 하나님의 신실함의 역할에 관해 다소 놀라운 결론에 도달한다. 우리는 그의 방법론을 묵시와 하나님의 신실함 둘 중 하나라기보다 이 두 가지 모두로 특징지을 수 있을 것이다. 묵시적 이원론이 영지주의적 이원론으로 빠져들어 가지 않게 하려는 베커의 끈질긴 노력은 아마도 새로운 주장을 위한 기회를 만들어 주었을 것이다. 하나님의 신실함이 묵시 논쟁에서 중요한 역할을 한다는 추가적인 주장은 이후 바울 해석자들이 베커가 준비해 놓은 방식을 따르지 않는다 하더라도 적어도 새로운 통찰을 준 것임은 분명한 사실이다.

이러한 결론은 베커로 하여금 그리스도 이전의 하나님의 행위와 그 이후 하나님의 행위 사이의 관계 본질에 대한 날카로운 논평을 하도록 만들었다. 베커는 "이스라엘의 역사는 바울에게 있어서 단지 어두운 옛 시대가 아니다"라고 지혜롭게 언급한다. 그는 "과거는 단순히 죄와 죽음의 시대가 아니라 하나님의 구속사적 흔적의 시대이기도 하다. … 과거는 하나님의 약속들의 흔적들을 가지고 있으며, 이 약속들은 사라져 버린다기보다 오히려 새로운 것으로 받아들여진다."라고 보고 있다.[29] 베커는 바울에게 있어서 묵시적 순간의 사건들이 잇따를지라도, 이것은 이전에 있어 왔던 모든 것을 불완전한 것으로 혹은 불필요한 것으로 만들어 버리지 않는다고 주장한다. 베커는 바울 해석의 두 가지 전통(묵시 대 구속사) 사이에 서 있지만, 이 둘 모두가 가진 최선의 것을 유지하

---

[29] Beker, *Paul the Apostle*, 150.

고자 한다. 하지만 이제 우리가 살펴볼 그의 동시대 학자들만큼, 베커가 지금의 상황에서 묵시 학파에 영향력이 있는 것 같지는 않다.

J. 루이스 마틴: 지금 묵시 속으로 (재)진입하기. J. 루이스 마틴은 뉴욕에 있는 유니언신학대학원에서 1959부터 1987년까지 성서 신학 분과의 에드워드 로빈슨 석좌 교수(Edward Robinson Professor)로 재직했다. 마틴은 경력 초반부에는 예수 연구를, 경력 후반부에는 바울 연구를 했던, 왕성한 학문적 경력을 가진 학자다. 마틴의 연구는 요한복음을 다룬 기념비적인 책과 이후에 『앵커바이블』 갈라디아서 주석으로 출판되었다. 바울의 묵시적 독해를 다룬 대다수 마틴의 연구는 수많은 학술지에 실렸는데, 이 글들은 *Theological Issues in the Letters of Paul*(바울 서신의 신학적 주제들, 1997)이라는 책으로 묶여서 나왔고, 그의 대표 저작인 갈라디아서 주석(1997)으로 결실을 맺었다. 그의 몇몇 논문들은 여기서 우리가 다루려는 주제를 논하고 있으며, 마틴의 묵시적 바울에 관한 틀을 형성했을 뿐 아니라 이후 학계에도 상당한 영향력을 행사했다.

이제 우리는 「시대적 전환기의 인식론: 고린도후서 5:16」(Epistemology at the Turn of the Ages: 2 Corinthians 5:16)라는 제목으로 1967년에 출판된 마틴의 최초 논문으로 시작하고자 한다. 이 논문은 마틴의 바울에 관한 묵시적 독해의 몇 가지 철학적 토대를 제시한다. 마틴에 따르면, 이 구절들을 이해하기 위해서는 먼저 바울이 "종말론과 인식론 사이에 불가분적 연관성"을 확립하려 했다는 사실을 반드시 이해해야만 한다.[30] 바울의 **인식**(Knowing) 방법에 대한 마틴의 이해는 고린도후서 2:14-6:10에 대한 그의 해석을 따라 형성된다. 마틴은 이로부터 몇 가지 결과물

---

[30] J. Louis Martyn, "Epistemology at the Turn of the Ages: 2 Corinthians 5:16," in *Theological Issues in the Letters of Paul* (Edinburgh: T&T Clark, 1997), 92.

을 이끌어 낸다. 그의 해석에 따르면, 그리스도에 대해 바울이 이전에 가지고 있었던 지식은 **카타 사르카**(kata sarka), 즉 육신을 따라 된 것이었다. 마틴은 바울 안에서 부정적으로 여겨지는 **사르크스**(sarx)/육신이라는 범주를 취해서 동시대적이지 않아 보이는 1세기 가장 비묵시적인(nonapocalpyptic) 저술가라 할 수 있는 필론과 비교하는 작업을 진행한다. 육신에 대한 이중적 이해와 이러한 이해가 어떻게 인식되는지를 필론이 구분한 것과, 바울이 구분한 것이 완전히 일치하는지는 불분명하다. 바울의 인식 방식은 근본적으로 십자가에 의해 형성되었다. 여기서 마틴의 말을 길게 인용해 본다.

> 육신의 규범에 따라 아는 것에 반대되는 것으로 암시되는 것은 성령의 규범을 따라 아는 것이 아니다. 그것은 바로 kata stauron("십자가를 따라")로 아는 것이다. 자신의 삶이 시대적 분기점에서 하나님의 선물임을 인식하는 사람들은 자신들이 완전히, 그리고 전적으로 새로운 시대에 있기 전까지, 성령에 의한 그들의 앎은 오로지 십자가의 능력으로 인한 앎의 규범 안에서만 일어날 수 있다는 것을 인식한다. 파루시아 전까지 십자가는 인식론적 위기이자 이 위기를 유지하고 있으며, 따라서 그 규범이란 바로 성령이 십자가에 못 박힌 그리스도의 영에 다름 아님을 아는 것이다.[31]

묵시 논쟁에서 중요한 변화가 마틴의 연구와 함께 이 지점에서 발생한다. 파루시아를 묵시적 사건으로 이해한 케제만과는 대조적으로, 마틴은 십자가에 대한 묵시적 초점을 바울의 묵시 사상의 필수 조건(sine

---

[31] Martyn, "Epistemology at the Turn of the Ages," 108.

qua non)으로 재구성한다. 이 논문에서 마틴이 앞으로 공헌할 방향을 위한 묵시적 토대가 마련된다. 우리는 "시대의 분기점", 인식에 대한 집중, 인식론적 용어, 묵시적 사건으로서 십자가의 중심성 등 이와 같이 마틴의 사유를 통해서 울려 퍼지는 묵시적 유행어를 본다. 이처럼 복잡한 내용들은 곧이어 모두 한데 엮여서 마틴이 바울을 해석하는 묵시적 배경을 형성할 것이다.

오랫동안 기억될 마틴의 공헌 중 하나는 갈라디아서를 묵시적 궤도에 올려놓음으로써 묵시 논쟁의 초점을 바꿔 놓은 것이다. 케제만이 중요한 묵시적 사건인 파루시아에 집중함으로써 가져온 필연적인 결과는 갈라디아서가 묵시 사상과 별 관련이 없다고 생각하게 된 것인데, 그 이유는 파루시아라는 말이 갈라디아서에는 나타나지 않기 때문이다. 이런 아이러니는 마틴의 후속 연구의 조명 아래 깊이 있게 다루어진다. 그런데 여기서 마틴은 갈라디아서가 하나부터 열까지 전부 묵시적이라는 것을 보여 주려 시도할 뿐 아니라, 갈라디아서에 apokalypsis(계시)라는 단어가 있음을 보여 주었다(갈 1:12).

갈라디아서를 묵시적으로 다시 읽어 내려는 마틴의 가장 초기 시도 중 하나는 1985년에 발표된 그의 논문「묵시적 이율배반」(Apocalyptic Antinomies)이었다. 마틴이 갈라디아서를 묵시적으로 읽어 내려는 데 장애가 되었던 몇 가지 문제들이 있다. 마틴에게 있어 갈라디아서를 걸어 잠근 묵시적 자물쇠를 열게 만든 열쇠는 바로 갈라디아서 마지막 단락에 있었는데, 그는 갈라디아서 6:13-15을 특별히 강조한다. 마틴은 이렇게 언급한다. "바울은 두 가지 다른 세계를 언급한다. 바울은 옛 세상을 이야기하는데, 그 세상은 바울이 힘겹게 자신과 분리시킨 세계인데, 바로 그리스도의 죽음에 의해서, 옛 세상의 죽음에 의해서, 그리고 스스로의 죽음에 의해서 분리시킨 것이다. 그리고 바울은 새로운 세상을 이야기하는데, 이 세상은 바울이 매력적으로 표현한 말인 새로운 피조물인 상태에서 파악한 세상이다."[32] 마틴이 갈라디아서를 묵시적인 범주에서 이해하는 데 필수적인 것으로 받아들이고 전체적으로 다시 읽도록 추동하는 힘은 바로 우주의 죽음과 새로운 피조물이라는 말이다. 마틴에게 있어서 옛 세상의 죽음과 새로운 우주 안에서 일어난 피조물의 재탄생은 중요한 반대 세력, 즉 그가 **이율배반**이라 규정한 것을 표현한다.

마틴이 각주에서 진술하고 1985년에 발표된 그의 논문 제목에서도 암시하듯이, 그는 **이율배반**에 관심을 기울였다. 마틴이 이 단어를 통해 의미했던 바는, "바울은 그의 신학에서 중요한 요소로 상호 배타적인 반대 유형을 수용했다"라는 것이다. 그리고 그는 이 논문의 관심은 "서로 상반되는 쌍들로부터 각각의 요소들을 취해서 '바울과 묵시'에 관한 질문에 접근하는 것이다"라고 말한다.[33] 마틴은 그가 **대립**(antithesis)에 관해 이야기하는 것이 아니라 헬라어의 어감을 충분히 살려 **이율배반**(antinomy)을 이야기하고 있음을 강조한다. 이 단어는 우주가 상반되는 것들(오른쪽과 왼쪽, 남성과 여성 등)로 구성된 것이라고 이해하는 철학적 관점과 관련되어 있다. 그러나 마틴이 그의 논증을 진행해 가면서 어떻게 이율배반이 전적인 대립으로 빠지지 않을 수 있는지를 파악하기란 쉽지 않다.

마틴은 갈라디아서 6:14에서 할례나 무할례나 아무것도 아니라고 주장하는 바울의 진술을 가지고, 서로 상반되는 것들이 우주의 기초적 요소라 생각했던 고대 세계의 근본적인 측면을 바울은 부정했다고 이해

---

[32] Martyn, "Apocalyptic Antinomies," in *Theological Issues in the Letters of Paul*, 114. 논문의 이 문장에 대한 언급에서, 마틴은 스스로 그 표현 자체가 "그 쟁점을 결정짓지" 못하지만 새로운 창조라는 말이 "묵시와 아주 잘 어울린다"라는 사실에 대해서는 인정한다.

[33] Martyn, "Apocalyptic Antinomies," 114n12.

했다. 마틴은 바울이 이러한 존재론적 현실성을 부정함으로써 "진정한 실존을 이율배반으로 부정하는 가운데" "옛 우주가 죽음의 고통을 경험해 왔다"는 것을 보여 주고 있으며, 갈라디아인들도 이를 알고 있었을 것이라 주장한다.[34] 이와 같은 유비를 통해서 마틴은 그의 신학적 기획에서 중심이 되고 이를 잘 설명해 줄 수 있는 통찰을 이끌어 낸다. 이 통찰을 설명하기 위해 마틴의 진술 전체를 인용할 필요가 있다. 마틴은 이렇게 진술한다.

이 마지막 단락에서 아마도 바울은 갈라디아인들에게 자신이 전한 편지가 두 가지 신비 전수 중 더 나은 것에 대해, 심지어 두 가지 방식 중 더 나은 것에 대해, 그리고 더 분명하게는 유대교의 실패에 대해 이야기하는 것이 아님을 말하려 했을 것이다. 오히려 바울은 이 편지가 옛 세계의 죽음, 그리고 또 다른 세계의 도래에 대한 것임을 말하고 있었던 것이다. 전자 곧 우주의 죽음과 관련해서, 아마도 바울은 옛 세계가 죽었다는 사실을 갈라디아인들에게 말하고 있는 듯하다. 그 이유는 옛 세계의 근본적 구조들이 서로 상반되는 것들의 쌍이라는 것이 분명하게 밝혀졌고, 갈라디아에 있는 회중의 상황을 고려해 볼 때, 처음부터 강조한 그 대립되는 것들의 쌍은 바로 할례와 무할례의 쌍이었다는 것을 알 수 있기 때문이다.[35]

마틴의 주장이 가진 전체적인 체계는 이율배반이라는 중심적 개념에 기초하고 있다. 바울뿐 아니라 갈라디아에 있는 사람들에게도 상식처럼 여겨지는 한 가지 철학적 개념에 이런 마틴의 주장이 부여하는 무게를 과

---

34 Martyn, "Apocalyptic Antinomies," 117.
35 Martyn, "Apocalyptic Antinomies," 118.

소평가해서는 안 된다. 바울의 묵시적 메시지를 담아내고 있는 것은 율법을 포함한 옛 우주의 죽음이다. 이런 주장은 모든 것을 아우르는 것만큼 그와 동시에 난해한 것이기도 하다. 마틴에게 있어, 이율배반의 해체는 묵시적 사건이다. 이와 같은 옛 우주의 죽음에 관한 논지는 함의하는 바들이 있으며, 이는 마틴으로 하여금 율법을 옛 우주 안에 두도록 한다.

율법에 대해 논할 때, 마틴은 다름 아닌 비신화화 과정을 적용하는데, 비신화화 과정은 케제만의 연구를 통해서 볼 때 훨씬 더 역설적이며, 케제만 이후의 묵시 논쟁과는 어울리지 않아 보인다. 마틴은 이렇게 진술한다. "바울은 반복적으로 우주의 상실이라는 주제를 강화한다. 그 교사들의 메시지가 가진 특성으로 인해, 바울은 유대교 용어를 사용하는데, 그럼에도 불구하고 그는 보편적인 그림을 보여 준다."[36] 바울과 묵시에 대해서 알맹이와 껍질의 방법론 외에 이를 해석하는 다른 방식을 찾아내기 힘들다. 좀 더 직접적으로 말하자면, 바울은 진정 보편적인 메시지를 가지고 있었지만 그의 청중을 위해 이를 유대교 용어들을 사용하여 표현해 냈다는 것이다. 이제 우리에게 남은 과제는 유대교적 껍질을 깨서, 알맹이인 보편적이고 항구적인 원리를 남겨 두는 것이다.

이렇게 바울의 메시지를 보편화하는 작업은, 특별히 바울 메시지의 독특성을 강조한 스텐달 이후에, 바울에 대한 다른 주요한 해석들과는 근본적으로 상반되는 경향으로 나아간다. 이런 시도는 마틴으로 하여금 또 다른 문제점을 다루게 한다. 바울 메시지의 보편적 측면을 고려할 때, 이런 시도에 의하면 바울은 "종교" 그 자체에 반대하거나, 혹은 마틴의 주장에 근거해서 누군가 말한 것처럼, 바울이 "순수 종교"에 반

---

[36] Martyn, "Apocalyptic Antinomies," 118.

대한 것이 되어 버린다. 마틴이 말한 것처럼, "그리스도와 함께 십자가에 못 박힌다는 것은 종교라는 우주의 죽음을 의미한다."[37] 이와 같은 진술은 샌더스의 『바울과 팔레스타인 유대교』 이후에 나온 것이기 때문에 중요하게 다루어져야 한다. 이제 우리는 아래서 마틴의 이 문제로 되돌아가 논의하겠지만, 우선 지금은 마틴의 주장이 내세우는 결론을 다루어야 한다. 우주와 우주적 이율배반의 죽음은 이율배반의 죽음 그 자체를 말하는 것이 아니라, 새로운 이율배반이 출현했다는 마틴의 주장처럼 그것은 **특정한** 이율배반의 죽음을 가리킨다.

앞서 말한 새로운 이율배반은 이후 바울에 대한 묵시적 해석들이 사용하는 언어들을 알려주기 때문에 필수적인 내용이 된다. 새롭게 출현한 이율배반은 묵시적이다. 왜냐하면 그것은 "그 규모에 있어서 우주적"이고 "그리스도의 묵시 안에서 태어나고" 있기 때문이다. 성령과 육체는 새로운 묵시적 시대가 가진 새로운 이율배반의 두 요소이다. 여기서 그리스도와 성령을 보내심이 핵심적이라 할 수 있는데, 왜냐하면 그것이 **바로 그** 우주적 묵시 사건이었기 때문이다. '이전'이 있었고, 지금은 '이후'가 있다. … 그 '이후'가 '이전'을 **침입해** 들어오는 것이 바로 이 지점"이다. 마틴이 진술한 것처럼, "성령과 육체는 묵시적 이율배반을 구성한다. 이 둘은 서로 적대적인 권세(orbs of power)라는 점에서, 성령의 출현 이래로 서로에 대해 능동적으로 전쟁을 벌이고 있는 상태에 있다. 이제 인간이 살아가는 영역은 새롭게 침범당한 공간이며, 이는 그 영역의 구조가 바뀌지 않은 채로 남아 있을 수 없다는 것을 뜻한다."[38]

---

37 Martyn, "Apocalyptic Antinomies," 119.
38 Martyn, "Apocalyptic Antinomies," 120-21, 첫 번째는 원문 강조, 두 번째 강조는 추가한 것.

침입, 전쟁, 권세/힘의 영역과 같은 이미지와 언어들은 바울에 대한 묵시적 해석이 가진 특징을 묘사하고, 이러한 시도는 마틴으로부터 시작되었다. 이 같은 패러다임에서, 율법, 할례, 그리고 서로 상반되는 모든 짝은 새로운 이율배반 아래서 교체되거나 최소한 재배열되었다. 새로운 율법과 할례는 "육체"라는 권세 아래 다시 배치되고, 성령에 대해 반대되는 위치에 서게 된다. 하지만 바울이 이러한 범주들에 적절히 대응하고 있는지 여부가 궁금해진다.

이제 몇 가지 쟁점이 부각된다. 바울에게 있어서, 시대의 변화, 이를테면 이 세대가 "악하고", 갈라디아인들은 그리스도의 죽음으로 인해 이 악한 세대로부터 건짐받았다(갈 1:4)는 사실에 대해서는 의심의 여지가 없었다. 마찬가지로, 세례가 그리스도 안에서의 죽음, 더 궁극적으로는 이 세상과 이 세상의 앎의 방식에 대한 죽음과 동일시된다는 것 역시 의심할 여지가 없이 분명한 것이다. 그러나 그러한 범주들이 매우 이분법적이고 서로 상반되는 성질의 것인지는 완전히 명확하지 않다.

어떤 것의 이율배반자를 임의로 골라 선택할 수 있다면, 이율배반의 죽음에 대해서 먼저 이야기하고 나서, 이후에 "정확한" 이율배반을 재도입하는 것만이 편리한 방법이다. 마틴은 우주와 율법의 죽음으로써 이율배반의 종말을 논의하길 원했지만, 그러한 논의가 없이 새로운 이율배반을 재도입한 것은 당황스럽게 한다. 비록 마틴이 제시한 새로운 이율배반을 받아들인다 할지라도, 이러한 설명을 더욱 복잡하게 만드는 것은 다음과 같은 질문이다. 과연 율법 자체가 성령과 늘 반대되는 것일까? 특별히 문제가 되는 지점은 갈라디아서 6:2에 나오는 "그리스도의 법"이라는 바울의 애매모호한 구절이다. 우리는 여기서 많은 이들을 당혹스럽게 만든 이 구절을 자세히 조사할 여력이 없지만, 마틴이 구축한 이율배반 안에서 율법의 재출현이 혼란스럽지는 않더라도 적어도 흥미는 유발한다는 점만큼은 언급할 수 있겠다. 바울이 새로운 묵시적 시대 가운데 그리스도의 법을 언급할 수 있었다는 사실은 마틴이 제시한 이분법을 뒤흔들고 그가 구축하고자 했던 경계선을 흐릿하게 만들어 버린다. 이러한 점은 좀 더 자세한 연구를 통해서 바울이 의미한 "그리스도의 법"이 (예를 들어, 간음하지 말라는 내용처럼) 예수가 재차 확증한 구약 율법 안에 있는 몇몇 내용들임을 발견할 때 드러난다.[39]

더 많은 비판점들이 제기되는데, 이는 묵시 사상을 설명하기 위해 사용한 "침입"이라는 용어와 관련되어 있다. 외르크 프라이의 비판적 평가는 바로 이 점에 관해서 매우 유용하다. 묵시 기자들과 텍스트들은 이 세상의 철저한 타락성에 대해 말할 수 있었고 또 그렇게 했다(『7일간의 묵시』를 참고하라). 그러나 또한 이들은 메시아적 대리자를 통해서든(그렇지 않든), 어떤 심판을 통해서든, 혹은 심지어 파괴를 통해서든, 하나님이 문제가 있는 상황에 대해 어떻게 상호 작용하거나 개입할 수 있는지를 논할 수 있었다. 가능한 선택지들의 범위는 매우 넓다. 겉으로 보기에 마틴과 묵시적 바울에 대한 해석자들을 염두에 둔 것처럼 보이는 상황에서, 프라이는 통찰력과 판단력을 갖춘 진술을 다음과 같이 전한다.

만약 어떤 주석가들이 우주로의 신적 "침입"이라는 군사적인 이미지를 사용한다면, 이것은 다소 시대착오적이라 할 수 있다. 고대의 관점에서, 세상은 "초월성"의 영역과 확연하게 분리된 폐쇄적인 "내재성"의 공간으로 간주되지 않았다. 왜냐하면 우주의 창조주이자 통치자이신 하나님은 언제나

---

39 갈라디아서 6장에 관해 Ben Witherington III, *Grace in Galatia* (Grand Rapids: Eerdmans, 1998)을 보라.

그의 피조 세계에 개입할 수 있다고 여겨졌기 때문이다. 심지어 악한 권세들도 이들에게 주어진 세계와 일정한 영역을 지배한다고 여겨졌을지라도, 그러한 권위는 언제나 특정한 시간과 공간에만 주어진 것이고, 이 또한 하나님의 허용 아래 있다고 생각되었다(쿰란문서에서 두 영에 관한 소고를 참조하라; 1QS III, 13-IV, 26). 하나님의 최후 등장 혹은 다양한 심판적 행위들 속에서, 하나님은 악한 세력들을 끝장내는 분으로 간주되었다. 하지만 종말론적 정화(1QS IV, 23-26)나 심지어 전투(1QM)조차 본래적으로 정당하게 하나님 자신의 것이 아닌 영역으로의 "침입"으로 간주되지 않았다. 다른 한편으로, "시간-공간 연속체"라는 단호한 전제 역시 마찬가지로 하나님의 창조적이고 법적인 능력을 제한하기 위해 사용되어선 안 될 근대적 개념이다.[40]

침입이라는 마틴의 제안은 심각한 결함이 있는 것으로 보이며 고대 세계를 이해하려는 근대의 시도처럼 보인다. 프라이는 위에서 제시된 방법론은 "다양한 유대교 묵시 텍스트들의 관점에서 볼 때 적합하지 않다"라고 결론짓는다. 비록 침입이라는 용어가 가진 결함에도 불구하고, 이후 바울 해석자들에게서 볼 수 있듯이 이 용어는 바울의 묵시적 논의를 극적으로 형성하게 된다.

1993년 마틴은 「잘못된 것을 바로잡으시는 하나님의 방법」(God's Way of Making Right What Is Wrong)이라는 논문을 출판하고, 그의 제자들(그중 가장 두드러진 학자가 가벤타이다)의 논증과 이후 바울에 대한 묵시적 해석을 특징짓게 될 개념이자 유명한 표현인 "반-하나님 세력"(anti-God pow-

---

[40] Frey, "Demythologizing Apocalyptic?," 519.

ers)이란 용어를 도입했다. 이 논문에서 마틴은 갈라디아서 2:16과 "교정"(rectification, 이는 마틴이 칭의를 가리킬 때 자주 사용하는 용어다)이라 언급된 바울이 물려받은 유대-그리스도교 유산에 대한 바울의 증언을 논의의 중심으로 가져다 놓는다. 마틴은 자신이 "교정에 관한 유대-그리스도교 전통"이라 명명한 내용을 적용하는데, 마틴의 주장에 의하면, 이 전통은 바울이 갈라디아서 2:16, 로마서(3:25; 4:25), 고린도전서(6:11)에서 사용했던 전통을 말한다. 마틴은 바울과 다른 유대-그리스도인들, 그리고 가장 뚜렷하게는 갈라디아에 있는 "교사들" 역시 이 전통에 동의하고 있었다고 주장한다. 마틴에 의하면, 바울을 유대-그리스도교 지도자들이나 교사들과 뚜렷이 구별시키는 데 공헌한 것은, 마틴이 "반-하나님 세력"이라고 부른 것을 바울이 포함시킨 일이다. 율법이 모든 인류에게 저주를 선포했기에, 그래서 이제 하나님은 인류를 노예로 종속시킨 율법 자체와 충돌하기 때문에, 율법을 반-하나님 세력으로 생각했던 사람은 바로 바울이었다. 빼어난 문체로, 마틴은 이렇게 설명한다. "이러한 반-하나님 세력의 출현으로 판세가 완전히 뒤바뀌어 버렸다. … 이제 우주적 판세는 **전쟁터**가 되어 버렸음이 드러난다. 그리고 이와 같은 조건 속에서 인간에게 필요한 것은 이제 자신의 죄를 용서받는 것이라기보다 자신을 속박 안으로 가둬 버린 악한 권세들로부터 건짐을 받는 것이 된다."[41]

율법에 대한 마틴의 설명에서 몇 가지 쟁점은 주목해 볼 만하다. 가장 뚜렷한 한 가지 문제는 갈라디아서 3:6-4:7에 대한 마틴의 해석에서 구약성서에 대한 언급이 전혀 없다는 것이고, 이는 히브리 성서에 대한 언급을 아예 빼 버렸다고 말할 수도 있는 것이다. 구약성서를 언급함은

---

41 Martyn, "God's Way of Making Right What Is Wrong," in *Theological Issues in the Letters of Paul*, 141, 152–53, 원문 강조.

율법에 관한 심도 있는 진술을 만들어 내기 위해 반드시 필요한 일이다. 참고할 한 가지 예는 율법과 저주라는 용어와 관련이 있다. 바울은 갈라디아서 3:13에서 "그리스도께서 … 율법의 저주에서 우리를 속량하셨으니"라고 기록했다. 두 가지 질문이 제기된다. 여기서 "우리"는 누구인가? 그리고 "율법의 저주"는 무엇인가? 우리는 후자의 질문을 먼저 다룰 것인데, 그 이유는 이에 대한 내용이 전자의 질문에 답을 줄 수 있는 통찰을 제공해 주기 때문이다.

히브리 성서의 언어와 의미에 익숙하지 않은 사람들은 바울의 그 구절이 율법은 우리에게 짐을 지우고 우리의 잘못된 행실을 지적한다는 점에서 "율법**은** 저주"라는 사실을 의미한다고 잘못 해석할 수 있다. 물론 이런 일반화된 해석은 바울의 신학적 계승자들에게 그 탓을 돌릴 수 없는 것과 마찬가지로 바울에게 역시 그 탓을 돌릴 수 없다. 비슷하게, 율법이 만들어 내는 **실제적인** 저주에 관해 이야기하고자 한다면, 신명기 끝자락에 나오는 축복과 저주의 말에 대해 눈여겨볼 수 있다. 이스라엘이 언약에 순종하는 일에 (궁극적으로) 실패한 대가로 국가적인 저주가 내려졌다는 내용이 있는 부분이 바로 여기다. 그리고 모세 율법의 **실제적인 저주**는 기원전 722년과 기원전 586년 두 번에 걸쳐 진행된 국가적인 유배 혹은 흩어짐이었다. 하지만 신명기는 저주가 아니라 축복의 말로 끝이 난다. 만약 이스라엘이 회개하고 돌이킨다면, 하나님은 이스라엘을 이국에서 돌아오게 하실 것이며, 이들의 소유를 되돌려 주실 것이다. 마찬가지로, 신명기는 유배를 노예의 삶으로 돌아가는 것으로 논하고(신 28:68), 만약 바울이 신명기의 국가적 저주를 떠올리고자 했다면, 왜 그가 exagorazō(엑사고라조, "구속하다")라는 동사를 사용했는지를 설명해 준다. 이것은 또한 왜 마틴은 바울이 율법과 관련해서 죄

용서가 아니라 "진정한 노예의 삶으로부터의 구속"에 대해 이야기하려 했다고 보았는지를 설명해 준다.[42]

다시, 율법으로부터 구속받은 "우리"가 누구인지에 대한 첫 번째 질문으로 돌아가서, 여기서 말하는 "우리"는 일반적인 인류를 뜻하는 것(마틴과 반대로)이 아니라 구체적으로 이스라엘을 지칭한다. 그렇다면 이제 바울과 그의 동료 유대 그리스도인들이 시야에 들어온다. 그리스도는 이스라엘을 율법의 저주로부터 구속하여, **그 결과** 이방인들은 하나님의 축복을 받을 수 있다(갈 3:14; 창 15장을 보라). 마틴이 생각한 것처럼, 율법이 "모든 인류"를 율법의 저주 아래 가두어 놓은 것이 아니다. 왜냐하면, 이방인들은 모세 율법 아래 있지 않았기 때문이다. 오히려, 바울의 요점은 정확히 그 반대다. 이방인들이 현재 율법 아래 있지 않은 것은 정확히 말해 이들이 저주 아래 있지 않기 때문이다. 그렇기 때문에, 바울은 되돌아가지 말라고 단호하게 선언했던 것이다.

비록 갈라디아서 3-4장에 대한 마틴의 독해에 몇 가지 문제점이 있지만, 분명한 사실은 바울에 대한 그의 해석을 **설명**하기 위해 사용한 그의 언어가 현재적 형태의 논의에 영향을 미쳤다는 것이다. 이제 바울과 묵시에 대한 현재의 논의들이 마틴의 언어와 상상력에 얼마나 큰 빚을 지고 있는지를 아래서 살펴보게 될 것이다. 이러한 것은 별로 놀랄 만한 것은 아니다. 왜냐하면, 현재의 논의들은 마틴의 두 제자인 마르티누스 드 부어와 베벌리 가벤타가 주도했기 때문이다.

마르티누스 드 부어: 마틴을 계승하고 확장하다. 마르티누스 드 부어는 2012년까지 재직했던 암스테르담자유대학(VU University Amsterdam)

[42] Martyn, "God's Way of Making Right What Is Wrong," 153.

의 신약학 명예교수이다. 드 부어는 1983년 유니언신학대학원에서 마틴의 지도를 받고 박사 학위를 취득했다. 드 부어의 박사논문인 「사망의 패배: 로마서 5장과 고린도전서 15장에 나타난 묵시적 종말론」은 바울과 묵시에 대한 마틴의 사유에도 영향을 미쳤다.[43] 이처럼 묵시에 대한 드 부어의 논의와 마틴의 사유는 서로의 연구에 지식을 더하고 연구를 강화했다. 드 부어의 연구 요지는 일련의 논문들을 거쳐서 스승인 마틴처럼 갈라디아서 주석에 이르러 정점에 도달한다.[44]

바울에 관한 드 부어의 연구에서 주된 강조점은 **묵시적 종말론**이라는 용어에 있다. 그는 이렇게 진술한다. "'묵시적 바울'에 천착한 몇 편의 출판물에서, 필자는 '종말론'이라는 명사를 변형시킨 형용사인 '묵시적'이라는 용어를 지속적으로 사용해 왔다." 이로써 드 부어는 폴 핸슨의 논증을 사용해서 유대교의 묵시적 종말론은 "평범한 현실들 안에서 신적인 계획들을 바라보는 방식인 종교적 관점을 포함하고 있다"라고 주장하며, 하나님의 "최종적 구원 행위"에 관심을 기울인다. 더 나아가, 이와 같은 최종적 신적 구원 행위는 "현재의 질서에서 벗어나 새롭게 변혁된 질서(a new transformed order)로 이행하는 구원"을 포함한다.[45] 드 부어는 요한계시록에 나타나는 현실을 기초로, 요한계시록 21:1-2 그

---

[43] Martinus C. de Boer, *The Defeat of Death: Apocalyptic Eschatology in Romans 5 and 1 Corinthians 15* (Sheffield: Sheffield Academic Press, 1988).

[44] Martinus C. de Boer, "Paul and Apocalyptic Eschatology," in *The Origins of Apocalypticism in Judaism and Christianity*, vol. 1 of *The Encyclopedia of Apocalypticism*, ed. John J. Collins (New York: Continuum, 2000), 345-83; de Boer, *Galatians* (Louisville, KY: Westminster John Knox, 2011).

[45] Martinus C. de Boer, "Apocalyptic as God's Eschatological Activity," in *Paul and the Apocalyptic Imagination*, ed. Ben C. Blackwell, John K. Goodrich, and Jason Maston (Minneapolis: Fortress, 2016), 45, 49. 그리고 Paul D. Hanson, *The Dawn of Apocalyptic: The Historical and Sociological Roots of Jewish Apocalyptic Eschatology* (Philadelphia: Fortress, 1979)을 보라.

리고 새 하늘과 새 땅의 도래와 함께 처음 하늘과 처음 땅이 지나감에 호소함으로써, 논란의 여지가 있지만 다음과 같은 사실을 주장한다.

> 기대되는 새로운 현실 질서는 구약의 예언자적 종말론에서 일반적으로 그 렇듯이 지금의 (사회적, 정치적) 현실 질서("이 세대")를 재건하거나 재구성 하지 않을 것이다. 하지만 지금의 현실 질서의 종식과 대체는 전적으로 새 로운 그 무언가("다가오는 세대")에 의해 이루어질 것이다. 새 예루살렘은 옛 예루살렘을 대체할 것이다. 이 새로운 현실 질서는 옛 현실 질서의 자리 를 대신 차지할 것이다. 그리고 이 일은 매우 결정적이고 최종적이며 돌이 킬 수 없는 방식으로, 이를테면, 묵시적으로 이루어질 것이다. 이와 같은 대체 행위는 오직 하나님에 의해서 시작되고 하나님에 의해서 이루어지는 것이어서, 인간이 시작하거나 영향을 줄 수 없음을 이야기하고 있다.[46]

이 장의 여러 부분에서 논의한 것처럼, 묵시적 바울 해석에 있어서 가장 논란이 되는 것은 엄밀하게 말해 바로 이와 같은 급진적 단절이 다. 학자들 사이에서 의견 차이를 보이는 지점은 현실 질서(reality) 안에 서 일어나는 이러한 단절의 분명한 특징과, 현실 질서의 그 연속성과 불연속성이 바울과 주요한 바울 텍스트들에 대한 우리의 해석에 어느 정도로 영향을 주어야 하는가에 관한 것이다. 위에서 인용한 내용에서 조차 드 부어가 설명한 현실 질서에 내재되어 있는 연속성을 발견할 수 있다. 분명 새 예루살렘이 옛 예루살렘을 대체할 것임은 틀림이 없지만, 새 예루살렘 역시 여전히 예루살렘이라는 사실을 놓쳐서는 안 된다.

---

[46] De Boer, "Apocalyptic as God's Eschatological Activity," 49–50.

스승인 마틴처럼 드 부어 역시 바울이 묘사한 묵시는 예수 그리스도 사건에 다름 아님을 강조한다. 바울이 동시대 유대인들이 가지고 있던 묵시적 종말론에 있어서 독특한 전환을 이룬 부분은 "성자 하나님 예수 그리스도의 오심은 옛 현실 질서('이 세대')의 결정적인 종말과 새로운 현실 질서에 의한 돌이킬 수 없는 교체를 보여 주는 '최종적 구원 행위'를 알리는 것이다"라는 사실이었다. 특히 바울에 관해서는, "예수 그리스도 안에서 나타난 하나님의 묵시는 성자와 그의 성령을 세상에 처음 보냄에서부터 마지막 때 그리스도의 메시아적 주권을 하나님에게 돌려 드리는 것까지의 사건들(고전 15:23-28)을 모두 아우른다."[47] 그러나 그리스도의 오심 사건은 바울에게 있어서 "계시된" 사건이었으며, 따라서 본질적으로 묵시적 사건이다.

이와 같은 묵시적 종말론을 이해하는 열쇠는 종말론적 상황이 **계시된다는** 사실에 있다. 드 부어가 주장하듯, apokalypsis라는 용어 자체는 '덮개를 벗기다'(unveiling)라는 의미를 전달한다. 또한 그는 요한계시록을 설명하면서 이렇게 말한다. "이런 종말론은 신적 계시의 문제이다. 즉, 묵시적 종말론은 **계시된** 종말론이다."[48] 바울이 계시라는 말을 사용했다는 사실(갈 1:12, 16)로 인해 그는 제2 성전기 유대교의 묵시적 세계 안에 위치한다. 이제 드 부어는 질문을 제기한다. 과연 바울은 어떤 유형의 묵시적 사상가였는가?

이 질문에 답하기 위해서, 드 부어는 제2 성전기 유대교 묵시 사상 안에서 나타난 뚜렷한 두 가지 흐름 내지 패턴을 이해하기 위한 발견

---

[47] De Boer, "Apocalyptic as God's Eschatological Activity," 52–53.
[48] De Boer, "Apocalyptic as God's Eschatological Activity," 351.

모델(heuristic model)을 비중 있게 소개한다.⁴⁹ 드 부어는 그 두 가지 흐름을 우주론적인 것과 법정적인 것으로 파악한다. 데이비드 러셀과 폴 핸슨의 연구를 통해서, 드 부어는 악의 천사들이 하나님이 창조한 세계를 엄습했던 원 역사 시대(보통 노아의 시대)에 피조 세계가 악한 권세들에 사로잡혔다는 내러티브와 관련된 것으로 유대교 묵시 사상의 우주론적 흐름을 이해한다.

드 부어에 따르면, 위에서 묘사한 시나리오는 하나님의 백성을 포함한 온 세상이 우상 숭배에 빠지고 타락하게 되었다고 이야기한다. 하지만 그 가운데 여전히 하나님께 순종하고, 악한 권세들은 사라져 버릴 것임을 보여 주는 사람들이 남아 있었다. 이 사람들, 더 정확히 말해, 하나님의 구원 곧 "하나님이 이 악한 권세들의 지배 아래 있는 이 세상에 침입하셔서 우주적 전쟁을 통해서 이들을 패배시킬" 때를 기다리는 사람들을 가리켜서 "의로운 남은 자"라고 한다. 결국, 하나님의 영광스러운 승리의 결과로 (1) 의로운 자들이 구원받고 (2) 적대자들이 사라진 채 하나님께서 통치하시는 새로운 시대로 들어가게 된다. 우주론적 관점의 중요한 증거로서, 드 부어는 에녹1서 1-36장과 모세의 언약을 지목한다. 러셀의 주장에 이어, 드 부어는 이와 같이 주장한다. 즉, 묵시에 대한 우주론적 관점은 다음과 같은 내용을 제시한다. "두 시대는 도덕적인 영역일 뿐 아니라 어떤 권세들이 지배하거나 특정한 활동이 발생하는 영역이나 범위이다. 최후 심판에서는 하나님이 우주적 악의 세력을 패배시키고 무너뜨린다."⁵⁰

---

49   Boer's "Paul and Apocalyptic Eschatology," 345-83. 더 많은 논의 내용은 Martinus C. de Boer, "Paul and Jewish Apocalyptic Eschatology," in Marcus and Soards, Apocalyptic and the New Testament, 174-84을 보라.
50   De Boer, "Paul and Apocalyptic Eschatology," 359.

법정적 관점은 드 부어가 유대교 묵시 안에서 발견한 두 번째 뚜렷한 유형이다. 이 관점은 우주론적 관점이 변형된 것으로, 앞서 언급된 우주적 악의 세력들은 묵시적 딜레마에서 중심적인 역할을 하지 않는다(혹은 전혀 하지 않는다). 그 대신에, 드 부어는 법정적 관점은 인간이 하나님을 거부함으로써 범죄하고 그 결과 죽음이라는 형벌을 받게 만든 "자유 의지와 인간 개인의 결정"에 초점을 맞춘다고 주장한다.[51] 즉, 이 세상을 망가뜨린 결과를 가져온 것은 하나님을 거부한 인간의 결정 때문이라는 것이다. 이러한 개요를 통해 보면, 하나님은 인간과의 깨어진 관계를 바로잡기 위한 수단으로서 율법을 부여하고, 이로써 율법과 인간이 맺는 관계가 인간이 갖게 될 종말론적 결과를 결정한다. 이 패러다임 안에서, 그 마지막 초점이 우주적 전쟁이 아니라 재판관(따라서 법정적인 것 혹은 법적인 것으로 표기된다)이신 하나님이 함께하는 법정에 맞추어진다. 더 나아가 이 흐름에 추가되는 것은 다음과 같은 내용들에 대한 강조다. 즉, 아담과 그의 범죄, 인간은 창조주 하나님과 율법을 인정할 것인지 아닌지를 결정해야 한다는 사실, 그리고 율법이다. 묵시에 관한 법정적인 관점의 예로, 드 부어는 에스라4서와 바룩2서를 제시한다.

  드 부어의 분석에서 약간 당혹스러운 점은 묵시적 종말론의 두 가지 흐름을 설명하는 데 있어서 그가 사용한 모호한 방법론이다. 드 부어는 「바울과 묵시적 종말론」에서 논증 초반에 그 두 가지 흐름은 서로가 "뚜렷이 다른" 것이라고 진술한다. 드 부어에 의하면, 법정적 관점에서 볼 때 "천사의 세력들은 **아무런 역할을 하지 않는다**"는 것이며, 이러한 점은 우주론적 관점과는 대조된다. 하지만 두 단락 뒤에, 그는 법정적

---

[51] De Boer, "Paul and Apocalyptic Eschatology," 359.

관점은 첫 번째인 우주론적 관점의 "수정된" 형태라고 진술한다. 하지만 수정된 것은 차별화된 것이 아니다. 더 나아가, 드 부어가 악한 우주적 세력들은 "배경 뒤로 물러간다" 혹은 "명백하게 거부당한다"라고 진술한 문장에서 혼란은 더욱 가중된다.[52] 묵시 사상의 법정적 모델에서 우주적 악의 세력들이 **아무런 역할을 하지 않는다**고 단정적으로 말한 것은 너무 지나친 주장이다. 결국, 드 부어가 제시한 두 가지 흐름은 이미 그 기초에 있어서 균열이 생겼다는 것을 보여 준다.

마지막으로, 더욱 당혹스러운 것은 "두 가지 뚜렷한 유형"에 대한 드 부어의 논의의 마지막 부분에서, 그는 "몇몇 연구들은 이 두 가지 패턴"이 뒤섞여 있음을 보여 준다는 사실을 인정했고 사해 사본과 바울 둘 모두를 언급한다.[53] 사실, 드 부어는 단 두 개의 자료, 에녹1서 1-36장과 바룩2서만 그의 발견 모델의 기초로 삼는데, 그가 제시한 자료들은 각각의 유형들이 거의 "순수한 형태"를 가지고 있다는 것을 보여 준다.[54] 그러나 드 부어 자신은 우주론적 유형과 법정적 유형 이 두 가지 범주들이 결합하거나 중첩되는 최소한 네 가지 다른 자료들(희년서, 열두 족장의 유언, 사해 사본, 바울)을 지목한다. 드 부어가 더 많은 자료들이 그 두 가지 유형을 있는 그대로 보여 준다기보다 서로를 결합시킨다는 점을 언급했다는 사실을 그냥 지나쳐서는 안 된다. 논리적으로 말해, 만약 더 많은 자료들이 드 부어가 제안한 발견 모델과 일치하지 않는다면 문제가 그 모델 자체에 있을 수 있으며, 이는 매우 환원적인 것이다. 마찬가지로, 프라이 역시 드 부어의 방법론을 비판했다. 그는 드 부어의 방법

---

52 De Boer, "Paul and Apocalyptic Eschatology," 359, 강조는 추가한 것.
53 De Boer, "Paul and Apocalyptic Eschatology," 360.
54 De Boer, "Paul and Jewish Apocalyptic Eschatology," 176.

론이 "기본적으로 어떤 곳에서 영감을 받은 분류 체계, 그리고 유대교 묵시와 그 기본적 특징들에 대한 낡은 관점에 의존하고 있다"라고 지적한다.[55] 드 부어의 개요가 불분명하다고 말하는 것은 그나마 절제된 표현일 것이다. 여러 부분에서, 드 부어는 특정한 주제들이 나타나 그 두 유형이 중첩될 때를 제외하면, 이 두 유형은 특정한 주제들이 없는 상태에서는 서로 뚜렷하게 구분된다고 주장한다. 하지만 분명 특정한 주제들은 종종 더 많이 드러나게 중첩되는 경우가 많다.

이와 같은 약점들은 제쳐 두고서 우리는 드 부어가 제시한 유대교 묵시의 범주들 내에 자리한 바울에 관한 논의로 되돌아가고자 한다. 거기서 드 부어는 바울 서신에는 유대교의 묵시적 종말론의 두 유형이 가진 관심들과 개념들이 있다고 주장한다. 다른 바울 해석자들에게도 명확히 드러나듯이, 아담이라는 인물은 고린도전서 15:21-22과 가장 두드러지게는 로마서 5:12-21과 같은 바울의 논증에서 중요한 역할을 한다. 드 부어는 이 부분을 바울이 가진 법정적 관점과 관계된 특징으로 지적한다. 또한 드 부어는 로마서 16:20, 고린도전서 5:5, 그 외 다른 부분들에서 바울이 사탄을 적대적인 세력으로 언급한 내용은 바울이 "유대교의 묵시적 종말론의 '우주적' 세계관에서 빌려온 것이다"라고 언급함으로써 우주론적 관점에 주목하게 만든다.[56] 더 나아가, 로마서 5장에서 바울이 죄와 사망을 규명한 내용 역시 묵시의 우주론적 관점이 가진 관심과 개념들을 나타낸다.

---

[55] Frey, "Demythologizing Apocalyptic?," 509. 같은 부분에서 프라이는 이렇게 언급한다. "그러나 묵시에 대한 기본적 설명에 있어서, 드 부어가 여전히 케제만이 전제했던 개론 수준의 지식, 특히 필립 빌하우어의 묵시에 대한 개론에 의존하고 있다는 사실은 놀랍다."

[56] De Boer, "Paul and Apocalyptic Eschatology," 360-61.

마틴의 영향을 받아, 드 부어는 바울의 묵시적 특징을 묘사하기 위해서 침입이라는 용어를 옹호한다. 바울의 묵시 사상이 가진 우주론적 특징을 고려해 볼 때, 드 부어는 만물의 마지막 때에 "최후의 심판은 군사적 은유인 침입의 성격을 갖는다"라고 주장한다. 드 부어는 끝으로 신적 전쟁을 묘사하기 위해 "하나님의 묵시"라는 표현을 도입한다. 악과 우주적인 힘들로 이루어진 이 세상에서, 드 부어의 표현을 빌리자면 하나님은 "인간을 억압하고 고통스럽게 하는" 대적하는 권세들에 맞서 전쟁을 벌였다. 죄와 사망의 억압적인 요소들은 인간을 고통스럽게 만들 뿐 아니라 실제적으로 토라를 억압의 영역 안으로 끌어들인다. 드 부어는 "율법은 죄를 물리치기에, 그래서 우주에서 죽음을 물리치기에 너무 취약하고 비효율적일 뿐 아니라, (역설적이고도 한탄스럽게) 그것은 또한 인간에게 죽음을 초래하는 패권을 견고히 하기 위해 죄의 손아귀에 붙들린 주된 도구가 되어 버린다."[57]

그 주제에 관하여 드 부어나 마틴을 읽을 때, 위에서 제시된 주장들이 가진 문제점들을 쉽게 발견할 수 있다. 그러나 우리는 인간이 초인적인 죄의 권세 아래 놓여 있음을 분명히 인정한다. 게다가, 그리스도를 보내심은 확실하게 우주적인 사건이다. 실제로, 드 부어가 그리스도의 죽음과 부활에 관해 이야기할 때, "그리스도의 죽음과 부활은 파루시아/종말에서 그 결론에 도달하는 통일된 묵시적 드라마를 개시했다"라고 언급하는 부분은 흥미롭다.[58] 가장 관심을 끄는 내용은 바로 "통일된 드라마"라는 개념이다. 이 개념은 새로운 묵시 학파에 속하지 않은 학자들이 비판하고 있는 이야기의 통일성에 관한 문제와 관련된 것이며,

---

[57] De Boer, "Apocalyptic as God's Eschatological Activity," 57–58.
[58] De Boer, "Apocalyptic as God's Eschatological Activity," 52–53.

신약성서뿐 아니라 히브리 성서로부터 시작해서 신약성서를 거쳐서 엄밀한 의미의 묵시로까지 확장되는 통일된 드라마를 말한다.

묵시 사상 안에 있는 통일성과 다양성의 역할이 드 부어의 주장으로 인해 모호해지지 않았다 하더라도, 여전히 불분명한 몇 가지 쟁점에는 더욱 세심한 주의와 조사가 필요하다. 만약 묵시 사상에 통일된 드라마가 존재한다면, 그것은 이전에 일어났던 일과 어떻게 연관을 맺는 것인가? 이 문제를 좀 더 직접적으로 말하자면, 드 부어가 발견적 차원으로 바울 안에서 묵시를 설명하기 위해 제시한 수많은 논문 안에는 바울에게 중요한 한 인물이 빠져 있다는 것이 눈에 띈다. 바로 아브라함이다. 만약 바울의 복음이 드 부어가 설명했던 방식으로 처음부터 끝까지 묵시적이라면, 드 부어의 주장은 바울이 아담과 죄(대문자 S를 붙인), 그리고 죽음에 관한 이야기를 하는 데 많은 부분을 할애했던 로마서에서 더욱 효과적이었을 것이다. 그러나 심지어 로마서에서조차, 바울의 주요 논증의 핵심이 아담이 아니라 아브라함인 갈라디아서에서의 문제점들은 말할 것도 없이, 드 부어의 주장은 로마서 4장과 아브라함이라는 인물에 있어서의 문제에 직면하게 된다. 이제 갈라디아서에서의 율법에 대한 문제와 갈라디아서와 로마서에서의 아브라함 문제를 다루도록 하자.

우선 율법에 대해 이야기하자면, 드 부어는 유대교 묵시 안에서 "율법은 인간을 하나님으로부터 분리시키고, 세상 속에서도 생명으로부터 분리시키는, 건널 수 없는 간극(죽음)을 건너도록 해 주는 가교 역할을 한다"라고 주장했다.[59] 하지만 이러한 주장은 갈라디아서 3-4장에서 바울이 주장하는 바, 곧 율법은 임시적인 목적을 위해 주어진 것이라는 사실

---

59 De Boer, "Apocalyptic as God's Eschatological Activity," 56.

을 전혀 이야기하지 않는다. 갈라디아서 3-4장에서 바울은 구약성서에서 가져온 통일된 드라마, 즉 아브라함(아담이 아니라)에서 시작하여 첫 번째 언약의 내러티브 내에서 율법에 관한 논의를 발견할 수 있는 이야기를 가지고 논증을 펼치는 듯하다. 아브라함은 갈라디아서뿐 아니라 로마서에서도, 좀 더 정확히 말해 바울이 율법, 죄, 그리고 우주적이고 사형 판결로 주어진 죽음을 논의하는 편지들 안에서 비중 있게 등장한다.

그러나 아브라함이라는 인물은 바울 안에서의 묵시에 대한 드 부어의 논의에서는 눈에 띄지 않는다. 사실 갈라디아서와 로마서 이 두 경우에 있어서, 아브라함은 논증의 핵심이다. 그런데 심지어 로마서 안에서, 바울은 아담과 죄와 죽음에 대해 이야기하기 위해 로마서 5-7장으로 이동하는데, 거기에는 아브라함 이야기가 나오지 않는다. 오히려 로마서 4:16-25에서 이루어지는 아브라함의 상속자들, 육체의 약함, 소망에 대한 논의가 로마서 8:12-25에서의 바울의 결론을 반영한다. 따라서 묵시적 범주와 언약적 범주는 불가결하게 연결되어 있다. 「바울과 유대교의 묵시적 종말론」(1989), 「바울과 묵시적 종말론」(2000), 그리고 「하나님의 종말론적 활동으로서 묵시」(2016)에서, 아브라함은 드 부어의 논증에 있어서 중심적 역할을 하지 않는다.[60] 그 대신, 아브라함에 대한 가장 자세한 논의는 드 부어의 2011년도 갈라디아서 주석에서 나타난다.

그런데 드 부어는 갈라디아서 3:6에 관한 난해한 설명을 통해 갈라디아서에서 바울의 논증에 있어 아브라함의 역할을 다룬다. 논의를 형성하는 측면에서, 드 부어는 바울이 갈라디아에 있는 교사들의 주장, 즉 위에서 언급된 유대교 묵시 유형 중 법정적인 묵시적 종말론을 그리스

---

[60] "Apocalyptic as God's Eschatological Activity"에서 아브라함에 대한 언급은 각주 두 개에서만 나타난다(8n38, 13n56).

도론적으로 변형시킨 주장과 대결하고 있다고 보았다.[61] 이제 바울은 우주론(첫 번째 유형) 중심의 주장을 가지고 갈라디아 교사들의 법정적인 묵시 접근법을 재구성한다. 그러므로 드 부어의 주장처럼, 바울은 아브라함에 대해 논했는데 그 이유는 바울에게 있어 아브라함은 그렇게 결정적이지 않았을지 모르지만 갈라디아 교사들에게 아브라함은 결정적이었기 때문이다. 하지만 갈라디아서에 대한 온갖 종류의 미심쩍은 거울 독법(mirror reading)을 포함하고 있는 그와 같은 설명은 로마서에서 바울이 아브라함을 사용한 문제를 해결해 줄 수 없다.[62] 다시 아브라함으로 돌아와, 드 부어는 아브라함 논증을 "비유일 뿐"이라고 보았다. 바울이 진술한 것은 "대략적인 것"이다. 드 부어는 좀 더 골치 아프게 구분을 시도하면서, 아브라함의 신앙과 갈라디아 교인들의 신앙의 대상이 서로 다르다고 보았다. 드 부어는 이렇게 진술한다. "따라서 그리스도인들의 '믿는 행위'는 아브라함의 믿는 행위와 그 종류가 다를 뿐만 아니라 그 믿음은 하나님이 아니라 그리스도를 향한다."[63] 드 부어의 판단에 따르면, 아브라함은 하나님을 믿었고 갈라디아 교인들은 그리스도를 믿었다. 하지만 이러한 구분이 유익한 것일까? 나중에, 드 부어는 예수의 하나님과 아브라함의 하나님은 동일한 하나님이라고 언급한다. 따라서 이러한 드 부어의 구분은 결과적으로 자신이 세운 구분 그 자체를 허물어 버린다. 간단히 말하자면, 아브라함은 하나님이 씨를 주실 것을 믿었고,

---

[61] De Boer, "Paul and Jewish Apocalyptic Eschatology," 185.
[62] 바울이 그의 반대자들을 인용하면서도 이들에게 동의하고 있지 않다고 여기는, 바울 서신서에 대한 거울 독법에 따르는 문제들에 대해서는 Jerry L. Sumney, *Identifying Paul's Opponents: The Question of Method in 2 Corinthians* (London: Bloomsbury, 2015)을 보라.
[63] De Boer, *Galatians*, 190.

갈라디아 교인들은 그리스도가 될 그 씨를 믿었다는 것이다. 하지만 이러한 구별은 자의적이지는 않더라도 별로 중요해 보이지 않는다.

또한 문제가 되는 것은 바울이 그의 갈라디아인 개종자들을 위한 모델로 아브라함을 예로 사용하지 않았다는 드 부어의 주장에 있다. 더 나아가 그는 아브라함의 칭의와 이방인의 칭의가 서로 다르다는 것을 내세운다. 비록 드 부어가 아브라함의 칭의에 대한 정의나 설명을 제시해 주지는 않지만, 그는 갈라디아인들의 칭의가 "그리스도 안에서 일어난 하나님의 선행적 행위, 즉 십자가 위에서 일어난 그리스도의 신실한 죽음에 이미 포함되어" 있기 때문에, 갈라디아인들의 칭의와 아브라함의 칭의는 서로 다르다고 주장한다. 그렇다면 우리가 질문하는 바는 이것이다. 바울이 아브라함에 호소하는 목적은 무엇인가? 드 부어는 아브라함에 대한 바울의 호소는 특별하고 제한적인 목적을 수행하는데, 그 목적이란 "갈라디아서 2:16, 21에서처럼 갈라디아 교인들에게 '믿는 것'(pisteuein, 피스튜에인)과 칭의 사이의 배타적 관계는 그 첫 번째 족장(의 역사) 안에서 그 선례를 가지고 있으며, 따라서 충분히 예상될 수 있는 것이었다"라는 것을 보여 주기 위함이라고 결론짓는다.[64] 하지만 위에서 드 부어가 설정한 범위에서 나타나는 그 선례란 무엇일까? 아마도 바울은 드 부어가 그의 것이라 인정해 준 "대략적 비유"보다는 더 나은 논증을 펼쳤으리라고 우리는 기대해도 괜찮을 것이다.

두 가지 문제가 더 남아 있다. 첫째, 만약 아브라함이 부실한 비유라면, 왜 바울은 로마서에서 동일한 비유로 되돌아갔을까? 둘째, 만약 바울이 우주적 유대교 묵시 범주를 가정했다면, 왜 그 논증을 로마서 5-8장에서

---

[64] De Boer, *Galatians*, 190.

했던 것처럼 아브라함에서 아담으로 바꾸지 않았을까? 이와 같은 질문들은 드 부어가 제시한 아브라함에 대한 설명을 더욱 복잡하게 만든다.

이와는 반대로, 바울은 아브라함에게 주어진 약속과 갈라디아 교인들이 현재 경험하고 있는 성령의 약속(갈 3:29) 사이에 어느 정도의 연속성을 인정하지만, 드 부어는 갈라디아서 3:29에서 나타난 이러한 약속에 대한 논의에는 거의 관심을 갖지 않는다. 그러나 바로 이 **약속**에 대한 주제가 지금 당면한 논쟁의 아킬레스건처럼 보인다. 심지어 드 부어는 이렇게 진술한다. "약속된 것은 성령이고(3:14), 성령은 이미 주어졌다(3:1-5). … 즉, 아브라함에게 주어진 약속들이 성취된 것이다."[65] 이러한 내용들이 제기하는 질문은 이러하다. 만약 최소한의 피상적 수준에서, 성령이 그리스도 안에서 나타난 하나님의 묵시적 행위(그리스도를 보내심과 십자가 사건 두 가지 모두)의 결과로서 주어지는 우주적이고 묵시적인 선물이라면, 침입이라는 용어에 적절한 수준이란 어느 정도를 의미하는가? 이와 같은 일은 전에도 결코 본 적이 없고 예상치도 못했던 일이었는가? 사실, 다가올 새로운 시대에 대한 표징으로 성령을 보내심은 이전에는 알지도 못한 묵시적 계시에서 유래한 것이 아니라, 요엘서 2장과 예언서들에서 유래한 것이다. 우리는 히브리 성서 이야기에 뿌리를 둔 이전 약속들의 성취에 대해 알고 있다. 성령을 보내심은 낯설고 생소한 맥락에서 겉으로 드러나는 침입이 아니라 장구하게 굽이쳐 내려온 히브리 성서의 이야기 속에서 이루어진 신적 성취이기에, 드 부어의 바울 논쟁에서 아브라함이란 인물은 묵시 건축가들이 내버린 모퉁잇돌이었던 셈이다.

---

65 De Boer, *Galatians*, 247-49.

베벌리 가벤타: 마틴을 대중화하다. 베벌리 가벤타는 2013년 이래 재직했던 베일러대학교의 석좌 교수이다. 이전에 그녀는 1992년부터 2013년까지 가르쳤던 프린스턴신학대학원의 신약성서 문학과 주석 분과에서 헬렌 H. P. 맨슨 교수로 재직했으며, 베커의 동료이기도 했다. 가벤타는 듀크대학교에서 박사 학위를 받았다. 하지만 이보다 더 주목해야 할 사실은 그녀가 마틴의 제자로 있으면서 유니언신학대학원에서 신학석사 학위를 받았다는 사실이다. 따라서 마틴과 베커의 영향은 바울에 관한 가벤타의 연구 전반에 미치며, 그녀는 여러 가지 중요한 방식들로 그들의 유산을 계승하고 있다.

이러한 바울 해석의 흐름에 새로운 활력을 불어넣는 일환으로, 그녀는 2012년 프린스턴신학대학원에서 '창조, 갈등, 우주'라는 제목으로 컨퍼런스를 개최하였고, 이후에 *Apocalyptic Paul: Cosmos and Anthropos in Romans 5–8*(묵시적 바울: 로마서 5-8장의 우주와 안트로포스)라는 책을 출판한다. 가벤타는 묵시적 바울 읽기에 많은 공헌을 했으며, 마틴과 드 부어의 연구와 관련된 소위 유니언학파에 속해 있다. 그녀의 연구작 *Our Mother Saint Paul*(우리 어머니 성 바울)은 묵시적 바울에 대한 글들을 묶은 것이면서 자신의 방법론을 가장 포괄적으로 요약한 책이다.

마틴의 영향을 받은 가벤타는 묵시 논쟁을 새로운 방향으로 보완할 뿐 아니라 더욱 확장한다. 마틴처럼 가벤타 역시 묵시를 인식론적 혁명으로, 그리고 인류를 손아귀에 넣고 지배하고 있는 보이지 않는 세력들을 폭로한 사건으로 규정한다. 그녀는 또한 케제만의 주장에 동의하면서 인류와 우주의 운명이 쌍둥이처럼 얽혀 있는 구원의 우주적 측면들이 가진 중요성을 제기한다. 그러나 가장 먼저 가벤타는 바울이라는 인물이 경험한 묵시적 복음의 능력을 분명히 설명한다.

가벤타가 바울을 묘사함에 있어서, 그리고 묵시적 흐름에 그녀가 기여한 독특한 공헌에 있어서 중심이 되는 것은 갈라디아서 1-2장을 통해서 바울 자신의 묵시적 경험을 강조한 내용이다. 거기서 보면, 바울은 갈라디아서 6:15의 "새로 지으심"이라는 용어를 자신에게 적용하고, 이 부분을 많은 이들은 묵시적 시금석이라 언급한다. 바울에 관한 묵시적 독해에 관해 말하자면, 옛 바울은 사라지고 이제 남은 것은 새로운 묵시적 바울뿐이다. 전통적인 주석 흐름에 맞서서, 가벤타는 갈라디아서 1-2장은 변증적인 성격의 것으로 사용되는 것이 아니라, 오히려 "바울은 스스로를 복음이 역사함의 한 본보기로 제시한다"라고 주장한다. 이 주제에 대해 좀 더 정확히 말하자면, 이후에 가벤타는 이렇게 말한다. "바울의 사도로서의 부르심과 바울의 복음은 떼려야 뗄 수 없는 불가분의 관계이다."[66]

갈라디아서의 처음 두 장을 보면, 바울은 자신의 경험을 그가 선포한 복음의 혁명적인 성격을 드러내는 패러다임적 본보기로 사용했고, 그가 상대하는 갈라디아 독자들 역시 이를 지켜 나가길 기대했다. 가벤타에 따르면, 이와 같은 묵시적 복음은 바울 자신을 사로잡았고, 바울은 이런 "역전의 패러다임"을 그의 독자들이 모방할 수 있는 교육적 도구로 사용했던 것이다. 실제로, 갈라디아서 1-2장에서 바울이 묘사한 자신의 삶은 가벤타에게 있어서 바울 복음의 묵시적 성격으로 들어갈 수 있는 진입로였는데, "복음의 특이성, 묵시적 침입, 이전의 가치 체계를 역전시키는 복음에 대한 강조라는 주제들이 반복되면서 자서전 형식으로 제시된다."[67]

---

[66] *OMSP*, 88, 91.
[67] *OMSP*, 99.

갈라디아서 1-2장에 나타난 내용에서, 바울의 개종에 대한 가벤타의 첫 번째 주장에서 누락된 것은 바울의 소명이 예레미야서와 이사야서에서 사용된 용어로 진술되었다는 점(갈 1:15-16)이다. 그녀의 책에서는 바울이 자신의 묵시적 소명을 묘사하기 위해 사용한 구약 예언자들의 소명 내러티브에 대한 어떤 언급도 찾아볼 수 없다. 다만, 그녀는 바울이 경험한 극적인 전환만을 주장할 뿐이다. 그렇다면, 동일한 바울의 진술들을 예레미야서와 이사야서에도 적용할 수 있는 것인가? 위에서 언급한 가벤타의 범주들을 사용하자면, 예레미야나 이사야는 어떤 가치 체계의 전환을 경험한 것일까? 이러한 논쟁은 우리로 하여금 수십 년 전에 바울의 소명/개종에 관해 스텐달이 논증한 내용으로 되돌아가게 한다. 그리고 이 내용은 이 시점에서 의심할 여지 없이 중요하다. 예언자들은 이 세상에 대해, 그리고 이 세상을 위해 하나님 자신과 그분의 메시지에 관한 계시를 받았다. 그리고 예언자들의 글을 읽으면 알 수 있듯이 이러한 일들은 분명 빈번하게 일어난 일이었다. 이제, 급진적이라는 말이 불연속적인 것을 의미하지 않음을 알 수 있다. 우리는 갈라디아서 1-2장에 나타난 바울의 용어를 분석할 때, 논쟁적인 특징과 바울의 자서전에 나타난 전환에 스며들어 있는 성서적인 증거들에 초점을 맞추어야 한다.

「복음의 특이성」(The Singularity of the Gospel)에서, 가벤타는 바울과 그의 복음을 묵시적으로 읽어 내는 가장 명확한 사례를 제시한다. 갈라디아서 1-2장에 대한 자신의 이전 논증에 기초해서, 가벤타는 바울이 갈라디아서 전체에서 논의한 맥락 안에서 갈라디아서 3-4장을 분석하는데, 갈라디아서 3-4장은 따로 분리된 것이 아니라 갈라디아서 1-2장의 전제에 뒤따르는 것임을 주장한다. 이 같은 가벤타의 논증은 다음과 같이 진술된다. "특이한 복음은 특이한 변화를 초래한다." 가벤타는 갈라디아서 3-4장에서 "갈라디아서에서 중요하게 부각되는 신학적 대립은 그리스도 혹은 새로운 창조와 세상(cosmos) 사이의 대립이다. 즉 그리스도와 율법, 그리고 십자가와 할례 사이의 대립은 이 같은 중심적 전제와 동등한 것은 아니지만 그 전제를 따른다"라고 주장하기 위해 마틴의 용어를 사용한다.[68]

갈라디아서에서의 바울의 활동을 묘사하기 위해 1989년 마틴이 제시한 이율배반이라는 용어가 다시 크게 울려 퍼지고 있다. 비록 지금은 그 이율배반이 대립이 되어 버렸음을 보고 있지만 말이다! 수많은 바울 해석자들은 갈라디아서의 중요한 주제를 바울의 갈라디아인 공동체의 삶 속에서의 율법의 역할과 영향력으로 이해해 왔다. 가벤타는 결국 율법은 온 세상을 십자가에 못 박은 자(갈 6:12-14)인 바울에게는 훨씬 더 큰 대립의 일부분(subset)일 뿐이었다고 주장한다. 가벤타는 갈라디아서의 끝부분에서 단서를 얻어 이렇게 주장한다. "주된 대립은 그리스도와 율법 혹은 십자가와 할례 사이에 있는 것이 아니다. 이러한 것들은 그리스도/새로운 창조와 세상 사이의 더욱 근본적인 대립의 부분에 불과하다."[69]

바울이 코스모스(kosmos, 갈라디아서에서 '세상'으로 번역됨 — 역주)에 관해서 지나가듯 언급한 두 가지가, 이 같은 해석적 주장이 코스모스에 부여하는 중요성을 담아낼 수 있을지에 관해 의문이다. 코스모스라는 용어는 갈라디아서에 단 두 번 나온다(4:3; 6:14). 그리고 "세대"라고 번역된 aiōn(아이온)이라는 용어도 갈라디아서 1:4에만 나온다. 의심할 여지없이, 이 개념들은 갈라디아서 안에 나타나는 빈도에 비해 훨씬 더 중요하다. 하지만 만약 갈라디아서의 다른 주제들이 단지 우주론적 주

---

68 *OMSP*, 101-11.
69 *OMSP*, 108.

제의 일부분에 불과하다면, 코스모스나 세대와 같은 개념들이 더욱 강조될 것으로 우리는 예상할 수 있다. 갈라디아서와 대조적으로, 고린도전서에서는 코스모스라는 용어가 14회나 나온다.

마찬가지로, 가벤타는 마틴과 드 부어가 그러했던 것처럼 예수가 십자가에 못 박힘(crucifixion)은 바울의 갈라디아서를 지배하는 중요한 주제라고 보았다. 가벤타는 이 점을 강조하며 다음과 같이 말한다. "비록 갈라디아서는 그리스도의 부활을 언급하지만, 갈라디아서에서 바울의 그리스도론을 지배하는 주제는 바로 **그리스도가 십자가에 못 박힘**이다."[70] 가벤타는 그리스도가 모든 사람이 보는 앞에서 십자가에 매달린 것처럼 갈라디아 교인들에게 나타난 그리스도(갈 3:1), 십자가를 자랑하는 바울(갈 6:14), 자기 몸을 주신 그리스도의 행위(갈 1:4; 2:20), 그리고 율법으로부터 우리를 속량하는 십자가의 효력(갈 3:10-14)과 같은 바울의 난해한 언급을 그 증거로 제시한다.

갈라디아서에서 예수가 십자가에 못 박힘을 강조하는 것은 단번에 확인할 수 있는데, 이 편지에서 자그마치 네 개의 구절에서 바울은 "우리 죄를 대속하기 위하여 자기 몸을 주신" 그리스도와 함께 십자가를 언급하고 있다. 일반적으로 우리는 십자가에서 부활로 진행하는 과정을 생각하지만, 갈라디아서 1:1-4에서는 그 과정의 역순을 접한다는 사실을 주목해야 한다. 예를 들자면, 바울은 처음에 "그를 죽은 자 가운데서 살리신 하나님"(갈 1:1)을 언급하고, 그다음에 "우리 죄를 대속하기 위하여 자기 몸을"(갈 1:4) 주신 그리스도를 언급한다. 그런데 왜 바울이 이러한 전통적이고 논리적인 순서를 뒤바꾸었는지는 알 수 없다. 마찬가지

---

[70] *OMSP*, 109, 원문 강조.

로, 만약 우리가 확인한 것처럼, 바울에 대한 묵시적 독해가 "새로운 창조" 혹은 새로운 세대/순서를 강조하는 것이라면 그리스도의 부활이 이런 주장에 대한 긍정적인 증거가 되지 않을까? 바울은 갈라디아서 6:15과 고린도후서 5:17에서 "그리스도 안에" 있다면 누구든지 새로운 피조물이라는 주장을 펼친다. 즉, "그리스도 안에"라는 모티프와 용어는 그리스도의 죽음 안에 있음을 말하는 것이 아니라(비록 이 뜻 역시 완전히 배제할 수 없지만) 부활하신 그리스도의 생명 안에 있음을 가리키는 것이다. 가벤타는 바로 이 순서를 따르지 않고 거부한다. 그녀는 숙고한 후에 이렇게 답한다. "종종 제기되는 것처럼, 십자가에 대한 바울의 언급이 부활에 대한 언급도 함께 암묵적으로 전달하고 있는 것일까? 최소한 갈라디아서에서는, 이 질문에 대한 답은 분명히 '아니다'가 되어야 한다."[71]

이제 가벤타는 수많은 바울의 묵시적 독해에 결여되어 있어 종종 비판받는 주제인, 복음과 이스라엘의 관계 및 바울의 성서 사용이라는 중요한 주제를 제기하고 이를 다룬다. 두 가지 주제 모두 이전의 바울 해석자들에게서는 결코 찾아볼 수 없는 것들이었으며, 누가 동의하든 말든, 가벤타는 이 주제들을 정면으로 다루면서 새로운 묵시 학파의 입지를 견고하게 다진다. 그녀는 바울이 율법의 영향 아래, 그리고 고대 이스라엘의 특별한 이야기와 이스라엘이 하나님과 맺은 관계의 특별한 이야기 속에서 태어났음을 언급한다. 그런데 그녀는 이 내용을 두 가지 뚜렷한 방식으로 확장한다. 첫째, 그리스도의 탄생은 "어느 특정한 역사 속에 하나님이 개입하신 것"으로 규정됨에도 불구하고, 이제 이 탄생은 "모든 인류를 포함할 정도로 급진적으로 변했다"라고 가벤타는

---

[71] *OMSP*, 109. 각주에서 가벤타는 바울이 갈라디아서의 중심 주제로 그리스도의 강림, 보내심, 죽음에 관심을 가지고 있다고 주장하는 마틴을 인용한다.

말한다.[72] 여기서 이러한 사실이 가지고 오는 몇몇 결과를 고찰할 필요가 있다. 우선, 하나님의 개입은 **이제** 모든 인류를 포함하는 것일까? 그렇다면, 아브라함의 가문을 통해서 이 땅의 모든 민족(즉, 인류)이 받게 될 하나님의 약속이란 무엇일까? 이 약속들은 가벤타의 논증에서 **개입**과 **급진성**이라는 두 용어를 모두 부정하는 것일까?

두 번째로, 가벤타는 "하나님은 바로 여자의 후손의 모습으로, 십자가에 못 박힌 자의 모습으로 역사 속에서 사람들 사이에, 그리고 사람들 가운데서 역사의 뚜렷한 종말을 드러내셨다"라고 진술한다.[73] 얼핏 보면, 역사와 관련된 주제임을 긍정하는 듯하지만, 좀 더 재고해 보면, 깊이 있게 설명한 내용이 없다는 것을 확인할 수 있다. **유대인** 남자아이가 **유대인** 여자에게서 태어나, 그 **유대인** 남자아이가 **유대인**의 왕으로 십자가에 못 박힌 일은 **유대인** 역사 속에서 나타난 하나님의 계시이다. 실제로, 위에서 구상한 주장의 표면 아래서, 이 통용구적인 자물쇠를 열 수 있는 열쇠를 발견하게 될 것이다. 가벤타는 위에 인용된 단락에서 최소 6번 이상 그리스도라는 용어를 사용한다. 제대로 다루어지지 못한 부분은 유대인 메시아로서의 예수이다. 가벤타는 그리스도와 율법의 관계를 깊이 숙고한다. 그러나 이스라엘 역사 속의 그리스도에 대해서는 어떠한가? 이러한 문제들은 이를 다루는 가벤타의 시도에서조차 생략되거나 얼버무려지고 만다. 이런 **특정한** 쟁점들은 새로운 묵시 학파에서 요약된 **특이성**에 대한 주장에 관해 가장 날카로운 비판점을 보여 준다.

이 장의 후기에서, 가벤타는 「복음의 특이성」을 출판한 시기와 *Our Mother Saint Paul*(우리 어머니 성 바울)에 이 논문을 넣어서 출판한 시기

[72]　　*OMSP*, 110.
[73]　　*OMSP*, 110.

사이에 바울에 관한 자신의 생각이 어떻게 발전했는지를 논한다. 첫 번째 경우에, 가벤타는 자신이 **묵시**라는 용어만 고집하는 것에 대해 모호한 입장을 취한다. 왜냐하면, 이미 앞에서 언급했듯이, 묵시라는 용어는 그 의미를 정확히 포착하기 어려운 단어이기 때문이다. 그러나 그다음 몇 년간 가벤타가 묵시라는 용어만 사용한 것은, 특히 케제만, 베커, 마틴의 주장을 자신이 이해하고 있으며 그 주장과 관련이 있음을 넌지시 알리기 위한 목적도 있었다. 가벤타는 묵시라는 용어가 "갈라디아서에 반영된 연속성(이스라엘 역사와 이스라엘 성서와의 연속성)을 제대로 다루지 못한다"라고 인정한다.[74] 우리는 지금까지 그 논증에 있어서 이와 같은 비판들을 많이 해소하지 못했지만, 정확히 이 쟁점들에 대해 줄곧 이의를 제기해 왔다.

또한 가벤타는 이전 묵시 논쟁에서 바울과 성서 사용의 특징에 관하여 제기된 문제들을 다룬다. 몇 차례나 우리는 마틴과 드 부어의 논증에서 구약성서 인용을 찾아볼 수 없다고 언급해 왔다. 가벤타의 뚜렷한 공헌은 이에 대한 적절한 비판들을 제기한 것이다. 비록 짧은 논평에 불과하지만, 가벤타는 구약성서가 바울에게 필요했다 하더라도 이러한 사실이 "바울은 전통 자체와의 연속성을 주장하는 방편으로 성서에 집착했다"라는 이야기는 아니라고 주장한다.[75] 그렇다면, 혹자는 마틴과 드 부어의 논증에서 구약성서 사용이 나타나지 않는 반면에, 바울 서신 전체에서는 구약성서 사용이 거의 모든 곳에 나타나는 목적이 무엇일지를 궁금해할 것이다. 만약 앞서 제시된 것처럼 가벤타의 급진성이 그렇게 급진적인 것이라면, 이스라엘 성서는 바울의 그 수많은 주장을 뒷

---

[74] *OMSP*, 111.
[75] *OMSP*, 111.

받침하기 위한 최적의 자료가 아닐 수도 있다고 우리는 생각할 것이다. 그렇다면 왜 우리는 이 문제로 되돌아오는가?

가벤타는 '당연하게 받아들여지지 않을 하나님'이라는 장에서 이 주제로 되돌아온다.[76] 로마서에 쓰인 구약성서에 대해 말하면서 가벤타는 이렇게 쓰고 있다. "성서의 약속의 하나님(1:2)은 신실하시지만, 신실함이라는 것이 예측 가능함을 의미하는 것은 아니다. 하나님은 또한 자유로우셔서, 하나님의 심판과 반응에 관한 인간의 예측과 기대에 하나님을 가두어 둘 수 없다."라고 기록한다. 가벤타는 로마서에서 선례를 취하는데, 로마서 처음 몇 구절에서 바울은 복음이 성서에 미리 약속되었다고 상기시키지만(1:2), 복음 메시지의 성취는 예측 불가능한 것이라고 언급한다. "하나님의 행위가 새로운 방향으로 뻗어나간다. 하나님은 그분의 약속에 신실하시지만 그것을 성취하는 데 있어서는 제한되지 않으신다."라는 사실에서 입증된 것처럼, 이제 바울은 이방인들의 순종으로 논점을 이동한다.[77]

이와 같은 진술은 이해하기에 어렵고 또 복음을 어떻게 정의하느냐에 따라 그 해석이 달라진다. 분명히, 하나님은 하나님이시고 그분이 원하는 바는 무엇이든지 행하실 수 있다. 우리는 토기장이에게 반문하는 그릇에 불과하다(롬 9:19-26). 그러나 순종하는 이방인이라는 개념은 히브리 성서에서도 낯선 것이 아니다. 종말론적 시대에 이방인의 역할은 제2성전기 유대교 안에서 논의되었지만, 순종하는 신실한 이방인은 하나의 흐름이다.[78] 대부분 로마서 9:19-26에서 이사야 선지자만 생각하겠지만, 사실 호세아 선지자가 훨씬 더 중요하다. 이 구절에서, 하나님의 예측 불

---

76 OMSP, 149-60.
77 OMSP, 151.
78 Terence L. Donaldson, *Judaism and the Gentiles: Jewish Patterns of Universalism (to 135 CE)* (Waco, TX: Baylor University Press, 2007).

가능성에 대한 이야기가 나올 때, 바울은 하나님이 "내 백성이 아닌 자"를 "내 백성"이라고 부르시는 호세아서 말씀을 인용하며, 이러한 사람들이 바로 "살아 계신 하나님의 자녀들"이 된다고 이야기한다. 이제 예측 불가능성에 대한 질문은 이제 정확히 누구에게 예측 불가능한 것인가를 묻는 질문, 즉 우리인지 아니면 바울인지를 묻는 질문이 된다.

더 나아가, 하나님이 그분의 약속에는 신실하시지만 그 약속들이 성취되는 방식에 대해서는 그렇지 않다는 주장은 언약이 개입되지 않았을 때에만 말이 된다. 분명 하나님은 **스스로를 제한**할 때를 제외하고는, 달리 말해 언약을 세우실 때를 제외하고는, 제한받지 않으실 것이다. 조금 단순한 비유를 사용하자면, 하나님이 아브라함에게 자식을 약속하셨을 때, 아브라함은 다른 것은 아무것도 받을 수 없었다. 이처럼 하나님은 **특정한** 언약을 맺으시는 분이라는 점이 바로 바울에게는 핵심이었던 것이다. 바로 이 주제가 바울이 로마서 9-11장에서 다룬 내용을 정확하게 보여 준다. 이후의 많은 바울 해석자들이 주장하듯이, 로마서의 핵심은 다름 아닌 하나님의 신실하심이다. 가벤타는 로마서 9-11장을 다룬 부분에서 이 주제를 정면으로 다루지만, 신실하심이 예측 가능성과 같지 않다는 주장으로 단순하게 되돌아가고 만다. 또다시, 로마서의 이 부분에 대해 가벤타가 주장한 역설적인 특징은 바울의 구약성서 인용의 핵심이라고 널리 주장된다. 가벤타에게 있어서, 하나님의 자유는 "'당연시 여겨지는'(taken-for-granted) 것, 즉 하나님의 신실하심은 미리 예측될 수 있다는 개념"을 뿌리째 뒤흔든다.[79] 역설적으로, 이 내용은 로마서 11:17-24에서 바울의 목적으로 명확하게 드러난다. 즉,

---

[79] *OMSP*, 156.

"당연시 여겨짐"은 신실함을 예측 가능성을 위한 수단으로 사용하는 것에 관한 것이 아니다. 다만, 자신들에게는 이스라엘의 역사가 필요하지 않다고 여기는 이방인들을 곧장 겨냥한다.

가벤타는 최근에 나온 *Paul and the Apocalyptic Imagination*(바울과 묵시적 상상력)이라는 책의 "그리스도에서부터 이스라엘까지를 생각함: 묵시적 맥락에서의 로마서 9-11장"이라는 장에서 그리스도와 이스라엘이라는 주제로 돌아온다. 여기서 가벤타는 연속성에 초점을 맞추기보다, 바울에게는 해결이 문제보다 앞선다는 샌더스의 주장을 받아들이고 이를 적용한다. 이를테면, 로마서 9-11장에서 작동하고 있는 "논증 논리"(argumentative logic)는 이스라엘의 믿음에 관한 것이 아니라 "이스라엘의 과거, 현재, 미래인데, 그 이유는 이스라엘의 중요한 정체성이 바로 그리스도의 빛 아래서 드러나기 때문이다." 가벤타는 로마서 9-11장을 아브라함 가문에 관한 거대한 이야기의 일부라고 보는 라이트의 방법론을 자신의 방법론과 대조한다. 그녀는 각주에서 자신의 주장을 이렇게 진술한다. "바울의 경우, 이스라엘은 다른 방법을 통해서가 아니라 예수 그리스도를 통해서 알려진다."[80] 로마서 9:6-11:36에 대한 이 같은 해석에서 더욱 혼란스러운 것은 바울이 아브라함과 그의 자손들을 호출했다는 점이다. 마찬가지로, 이스라엘에 대해 말하고 아브라함에 대해서는 말하지 않는 것은 불가능해 보인다. 물론, 바울이 로마서 11장에서 이야기한 이스라엘의 정체성은 로마서 연구에 있어서도 해석하기 어려운 문제로 악명 높다. 가벤타의 전체 논증에서 문제가 되는 것은 로마서 9-11장에서 분명히 나오는 **이스라엘**이라는 용어가 비-

---

[80] Gaventa, "Thinking from Christ to Israel: Romans 9-11 in Apocalyptic Context," in Blackwell, Goodrich, and Maston, *Paul and the Apocalyptic Imagination*, 241, 242n6.

그리스도교 유대인을 가리킨다는 데 있다. 이스라엘은 보편성의 용어가 아니라 특수성에 관한 용어이다.

로마서 9-11장에 관한 이후의 또 다른 논의는 탁월하게 간결하면서도 이해하기 쉬우며 훌륭한 제목이 붙은 로마서 관련 책인 『로마서에 가면』(*When in Romans*)에서 나타난다. 가벤타는 "아브라함을 떠올리라"(Consider Abraham)는 제목이 붙은 장에서 또다시 로마서 9-11장에 관한 논의를 시작한다. '떠올리다'(consider)라는 단어의 동의어로 '**기억하다**'(remember)를 생각하지 않을 수 없다. 가벤타는 이렇게 진술하면서 결론짓는다. "바울에게 있어서, 이 세상에 존재하는 유일한 이스라엘이란 하나님이 아브라함에게 주신 약속으로서 창조하신 이스라엘, 하나님이 예수 그리스도를 통해서 (이방인들과 함께) 구속하신 이스라엘, 깨지지 않는 하나님의 약속을 가진 이스라엘이다."[81] 위에서 가벤타가 제시한 이전의 주장들을 살펴보고 이 질문을 숙고해 보자. 그렇다면 철회 불가능성(irrevocability)과 예측 가능성(predictability) 사이의 관계는 무엇일까?

요약하자면, 가벤타는 묵시 학파에 중요한 도전을 제기하는 가장 시급한 쟁점들과 난해한 구절들로 묵시 논쟁을 이끌었다. 또한, 바울 서신에서 바울에 대한 탈-유대화(de-Judaizing) 설명에 그토록 강경하게 반대 주장을 많이 펼쳤던 가벤타에게 반-유대적(anti-Jewish) 해석에 대한 어떠한 책임도 떠넘겨서는 안 된다는 점을 알고 있어야 한다. 가벤타는 바울의 유대교적 성격을 계속해서 인정하고, 또한 바울의 복음이 가진 참신함 혹은 "불예측성"(unforseen-ness)의 요소를 주장함으로써 묵시 논쟁의 흐름을 아우른다. 그와 동시에 바울에 대한 묵시적 해석이라는 맥

---

[81] Beverly Roberts Gaventa, *When in Romans: An Invitation to Linger with the Gospel According to Paul* (Grand Rapids: Baker, 2016), 71.

락 속에서 로마서 9-11장의 위상을 중요시하는 가벤타의 노력은 높이 평가된다. 왜냐하면, 지금까지 이러한 내용이 너무 자주 무시되어 왔기 때문이다. 그러나 마지막으로, 묵시적 해석을 위한 가장 중요하고도 어려운 장애물을 제공한 것은 아마도 로마서 9-11장일 텐데, 그 이유는 로마서 9-11장의 많은 내용이 예수 그리스도 안에서 계시된 바울의 복음이 가진 단독성과 특수성뿐 아니라 성서 안에서 **미리 약속된** 것에도 의존하고 있기 때문이다. 바울에 관한 묵시적인 독해에 있어서 이러한 긴장이 다 사라지지 않더라도, 어느 정도는 감추어져 있다. 그리고 그것은 여전히 남아 있을 수밖에 없는 긴장이다.[82]

결론

이 장을 통해서, 우리는 바울에 관한 주요한 묵시적 해석들의 기초와 새로운 묵시 학파에서 묵시적 독해가 다시 유행하는 부분을 다루었다. 비록 그리스도 사건에 대해, 그리고 이 사건이 1세기에 얼마나 도전을 주었는지에 대해 묵시적 독해에서 배워야 할 부분이 많은 것은 사실이

---

[82] 여기서는 더글러스 캠벨의 방대한 연구인 *The Deliverance of God: An Apocalyptic Rereading of Justification in Paul* (Grand Rapids: Eerdmans, 2009)을 다룰 시간적 공간적 여력이 없다. 그러나 한두 가지 내용을 제시할 수는 있다. 로마서 1-4장을 어떻게 해석해야 하는지에 대한 캠벨의 주장들은 잘 받아들여지지 않았다. 가장 논란이 되는 부분은, 캠벨이 로마서 1-4장은 바울이 반복해서 그의 반대자들의 메시지들을 대다수 인용한 것이며(고린도전서와 같은 방식으로), 또 바울 자신의 관심은 로마서 5-8장에 이르기까지 아직 표면화되지 않았다고 주장한다는 사실이다. 바울 서신의 여기저기서 바울을 반대하는 사람들의 인용구를 확인하는 것과 바울 서신의 단락 전체가 단순히 그의 반대자들에게서 온 것이라 주장하는 것은 별개의 것이다. 캠벨이 *Deliverance of God*에서 수행했던 방식으로 이렇게 선명하게 표현된 논리에 동조하는 사람은 많지 않다. 그러나 우리는 캠벨의 독해에서 도출된 중요한 함의를 놓치지 말아야 한다. 말하자면, 캠벨의 독해는 로마서에서 바울의 논증 중심점을 묵시적 독해에 분명 더욱 잘 어울리는 부분인 로마서 5-8장으로 옮겨 놓는다는 점이다.

지만, 우리는 이후에 바울에 관한 묵시적 해석에 의해서 반드시 더 조사해야 할 몇 가지 핵심적인 쟁점을 확인했다.

첫째, 우리는 묵시 학파 내에서 사용된 용어들을 실질적으로 정의 내리는 데 따르는 어려움에 대해 언급했다. 이 문제는 우리가 apocalyptic(묵시적, 종말론적), apocalypse(묵시, 계시), 그리고 이와 어원이 비슷한 용어들을 정의하는 방식에 의해 발생한다. 묵시(apocalyptic)를 정의하기 어렵다는 것과 그 쓰임새는 다양한 분야에 걸쳐서 혼란을 야기하는 원인이 되었다. 두 번째 언어적 쟁점은 바울 복음의 본질을 설명하기 위해 사용된 '침입'(invasion)이라는 용어의 성격에 관한 것이다. 비록 이 용어는 관심을 잡아끄는 단어이지만, 침입으로 하나님 자신과 이 세상에서의 하나님 활동을 묘사하는 것은 잘 들어맞지 않는다. 침입보다 개입(Intervention)이라는 용어가 더 적합할 수 있다.

이와 같은 언어적 쟁점들은 세 번째 중요한 문제를 제기한다. 그것은 우리가 사용하는 용어의 쓰임새는 우리가 묵시에 대해 알고 있는 정보와 연관되어야 한다는 것이다. 바울을 묵시 기자로 논의하고자 할 때, 지난 세기에 1세기 유대교(들)의 대다수를 관통한 묵시 운동(들)에 관한 중요한 연구를 염두에 두어야 한다. 묵시적 바울을 둘러싼 이전의 대다수 논쟁들은 묵시에 대한 부정확한 이해에서 나오거나 정확히 결정되지 않은 용어 정의에서 비롯된 것이었다.

마지막으로, 모든 순서마다 반복되는 주제가 있는데, 그것은 바울에 대한 묵시적 해석이 가지고 있는 연속성과 불연속성의 문제에 관한 것이다. 그 최악의 징후들을 보면, 불연속성을 지나치게 강조하는 경우, 탈-유대화 혹은 대체주의의 문제로 곧장 이어질 수 있다. 바울에 대한 모든 묵시적 해석이 이러한 잘못에 대한 비난에 책임이 있거나 그 부담을 감당해야 하는 것은 아니다. 하지만 보다 최근의 바울에 대한 묵시적 해석들, 이를테면 가벤타와 같은 학자들에 의해서 이루어지는 묵시적 해석들은 이러한 잘못을 피하기 위해서 부단히 노력했다는 사실을 꼭 알아야 한다. 마찬가지로, 바울 복음의 급진적 성격과 함께 하나님의 철저한 신실하심을 입증하는 수단을 발견한 크리스티안 베커와 같은 해석자들로 구성된 묵시 학파 내에 이를 뒷받침하는 선례들이 있다.

묵시 학파에 대한 더 많은 질문들이 남아 있으며, 이러한 내용은 인간의 회개와 신실함의 개념과 관련이 있다. 그리스도 안에서 일어난 하나님의 묵시적 사건의 절대적 특성이 때로는 인간의 압도적인 응답에 가까울 수 있다는 느낌을 받을 것이다. 회개와 인간의 자유의지는 묵시적 체계 안에서 어떻게 작동하고 또 이루어지는가? 회개와 그리스도에 대한 순종과 같은 인간의 선택들은 그리스도 안에서 하나님의 행위라는 신적 경륜 안에서 부분적인 역할을 감당하고 있는 것일까? 바울과 관련된 모든 내용을 다룰 때, 중요한 목표는 바로 균형을 잡는 것이다. 그리고 이 문제는 묵시 학파가 너무 앞서 나간 영역이며, 해석적 체계의 일부를 재고해야 할 필요가 있는 부분이다.

바울 연구에서 지난 세기의 의미심장한 성취들 중 하나는 바로 바울이 묵시 사상가이며, 묵시적 현실에 대해 충분히 집중하지 않고서는 바울과 그의 생애, 그리고 그의 사역을 이해할 다른 방도가 없다는 것을 보여 준 것이다. 그러나 어떠한 유형의 묵시적 특징으로 바울을 규정할지, 더욱 중요하게는 이러한 특징들이 어떻게 해석되어야 하는지에 대한 내용이 바로 의견의 불일치가 발생하는 지점이다. 바울 연구에 있어서 묵시적 흐름은 분명히 당분간은 그 여세를 계속 몰고 갈 것이며, 앞으로 몇 년 안에, 그리고 몇 십 년 안에 그 속도는 더욱 빨라질 것이다.

6. 다른 주장들, 다른 관점들 — 바클레이와 체스터

> 은혜는 구약성서, 초기 유대교, 초기 그리스도교의
> 모든 곳에 있지만, 모든 곳에 똑같이 있는 것은 아니다.
> 바울은 지금 비상응적인(incongruous) 은혜에 대해 이야기하고 있다.
> — 존 바클레이

바클레이, 은혜와 행위와 구원에 관하여

한 학자가 자신의 생애에 자신의 분야에서 기념비적인 책이나 학술적인 책을 쓰는 경우는 얼마 되지 않는다. 그 예로, E. P. 샌더스의 『바울과 팔레스타인 유대교』(1977)와 웨인 믹스의 『1세기 기독교와 도시 문화』(2판, 2003)를 언급할 수 있을 것이다. 다양한 이유로 인해, 존 바클레이의 연구서 두 권(『바울과 선물』(*Paul and the Gift*, 2017)과 『바울과 은혜의 능력』(*Paul and the Power of Grace*, 2020)을 가리키는 듯하다. — 역주) 중 첫 번째 책인 『바울과 선물』의 전체적인 영향력을 평가하기에는 너무 이르지만 이 책에 대해 말할 수 있는 것은 이러하다. 우선 첫 번째 책에 대해 평가한다면, 이 책은 바울에 관심 있는 모든 사람들, 특히 바울의 은혜 개념에 관심 있는 모든 사람의 필독서라 하겠다.

은혜와 선물. 나와 대화하면서 바클레이는 자신의 연구를 이끈 동기를 이렇게 설명했다.

저는 E. P. 샌더스의 연구를 붙들고 고심하면서 갈라디아서에 대한 논문(*Obeying the Truth*, 1988)을 집필한 이래로, 바울이 말한 은혜에 관해서 "새 관점"이 바르게 이해하지 못한 부분이 있음을 느꼈고, 오랜 시간 동안 정확히 그것이 무엇인지를 파악할 수 없었습니다. "새 관점"은 바울 신학이 바울의 이방인 선교와 어떻게 연관되는지에 관해 사회적으로 설명할 수 있는 훌륭한 개념입니다. 하지만 저는 "개방성", "포용성" 혹은 "평등"(예를 들어, "이방인을 위한 평등한 권리"; 스텐달, 던, 라이트)과 같은 가치들을 떠올리면서, 바울 신학에 관해서 아직 포착되지 않은 그 무언가가 있음을 알게 되었습니다. 바울은 단순히 종말론적인 혹은 급진적인 사회적 전환만을 꾀한 언약적 신학자가 아니었습니다. 그는 하나님의 은혜에 관해 급진적인, 심지어 위험하기까지 한 견해를 가지고 있었습니다. 그래서 저는 바울의 그러한 견해를 표현할 방법을 찾기 위해 고심하고 있었습니다. 저는 바울이 의미한 "은혜"를 이해하기 위해서는 고대 세계에서 선물이 어떤 역할을 했는지를 이해해야 한다는 것을 깨달았고, 이 주제(그 자체로 아주 매혹적인 주제)를 더 깊이 파고들수록, 유대교 세계를 포함한 고대 세계에는 매우 다양한 종류의 "은혜"가 있음을 알게 되었습니다.[1]

바클레이는 고대 세계에서 선물을 주는 것은 대개 돌려받을 것을 기대하지 않고 하는 행동이 아님을 매우 자세히 보여 주는 증거들을 제시한다. 다시 말해, 선물을 준다는 것은 "타자"에 의해서 유발되지 않는다는 의미에서 볼 때 자유로운 것인 반면, 그와 동시에 선물은 교환적 순환을 시작하는 것으로 여겨진다는 의미에서 볼 때 자유롭지 않다. 따라

---

[1] 2015년 10월에 존 바클레이가 저자에게 보낸 이메일. 이 자료들 중 일부는 나의 2015년 Patheos 블로그에 또 다른 형태로 2015년 10월 18일과 11월 25일 사이에 처음 기록했다. "John Barclay's Paul and the Gift Part One," The Bible and Culture, October 18, 2015, www.patheos.com/blogs/bibleandculture/2015/10/18/john-barclays-paul-and-the-gift-part-one/을 보라.

서 선물은 현대적인 의미에서 이야기하는 익명성을 갖거나 사심이 없는 것과 같은 성격의 것 혹은 순수하게 이타적인 증여는 아니었다. "선물은 낚시 바늘과 같다"라는 마르티알리스의 경구가 이를 잘 표현한다. 바클레이가 강조하는 것처럼, 선물은 다양한 부류의 사회적 유대(가문의 결속, 후원자와 피후원자의 결속 등)를 형성하기 위한 것이었다. 따라서 선물을 받는 자는 이 선물에 보답해야 할 도덕적이고 사회적인 의무를 지니게 된다는 것을 인식해야 한다. 더 나아가, 이러한 사실은 그리스-로마 문학 작품에서뿐 아니라 초기 유대교 문학 작품에서도 나타난다. 토빗서에서도 순수한 은혜라는 개념은 나타나지 않는다. 무엇을 되갚을 수 없는 가난한 사람들에게 주는 선물도 "하늘에 보화를 쌓아 두는 것"으로서, 이는 하나님께 그 공로를 인정받거나 보답을 받을 것이라 여겨졌다.

바클레이에 의하면, 바울의 특징은 그가 은혜의 **비상응성**(incongruity), 즉 대가를 고려하지 않고 주어지는 은혜라는 개념을 근본적으로 바꾸었다는 것과, 바울의 이방인 선교의 중심에는, 그리스도의 선물이 비상응적이지만 하나님은 선물의 보답을 기대하신다는 개념이 있다는 것이다. 로마서 6-8장은 신자들이 은혜 아래 있으며 그 은혜에 보답해야 함을 명확히 밝힌다. 즉, 선물은 신자들에게 의무를 부여한다. 더 많이 받은 자들에게는 더 많은 것이 기대된다. 고대인들에게 있어 사회적 혹은 집단적 정체성은 일차적인 것이었고, 따라서 증여는 공동체를 중흥시킨다고 여겨졌다. 반면에, 익명의 증여, 되돌려 받을 것을 기대치 않는 증여 혹은 이익을 기대하지 않는 증여는 서구의 철저한 개인주의의 출현을 반영한다. 그렇다면 이러한 사실은 루터와 칼뱅이 근대 개인주의의 초기 분위기에 휩쓸린 나머지 바울 신학의 은혜와 선물 개념을 잘못 이해했음을 의미하는 것일까?

아무튼 바클레이는 공로나 대가와 상관없이 주어진 신적 은혜의 비상응성에 대해 루터와 칼뱅 모두 옳았지만, 루터는 선물을 일방적인 것으로 이해하는 방향으로, 즉 바울을 훨씬 뛰어넘는 일방적 운동으로 나아갔다고 생각했다. 아우구스티누스에게 깊은 영향을 받은 루터와 칼뱅 모두의 경우, 이들이 강조하는 죄와 죄책, 그리고 불안을 치유하는 것으로서의 은혜 개념은 바울의 은혜 신학이 가진 사회적 차원들, 즉 문화의 다양한 영역에서 지배적인 흐름에 역행하는 대항문화적 공동체들을 만들어 내는 차원을 놓치고 말았다. 그렇다면 이러한 사실은 이스라엘에게 무엇을 의미하는가? 그리고 예를 들어, 로마서 9-11장에서 바울이 이야기한 이스라엘은 정확히 누구인가? 이 지점에서 바클레이는 N. T. 라이트와 정확히 구분된다. 이스라엘은 유대인들을 의미한다. 바울은 어느 지점에서 "이스라엘의 정체성은 그리스도 안에 다시 그 뿌리를 두게 되고 회복될 것이다. … 감람나무 비유가 보여 주는 것처럼, 이스라엘은 이방인들에 의해서 대체되거나 비-유대인 영역 안으로 흡수되지 않는다. 그리스도를 믿음으로써, 이스라엘은 다시 한 번 … 은혜에 의탁할 것이다. 그렇게 함으로써, 이스라엘은 더욱 이스라엘답게 될 것이다."라고 믿었다.[2] 바울은 이스라엘 자체가 신적 자비에 의해서만 존립하며, 이를 기초로 온 이스라엘의 구원(선택된 남은 자들만이 아니라)을 희망할 수 있었는데, 그 이유는 하나님의 자비가 모든 불순종을 이기며 하나님의 자비에 관한 약속은 변함이 없기 때문이다.

   바클레이가 선물/은혜에 대한 바울의 관점을 급진적이라 보는 견해는 부분적으로 하나님의 선물이 인간의 가치와 아무런 관계가 없다는

---

[2]   John M. G. Barclay, *Paul and the Gift* (Grand Rapids: Eerdmans, 2017), 553, 555.

개념과 관련이 있다. 즉, 하나님의 선물은 그것을 받을 자격이 있는 수혜자에게 주어지는 것이 아니다. 더 나아가, 인간의 선물은 늘 신적 증여와 신적 은혜에 의해 그 동기를 부여받고 또한 가능해진다. 바울은 그리스도 사건을 고찰할 때, 금송아지 사건에 대한 하나님의 반응이나 (로마서 9장에 나오는 출애굽기 33-34장을 보라) 결점 많은 족장들을 부르시는 하나님의 부르심처럼, 적절한 것이나 정당한 것, 혹은 타당해 보이는 것을 훨씬 넘어서는 하나님의 자비에 대한 묘사에 충격을 받는다.

바클레이는 바울이나 여러 곳에서 은혜에 관해 언급한 다양한 방식들의 광범위한 분류 체계를 만들고자 했다. 그는 은혜의 여섯 가지 완전성을 다음과 같이 규정한다: (1) 과잉성(선물의 크기나 성격), (2) 단독성(증여자로서, 그리고 오로지 주기만 할 뿐인 하나님의 특성), (3) 우선성(상대방으로부터 오는 어떤 선제적인 개시 이전에 선물이 주어지는 시점), (4) 비상응성(선물과 그것을 받는 자의 가치 사이의 불일치), (5) 효능성(증여자의 의도를 달성하는 선물의 효력), 그리고 (6) 비순환성(어떠한 교환 체계나 호혜성에서 벗어나 있는 선물). 특히 비상응성의 문제와 관련해서, 바클레이는 루터의 오랜 격언, 즉 하나님의 사랑은 자신을 기쁘게 할 것을 찾지 않으시고, 다만 창조하실 뿐이라는 말을 재확인한다.

바클레이는 **카리스**(charis, 은혜)와 이 단어의 의미론적 범위를 다룬 중요한 부록에서, 사실상 **카리스**는 매력/호감, 혹은 자비로움이나 받은 선물/호의, 그리고 감사를 가리킬 수 있다는 점을 지적한다. 이 모든 의미들은 신약성서뿐 아니라 더 넓게는 헬라어에서도 찾아볼 수 있다. **카리스**라는 말 자체가 과분한 혹은 비상응적 선물이라는 **특정한 의미**는 가지고 있지 않다. 하지만 이 용어는 바울 안에서 미묘한 차이를 갖게 되는데, 왜냐하면 오로지 바울 안에서만 카리스라는 단어가 그리스도 사건으로 인해 주어진 하나님의 선물을 가리키기 때문이다. 그러나 이 단어 자체는 선물이라는 영역과 연관되어 있으며, 선물은 보통 합당한 혹은 받을 자격 있는 수신자에게 주어지는 것이다. **카리스**라는 말이 과분한 선물과 반드시 동일하다고 생각할 이유는 없다. 오로지 맥락만이 이 단어가 가진 (일반적이지 않은) 특별한 의미가 필요한지를 알려 줄 수 있을 뿐이다. 요약하자면, 바울은 그리스도라는 하나님의 선물을 가리킬 때, 일반적이지 않은 의미로 이 용어를 사용한다. 하지만 예를 들어, 바울도 예루살렘에 있는 가난한 자들을 위한 연보와 관련해서는 이 용어를 사용할 수 있었다. 이는 넓은 의미에서 보자면 비상응적 은혜를 의미하는 것은 아니었다.

바울의 은혜라는 용어를 잘못 해석하는 몇 가지 이유들은 "자애로움" 혹은 "자비"를 뜻하는 구약성서 용어인 헤세드(ḥesed, 자비)를 잘못 해석하는 것과 관련이 있는데, 사실상 이 용어는 70인역에서 엘레오스(eleos) 즉 "자비"로 자주 번역된다. 헤세드를 "언약적 사랑"으로 번역한 다음에 하나님이 스스로를 매어 놓은 대상인 선택된 자들을 위한 일방적인 사랑을 의미하는 것으로 정의 내리는 것은 헤세드의 의미와 그 범위를 파악할 수 없게 하고, 또한 그 용어가 하나님이 비-유대인과 맺는 관계를 가리킬 리 없다는 증거 역시 빈약하다. 예를 들어 헤세드라는 용어가 룻기에 등장하는데, 룻은 하나님이 언약적 사랑의 의무를 가지고 있지 않은 모압 사람이며, 나오미와 룻 역시 서로에게 약속의 의무가 없었다. 바클레이는 어떤 단어의 가능한 의미 하나를 취해서, 그것이 다른 형태의 맥락 속에서 의미하는 바를 단순히 가정하는 것을 경계한다. 바클레이는 "'하나님의 의로움'이라는 구절이 등장할 때마다 그 구절이 '하나님의 언약적 신실함'을 의미한다는 최근의 주장이 잘못"임을 지적한다.³ 바클레이는 **어떤** 텍스트에서는 그런 의미를 담고 있을 수 있지만, 이 단어가 나타날 때마다, 심지어 바울이 이 단어를 쓸 때마다, "하나님의 의로움"이라는 어휘소(lexeme)가 "하나님의 언약적 신실함"을 의미하는 것은 아니다. 이는 헤세드가 "하나님의 언약적 사랑"을 의미하지 않는 것과 마찬가지다. 이와 같은 개혁주의적 해석은 바울이 의미한 헤세드나 카리스와 같은 용어의 의미를 매우 협소하게 해석하는 경향이 있어, 바울이 뜻한 바를 왜곡해서 해석하는 결과를 가져온다.

예를 들어, 예정론이라는 특정한 신학은 "선물"이, 그리고 하나님과 신자들의 관계가 우주의 기초가 채 놓이기 전에 이미 결정되었다고 주장할 것이다. 미국의 가장 탁월한 칼뱅주의 신학자라 할 수 있는 조너선 에드워즈는 칼뱅과 루터를 고찰하면서 다음과 같이 말했다.

> 만약 받는 자의 입장에서, 자신의 선택과는 반대로 이끄는 힘이 개입되어 있음을 의미할 경우, 은혜에 대한 반응은 자발적인(혹은 자유로운) 것이라 할 수 없다. 하지만 만약 "자유로운" 혹은 자발적인 것이라는 단어가 단순히 은혜를 받는 자가 자신이 했던 대로 하도록 강요받았음을(사실 그가 달리 할 수는 없었지만) "느끼거나" "감지"하지 못했음을 의미한다면, 그때 "자유롭게" 혹은 "기꺼이" 혹은 "자발적으로"라는 용어가 여기에 적용될 수 있다.

이것은 신약성서에서 이 단어가 가진 의미론적 범위를 놓치거나 잘못 짚은 일부 개신교 신학에서 은혜라는 용어를 과도하게 결정론적으

---

3   "John Barclay's Paul and the Gift Part Three", The Bible and Culture, October 21, 2015, www.patheos.com/blogs/bibleandculture/2015/10/21/john-barclays-paul-and-the-gift-part-three/.

로 사용한 고전적인 예라 할 수 있다.

바클레이는 이러한 평가에 대부분 동의하면서 다음과 같이 말한다.

만약 은혜에 대한 우리의 반응이 어떤 의미에서든 "자발적인"(즉, 진정으로 하고자 하는) 것으로 간주되지 않는다면, 우리뿐 아니라 바울에게 있어서도 그것은 문제가 되었을 것입니다. 고린도 교인들이 예루살렘에 보내는 연보(charis)는 자발적이어야 하고 억지로 걷어서는 안 된다고 말하면서(고후 9:5) 그렇지 않으면 그의 입장에서 그것은 연보(gift)라 할 수 없다고 바울이 고린도후서 8-9장에서 얼마나 많이 강조했는지를 살펴보십시오. 이제, 바울의 시각에서 "자발적인 것"이란 "외부적 영향이 전혀 없는 것"(이 자발적인 연보를 모으기 위해 바울이 고린도 교인들을 설득하는 데 얼마나 많은 노력을 기울였는지를 보십시오!)을 의미하지 않습니다. 바울은 마치 우리가 완전히 자율적인 개인들로서 행동할 수 있고 또 그래야만 한다고 믿는 착각 속에서 행동하지 않았습니다. 하지만 이와 다르게 행동할 수 있는 자유로운 행위자인 것처럼(따라서 바울의 입장에서 보면 이는 은혜에서 떨어져 나갈 가능성이 있다), 우리 안에서 하나님의 사역이 우리 자신의 의지를 만들어 내리라고(빌 2:12-13) 바울은 기대합니다.

아우구스티누스로부터 시작해서 칼뱅을 통해 조너선 에드워즈에 이르는 해석의 흐름에서, 은혜가 우리의 의지를 유발하거나 제한하거나 강요할 정도까지 은혜의 효력을 "완전하게 만들려는"(철저한 것으로 만들거나 절대화하려는) 경향이 있습니다. 이것은 하나님의 주체성/의지와 우리의 주체성/의지를 모두 제로섬 게임, 즉 한쪽이 많이 얻을수록 다른 한쪽은 덜 갖게 되는 것으로 바꾸어 버립니다. 하지만 하나님의 의지는 동일한 인과 관계의 결합에서 작동하는 우리의 의지와 같은 수준이 아닙니다. 당신이 설명하는 방식에서 은혜의 효력의 완전화는 분명히 필연적이지 않습니다. 심지어 그것이 누군가에게는 당연히 매력적이라 하더라도 말입니다.[4]

바클레이는 하나님의 자유가 가진 초월성이, 종종 가정되는 방식으로 우리의 자유가 제한되는 것을 요구하지 않는다고 덧붙인다(예를 들면, "만약 하나님이 이 일이 일어나는 것을 의도하셨다면, 나는 이에 대해 선택할 수 있는 진정한 자유를 가질 수 없었을 것이다.")

이제 더욱 어려운 질문 한 가지는 루터와 칼뱅의 은혜의 신학을 그리스도의 전가된 의라는 개념과 관계있는 것처럼 만드는 것과 관련이 있다. 전가된 의는 루터와 칼뱅 모두에게 똑같이 중요한 것처럼 보인다. 하지만 나(벤)는 바울이 기본적으로 전가된 의라는 개념을 인정하지 않았다고 주장하려 한다. 만약 그것이 신자의 삶 속에서 성령의 내적 사역을 통해서 주어지는 의를 배제하는 것을 의미한다면 말이다. 확실히 중생/새 창조와 성화는 엄밀히 말해 신자의 삶 속에서 이루어지는 그리스도의 성품의 모방에 관한 것이지, 우리 죄를 위해 예수의 의가 그 값을 치렀다는 것을 단순히 암시하는 것이 아니다. 특히 루터와 칼뱅이 아브라함의 믿음/신뢰가 의(righteousness) 혹은 하나님 앞에서의 올바른 상태로 간주되었다고 이야기하는 로마서 4장과 갈라디아서 3장과 같은 텍스트에 대해서 그런 주장을 펴는 것이 매우 인상적이다. 이는 신자들을 위해, 그리고 신자들 안에서 그리스도가 의롭다고 말하는 것과 전혀 다

---

[4] 이 내용은 2015년 10월 이메일 대화에서 나온 추가적인 인용이다. 바클레이는 이렇게 덧붙였다. "더 좋은 신학적 모델은 비-대조적 초월성(non-contrastive transcendence)이라 불리는 것이다." (바클레이가 사이먼 개더콜과 함께 엮은 책인 *Divine and Human Agency in Paul and His Cultural Environment* [Edinburgh: T&T Clark, 2006]을 참고하라.)

른 내용이다. 루터는 신자들이 그리스도와 연합한다고 주장함으로써 이러한 딜레마를 해결하고자 했으며, 따라서 사법적 허구(the legal-fiction)라는 개념을 거부한다. 하지만 루터는 신자 안에 **주입되는**(infused) 은혜나 의는 없다고 강하게 주장하는데, 그 이유는 그의 로마서 7장 해석과 **의인이면서 동시에 죄인**(simul iustus et peccator)이라는 그의 신학 때문이다.

바클레이는 이러한 생각들을 제시하면서, 우리에게 "전가된"(imputed) 그리스도의 의라는 개념은 로마서 4:5의 "전가된"("여기시나니")이라는 단어의 뜻을 설명하려는 시도이며, 고린도전서 1:30("예수는 … 우리에게 지혜와 의로움과 거룩함과 구원함이 되셨으니" 등등)과 고린도후서 5:21("우리로 하여금 그 안에서 하나님의 의가 되게 하려 하심이라")과 같은 구절과도 부합한다는 점을 강조한다. 신학적으로 말하자면, 전가된 그리스도의 의 개념은 우리의 의와 관련해서 이야기되는 모든 것은 그리스도와 우리의 연합에 기초해서만 말할 수 있다는 주장을 드러낸다. 우리가 의로움의 길을 걸어가는 데 있어서 우리를 돕기 위해 은혜가 주입된 것이 아니라(혹은 돕기 위해서만 주입된 것이 아니라), 신자들에 관해서 "의롭다고" 할 모든 것은 그리스도에 기초하고 있다는 것이다. 바클레이는 우리에게 전가된 그리스도의 의라는 단어가 본래의 의미를 표현하는 가장 유용한(혹은 주석적으로 필요한) 방식이라고 여기지 않았지만, 신학적 내용에 있어서는 참이라 볼 수 있다고 보았다. 그리고 우리는 분명 은혜에 의해서 신자에게 주어진 새로운 자아와 새로운 주체성이라는 선물을 지속적으로 다시 언급해 주는 신자의 의를 설명해 줄 방식들을 찾아낼 필요가 있다. 루터의 **의인이면서 동시에 죄인**(simul iustus et peccator) 구도는 이를 위한 하나의 방편이지만, 바클레이는 **"죽었지만 동시에 살아있는"**(simul mortuus et vivens)과 같은 개념을 더 선호하는데, 왜냐하면 그는 로마서 7장을 그리스도인의 경험에 관한 것으로 해석하지 않기 때문이다. 여기서 바울에 관한 새 관점에 대해 우리가 이야기할 수 있는 한 가지는, 새 관점은 로마서 7:7-25이 그리스도인의 경험을 묘사하는 것이라는 주장에 대해 훨씬 더 경계하거나 심지어 이를 반대한다는 것이다. 이러한 입장은 올바른 방향으로 가고 있는 것이며, 신자들이 여전히 죄에 얽매여 있다는 개념에 이의를 제기하는 것이다.

최후 심판에 관하여: 바클레이는 바울 사상에서 하나님과의 올바른 관계(칭의)는 자격 없는 사람들, 심지어 하나님과 원수가 된 사람들조차도 참여시킨다고 단언하는데, 그 이유는 칭의란 믿음을 통해서 은혜로 말미암는 것이기 때문이다. 그럼에도 불구하고 바클레이는 인간 행위에 대한 평가를 수반하고 보상을 가져다줄 수 있는(혹은 보상이 없는) 최후 심판은 이러한 보상에 대해서 그 보상을 받을 사람의 적합함을 고려한다고 주장한다. 하지만 구원 자체는, 심지어 최종적 구원조차 보상이 아니고 얻어 내는 것이나 공로로 주어지는 것이 아니다. 이러한 차이점은 처음 칭의가 신자의 삶이 시작되는 지점으로 되돌려진 마지막 칭의에 불과하다는(그래서 하나님의 "현재 정죄함이 없음"은 이후에도 정죄함이 없음을 보장한다는) 개혁주의적 사고가 아마도 몇 가지 중요한 점에 있어서 바울을 지나치게 해석한 것일 수 있음을 보여 준다.

바클레이는 (불의한 자들과 하나님의 대적에게) 합당하지 않은 선물은 부활하신 그리스도의 생명으로 신자를 다시 창조하며, 이는 오직 신자를 대신하는 어떤 대리자가 발생시킬 수 있는 새로운 자아로부터 비롯된 것일 뿐이라는 점을 주장한다. 하지만 그 선물의 목적은 거룩하게 행하는 (불의함을 버리고 하나님의 원수 되기를 멈춘) 새롭고 변화된 자아이며, 그리고 바울은 종말에 그 거룩함을 면밀히 살피고 판단하고 보상하시는 하나님을 묘사한다. 이것은 두 번째 칭의가 아니다. 왜냐하면 신자의 삶에서 선한 것은 그리스도 안에서 하나님이 창조하신 새 생명의 산물로 인식되기 때문이다. 하지만 바울이 계속해서 신자에 대한 심판과 심지어 이들의 보상을 이야기하고 있다는 점도 타당하다. 정죄함이 없다는 것도 나 자신이 그리스도 안에 있으며 그를 의지하고 있는 한(고린도전서 3장의 관점에서 볼 때, 예수가 그리스도라는 기초 위에 머물러 있는 한), 그분이 내 안에서 이미 시작한 일이 의로운 것임을 하나님이 입증하신다고 약속하셨음을 의미한다. 하지만 이는 내가 그리스도로부터 분리될 수 있다는 가능성, 즉 바울이 수차례 언급했던 배교의 가능성을 열어 둔다.

바클레이는 또한 우리에게 복음서의 수많은 자료처럼, 하나님은 우리가 공정하다고 혹은 합당하다고 여기는 것에 따라 행동하지 않으신다는 개념을 바울이 그리스도교 전통에 주입했음을 상기시켜 준다. 탕자와 포도원 일꾼들의 이야기를 생각해 보라. 바클레이는 초기 그리스도교는 충격 속에서 형성되었다는 것을 강조한다. 그 충격이란 하나님이 예수를 죽은 자들 가운데서 부활하게 하셨다는 것이고, 이와 함께 병행하는 충격은 하나님이 그의 성령을 받을 자격 없는 이방인들과 노예들과 하층민들에게도 나누어 주셔서, 기존의 사회 통치 질서를 전복시키신다는 것이다. 바울에게 비정통적인 용어로 이방인 선교를 수행할 수 있도록 자유를 주고, 이 자유가 초기 그리스도교 신자들로 하여금 실험적이고 전례가 없는 공동체를 만들어 내도록 한 것은 바로 이러한 대항문화적이고 반직관적인 역동성이었다.

새 관점과의 비교. 바클레이는 바울에 관한 새 관점의 다양한 강조점들과 관련해서 많은 것을 이야기해 왔다. 그는 pistis Christou가 의미하는 바는 그리스도의 신실함이라는 주장에 대해 상당 부분 납득하지 못하며, 이 부분에 있어서 던과 일치하고, 리처드 헤이스나 라이트와는 불일치한다. 바클레이는 특히 라이트가 그리스도를 가리켜 이스라엘이 완수하지 못한 하나님에 대한 신실함의 역할을 완수했다고 보았기 때문에 그리스도의 신실함이라는 관점을 선호한다고 생각했다. 바클레이는 그리스도가 이스라엘의 역할을 한다는 점, 혹은 바울에게는 그리스도 안에서 연합한 유대인과 이방인이 이스라엘과 동등하다는 점에 동의하지 않음을 분명하게 밝힌다.

바클레이는 물론 은혜가 구약성서 모든 곳에서 발견되는 것이고, 만약 종교의 의미가 하나님의 선하신 은혜 안으로 들어가는 방법을 찾는 것이라면, 초기 유대교 안에서 은혜는 대체로 "행위 종교"라기보다 오히려 은혜가 응답보다 앞선다고 주장하는 점에서 언약적 율법주의에 더 가깝다고 본 샌더스에 동의한다. 하지만 샌더스와는 달리, 바클레이는 구약성서와 초기 유대교 텍스트 모든 곳에서 은혜가 동일한 의미, 뉘앙스, 완전성을 갖지 않는다고 생각했다. 예를 들면, 바클레이는 샌더스가 대부분 유대교 텍스트에서 은혜의 우선성을 올바로 찾아냈지만, 이 은혜의 우선성을 솔로몬의 시편과 에스라4서와 같은 텍스트에서 의문을 제기하는 은혜의 비상응성과 혼동했다고 생각했다. 일부 초기 유대인들은 하나님이 불의한 자들과 자격 없는 자들에게도 자비로우시다고 생각했고(비상응성); 또 몇몇 사람들은 정당한 이유로 하나님은 그렇지 않다고, 즉 우주가 가진 공정성을 훼손하지 않으시는 분이어서 은혜 받을 만한 사람들 혹은 그에 합당한 사람들에게만 자비를 베푸신다고 생각했다. 샌더스는 은혜의 우선성과 이와 다른 은혜의 완전성(비상응성과 같은)을 혼동했기 때문에, 몇몇 유대교 텍스트들과 바울의 텍스트 사이에 차이가 없다고 잘못 생각했던 것이다.

바울에 관한 새 관점 논쟁에서 여러 차례 제기되는 한 가지 주제는 바울이 갈라디아서와 로마서에서 특정한 상황을 다루고 있을 뿐 아니라 사실 은혜와 하나님의 의에 관한 바울의 신학은 그의 주된 독자인 이방인들에게 매우 구체적으로 맞춰진 것이라는 주장이다. 이런 통찰은 지나치게 과장될 수 있는데, 그 이유는 바울이 "믿음을 통한 믿음으로 말미암은 칭의"가 단지 어떻게 이방인들만이 그리스도의 몸에 속하게 되는지를 말하고 있지 않기 때문이다. 바울은 분명히 자기 자신을 포함해서 모든 사람이 어떻게 그리스도의 몸에 들어가는지를 이야기하고 있다. 예를 들어, 로마서 1장에서 바울은 그리스도 안에서의 의와 믿음에 관한 기쁜 소식이 "첫째는 유대인"을 위한 것이고 또한 이방인을 위한 것임을 강조한다.

구원의 두 가지 경로 모델은 바울 사상에 대한 분석으로는 잘 들어맞지 않으며, 특별히 로마서 11:25-36이 "구원자가 시온에서 오사 야곱에게서 경건하지 않은 것을 돌이"킬 때, 미래에 "온 이스라엘이 구원을 얻으리라"는 것을 분명하게 말할 때 그러하다. 만약 당신이 야곱이 이미 그리스도 외에 다른 수단을 통해서 구원을 받았다고 생각한다면, 당신은 야곱의 경건하지 않은 것에 대해 이야기하지 않았을 것이다. 또한, 당신이 구원의 두 가지 경로 모델을 끝까지 내세우려 한다면, 일시적으로 하나님의 백성으로부터 떨어져 나가서, 예수를 믿는 믿음을 통해 은혜로 말미암아 하나님의 백성으로 다시 접붙임 받을 수 있는 가지인 유대인에 대해서도 이야기하지 않을 것이다. 요약하자면, 스텐달까지 거슬러 올라가는 새 관점의 극소수만이 정확히 어떻게 비-그리스도교 이스라엘이 구원받았고 또 앞으로 구원받을 것인지에 대한 바울 사상의 급진적인 성격에 관한 난관을 진정으로 파악하는 것으로 보인다.

그렇다면 바클레이는 바울이 어떻게 이방인이 예수를 믿는 믿음을 통해 은혜로 말미암아 구원받을 수 있는지를 논의하려 했을 뿐이고, 실제로는 구원의 두 가지 경로 모델이 바울 문서에서 작동하고 있었다는 주장에 대해 어떻게 생각했을까? 바클레이는 스텐달과 동시대 학자인 존 G. 게이저와 로이드 개스턴과 더불어, 그 뒤를 이은 오늘날 급진적 새 관점 학자들(매그너스 제터홀름, 마크 나노스, 그리고 성서학회의 바울과 유대교 연구 분과 등)은 바울이 유대인들에게 실천이나 신념에 있어서 변화하길 기대했음을 암시하는 어떤 것도 찾으려 하지 않았고 지금도 그렇게 하고 있다고 말한다. 그리고 이를 주장하는 한 가지 방식은 율법의 권위에 대한 바울의 부정적인 언급들은 오로지 (그의 유일한 독자인) 이방인들과 관련되었을 때라고 이야기하는 것이다. 바클레이는 바울이 비록 하나님이 아브라함에게 행하신 일과 이후에 하신 일들, 그리고 하나님이 그리스도 안에서 하신 일 사이에 자리한 깊은 연관성을 발견했음에도 불구하고, 유대인들이 자기처럼 복음을 통해서 도전받고 또 재구성되기를 기대했다고 생각했다. 바클레이의 로마서 9-11장 해석에서 보면, 바울은 인종적 이스라엘이 그리스도를 믿는 믿음으로 구원받기를 기대했다. 이 일은 이들이 가진 유대교 경전의 유산에 추가되는 것도 아니고, 그리고 반대로 분명하게 이를 부정하는 것도 아니고, 바로 이를 성취하는 것이 될 것이다. 왜냐하면 하나님은 비상응적인 은혜로 이스라엘을 내내 붙들어 주셨기 때문이다(바클레이는 로마서 11장에 나오는 감람나무에서 그 근거를 취한다).

하지만 사실 갈라디아서 4장, 고린도후서 3-4장, 로마서 9:1-5, 10:1-5에서, 바울은 우리에게 그리스도가 모세 율법 언약의 종결이고 완성임을, 그리고 새 언약은 그리스도를 통해서 아브라함의 언약과 연결되는 것이지, 그리스도가 올 때까지 임시적으로 아이를 보호해 주는 자인 파이다고고스(paidagōgos, 초등교사), 즉 모세 언약과 연결되는 것이 아님을 매우 분명하게 밝힌다. 바울은 하나님께서 그의 백성에게 수많은 언약들 중 하나가 아니라 여러 종류의 언약을 주셨음을 단언한다. 요약하자면, 문제가 되는 것은 모세 율법에 대한 루터교적 해석이 아니라 칼뱅주의적, 개혁주의적 해석이다. 바클레이는 일반적으로 자신만의 방법론을 취한다. 그는 갈라디아서 2:15-16과 같은 텍스트에서 바울이 의미한 "율법의 행위"란 일반적으로 모세 율법의 실천이며, 할례와 같은 어느 특정한 경계적인 의식을 특정하거나 이를 우선시하지 않는다고 주장한다.

바클레이는 갈라디아서 3장에서 바울이 모세 율법은 정해진 기간(아브라함 이후 430년부터 시작해서 그리스도가 오시기까지) 동안에만 권위를 가진다는 것을 분명히 밝혔다는 점을 덧붙였다. 바울은 이러한 모세 율법이 잘못된 것이라 생각지 않았지만, 그리스도 안에 있는 사람들에게(비록 이들이 성령 안에서 행함으로써 모세 율법의 핵심적인 목적을 성취한다 하더라도) 더 이상 최종적 권위를 가지고 있지 않다고 여겼다. 로마서는 심지어 모세 율법의 이러한 핵심적인 목적("율법의 행위"[롬 2:15] 혹은 "율법의 요구"[롬 8:4])의 의미들을 분명히 하는데, 그것은 율법이 본질적으로 추구하는 것을 신자들이 행하는 것을 가리킨다. 하지만 유대인들에게조차 율법이 최종적 권위를 상실했다는 것은, 심지어 로마서에서도 바울이 스스로 속된 것은 없고(14:14) "하나님의 나라는 먹는 것과 마시는 것이 아니요 오직 성령 안에 있는 의와 평강과 희락이라"(14:17, NASB)는 사실을 그리스도 안에서 확신한다고 말할 수 있었다는 점에서 분명해진다. 하지만 토라의 규례는 여전히 고귀한 문화적 전통으로 남아 있는데, 바울은 믿음이 연약한 자들이 이 규례를 계속 실천할 수 있도록 허용해 주기를 원했다(롬 14-15장). 하지만 이들은 코셔(kosher, 유대교 음식법) 규례를 지킬 때뿐만 아니라 이를 무시하더라도 여전히 주님(하나님/그리스도)을 위해 살 수 있다는 것을 알아야 했다. 여기서 나는 새 관점에 대한 바클레이의 비판에 전적으로 동의한다. 여기서 발견할 수 있는 것은 바클레이가 단순히 바울에 대한 루터교적 해석과 같은 오래된 관점을 원상 복구하고 있는 것이 아니라 초기 유대교 텍스트와 바울의 유대교적 유산에 대한 그의 전유를 더욱 광범위하고 공정하게 평가해서 자신의 비판을 뒷받침하고 있다는 것이다.[5]

[5] 2015년 10월 바클레이는 다른 이메일에서 나에게 이렇게 말했다. "던과 다른 학자들은 텍스트 상으로 볼 때, 바울이 '반-율법적'(anti-Law)이라는 견해에 반대하기 위해 갈라디아서 5:14('온 율법은 사랑의 계명 안에서 성취된다는 것')에 호소합니다. 신학적으로 볼 때, (던이 시인한 것처럼) 비록 다른 제도들로 나타나지만 하나의 언약(아브라함-모세-그리스도 안에)이 있다고 주장하는데, 이는 던의 개혁주의적 가정들로부터 유래합니다. 그리고 정치적으로 볼 때, 이는 바울이 그 당시의 유대교-그리스도인의 관계 때문에 직접적으로 유대교에 반대하려 했다는 주장을 반박하려는 시도입니다. 저의 입장은 이러합니다. 만약 우리가 의미하는 '유대교'가 유대인과 이들이 하나님과 맺은 언약적 관계라면, 제 생각에 갈라디아서 6:16('하나님의 이스라엘')과 로마서 9-11장의 기도가 보여 주는 것처럼 바울은 '유대교에 반대'하지 않았습니다. 하지만 우리가 의미하는 '유대교'가(제 생각에 바울이 갈라디아서 1:13-14에서 '내가 이전에 유대교에 있을 때'라는 용어를 사용했을 때처럼) 토라가 최종적 권위가 되는 삶의 방식을 의미한다면, 바울은 근본적으로 다른 그 무엇을 제시한 것이라 생각합니다. 그것은 단순히 토라가 이방인들에게 강요되지 않아야 한다는 것일 뿐 아니라 토라가 더 이상 유대인 신자들에게조차 궁극적 권위가 아니라는 것입니다." 이러한 내용이 나(벤)에게 의미하는 바는 갈라디아서는 (1) 율법주의에 반대한다는 주장, (2) 루터적 의미의 행위-의에 반대한다는 주장, (3) 율법(위에서 다시 정의된 것과 같은)에 대한 순종이나 준수함에 반대한다는 주장, 혹은 (4) 순종은 마지막 구원과는 아무 상관이 없다는 주장(이와는 반대로 바울은 처음 하나님과의 올바른 관계는 은혜로 말미암아 그리고 믿음을 통해서 주어지는 것임을 주장하고 있다)이 아니라는 점이다. 오히려, 바울은 이미 구원받은 자들에게 어떻게 그들이 성령의 선물을 포함하여 그러한 선물을 갖게 되었는지에 대해 상기시키려 했으며, 앞으로 이들이 살아가야 할 방식은 성령을 통해서 계속해서 주어지는 그러한 선물에 기초해서, 그리스도의 인격과 삶의 규칙을 반영하는 방식으로 나타나야 함을 제시하고 있다.

결론. 바클레이의 책이 가장 크게 공헌한 두 가지는 (1) 바울이 살던 시대에 카리스(charis)라는 용어가 사용된 다양한 방식, 보상 같은 것을 생각지 않고 주는 것을 떠올리는 오늘날 맥락에서 그 용어를 종종 사용하는 방식과 그 당시 기부 문화 속에서 그 용어를 사용한 방식이 얼마나 다른지, (2) 바울이 진정으로 완성하고자 했고, 아마도 그가 끝까지 완성하지 못했을 은혜의 측면들(예를 들어, 은혜의 우선성)을 정리하는 데 매우 도움이 되는 여섯 가지 분류 체계, 이 두 가지 내용을 상당히 자세히 설명한 것이다. 바클레이는 언제나 바울을 늘 예외적인 인물로 생각하려는 시도, 즉 다른 초기 유대인들은 하나님으로부터 오는 선물조차도 보답을 요구한다고 생각했지만 바울은 보답을 요구하지 않는 일방적이거나 무조건적인 선물이 있다고 믿었다는 주장에 반대한다. 바클레이에게 있어서 바울의 여섯 가지 완전성 중 가장 핵심적인 것은 바로 비상응성(하나님은 그리스도 안에서 가치를 따지지 않고 주신다는 것)이다. 그러나 이것은 보답 자체를 생각지 않고 선물이 주어졌다는 것을 의미하지 않는다. 바클레이는 선물의 완전성을 서로 다른 여러 완전성으로 세분화한 것이 그의 책에서 행한 핵심적인 연구 방법이라고 생각한다. 그리고 이 연구를 평가한 조직신학자들은 만약 이와 같은 차이점들이 더욱 일찍 분명히 드러났으면 그리스도교 역사에 존재했던 굉장히 많은 논쟁을 줄였을 것이라고 주장한다. 또한 바클레이는 바울의 사유는 목적론적이라고 주장한다. 하나님의 은혜와 인간의 가치 사이에 선행하는 타당성이란 없다는 것이다(이것이 바울의 신학과 실천을 그토록 급진적으로 만든다). 하지만 선물의 목적은 인간 실존을 회복하고 그 방향을 바로잡는 것이다. 그래서 결국 우리는 합당하지 않은 선물에 의해서 창조된 합당한 예배자가 된다. 바클레이는 인간의 죄에 내려지는 하나님의 합당한 심판은 우리가 오로지 그리스도만 신뢰하도록(혹은 그리스도만 자랑하도록) 만들 만큼 우리로 하여금 회개하게(바울 서신에서 거의 나타나지 않는 용어) 하지 못하기에, 이후로 우리에 대해 긍정적으로 말할 수 있는 모든 것은 오로지 그리스도 안에서 이루어진 하나님의 재-창조적 역사("그런즉 누구든지 그리스도 안에 있으면 새로운 피조물이라" 고후 5:17)에 전적으로 의존한다.

나는 강조할 수 있는 은혜의 다른 측면들이 무엇이든지 간에, 바울의 그리스도론적 관점에서 볼 때 은혜의 우선성과 비상응성은 필수 불가결한 요소들이라 생각한다. 그래서 바울은 이스라엘 혹은 이방인들에게 있어서 은혜를 순수하게 하나님이 그의 백성에게 자비를 내려주시는 일로 이해한 것이다. 그러나 바클레이는 가장 먼저 비판적 입장에서 바울의 견해를 살펴보기 위해, 바울의 견해를 전체적으로 바라보려고 시도했음을 제대로 언급하는데, 그렇게 함으로써 우리는 바울이 무엇을 의도하고자 했는지를 이해할 수 있다. 하나님의 은혜가 비상응적이라는 관점이 필연적으로 더 낫거나 고차원적이라는 것이 자명한 사실은 아니다. 사실, 바울의 시대에 수많은 사람들은 이러한 개념을 거부할 많은 신학적 이유들을 가지고 있었다. 따라서 우리는 바울의 견해가 은혜에 대한 명확한 관점은 아니지만 특별히 그리스도론적 확신과 경험에 의해서 형성된 것임을 더욱 분명하게 볼 수 있게 되었다.

종교개혁주의자들의 관점으로 해석한 체스터

스티븐 체스터의 책, *Reading Paul with the Reformers: Reconciling Old and New Perspectives*(종교개혁주의자들과 함께 바울 읽기: 옛 관점과 새 관점의 조화)는 바울과 그의 사상을 평가하는 데 가장 최근에 나온 매우 중요한 자료이다.⁶ 체스터의 큰 관심사는 루터, 칼뱅, 필립 멜란히톤에 대한 오독을 바로잡는 것과 후기 루터교 사상과 후기 개혁주의 사상이 이러한 기라성 같은 종교개혁자들의 개념을 항상 공정하게 다루지는 않았음을 증명하는 것이었다. 최근 바울 학계는 종교개혁가들에 대해서는 실제로 관심을 갖지 않으면서 후기 루터교와 개혁주의 전통에만 반응하는 일이 매우 빈번했다. 체스터는 글래스고 대학에서 존 바클레이의 제자였다. 그래서 어떤 면에서 볼 때, 이들의 관점은 중첩된다. 어쨌든, 체스터가 바클레이에게 받은 영향은 이 장의 후반부에서 이 문제를 논의할 좋은 이유가 된다. 최근에 체스터는 나에게 이 책을 쓰게 된 동기를 설명해 주었다.

1990년대 후반에 글래스고 대학의 박사 과정 학생으로 있던 저는 갈라디아서의 몇몇 텍스트를 연구하고 있었습니다. 어느 날 학교 도서관에서, 제가 연구하고 있던 구절에 대해 루터가 무슨 주장을 했는지를 보게 되었고, 문득 저는 "루터가 그렇게 주장해서는 안 돼!"라고 생각하고 있었습니다. 제가 기대했던 것보다 더 많은 것을, 그리고 제가 생각했던 것과는 다른 무언가를 루터에게서 발견한 경험이 제 연구의 씨앗이 되었습니다. 저는 오랫동안 제2 성전기 유대교를 행위-의 종교로 보는 고정관념을 거부한, 새 관점이 갖는 가치를 확신하고 있었습니다. 하지만 제가 로마서 4:1-5이나 빌립보서 3:9 같은 텍스트를 읽었을 때, 저는 새 관점 학자들이 제시하는 주석을 납득할 수 없음을 알게 되었습니다. 거기에는 정확하게 들어맞지

---

6   Stephen Chester, *Reading Paul with the Reformers: Reconciling Old and New Perspectives* (Grand Rapids: Eerdmans, 2017). 이 책의 내용 중 일부는 나의 블로그 Patheos blog, The Bible and Cutlure에서 2017년 11월 15일에 처음 나온다. 2017년 11월 15일, "Reading Paul with the Reformers-Part One," The Bible and Culture, www.patheos.com/blogs/bibleandculture/2017/11/15/reading-paul-reformers-part-one/을 보라.

않는 그 무언가가 있었고, 저는 종교개혁에서 최종적으로 파생되어 온 해석의 궤적을 거부하고 있던 당시 바울 학계가 자신이 무엇에 반대하고 있는 것인지를 정확하게 이해하고 있는지가 궁금해지기 시작했습니다. 이 질문에 답하는 유일한 길은 16세기 자료들로 되돌아가는 것이었습니다. 이 책의 독자들은 분명히 알게 되겠지만, 저는 종교개혁자들이 해석한 모든 중요한 측면에서 그들이 다 옳다고는 생각하지 않습니다. 그러나 저는 우리가 동일한 텍스트들을 오늘날의 맥락 안에서, 그리고 오늘날의 맥락을 위해서 충실하게 해석하기 위해 노력할 때, 이들은 우리에게 중요한 주석 자료를 물려줄 수 있다고 생각합니다.[7]

[7] 이 내용은 2017년 11월 초에 내가 이메일로 받은 것이다. 그의 동의를 얻어 내 블로그에 올렸다. 2017년 11월 15일 "Reading Paul with the Reformers-Part One," Bible and Culture, November 15, 2017, www.patheos.com/blogs/bibleandculture/2017/11/15/reading-paul-reformers-part-one/를 참고하라. 체스터는 우리가 성서의 명료성에 대해, 성경에 포함되는 것이 무엇인지에 대해, 그리고 성서 밖 그리스도교 전통의 권위에 대한 에라스무스와 루터의 대화를 이해하도록 도움으로써 시작한다. 한편으로 에라스무스는 성서가 모호하며, 따라서 성서를 이해하기 위해서는 가끔씩 알레고리가 필요함을 거리낌 없이 인정한다. 반면에, 루터는 내내 성서의 명료성을 주장하면서도 야고보서를 "의로운 지푸라기 서신"이라 부르고 요한계시록을 정경에 포함시키는 것에 심각한 의구심을 가졌던 것을 보면, 루터의 이와 같은 주장은 낯설어 보이기까지 한다. 이 대화와 논쟁을 읽으면서 다음과 같은 질문을 제기하는 것이 공정하겠다. 성서와 전통을 두고 루터와 에라스무스가 벌인 대화에서 진짜 문제는 무엇이었을까? 단순히 가톨릭 전통의 역할을 거부하기 원해서 성서에 대해 자기만의 주장을 펼 수 있었던 것일까?

체스터는 루터가 야고보서를 지푸라기 서신이라 칭한 더욱 전체적인 맥락을 살펴보는 것이 중요함을 우리에게 상기시킨다. 루터는 이렇게 말한다. "성 야고보의 서신은 진정 지푸라기 서신이다. … 왜냐하면 그것은 이에 관한 복음의 본질과 전혀 관계가 없기 때문이다." 루터가 문제 삼은 것은 진정한 사도성을 가진 텍스트는 복음을 선포해야 하는데 야고보서는 그리스도에 대해서는 거의 이야기하지 않고, 그 대신에 윤리적 교훈에만 집중하고 있다는 것이다. 루터는 야고보서가 복음을 전해야 할 때 율법을 전한다고 생각했다. 그리고 루터는 야고보서가 칭의에 있어서 바울과 긴장 관계에 있다고 보았다. 따라서 루터는 야고보서를 별로 중요하지 않은 텍스트로 간주했고, 정경의 맨 마지막에 놓기를 바랐다. **그러나 그는 야고보서를 삭제하길 원치는 않았다.** 루터는 야고보서 말씀에 동의하면서 이를 인용하고, 한 번 이상 야고보서를 가지고 설교했다. 체스터는 루터가 여전히 야고보서를 하나님 말씀의 일부로 여겼음을 강조한다. 루터가 야고보

종교개혁자들 그리고 "율법의 행위". "율법의 행위"라는 구절은 종교개혁 기간 동안 논쟁의 화약고와 같았으며, 오늘날 바울에 관한 새 관점에 있어서도 마찬가지다. 체스터는 바울에 관한 새 관점을 연구하는 여러 학자들이 "율법의 행위"를 통해서 바울의 초점이 할례나 안식일 준수 등과 같은 "의식"에 맞추어져 있음을 제시하기 위해 많은 힘을 쏟은 반면에 실제로 종교개혁자들은 그렇게 생각하지 않았으며, "율법의 행위"라는 구절은 자민족중심적인 의식을 비판하기 위한 것이 아니었다는 점에서 이 구절이 얼마나 모순적인지를 이해하도록 돕는다. 결국, 이 구절은 의롭게 만들어 주지 못하는 율법 전체에 대한 비판이라는 것이다. 그것은 마치 새 관점의 학자들이 칼뱅과 다른 종교개혁자들에 의해 이루어진 종교개혁 논쟁에 무지하거나 이를 무시하는 것처럼 보인다.

체스터는 여기에는 두 가지 관련된 쟁점들이 있다고 이야기한다. (1) "율법의 행위"라는 구절이 일반적으로 의미하는 것과, (2) 바울이 칭의

> 서를 가지고 했던 작업은 율법과 복음에 대한 그의 해석학과 일치하며, 만약 그 해석학으로 성서 해석에 접근한다면 이해 가능하다.
> 체스터는 루터가 에라스무스와의 대화에서 성서의 명료성을 주장했을 때 루터를 단순히 자의적인 사람으로 비난하고 싶지 않은 반면, 에라스무스가 이후 프로테스탄티즘의 역사에서 발생한 성서 해석의 끝없는 분화를 더욱 분명하게 예견했다는 점에서 루터가 에라스무스보다는 덜 현명했다는 점을 인정한다. 하지만 그는 에라스무스가 가톨릭 전통과의 긴장 관계에 들어갔을 때, 몇 가지 중요한 지점에서 자신의 거대한 주석적 학문이 가진 신학적 결과를 인정하려 들지 않는다는 점에서 더욱 과감하고 정직했다고 할 수 있다.
> 체스터는 또한 그것이 단지 전통이라는 이유만으로 루터가 전통을 반대하는 것은 전혀 아니라는 것을 분명히 한다. 루터는 에라스무스와의 논쟁에서 교회는 성서 해석에 있어서 실수할 수 없다는 것을 아주 첨예하게 주장한다. 이 지점에서 루터는 매우 전통적이다. 그리고 역설적이게도 루터를 그렇게 아주 급진적인 인물로 만들어 버린 것은 바로 그러한 전통적 관점에 대한 그의 집착이었다. 일단 그는 로마 교회가 성서 해석에 있어서 아주 심각한 오류를 범했다고 결론지었으며, 그것이 가져온 피할 수 없는 결과는 그가 더 이상 로마 교회를 참된 교회로 간주할 수 없게 되었다는 것이다. 그 대신에 참된 교회는 은혜로 말미암아 선택받은 남은 자들이다. 루터는 활동했던 기간 내내 자신이 참된 가톨릭이었지, 가톨릭을 반대하는 자가 아니었음을 주장했다.

는 "율법의 행위"에 의해 이루어지는 것이 아님을 말할 때, 그가 의도한 바에 관한 것이다. (1)의 쟁점에서는 종교개혁자들 사이에 사실상 큰 의견 차이가 없다. 종교개혁자들은 그 구절이 율법 전체, 즉 신성한 계명들에 대한 순종 안으로 삶 전체를 포괄함에 대한 유대교 특유의 주장을 가리킨다고 주장한다. 하지만 (2)의 쟁점과 관련해서, 바울이 그 구절을 사용한 텍스트들을 그들이 주석할 때, 그들은 항상 바울이 목표로 삼은 것이 행위-의임을 발견하게 된다.

체스터에 따르면, 이러한 주석은 바울의 맥락 안에서 의로운 행실이 율법주의적인 유대인의 삶의 방식과 동의어였으며, 악한 행실은 이방인의 삶의 방식과 동의어였다는 사실을 간과한 것이다. 칭의가 인간의 윤리적 성취에서 비롯되지 않는다고 주장하는 것은 칭의가 유대인의 민족적 정체성에서 비롯되지 않는다고 말해야 하는 것과 일치하며 이는 필연적인 결과이다. 체스터는 바클레이가 바울에게 있어 "율법의 행위"와 관련한 근본적인 주제는 바로 은혜의 비상응성이며 그것은 모든 형태의 인간적 가치들(민족적 정체성과 윤리적 성취 모두를 포함하여)을 무가치한 것으로 치부한다고 진술한 것은 핵심을 정확히 본 것이라고 주장한다.

체스터는 종교개혁자들이 주장하는 주요한 골자들에 대해서 대부분 동의하지만, 로마서 7장과 관련해서는 루터나 칼뱅의 입장과는 크게 동떨어져 있다. 흥미롭게도, 체스터는 로마서 7:7-25에는 자서전적 요소가 있으며 바울은 스스로를 전형적이고 대표적인 인물로 여긴다고 생각했다. 바울은 바리새인으로서의 이전 삶에 대해 이야기하고 있는데, 그것은 그 당시 자신에게 드러난 모습이 아니라 현재의 자신에게 드러난 모습을 이야기하고 있는 것이다. 체스터는 바울이 이전에 죄와의 싸움에서 패배한 것을 묘사한다고 주장하는데, 이는 자신의 이전 상태에

대한 진실을 지금 바라보고 있다는 것이고, 특별히 그가 교회를 박해했다는 사실과 관련 있다.⁸

우리의 의견을 말하자면, 로마서 7장에 대한 체스터의 해석은 빌립보서 3:6에서 난관에 봉착한다. 거기서 바울은 회심 이전에 모세 율법에 순종함에 있어서 **흠이 없었다**. 실제로, 바울은 자신의 이전 삶을 그리스도 안에서의 삶과 비교할 때를 제외하고는 매우 긍정적으로 평가한다. 이로 인해 바울의 회심 이전의 삶은 그 중요성이 떨어져서 이제는 **배설물**(skybala)로 부를 수 있다. 하지만 이것은 바울이 회심 이전의 삶을 이보다 더욱 큰 것에 비교해서 바라본 방식이지, 그 자체를 그렇게 보는 방식은 아니었다. 여기서 체스터는 로마서 7장에 대해서 바울에 관한 새 관점에 대부분 동의하는 것처럼 보이며, 반면에 종교개혁자들의 입장에는 반대하는 것처럼 보인다.

종교개혁자들, 칭의, 그리고 의. 바울의 새 관점에 대한 논의에서, 때때로 칭의에 대한 바울의 용어를 법정적 관점에서 보는 종교개혁자들과 관련된 오해들이 발생한다. 체스터는 멜란히톤이 루터나 칼뱅에 비해 더욱 법정적인 관점을 가졌다는 점을 지적함으로써 이를 구체화한다. 체스터는 루터, 멜란히톤, 칼뱅이 모두 칭의와 관련해서는 스스럼없이 **전가**(imputation)라는 용어를 사용했지만 오늘날에 전형적으로 쓰이는 방식으로 이 용어를 사용한 것은 **아니라고** 증명해 보인다. 의가 전가된다고 이야기할 때, 우리에게 떠오르는 이미지는, 신성한 법정을 가로질러서 그리스도로부터 신자에게 전달되는 어떤 실체로서의 의로움이

---

8   체스터는 *Perspectives on Our Struggle with Sin: 3 Views of Romans 7* (Nashville: Broadman & Holman, 2011)에서는 집필자 중 한 명으로서, 그리고 좀 더 이전에는 *Conversion at Corinth* (Edinburgh: T&T Clark, 2003)에서 이러한 논증을 자세히 다룬다.

다. 라이트와 여러 학자들은 분명히 이러한 개념은 바울의 텍스트에서는 발견되지 않는다고 제대로 지적했다. 하지만 이러한 개념의 전가는 앞서 세 명의 종교개혁자들이 의미했던 전가가 아니다. 루터와 칼뱅에 따르면, 신자는 분명 그리스도의 의를 받는다. 하지만 이것은 한쪽에서 다른 쪽으로 전달되는 것이 아니다. 오히려, 믿음이 신자와 그리스도를 연합하게 만든다. 그리고 이러한 인격적인 연합 안에서 그리스도 안에 있는 사람들은 그리스도의 의를 받게 되는데, 결국 그리스도의 승리한 인격 안으로 들어가게 되는 것이다. 바로 여기에 교환이 있다. 즉, 그리스도는 세상 죄를 받아들이고, 그 대가로 신자는 그리스도의 의를 받아들이는 것이다. 하지만 이러한 교환은 오로지 인격적인 결합 안에서만 이루어질 수 있다. 만약 어떤 이동이 있었다면, 죄와 사망의 영역에서 그리스도와 은혜의 통치로 신자가 이동한 것이다. 이러한 방식은 사법적 허구라는 위험을 면하도록 해 준다. 왜냐하면 그리스도가 변화시키는 강력한 현존이 되기 때문이다. 특히, 칼뱅은 언제나 전가를 삼위일체적 관점에서 고려했다. 즉, 신자와 그리스도를 연합시키는 믿음을 성령의 사역으로 본 것이다.

체스터는 계속해서 멜란히톤은 이들과 살짝 결이 다르다고 강조한다. 왜냐하면 그는 이들과 동일한 방식으로 그리스도와의 연합을 특별히 강조하지 않았기 때문이다. 멜란히톤은 칭의를 그리스도와 관계를 맺는 것으로, 즉 죽음을 통해서 하나님 앞에서 중보하고 성부 앞에서 신자들의 일들을 간구하는 중재자인 그리스도와의 관계로 설명한다. 멜란히톤의 관점에서, 신자는 그리스도 때문에 하나님에게 받아들여진다. 이미 1530년대에 멜란히톤에 대한 첫 비판자들(예를 들면, 요하네스 그로퍼)은 이런 주장을 사법적 허구로 여겼지만, 적어도 멜란히톤은 한 사람이 의롭게 될 때, 이와 동시에 성령의 선물이 변화와 다시 새롭게 함을 가져온다는 점을 늘 강조하고자 했다. 이러한 다시 새롭게 하는 성령의 사역은 그 자체로 멜란히톤이 이해했던 칭의의 일부는 아니지만, 그는 이러한 사역이 항상 칭의와 동반한다고 주장한다.

  단지 설명에 불과한 것이 아니라 변론의 요소가 더 많은, 이와 같은 체스터의 유용한 설명에도 불구하고, 루터의 견해에 몇 가지 중요한 문제들이 있다. 그중에는 이 문제에 대한 체스터의 관점에 루터가 온전히 일치하지 않아 보이는 것도 상당수 있다. 우리 의견으로는, 그리스도의 "외래적 의"(alien righteousness)에 대한 루터의 견해를 밝혀내려는 노력은 상당히 어려운 일이다. 가끔씩 루터는 마치 신자가 그리스도와 결합한 쌍둥이인 것처럼 주장하는 듯하다. 신자와 그리스도는 함께 결합되어 있지만, 모든 의는 그 쌍둥이 즉 그리스도 안에 있으며, 어떤 의도 여전히 죄의 속박에 얽매여 있는 신자 안에 있지 않다. 루터가 "우리 안에 계신 그리스도, 영광의 소망"에 관해 이야기할 때, 그는 여전히 그 의를 "외래적"인 것으로 유지하는 데 **매우** 신경을 쓰며, 이는 마치 루터가 마트료시카 인형을 이야기하는 것처럼 들린다. 그리스도는 우리 안에 있으며, 그는 완전한 의를 가지고 있다. 하지만 우리는 실제로 그 의를 가지고 있지 않다. 그래서 그 의는 우리의 본성을 크게 변화시키지 않고 우리를 위해 실제적으로 피 흘리지도 않는다. 이런 이유로 비록 그리스도가 우리 안에 내주하고 있음에도 불구하고 우리는 여전히 우리 죄에 갇혀 있는 것이다.

  전적으로 외래적인 그리스도의 의라는 쟁점에서, 루터와 멜란히톤의 대화, 그리고 칼뱅과 에라스무스의 대화를 고찰해 볼 가치가 있다. 가장 먼저, 고린도후서 5:21에서 나오는 en auto(엔 아우토, "그 안에서")의 의미에 관한 루터와 멜란히톤의 논쟁이 흥미롭다. En(복수 여격)은 "~ 안에"(in) 외에 다른 여러 가지 뜻이 있을 수 있다. 예를 들면, "~에 의해"(by)라는 뜻도 있다. 더 나아가, auto는 "그를"(him)을 의미하기보다 "그것"(it)을 의미할 수 있다. 따라서 예컨대, 로마서 1:17에서 바울은 아마도 하나님의 의가 "그 안에서"(즉, 그리스도 안에서)가 아니라 "그것 안에서(즉, 복음 안에서)" 드러났음을 의미했을 것이다. 따라서 우리는 고린도후서 5:21을 "하나님이 죄를 알지도 못하신 이를 우리를 대신하여 죄로 삼으신 것은 우리로 하여금 그 안에서 하나님의 의가 되게 하려 하심이라"라고 읽을 수 있으며 혹은 "그것 안에서"(이 경우에는 그리스도의 속죄하는 죽음을 가리킨다)로도 읽을 수 있다. "죄로 삼으신 것"이라는 구절은 우리가 그리스도와의 연합을 통해서 그와 같이 될 수 있도록 그를 "죄인으로 삼으신 것"(그렇게 우리와 같이 되심)을 의미하지 않는다. "그는 죄가 되었다"라는 표현은 어쩌면 그리스도가 세상 죄를 짊어진 자(즉, 희생양)가 되었음을 가리키는 것일 수 있다. 혹은 우리를 대신하여 우리 죄에 대한 심판을 받는 것을 가리킬 수 있다. 다시 말해, "dikaiosynē tou theou(디카이오쉬네 투 데우)"가 하나님의 의(로마서 1장에서 분명하게 나타나는 것처럼)가 아니라 그리스도의 의를 가리킨다고 단순하게 가정하는 것은 의심스럽다.

다시 말해, 여격 목적어들과 그 구절 자체와 관련된 그 두 개의 전치사들에 대한 특정한 해석에 대해, 그것이 하나님의 의를 가리키는 것이 아니라 그리스도를 가리키는 것이라고 가정하는 해석에 이 종교개혁자들은 지대한 관심을 갖는다. 하지만 고린도전서와 고린도후서 어느 곳에서도 바울은 그리스도를 theos(데오스) 혹은 하나님의 의로 부르지 않으며, 그리스도를 하나님으로 지칭하는 유일한 예는 로마서 9:5에서 논란이 되는 송영에만 나타난다. 로마에서 로마서 1장을 처음 들었던 사람은 로마서 1:16-17이 가리키는 바가 그리스도의 의나 "하나님의 언약적 신실함"이라고는 생각지 못했을 것이다. 또한, 고린도전서 1:30에 나오는 그리스도가 우리의 의가 되신다는 또 다른 가정 역시 그러하다. 그것은 다음과 같이 읽을 수 있다. "그러나 **너희**는 그로부터[선행사는 theou(데우)이며, 하나님을 의미한다] 나서, 그리스도 예수(그는 하나님으로부터 나서 우리의 지혜가 되신 분이다) 안에 있고, 예수는 의와 거룩함과 구원함이 되신다." 인정하건대, 이것은 바울의 극히 난해한 문장 중 하나이며, 분명히 여기서 그리스도를 "우리의 지혜"라고 부른다. 하지만 문장 구조를 보면 **너희**(you)가 주어이며, **나서**(is)는 동사이고, 주절의 목적어는 **의로움**과 그 외의 것들이 된다. 다시 말해, 이것은 그리스도가 우리를 위한 그 무엇이 되었음에 관한 내용이 아니다. 그것은 우리가 그리스도 안에, 즉 그의 몸 안에 있을 때 무엇이 되느냐에 관한 것이다.

바로 이런 종류의 논쟁이 종교개혁자들 사이에서 일어났다.[9] 에라스무스는 로마서 6:11의 헬라어에 초점을 맞추면서 거기서 en은 "~에 의해"(by) 혹은 "~을 통해서"(through)를 의미한다고 매우 타당하게 주장했으며, 반면에 칼뱅은 불가타역을 따라서 그 단어는 "그리스도 예수 안에"를 의미한다고 주장했는데, 왜냐하면 칼뱅은 그 논쟁을 그리스도 안으로 접붙임됨에 관한 것으로 이해했기 때문이다. 동일한 문제가 고린도후서 5:21에 관한 논쟁에서 불거지는데, 거기서 에라스무스는 우리가 그리스도를 통해서 하나님의 의가 된다고 말하고, 칼뱅은 "그리스도 안에서" 그렇게 된다고 주장한다. 그 전치사에 관한 두 가지 번역 모두

---

9   Chester, *Reading Paul with the Reformers*, 279-85.

분명히 가능한 것이지만, 성부 하나님의 의를 그리스도의 의로 바꾼 칼뱅의 번역은 그렇지 않다. 칼뱅은 고린도전서 1:30에서 같은 실수를 범하는데, 이는 그 문장에서 주절의 문법과 통사론의 흐름에 상당히 역행하는 것이라 할 수 있다. 그 문장을 그리스도가 우리의 지혜와 우리의 의와 기타 등등이라고 읽고, 문법을 그렇게 판단할 수 있는 방법은 없다. 그리고 "하나님으로부터 나온 우리의 지혜"라는 구절로 끝나는 그 문장의 종속절 뒤에 kai(카이, "그리고, ~와")는 나오지 않는다.

체스터는 고린도후서 5:21에 관해서 en auto를 "by it"(그것으로 인해)로 번역하는 것은 그 문장("그가 삼으셨다"[he made])에서 주동사가 분명히 신적 행동을 묘사하고 있고 그리스도가 목적어가 된다는 점에서 어색할 것이라고 주장한다. 만약 바울이 우리가 "그것으로 인해"(by it) 하나님의 의가 된다고 말할 생각이었다면 스스로도 분명히 납득이 가지 않았을 것이다. "그로 인해"(by him)처럼 조격으로 읽는 것은 확실히 가능하다. 바울의 주장에는 어떤 대칭이 있다. 곧 죄를 알지 못한 그리스도가 죄가 되어 죄인들의 곤경을 함께 나누기 때문에, 죄인들은 그리스도의 의를 함께 나눔으로써 의롭게 된다.[10] 다시 말해, 이것이 가진 문제는 예수는 실제로 "죄가 되지" 않았다는 데 있다. 그 단어는 우리가 실제로 그리스도의 행위 안에서 혹은 그의 행위를 통해 의로움이 **되었다**는 것보다(그런 의미라면 'dikaios'[의로운]이라는 단어가 사용되었어야 했다) 희생양 개념을 가리킬 가능성이 더 높다. 또다시, 바울은 그리스도가 우리 죄를 위해 죽으셨기 때문에 우리가 하나님의 의가 되었다고 이야기한

---

[10] 체스터는 *Paul and Union with Christ: An Exegetical and Theological Study* (Grand Rapids: Zondervan, 2012), 186-87에서 그 구절의 내적 논리는 신자들이 그리스도의 의를 함께 나눈다는 생각을 지지한다는 콘스탄틴 캠벨의 주장에 동의한다.

다. 체스터는 단순히 고린도전서 1:30이 그리스도가 우리의 의, 구원, 기타 등등이라는 것을 암시함이 틀림없다고 반복해서 설명하지만, '**우리의**'(our)라는 수식어구는 이런 단어들에 적용되지 않고, 더 나아가 그 문장의 문법적 구조도 그와 같은 결론에 잘 맞아떨어지지 않는다. 그렇다면 주부와 술부인 "너희는 … 이다"(you are)의 목적어는 무엇인가? 바울은 우리가 누구인지에 대해 아무것도 알려주지 않은 채로 남겨 둔 것일까? 나는 그렇게 생각하지 않는다.

바울에 대해 루터가 오해한 내용 중 일부는 바울이 사용한 **육체**(flesh)라는 단어를 마치 그것이 그리스도인의 전체 삶을 통해서 빚어진 그리스도인 전체 인격을 가리키는 것처럼(이후 불트만 역시 이 실수를 저질렀다) 잘못 해석함에서 비롯되었다. 반면에, 그 단어는 바울의 스승들이 이야기했던 yēṣer haraʻ(예체르 하라, 죄성), 곧 사람을 잘못된 방향으로 잡아당기는 악한 성향이지만 신자의 삶에서 성령의 이끄심과 인도하심보다 결코 더 강할 수 없는 것을 가리킬 가능성이 더 높다. 고린도전서 10장에서 바울은 고린도 교인들에게 이들이 시험을 이겨 낼 길이 있다고, 하나님이 적어도 시험을 피할 수 있는 방법을 제공해 주신다고 말했다. 이는 신자들이 죄의 속박 안에 얽매여 있는 것처럼 들리지 않는다. 루터로 하여금 잘못된 해석을 하게 만든 또 다른 구절은 바로 로마서 7:7-25을 그리스도인의 삶을 가리키는 것으로 해석한 부분이었다.

나(벤)는 로마서 1장의 시작부터 중요한 주제인 "하나님의 의"라는 구절이 하나님의 성품과 관련이 있다는 것을 주장하고자 한다.[11] 이는

---

11   체스터는 *Fire in My Soul: Essays on Pauline Soteriology and the Gospels in Honor of Seyoon Kim* (Eugene, OR: Wipf & Stock, 2014)에 있는 Max Lee, "Greek Words and Roman Meanings Part 1: (Re)mapping Righteous- ness Language in Graeco-Roman Discourse," 그리고 "Greek Words and Roman Meanings Part 2: A Prolegomenon to Paul's Use of

로마서 1:18-32에 나오는 다음 논쟁에서 매우 분명히 드러난다. 이 단락에서는 하나님의 의를 지금 이 세상에 나타난 죄에 대한 그의 orgē(오르게, 분노) 혹은 진노로 표현한다. 이것은 "언약적 신실함"과는 관련이 없고, 또 신약성서에서는 찾아볼 수 없는 명사구인 "그리스도의 의"(the righteousness of Christ)와도 직접적인 연관이 없다. 로마서 1장에서 하나님은 성부 하나님이지 그리스도는 아니다.

성부 하나님이 우리를 위해 십자가에서 죽으신 것이 아니다. 하나님은 그의 거룩한 성품이 우리에게도 동일하게 이루어지기를 원하신다("내가 거룩하니 너희도 거룩할지어다" 벧전 1:16 KJV) 하지만 그것은 전가(imputation)

Righteousness Language in his Letters"를 지목한다. 그는 그리스-로마 자료에서 명사인 dikaiosynē(디카이오쉬네)의 중요한 의미 한 가지는 의심할 여지 없이 도덕적 기질로서 "정의롭고 의로운 성품"임을 인정한다. 그러나 이 단어는 또한 질서를 확립하기 위한 정의로운 기준이나 규범의 집행을 의미하기도 한다. 동사 dikaioō(디카이우)는 우리가 가진 그리스-로마 자료에서는 "면죄하다"(acquit)라는 특정한 의미는 전달하지 않는다. 하지만 법적 맥락에서 그것은 누군가에게 정당하다고 선언하거나 올바르다고 판단하는 것을 의미한다.

따라서 체스터는 바울에게 있어 의로운 자는 자신이 마땅히 해야 할 일을 하는 사람이며, 의로움이란 해야 할 일을 하는 것이고, 판사가 어떤 사람을 의롭다 할 때, 그것은 그 사람이 옳은 일을 하고 옳지 않은 일을 하지 않았다고 선언함을 의미한다고 보았다. 이것이야말로 체스터가 루터와 칼뱅이 (역설적이게도 루터는 종종 칭의와 관련해서는 법적 은유를 사용하지 않았지만 결혼 은유는 선호했다) 칭의를 그리스도와의 연합에 매우 밀접하게 관련시킬 때, 바울을 해석함에 있어서 서로 다른 방식으로 올바른 방향을 잡았다고 생각한 이유이다. 바울에게 있어서, 누군가가 정의롭거나 의롭다는 선언은 허구적이지 않다. 왜냐하면, 그것은 믿음을 가진 사람을 죄의 권세로부터 은혜의 통치로 옮기기 때문이다. 은혜의 통치 안에서, 신자는 성령으로 인해 그리스도와 연합한다. 그리고 그리스도와의 연합 안에서 믿는 자들은 그리스도의 의를 부여받는다. 그리스도는 옳은 것을 행한 자이며 옳지 않은 것을 행하지 않은 자이다. 그러므로 체스터가 내가 설명했던 방식으로 윤리적인 것에서 법정적인 것을 분리하는 잠재적 위험이 있다고 생각한 것은 법정적 은유가 그리스도와의 연합이라는 강력한 의미에서 분리될 때이다. 나는 그 위험이 단순히 잠재적이지 않다고 생각한다. 나는 이러한 틀이 의로움을 의로운 행실로부터 분리시킨다고 생각하는데, 이는 구원 과정의 부분들로서, 이 구원 과정은 신자가 부활의 때에 그리스도의 형상을 완전히 이룰 때까지 끝나지 않는다. 구원은 칭의에서 완성되는 것이 아니다.

가 아니라 전이(impartation)를 통해서 이루어진다. 여기서 가톨릭의 주장이 더욱 설득력 있다. 따라서 이 모든 것은 우리에게 선언된 그리스도의 완전한 외래적 의에 대해서 이야기하고 있는 것이다. 또는 그리스도와의 연합을 통해서 우리는 그 의와 연결되지만 그것은 우리 쪽에 실제적인 의로움을 가져오지 않는다는 주장이다. 이러한 주장은 너무 신비주의적이고 비유대교적 방식의 바울 해석처럼 보인다. 따라서 루터는 적어도 성화에 대해 적절한 교리를 가지고 있는 칼뱅과 비교해 볼 때, 여기에 더 큰 책임이 있다. 빌립보서 3:9은 더욱 명확한데, 하나님으로부터 우리에게 오는 의로움이 있다고 한다(고린도후서 5장에서는, 우리는 하나님의 의로움이 된다). 그렇다. 의로움은 그리스도를 믿는 믿음을 통해서 온다. 그러나 그리스도의 의는 우리가 흥정해서 얻어 내는 것이 아니다.

하나 더 언급해야 할 것이 있다. 만약 "외래적"이라는 말이 의미하는 바가 오로지 하나님으로부터 오는 것이고 믿는 자가 가진 공로와 행위 혹은 심지어 믿음 때문에 오는 것도 아니라면, 여기서 문제가 되지 않는다. 하지만 만약 그것이 중생(the new birth)을 통해서 신자에게 일어나는 실제적인 변화를 수반하지는 않고, 그리스도와의 연합 혹은 연결됨으로써 죄책 대신 의로움을 가지게 되는 것만을 의미한다면, 우리는 이전 것은 이미 지나가 버림(**의인이면서 죄인**[simul iustus et peccator]이 아닌, 그리고 여전히 죄의 속박 안에 있는 것이 아닌)만 알고, 그리스도 안에서 새로운 피조물이 되는 것이 무엇을 의미하는지에 대해서 모르는 아주 제한적인 이해만을 가지게 될 것이다.

만약 우리가 가진 의로움이 전적으로 우리 외부(extra nos)에 남아 있다면, 이것은 우리로 하여금 중생을 경험하게 하고 우리 안에서 역사하시는 하나님의 구원에 동참하는 주체적인 새로운 피조물로 만들어 내지 못한다. 그리스도가 우리를 위해 구원받을 수 없는 것처럼, 그리스도가 우리를 위해 의롭게 될 수 없다(만약 그것이 우리 첫값을 치르기 위해 십자가 위에서 모든 사람을 위해 단번에 치른 그리스도의 대속적 속죄 그 이상의 것을 의미한다면 말이다). 그러나 그리스도는 물론 우리 구원의 근원이자, 우리에게 하나님의 의를 매개하는 자가 될 수 있다.[12]

체스터는 루터가 "자아"와 관련해서 갈라디아서 2장을 지나치게 문자적으로 독해했음을 명확히 밝히면서, 바울이 더 이상 자아가 없다고 이야기한 것이 아니라 연속성 즉 바울은 여전히 바울이라는 의미의 연속성을 이야기했으며, 그 연속성이란 바로 죄 된(sinful) 자아의 연속성임을 단언함으로써 이를 증명한다. 죄 된 자아는 그리스도와 함께 십자가에 못 박혔고, 이제 바울을 통해서 숨 쉬고 말하고 행동하고 있는 자는 바로 그리스도다. 신자는 외래적 의를 부여받을 뿐 아니라 그리스도의 외래적 생명으로 살아가야 한다. 왜냐하면 바울이 바울로서 계속해

---

[12] 체스터는 루터, 멜란히톤, 칼뱅 모두 칭의와 관련해서 전가(imputation)라는 용어를 자유롭게 사용했지만 그 용어를 오늘날 일반적으로 의미하는 것으로는 사용하지 않았음을 말함으로써 특히 칼뱅의 견해를 명확히 드러낸다. "우리가 의로움이 전가된다고 이야기할 때, 그것이 우리에게 떠올려 주는 이미지는 신적인 법정을 가로질러 그리스도에게로부터 신자에게 전달되는 어떤 물질로서의 의로움입니다. N. T. 라이트와 여러 학자들은 바울의 텍스트에서는 이러한 개념을 찾아볼 수 없다고 올바르게 지적했습니다. 하지만 이것은 앞의 세 명의 종교개혁자들이 의미했던 전가가 아닙니다. 루터와 칼뱅 모두는 신자가 분명히 그리스도의 의를 받는다고 보았지만, 그것은 한쪽에서 다른 쪽으로 전달되는 것이 아니라 할 수 있습니다. 오히려, 믿음은 신자와 그리스도를 연합시킵니다. 그리고 이러한 인격적인 연합 안에서 그리스도 안에 있는 자들은 그리스도의 의를 받게 되는데, 바로 그리스도의 승리한 인격 안으로 들어가게 되는 것입니다. 여기에는 어떤 교환이 있습니다. 그것은 그리스도가 세상의 죄를 받아들이고, 그 대가로 신자는 그리스도의 의를 받게 되는 것입니다. 하지만 이러한 교환은 인격적인 연합 안에서만 일어날 수 있습니다. 만약에 여기서 어떤 이동이 있었다면, 그것은 죄와 사망의 영역에서 그리스도와 은혜의 통치로 옮겨 간 신자의 이동이라 할 수 있습니다. 이러한 방식으로, 사법적 허구라는 위험을 피하게 되는데, 그 이유는 그리스도가 변화시키는 강력한 현존이기 때문입니다."(2017년 11월 6일, 저자와의 이메일에서)

서 살아가는 것은 바울에게 있어 죽음이 되는 것이지만, 그리스도를 위해 죽고 사는 것은 오히려 생명이 될 것이다. 옛 사람과 새로운 피조물, 죄 아래 있는 자아와 그리스도 안에 있는 개별적 인간은 가능성 있는 두 가지 경우로 이 둘은 상반된다. 이것은 신자가 동일한 몸을 차지하고 있는 두 가지 존재 방식 사이에서 끊임없는 갈등에 직면하고 있음을 의미한다. 신자가 그리스도와의 연합으로 살아갈 때(그리스도의 생명으로 살고 자아의 생명으로 살지 않는 것) 신자는 진정으로 온전히 의로운데, 그 이유는 그리스도가 진정으로 온전히 의롭기 때문이다. 하지만 믿음이 흔들리고 그리스도인이 자아로 살아갈 때(자아의 생명으로 살고 그리스도의 생명으로 살지 않는 것), 그 그리스도인은 진정으로, 전적으로 죄인이다. 그리스도인은 매일 그리스도 안에서 승리하는 삶을 살고 그의 주권 아래서 살아간다. 그렇지 않으면, 또다시 패배하여 죄의 속박 아래로 떨어진다. 그리스도인은 모든 날들 속에서 성령과 육체의 싸움을 피할 수 없는 종말론적 전투의 한복판에서 살아간다.

달리 말해, 루터는 옛 자아는 죽었다는 바울의 말을 그대로 받아들이지 않았다. 오히려 루터는 한 인격 안에 두 방향으로 끌어당기는 두 개의 자아가 있음을 주장했다. 하지만 갈라디아서 5장에서 바울은 그리스도인의 삶의 긴장은 옛 자아와 새 자아 사이에 있는 것이 아니라, 죄성("육체"라고 불리는)과 성령의 인도하심과 이끄심 사이에 있다고 충분히 명확하게 밝힌다. 이는 본질적으로 한 인격 안에서 두 자아가 서로 대립하고 있음을 제시하는 것과는 매우 다른 문제다. 마지막에 체스터는 이런 질문을 받아들인다. 만약 바울이 말하는 자아가 완전히 죽은 것이라면, 바울이 계속해서 일인칭 대명사인 "나"(I)라는 말을 사용하는 것에 대해서 우리는 뭐라고 말해야 할까? 비록 바울의 두 가지 대립하는 노예 상태에 대한 설명이 사실적이라 해도, 제자도에 있어서 개인의 성장과 발전에 대해서 어떻게 설명해야 하는가? 하나님의 은혜의 능력을 그토록 강하게 강조한 루터가 "비록 죄(즉, 죄성)는 남아있지만, 더 이상 지배하지 않는다"라고 신자가 말할 수 있도록 신자를 죄의 속박으로부터 해방시켜 줄 만큼 하나님의 은혜의 능력이 충분히 강하다고 생각하지 않았다는 것이 매우 이상해 보인다.

여기서 논의된 바울의 수사학에 대한 약간의 훈련이 루터에게 도움이 되었을지 모른다. 바울은 그리스도가 그의 삶으로 들어왔을 때 '바울 됨'을 중단하지 않았다. 그렇다. 이전 것은 지나가고 바울은 이제 새로운 창조, 새로운 피조물이 되었다. 그러나 바울은 여전히 바울, 즉 여전히 "자아"인 것이다. 바울은 갑자기 예수가 된 것이 아니다! 만약 루터가 의미한 바가 이전의 자기-중심적 실존을 버리고 이제 그리스도-지향적이고 자아-희생적 실존을 갖는 것이라면, 문제가 없다. 하지만 바울이 우리가 새로운 피조물이 되었다고 말했을 때, 그는 다양한 방식의 변화, 즉 단순히 신념이라는 측면뿐 아니라 감정, 의지, 행동이라는 측면까지 포함하여 인간 본성에 영향을 주는 회심을 언급하고 있는 것이다. 결국, 가장 중요한 것은 외래적 의에 대한 루터 자신의 여러 진술들로 인해 루터는 회심이나 성화에 관한 적합한 신학을 갖추지 못했다는 사실이다. 하지만 다른 곳에서 루터는 믿음이 우리를 변화시키며, 옛 아담을 죽이고, 영과 마음과 능력에 있어서 우리를 완전히 다른 인간으로 만든다고 이야기한다.[13] 그럼에도 누군가는 이렇게 이야기하고 싶을 것이다. 루터, 어느 쪽입니까? 그리스도인은 아직도 죄와 옛 자아에 얽매여 있는 것입니까? 아닙니까?

---

[13] Chester, *Reading Paul with the Reformers*, 194.

체스터는 하나님이 그의 거룩한 성품이 신자들 안에서도 이루어지기를 원한다는 것 외에 다른 주장을 견지하는 것이 그야말로 이상한 일이라는 것에 동의한다. 이러한 체스터의 주장은 종교개혁자들이 중세의 관점을 몰아내기 위해 깊이 고민하는 가운데 이루어진 16세기 논쟁 전반에 대해 종종 발생하는 오해라 볼 수 있다. 여기서 중세의 관점은 믿음이란 일차적으로 지식(fides)이라 보는데, 그 지식은 의롭다 인정받기 위해서는 반드시 사랑으로 형성되어야만 함을 가리키는 구원하는 복음의 사실들에 관한 지식을 말한다. 체스터는 종교개혁자들이 믿음은 본질적으로 선한 행위 안에서 역사하는 것임을, 그리고 행하지 않는 믿음은 믿음이 아님을 주장했음을 지적한다. 그러나 이들이 간절히 부정하려 했던 것은 믿음의 행위가 공로에 의한 것이라는 주장이다. 하나님 보시기에 선한 행위는 타락한 인간에게 있어서는 불가능한 일이지만, 그리스도에게는 가능하다. 따라서 의로움을 신자들 자신의 것으로 주장하려는 모든 시도는 결국 변화에 대한 망상만을 만들어 낼 수 있다. 그 대신에 진정한 변화는 성령의 역사를 통해서 신자 안에서 참으로 선한 행위를 만들어 내시는 그리스도의 외래적 의를 받는 데서 비롯된다.

루터에게 있어서, 좋은 나무가 좋은 열매를 맺는다는 것(마 7:17)은 자명했고, 멜란히톤과 칼뱅 모두 신자의 의무란 하나님께 대한 순종이어야 한다는 깊은 신념을 종종 표현하곤 했다. 하지만 그러한 행위가 칭의를 가져다주는 원인이 될 수 없다. 그리고 이러한 행위들은 신자 스스로 만들어 낸 것이라기보다 신자 안에서 일어나는 그리스도의 사역이다. 그러나 칭의는 결코 이러한 행위 밖에서 존재하지 않는다. 체스터에 의하면, 루터는 신자가 제자도에 있어서 어떻게 성장하는지에 대한 적합한 설명을 제시하지 않는다는 비난을 받을 수 있다. 그러나 체스터는 루터가 그러한 변화가 일어난다는 인식을 적절하게 표현하는 데는 실패하지 않았음도 인정한다.[14] 나는 이 점에 있어서 체스터의 의견에 정중히 반대한다. 회심의 인지적 측면 외에, 루터는 새로운 피조물이 된다는 것은 특히 죄에 있어서 정반대의 선택을 할 수 있는 능력을 갖도록 은혜로 말미암아 우리의 의지가 새롭게 되었음을 의미한다고 말하지 않았다. "죄인이면서 의인"(Simul iustus et peccator)은 루터가 결코 내버린 적 없는 신조의 일부이다.

이러한 주장은 부분적으로 아우구스티누스의 유산에서 비롯되었는데, 이는 루터와 칼뱅이 의로움 같은 것은 있을 수 없다고, 혹은 바울이 부정했던 하나님의 율법에 순종함을 통해서 얻는 '흠 없음' 같은 것은 있을 수 없다고 생각하도록 만들었다. 물론, 율법을 지키는 것이 (1) 죄 없음, 혹은 (2) 완전함, 혹은 (3) 죄성으로부터 벗어남이라는 더욱 넓은 의미를 가지는 것은 아니다. 율법을 지킨다는 것은 단순히 어떤 이가 하나님의 율법과 관련해서 경건하고 율법을 준수한다는 의미일 뿐이다. 이것이 분명 바울이 모세 율법으로 인한 의로움과 관련해서 자신이 바리새인이었을 때 흠이 없었다고 말할 때 의미했던 바이다. 누구도 바울을 범법자라 부를 수 없었다.

종교개혁자들과 언약 신학. 체스터의 책이 제기하는 또 다른 질문은 언약 신학에 관한 문제이다. 오늘날 언약 신학을 주장하는 사람들이 언약을 바라보는 고대 근동의 방식은 물론이고 초기 유대교의 방식조차 잘 모르는 것 같다는 점은 참으로 아이러니하다. 고대 근동에서는, 어느

---

[14] 체스터는 "Faith Working Through Love (Gal 5:6): The Role of Human Deeds in Salvation in Luther and Calvin's Exegesis," in *Doing Theology for the Church: Essays in Honor of Klyne Snodgrass* (Eugene, OR: Wipf & Stock, 2014), 41-54에서 믿음과 행위 사이의 이 관계를 자세히 다룬다.

통치자가 조약 혹은 언약을 맺고 백성이 그것을 어겼을 때, 그 주권자는 더 이상 그 언약을 지킬 의무가 없었다. 주권자는 언약 관계를 끝낼 수 있었으며 저주를 선언하고 이를 실행했다. 주권자는 새로운 언약으로 이를 갱신할 수 있었지만, 파괴된 언약을 갱신했다는 이야기는 없다.

물론 이러한 내용이 바울과 관계된 지점은 고린도후서 3장과 특별히 갈라디아서 4장 해석이다. 바울의 관점에서 볼 때, 새 언약은 "아브라함의 씨"(그리스도 안에서 우리 역시 아브라함의 씨이다)인 그리스도를 통해 아브라함의 언약이 성취되는 것이다. 바울에 따르면, 모세 언약은 임시적인 조치였다. 그것은 모세 율법 아래 있는 사람들을 모세 율법 밑에서 구원하기 위해 메시아를 보낼 때가 이르기까지 마치 아이를 돌보는 후견인과 같은 역할을 하는 것이었다. 그리스도는 모세 언약의 종결인데, 그리스도가 십자가 위에서 죄에 대한 형벌과 저주의 조항을 모두 감당함으로써 모세 언약의 공의로운 요구 사항을 모두 완성했다는 의미에서 그러하고, 심지어 히브리서에서 더욱 강조한 내용으로서 모세 언약이 이제는 **쓸모가 없다**는 의미에서 그러하다. 따라서 어떻게 "하나님의 의"가 모세 언약에 대한 하나님의 언약적 신실함과 같을 수 있는가를 따지는 모든 논쟁은 이제 전혀 쓸모가 없다. 이것은 바울의 견해도 아니다.

이런 논쟁은 단순히 언약을 과도하게 해석하는 것이 아니다. 이것은 다양한 텍스트들 안에 있는, 특히 로마서에 있는 언약을 잘못된 관점으로 해석한 것이고, 바울적 관점의 해석도 아니다. 오히려, 우리가 하나님의 신실하심에 대해 말할 수 있는 이유는 하나님이 공의로우면서 자비로운, 의로우시면서 용서하는, 거룩하면서 인자하신, 긍휼이 많으시면서 그러나 순종을 요구하시는 그분 자신의 성품이 한결같고 신실하시기 때문이다. 하나님은 여러 번 깨어졌던 이전의 어떤 언약에 대해 신실한 것이 아니라 그분 자신의 성품에 있어서 신실하시다. 새 언약은 진정으로 새로운 언약이며, 예수께서 말씀하신 대로 "그의 피"로 맺어진 언약이다. 이와 같은 언약이 이전에는 없었다.

칼뱅은 성서가 여러 경우를 거쳐 갱신된 단 하나의 언약을 가지고 있으며 그리스도교적 삶에 대한 지침으로서 모세 율법이 가진 지속적인 타당성에 확신을 가지고 있었다고 체스터는 지적한다. 그러나 이것은 칼뱅이 성경 전체를 읽고 이에 근거해서 갖게 된, 정경에 대한 그의 견해이다. 바울은 율법의 독특한 내용들(즉, 명령과 금지, 범법함 억제)이라는 관점을 통해서만 율법에 대한 설명을 듣는다고 생각했다. 이런 방식으로 언약이 가진 약속들을 도외시한다면, 사실상 율법의 시대는 완전히 끝났다. 이것이야말로 바울이 강조하고자 했던 바였다.

체스터는 칼뱅이 바울 서신에만 나오는 율법과 성서 전체에 나오는 율법 사이를 주의 깊게 구분한 것은 주석에서 몇 가지 뚜렷한 결과를 낳는다고 강조한다. 로마서 1:16-17에 관한 칼뱅의 주석을 보면, 칼뱅은 이방인들이 복음의 언약 안에 참여하도록 허용되었음을 강조한다. 하지만 그는 하나님의 의를 언약적 신실함이라는 측면에서 주요하게 자세히 다루지는 않는다. 그 대신에, 하나님의 의는 아마도 하나님 자신의 성품에 따라 옳은 것을 반영하는 하나님의 재판에서 승인된 것을 뜻할 것이다. 체스터는 다음과 같은 내용을 덧붙인다. 칼뱅은 분명 바울이 언약이라는 용어를 사용할 때마다, 흔쾌히 언약이란 주제를 성찰하고, 언약을 바울에게 있어서 중요한 것으로 간주했다. 하지만, 칼뱅은 언약을 오늘날 말하는 바울의 "언약적" 해석이라는 방식으로 바울 서신을 읽는 가장 중요한 신학적 범주로 만들지 않았다는 것이다. 언약은 칼뱅이 정경의 다른 부분들과 관련해서 더욱 강하게 발전시킨 범주이다.

종교개혁자들과 공로 신학. 중세 가톨릭의 공로의 신학 때문에 종교개혁자들이 우리의 선한 행위가 공로를 인정받거나 우리가 행할 수 있는 것이라면 그것이 무엇이든 우리의 구원 혹은 칭의에 기여할 수 있는 한에서 의롭다 인정받는 범주에 들어갈 수 있다는 주장에 반박하기 위해서(비록 바울은 갈라디아서 3장과 로마서 4장에서 아브라함의 경우에는 믿음이 이 범주에 속한다고 명확히 주장하지만) 많은 힘을 쏟았다는 것은 명백하다. 이것이 가진 문제는 신약성서에서는 **공로**(merit)에 대해 아무런 언급이 없다는 것이고, 선한 행실에 대한 보상에 관해서는 상당하게 언급하고 있다는 사실이다(예를 들면, 고린도전서 3장).

채드 손힐(Chad Thornhill)이 보여 준 것처럼, 구원이 상급으로 간주되지 않는, "하늘에서" 혹은 종말(eschaton)의 때에 받을 상급에 관한 이 같은 전체적인 개념은 초기 유대교에서 많이 등장한다. 그리고 이 개념은 신약성서에도 나온다.[15] 체스터는 우리에게 종교개혁자들이 가톨릭의 공로 신학에 대항하여 얼마나 치열하게 맞섰는지에 대한 한 가지 예를 제시한다. 칼뱅은 선한 행위에 있어서 공로라 할 수 있는 것은 무엇이든 부정하고 싶어 해서 이를 이렇게 설명한다. 곧 행위에 대해 보답받을 때 그 이유는 그 행위가 대단해서가 아니라 하나님이 그 행위를 한 사람을 사랑하시기 때문이라는 것이다. 하지만 이러한 생각은 바울이 고린도전서 3장에서 사역자들의 행위에 대해 이야기한 것과 정반대되는 입장이다. 즉 터가 되신 예수 그리스도 위에 보석과 같은 것을 세운 사람은 상급을 받고, 반면에 지푸라기나 다른 무엇을 가지고 그 위에 세운 사람은 그저 불 가운데를 통과하는 행운만을 얻는 것이다. 칼뱅은

---

15 A. Chadwick Thornhill, *The Chosen People: Election, Paul and Second Temple Judaism* (Downers Grove, IL: InterVarsity Press, 2015).

여기서 보상에 관한 초기 유대교의 논의와 명백히 어긋나며 관련성도 없는 듯 보인다(샌더스와 손힐을 살펴보라). 또한 왜 그리스도의 의가 우리 선한 행위의 결함을 보완해야 하는가? 선한 행위의 결함들은 하나님의 용서와 긍휼에 의해서 해결될 수 있지 않을까? 바울이 그렇게 주장하지 않았는데, 왜 전가된 의를 이러한 논의에 끌어들이는 것일까?[16]

체스터는 기본적인 논점은 공로에 관하여 신적 거룩함과 인간적 계산의 통약불가능성에 있다고 이야기하면서 칼뱅의 주장을 더욱 명확히 한다. 심지어 하나님께서 은혜롭게 인간 행위에 이들의 실질적 가치를 훨씬 뛰어넘는 가치를 부여하신다고 주장하는 신학들 안에도, 여전히 상대적 성취라는 계산이 존재한다. 이러한 주장을 거부하는 칼뱅의 논점은 단순히 하나님이 행위자를 사랑하시기 때문에 그의 행위에 보상하신다는 것이 아니다. 논점은, 하나님이 헤아려 주시고 그 가치를 인정해 주시는 것은 우리가 이룬 것(신적 기준에 의해서 평가받는다면 늘 불쌍히 여김을 받게 될)이 아니라 순종하고자 한 우리의 사랑과 의지라는 것이다. 인간의 호혜성이 중요하며, 하나님은 은혜라는 그분의 선물을 올바르게 사용한 것에 보상하시지만, 이는 우리의 것이 아닌 그 무엇을 가지고 공로를 인정받는 것이기보다 우리가 이미 상속자로 상속받은 유산을 가지고 살아가는 것과 더 유사하다. 이러한 주장이 도움은 되지만, 예를 들어, 바울이 종말의 때에 선한 사역에 주어질 보상에 관해 고린도전서 3장에서 이야기한 "공로"와 보상의 차이점에 있어서는 적합하지 않은 것으로 생각된다. 바울은 보상이 "얻어 내는 것" 혹은 "공로에 의한 것"이라 말하지 않았다. 바울은 하나님이 선한 행실과 선한 사역

---

16 Chester, *Reading Paul with the Reformers*, 309을 보라.

에 보상으로 응답해 주시기로 선택하셨다고 말할 뿐이다.

우리가 루터에게서 충분히 찾지 못한, 구원에 관한 종교개혁자들의 논의에 칼뱅은 무엇을 추가하는가? 체스터는 칼뱅의 가장 큰 공헌은 구원하는 그리스도의 주된 은총들로서 칭의와 성화를 구분하되 이 두 가지를 모두 그리스도와의 연합 안에서 동시에 주어지는 은총들로 자리매김한 것이라고 믿는다. 칭의와 성화를 더욱 뚜렷이 구분하는 것에서, 그리고 칭의를 설명하기 위해 법정적 이미지를 광범위하게 사용하는 데 있어서, 칼뱅은 멜란히톤과 결을 같이한다. 그러나 믿음으로 말미암은 칭의에 대한 이해를 그리스도와의 연합과 연결시킴에 있어서는 루터와 더 유사하다.

그렇다면?

우리는 바울에 관한 바클레이와 체스터의 중요한 연구를 묶어서 함께 다루었다. 왜냐하면 이들은 모두 바울에 관한 종교개혁자들의 오해에 기초하고 있는 최근의 바울 연구를 여러 방면에서 교정하는 역할을 하기 때문이다. 바클레이가 해 놓은 중요한 구분, 즉 은혜에 대한 분류 체계는 왜 바울이 은혜의 비상응성과 신적 주도권을 모두 인정했지만, 종교개혁자들이 했던 방식처럼 은혜의 효력이라는 개념만을 완전화하지 않았는지에 대한 이해를 돕는 데 필요한 안내 역할을 할 것이다. 말하자면, 바울은 구원받은 사람도 배교할 가능성이 있다고 믿었다는 점에서 바클레이가 옳았던 것이다.

어떤 면에서, 체스터는 이 장에서 논의된 몇몇 쟁점에 있어서 전통적인 종교개혁적 관점을 바클레이보다 더 많이 받아들인다. 하지만 체스터의 가장 중요한 공헌은 종교개혁자들이 칭의, 전가된 의, 언약 신학

등에 대해서 이야기했던 것과 그렇지 않은 것을 명확히 했다는 데 있다. 또한 체스터는 종교개혁자들이 좀 더 통합된 의미에서가 아니라 지나치게 개인주의적인 방식으로 바울의 구원론을 이해한 것에 대해 비판받아야 한다는 주장의 기를 꺾어 놓을 수 있다. 종종 바울에 관한 새 관점은 원래 종교개혁자들이 실제로 이야기한 것보다 루터와 칼뱅의 후손이라 할 루터교와 개혁주의 신학자들이 이야기하는 것에 더 많이 반응하고 있다. 종교개혁자들이 분명 공로로 구원을 얻는다고 주장하는 신학, 심지어 면죄부를 판매해서 연옥에서 보내는 시간을 감해 주겠다는 신학에 반대하여 은혜에 관한 바울 신학을 강조하는 데 커다란 공헌을 한 것은 사실이지만, 종교개혁자 본인들은 샌더스와 손힐과 바클레이가 했던 것처럼 바울 신학이 가진 유대교적 맥락을 충분히 이해하거나 적합하게 다루지 못했다.

바울에 관한 새 관점은 모세 율법에 대한 바울의 견해를 반-유대주의적 시각에서 읽는 것에 반대하는 데 훌륭한 기여를 했다. 하지만 바클레이가 주장했던 것처럼, 하나님이 이스라엘과의 관계를 끝내지 않았고, 교회가 이스라엘은 아니며, 그리스도께서 하나님이 이 세상에서 이스라엘이 하기를 바라신 그 역할을 완수하기만 한 것이 아님을 인식하는 데도 더욱 많은 기여를 할 수 있었을 것이다. 더 나아가, 고대 근동과 초기 유대교의 언약이 작동했던 방식에 비추어 볼 때, 언약에 관한 더 나은 이해는 종교개혁자들은 물론 바울의 새 관점을 지지하는 사람들에게도 도움이 될 것이다. 바클레이와 체스터의 연구는 최근에 이루어진 것이긴 하나, 이들이 가진 영향력은 당분간 계속될 것이다. 이들의 연구는 바울에 대해 당연하게 받아들여진 여러 오해를 바로잡도록 도움을 줄 것이다.

7. 결론 : 헤아릴 수 없이 많은 바울?

> 또 우리 주의 오래 참으심이 구원이 될 줄로 여기라
> 우리가 사랑하는 형제 바울도 그 받은 지혜대로 너희에게 이같이 썼고
> 또 그 모든 편지에도 이런 일에 관하여 말하였으되
> 그중에 알기 어려운 것이 더러 있으니
> 무식한 자들과 굳세지 못한 자들이 다른 성경과 같이
> 그것도 억지로 풀다가 스스로 멸망에 이르느니라
> — 베드로후서 3:15-16

> 마르키온 이전에 바울을 이해한 사람은 아무도 없었다.
> … 그리고 그는 바울을 오해했다.
> — 아돌프 폰 하르낙

2017년은 개신교 종교개혁 500주년을 기념하는 해였다. 하지만 무엇보다 그해는 바울에 관한 새 관점, 그리고 루터, 칼뱅, 웨슬리 등 많은 사람이 깨달았던 바울이 설교한 구원에 관한 새 관점을 기념하는 해이기도 했다. 종교개혁은 성경을 평신도들의 손에 쥐어 주었다는 측면에서 인쇄 혁명이었을 뿐 아니라, "형제 바울"과 신약성서에서 그의 것으로 알려진 13개 서신을 붙들고 씨름하며 고심하게 만든 계기이기도 했다. 천사와 씨름했던 야곱처럼 우리도 은총을 구하며 허벅지 관절이 어긋났음에도 불구하고 지금까지 씨름하고 있다. 존 던(John Donne)이 바울의 편지를 펼 때마다 온 땅에 울려 퍼지는 천둥소리를 들었다고 말한 것은 놀랄 만한 일도 아니다. 우리 역시 지금도 그 천둥소리를 듣고 있으며, 신약성서의 거의 40퍼센트를 차지하는 바울의 편지들과 씨름하고 있다. 신약성서에 헤아릴 수 없이 많은 바울이 있다고 지난 500년

동안 불평해 온 것 역시 놀라운 일이 아니다.

당신이 이 책에서 마주했던 내용들은 바울과 그의 심오한 사상을 붙들고 씨름했던 학자들의 가장 최근까지의 연구이며, 아마도 이 책을 통해서 그 학자들이 바울을 이리저리로 끌어당기며 애썼던 그 힘겨운 싸움으로 땀이 흥건하고 그 열기 또한 상당했음을 알 수 있었을 것이다. 그렇다면 과연 최근의 그 열기가 바울 문서들에 대해 더 많은 통찰을 제시해 주고 있는 것일까? 대답은 '그렇다'이다. 다양한 방면에서 그렇지만, 가장 먼저는 바울이라는 인물에 대해서 그렇다.

초기 유대인 바울

바울이 타고난 소통가였다는 사실을 빼놓을 수 없다. 최근의 여러 연구들은 바울이 수사학에 탁월했으며, 이러한 점은 그의 서신 안에 잘 나타나 있음을 확인해 주었다. 바울은 고대의 설득과 논쟁 기술을 다룸에 있어서도 능수능란했으며, 전형적인 조직신학의 예는 아니지만, 바울의 서신들은 바울이 수사학적 논증의 형식으로 모든 종류의 신학과 윤리를 명확하게 표현해 내는 예리하고 일관된 사상가였음을 보여 준다.

그리고 바울은 헬라어 교육 수준이 높았을 뿐 아니라 토론 기법에 있어서도 헬레니즘적 방식으로 탁월한 설득력을 보여 줄 정도로 높은 수준의 교육을 받았음이 분명하다. 하지만 이러한 사실이 바울을 헬레니즘적인 사람으로 혹은 디아스포라 유대인으로 만들어 주는 것일까? 샌더스는 분명히 그렇다고 생각하지만, 이 주제를 연구하는 다른 학자들 역시 그러한 결론에 전부 동의하는 것은 아니다. 바울을 연구하는 모든 학자들이 공통적으로 동의하는 바는 이러하다. 부세트와 여러 학자들이 바울의 사상을 신비 종교와 그와 비슷한 부류에 관한 그리스-로마 사상의 테두리 안에 놓고자 오래전에 했던 시도들은 분명 실패한 것처럼 보인다는 사실이다. 최근에 바울이라는 커다란 주제를 다루는 흐름을 보면, 바울이 로마 시민이라는 실질적인 고찰은 거의, 혹은 전혀 찾아볼 수 없고, 그 대신에 바울 서신의 몇몇 부분에 나타난 황제 숭배에 대한 바울의 비판에 학자들이 관심을 가진 것만을 찾아볼 수 있을 뿐이다. 사실, 이와 같은 최근의 연구들은 일반적으로 사도행전의 바울과 서신서의 바울과의 관계를 성찰하기보다는 서신의 내용에 집중하고, 어떤 경우에 있어서는 저자에 대한 질문은 거의 없고 결국 바울이 아닌 바울적인 것에만 몰두한다.

이와 같은 연구들에서는 디아스포라 유대인 바울 혹은 로마 시민 바울 대신에, 초기 유대교(팔레스타인 유대교를 포함한 유대교 자체는 예수 시대 이전에 어느 정도 헬레니즘화되었다고 인식된다)를 구성한 세계관의 스펙트럼 어딘가에 분명히 위치하고 있는 바울에 대한 일반적인 동의만 있다. 동일하게, 이 연구 주제에 집중한 학자들 중에, 바울은 유대교 회당에서 추방되지 않았지만 회당과 분리된 별도의 공동체를 세웠던, 논쟁을 좋아하는 초기 유대교 사람이기에, 그가 디아스포라 회당 생활이라는 테두리 안에 깔끔하게 들어맞는다고 생각한 사람은 아무도 없다. 마크 나노스와 여러 유대인 신약학자들의 훌륭한 논증에도 불구하고, 샌더스도, 라이트도, 던도, 마틴도, 가벤타도, 바클레이도, 그 외 일반적으로 새관점 그룹에 속한 어느 누구도 바울이 그 틀에 정확히 들어맞는다고 생각하지 않는다.[1] 갈라디아에 살던 유대-그리스도인이면서 유대교의 종

---

1 모든 유대인 학자들이 회당이라는 맥락에서 바울과 그의 개종자들의 위치를 다시 정해 놓으려고 한 것은 아니다. 여기에는 다양한 견해들이 있다(폴라 프레드릭슨, 다니엘 보야린, 쉐이 코헨, 마크 나노스, 매그너스 제터홀름 등을 보라). 그 연구 중 일부의 핵심은 바울이 오로지 이방인이 유대인화되어야 하는지에 대한 논쟁만 했음을 제시하고자 한

교 행위를 따르는 유대주의자들 역시 바울을 그런 방식으로 보지 않았음을 분명히 한다.

따라서 질문은 이러하다. 바울은 과연 얼마나 급진적인 유대인이었을까? 앨런 시걸이 제시한 것처럼, 대다수 초기 유대인들은 바울을 배교자로 간주했을까? 바울이 사십 대에서 한 대 감한 매질을 여러 번 당했던 일을 볼 때, 그가 몇몇 회당에서 복음을 전하려 했고, 심지어 그가 이방인을 위한 사도였음에도 불구하고 그 복음이 가장 먼저 유대인을 위한 것(롬 1장)이어야 한다고 믿었으며, 따라서 수차례 회당에서 내쫓겼다는 사실을 볼 때 유대인들은 바울을 배교자로 여겼음이 분명하다. 더 나아가, 바울 서신의 증거들은 바울이 유대인 회당과 분리된 별도의 공동체를 세웠으며, 여기에는 유대인과 이방인 모두가 포함되었다는 사실 역시 분명히 보여 준다. 만약 바울의 공동체가 주로 이방인들이 의제를 설정하고 공동체의 정신을 확립하지만 **유대인들도 동일한 가정-교회 모임에 함께 참여하는 곳**이 아니었다면, 유대인들과 이방인들이 함께 만나 식사한 것에 대한 갈라디아서 2장의 논의, 혹은 고린도전서 8-10장이나 로마서 14장의 그와 비슷한 논의를 다룰 필요가 없었을 것이다. 바울이 계속해서 회당을 방문해서 복음을 전하려고 했지만, 사실상 바울 공동체 안에서 초기 그리스도교와 초기 유대교 사이의 분화는 이미 시작되었다.

그렇다면 바울은 실천적인 유대인이었을까? 곧 그는 안식일, 음식법, 정결규례를 지켰을까? 이와 관련된 증거들은 바울이 아무쪼록 그리스

> 것이다. 하지만 고린도전서 9장 혹은 갈라디아서 3:28에서 볼 수 있는 것처럼, 바울은 인종적 출신이 어떠하든 그리스도를 따르는 자들을 더 이상 유대인도 이방인도 아니라 단지 "그리스도 안에" 있는 사람으로 보았다는 수많은 단서들이 있다.

도를 위해 몇몇 사람들을 얻기 위해 유대인들에게는 유대인이 될 수 있었던 반면(고전 9장), 그럼에도 불구하고 **그는 그리스도를 따르는 자로서 유대인처럼 행동할 의무가 없다고 생각했음**을 보여 준다. 이것은 그에게 주어진 선택권이었지 그리스도를 따르는 자로서 요구되는 것은 아니었다. 그리고 이러한 것은 바울에게 있어 **비본질적인 것**(adiaphoron)이었다. 바로 이러한 일들이 분명 바울을 급진적인 유대인으로 만들었고, 바울 자신이 예전에 그러했던 것처럼, 유대인과 이방인 모두 그리스도 안에서 연합하는 복음의 급진적인 의미(갈 3:28)를 아직 이해하지 못한 그의 수많은 동료 유대교 그리스도인을 자극했던 것이다. 바울은 시대를 앞서간 선구자나 다름이 없었고, 그의 공동체들은 앞으로 다가올 흐름의 본보기였다.

바울은 진정 급진적인 유대인이었지만, 유대교 종말론의 방식으로 유대인 메시아를 믿었고, 예수의 아빠(Abba)로서 구약성서의 하나님을 믿었으며, 조화로운 신앙 공동체의 중요성 및 하나님과 그의 백성 사이의 언약적 관계가 중요함을 인정한 진정한 유대인이었다. 그렇다면 그 언약적 관계란 어떤 관계인가? 라이트는 제임스 던보다는 덜하지만 바울의 새 언약을 진정으로 새로운 그 무엇이라기보다 모세 언약의 갱신으로 이해했다. 라이트는 바울 사상과 그의 새 언약을 신명기 27-30장의 관점 즉 출애굽과 유배의 관점에 비추어서 해석하고자 했다. 하지만 다른 연구들이 보여 주듯이, 바울의 세계관과 사유 체계의 이러한 구성은 여러 면에서 문제가 있다. 수많은 초기 유대인들은 스스로를 유배 상태에 있다고 생각하지 않았고, 쿰란 공동체 사람들을 제외한 많은 이들은 헤롯의 성전과 그 종교를 가망이 없는 부패한 것으로 이해하지도 않았다.

바울이 일관적이지 않다고 본 샌더스를 제외하면, 학자들은 바울이 유대인을 위한 구원과 이방인을 위한 구원이라는 구원의 두 가지 경로를 주장한 적이 결코 없음에 일반적으로 동의한다. 그리고 또다시 샌더스를 제외하고, 일반적으로 동의하는 부분은 바울이 보편주의자는 아니었다는 것이다. 바울은 종말의 때에 유대인과 이방인이 함께 모인 단 하나의 공동체만이 구원받은 무리들 가운데 있을 것이라고 상상했다. 로마서 9:1-5에서 바울이 많은 초기 유대인들이 그리스도를 거절한 것으로 인한 고뇌를 표현한 것과, 자신이 하나님에게서 끊어지더라도 이들을 돌이키겠다는 바울의 의지는 그가 유대인들을 잃어버린 자들로 보았음을, 잠시 동안 하나님의 백성이라는 감람나무에서 잘려 나갔다고 보았음을 명확히 보여 준다. 하지만 바울은 구원자가 하늘의 시온에서 다시 돌아오시면 이 문제를 성공적으로 해결하여 이스라엘이 진정으로 구원받을 것이라 믿었다. 바울은 철저하게 유대인이었지만, 적어도 쿰란 공동체 사람들만큼이나 급진적인 유대인이었다. 바울이 생애 말년에 말한 것처럼, 그리스도 안에 있음에서 오는 유익에 비교해 보면 자신이 가지고 있는 유산은 **배설물**(skybala)로 간주할 수밖에 없다고(빌 3장) 말할 수 있는 유대인은 없었을 것이다. 초기 유대교 주류에서 배교한 사람이 아니라면, 대부분 초기 유대인들이 보는 것처럼, 이러한 모습은 급진적이라고밖에 할 수 없었을 것이다.

사상가 바울

이 책에서 조사한 모든 학자들은 시간의 흐름에 따라 바울 사상이 발전했다는 증거가 있다고 인정하지만, 바울 서신들의 순서에는 일반적으로 일치하지 않기 때문에 바울 사상의 발전 범위와 성격에 대해서도 일치된 의견이 없다. 심지어 알베르트 슈바이처가 세상을 떠난 지(1965년)

50년이 지났지만, 이 책의 2장에서 분명히 보여 주듯 그의 그림자는 여전히 21세기에 벌어지는 바울에 대한 논의들 사이에서 맴돌고 있다. 일반적으로 동의하는 바는, 바울이 밤중에 도둑처럼 오실 예수의 재림이 임박했을 **가능성은** 있지만 확실하게 임박한 것은 아님을 알고 있었다는 것이다. 하지만 바울의 미래적 종말론의 성격에 대해서는 여전히 일치된 내용이 없다. 예외적인 것은, 바울 서신의 초기에서든 후기에서든, 그가 파루시아의 "지연"에 실망했음을 보여 주는 흔적이 있다는 것이다. 하지만 바울은 파루시아 사건을 두고 그것이 이루어질 시간을 계산하지 않았고, 또 지연이라는 개념이 어떤 것이 일어나기로 한 때를 알고 그것이 일어나지 않았음을 안다고 가정하는 것임을 안다면, 이는 그리 놀랄 만한 것도 아니다. 바울은 그리스도 재림의 확실성에 큰 기대를 가졌지만, 재림의 시간표를 예언하지는 않았다.

또 다른 문제가 있는데, 매우 제한된 바울 서신 정경을 가지고 연구했다는 것이다. 이 책에서 다룬 몇몇 학자들은 대부분 논쟁의 여지가 없는 바울 서신인 로마서, 고린도전서, 고린도후서, 갈라디아서, 빌립보서, 데살로니가전서, 빌레몬서 외에 다른 서신들은 자신들의 연구 범위에 포함시키지 않았다. 솔직히 말해, 위의 목록을 결정지은 기준은 수년 동안 재평가되지 않았다. 그저 처음부터 당연한 것으로 여겨졌다. 이러한 연구 방식에 무슨 잘못이 있는지 되물을 수 있다. 우선, 한 가지 예를 들어 보면, 이러한 연구 방식은 에베소서가 특정한 종류의 수사학, 아시아 수사학의 한 예임을 보여 주는 최근 수사학적 연구의 결과물을 무시한다. 양식의 다름은 저자의 다름과는 관련이 없지만, 수사학의 성격과 종류의 다름과는 관련이 있다. 또 다른 예인 데살로니가후서를 살펴보자.

데살로니가후서가 논의에서 제외된 이유는 양식이나 용어와 관련이 있지 않고, 오히려 종말론에서 가정한 차이와 관련이 있다. 데살로니가후서 2장은 그리스도의 파루시아에 앞서서 아직 일어나지 않은 예비적인 사건들이 있다는 것을 암시한다. 이러한 내용은 데살로니가전서 4-5장과 상충한다고 가정된다. 왜일까? 만약 종말론과 내세에 대한 논의와 관련해서, 바울의 사상이 시간이 지남에 따라 발전되었다고 주장하고자 한다면(그 예로, 고린도전서 15장과 고린도후서 5장에 대한 샌더스의 논의를 살펴보라), 데살로니가전서와 데살로니가후서의 집필 사이에 있었던 발전도 똑같이 다루어야 하지 않을까?

하지만, 여기서 진짜 문제는 데살로니가전서 4장을 적절하게 해석하는 데 실패했다는 것이다. 바울은 알려지지 않은 두 가지 내용을 다룬다. 곧 (1) 그리스도의 재림 시기와 (2) 바울 자신이 죽을 시기(그리고 다른 그리스도인들이 죽을 시기)이다. 바울은 그리스도가 재림할 날도, 자기 자신이 죽을 날도 알지 못했기 때문에, "주께서 다시 오시기 전에 죽은 우리"라고 말할 수 없었다. 이 본문이 증명하는 바는 바울은 그리스도가 곧 다시 오심은 분명히 **가능한** 것이긴 하나 확실치 않다고 생각했고, 바울은 그 날짜를 계산하려 하지 않았다는 사실이다. 오히려 바울은 신자들이 늘 준비하고 있어야 함을 주장할 뿐이었다. 하지만 예기치 못한 깜짝 놀랄 만한 시간에 주님이 오심을 암시하는 '밤에 오는 도둑'은 유는 죽은 동료 신자들이 그리스도가 다시 오실 때 그대로 남겨져 있지 않을 것이라고 데살로니가 사람들을 안심시키는 데 초점을 맞추면서, 바울이 "우리는 예수께서 분명히 금방 오실 것을 알고 있다"와 같은 진술은 결코 하지 않았음을 분명하게 알려 준다.

마지막으로 한 가지 예로, 골로새서를 이야기해 보겠다. 라이트와 던은 적어도 실질적으로 골로새서가 바울의 서신이라 주장한다. 그렇다면 왜 많은 학자들은 골로새서를 바울의 서신이 아니거나 바울 이후의 것이라고 주장하는 것일까? 그 이유는 바로 골로새서 1장에 나타난 우주적 그리스도론 때문이다. 하지만 또다시 말하지만, **만약 바울 사상에 있어서 시간에 따른 어떤 발전 과정이 있음을 인정한다면, 이와 같은 발전은 왜 허용하지 않는가?** 우주적 그리스도론은 그리스도가 선재했음을 암시하는 바울의 다른 편지들(예를 들어, 고린도전서 10장, 빌립보서 2장을 보라)을 통해서 이미 넌지시 알려졌다. 골로새서 1장에 바울이 그의 이전 편지들에서 이야기했던 것과 **상충되는** 내용은 없다. 하지만 이상한 점은 바울을 묵시적으로 해석하는 것에 매료된 사람들이 특별히 골로새서 1-2장에서 자신의 방법론과 상통하는 자료를 발견할 것이라 생각한다는 점이다.

여기 추가적으로 고려할 사항이 있다. 로마서와 마찬가지로 골로새서는 바울 자신이 방문한 적은 없지만 바울이 해결해야 할 문제를 가진 독자를 위해 쓰였다. 사실상 바울의 동역자들 중 한 사람이 리쿠스 계곡에 골로새 교회를 세웠지만, 바울은 이 교회에 책임감을 느끼고 있었다. 로마서에서 그랬던 것처럼, 골로새 교회에는 바울이 개인적으로 회심시킨 사람들이 없었기 때문에, 그리고 바울이 한 번도 방문한 적이 없었기 때문에 그 교회가 가진 문제를 완전히 직접적으로 다룰 수는 없었다. 바로 이러한 사실들 때문에 바울이 골로새서를 직접 기록했는지에 대한 셈법을 바꾸어야 한다. 만약 골로새서가 진정 바울의 것이라면, 에베소서는 그 구성이 끝날 무렵 골로새서의 내용을 끌어들이고 소아시아 전 지역 중 에베소와 골로새 지역에서 매우 인기가 있던 동일한 소아시아 수사법을 골로새서와 공유하는 일련의 교회들을 향해 바울이 쓴 회람 서신임이 더욱 신빙성을 갖게 된다.

이러한 예들을 주목할 때 전체적인 요점은 이러하다. **만약 생략된 바울로 시작한다면, 생략된 결과를 얻는다는 것이다.** 이것은 마치 에이브러햄 링컨이 대통령 선거 운동을 할 때 했던 초기 연설만 연구하고, 링컨 생애 후반부에 노예제 문제와 국가적 통합이라는 주제에 관해 더욱 발전된 사상을 더욱 세련되게 선포한 게티스버그 연설과 노예 해방 선언은 생략해 버리는 것과 같다. 말하자면, 후기 연설들의 형식과 내용이 더욱 세련되었거나 더욱 발전했거나 아니면 둘 다라는 이유로 이들을 생략해 버리는 것이다. 하지만 분명히, 태동하고 있던 초기 그리스도교 운동에서 바울처럼 중요한 사상가라면, 바울의 사유 세계에 대한 정확한 평가를 얻기 위해서는 가능한 한 많은 자료를 고려하는 것이 현명한 길이다. 비록 우리가 나중에 몇몇 "후기" 바울 서신들에 대해서, 그리고 사도행전의 바울이 서신서의 바울과 어떻게 조화를 이루는지에 대해서 어느 정도 의구심을 가지게 되더라도 말이다. 마지막 쟁점에 관해서, 나는 누가가 바울을 선교사와 교회 개척자로 묘사하고 있으며 이미 개종한 사람들을 제자로 삼는 바울의 사역에는 초점을 맞추지 않았지만, 반면에 바울의 편지들은 이미 그리스도를 따르는 자들을 위해 쓰였다는 점을 말할 수 있다. 그렇다고 해서 사도행전과 에베소서에 서로 다른 두 명의 바울이 있다고 말하는 것이 아니다. 두 가지 다른 역할을 하는 바울을 말하고 있는 것이다.

이와 관련해서 지난 20년 동안 바울에 관한 새 관점이 제기한 쟁점들에 대해 무엇을 말할 수 있을까? 우선, pistis Christou 논쟁에서 시작한다면, 이에 대한 다양한 견해들이 있음을 재빨리 알 수 있을 것이다. 라이트와 리처드 헤이스는 그 구절이 "그리스도의 신실함"을 가리킨다고 보는 입장을 강력하게 지지하고, 반면에 던과 바클레이는 이러한 주장을 완전히 확신하지 않으며, 샌더스는 대체로 확신하지 않는 것으로 보인다. 때때로, 바울에 대한 참신한 해석은 일반적으로 우리가 바울 서신을 해석하는 방식에 새로운 전망을 열어 놓지만, 가장 중요한 것은 이 구절을 해석하는 것이 신학적으로 그렇게 많은 변화를 가져오지 않는다는 사실이다. 바울에 의하면, 그리스도를 믿는 것은 구원을 위해 여전히 긍정적이고 필요한 것으로 여겨진다. 하지만 아마도 이 구절을 주격 속격으로 해석하는 것은 바울의 윤리, 이른바 그리스도를 본받음과 관련해서 새로운 전망을 열어 준다고 주장할 수도 있다. 죽음이나 순교에 이를 정도로 신실하다는 것은 pistis Christou를 해석하는 새로운 방식으로 뒷받침되거나 설명된다고 말할 수 있다.

종종 슈바이처적 바울의 발전이라 간주되는 묵시적 바울에 대해서 우리는 어떻게 이해해야 할까? 그것에 관한 전체적 논의에서 문제가 되는 부분은 너무 근대적이고 후기-계몽주의적 관점에서 그 주제에 접근하는 방법론이다. 이것이 의미하는 바는, 만약 자연주의적 세계관을 가지고 이 세계 안에서 일어나는 하나님의 활동을 침입으로, 기적들을 자연 질서의 파괴 혹은 위반으로 이해한다면, 바울과 초기 그리스도인들은 이해할 수 없었던 방식으로 전체적인 문제에 접근하는 셈이다. 이들의 세계관에서 보면, 하나님은 여느 인간들과 마찬가지로 인간 드라마에 있어서 배우이며, 그리고 아무도 하나님이 직접 세운 자연세계의 법칙들을 파괴한다고 결코 말할 수 없었을 것이다. 기적 혹은 "신적 개입"(하나님이 보통 때는 무단이탈거나, 드물게 기적적으로만 관여하는 것처럼)에 대한 근대적 개념들은 고대 텍스트가 가진 사고방식이나 적절한 맥락적 논의에는 적합하지 않다.

한편, 바울이 그리스도 사건 이래로 현재 또는 가까운 과거를 단순히 평상시와 같은 것으로 보지 않았음이 분명하다. 바울은 비전의 사람이었다. 그는 하나님이 인간 안에서, 인간을 통해서 계속 일하시며 활동하신다고 믿었다. 물론 때론 직접 활동하신다고 믿었는데, 그 이유는 그리스도가 하나님의 최종적인 신적 구원의 활동을 이루셨기 때문이다. 그리고 바울은 현재를 단순히 과거 하나님 백성들의 이야기의 연장으로 보지 않았다. 그렇다. 하나님은 새로운 무언가를 행하고 계셨으며, 이는 유대인과 이방인 모두에게 기쁜 소식이었다. 이것이야말로 바울이 새 언약을 모세 언약의 연속으로 이해하지 않고, 새 언약을 아브라함 언약과 연결했던 이유다. 바울은 아브라함이 이교도로 출발했지만, 성경의 하나님을 믿게 되었고, 결국에는 유대인과 이방인 모두의 조상이 되었음을, 심지어 "육체를 따라서"도 이들의 조상임을 염두에 두었다.[2]

또한 묵시적 바울을 옹호하는 사람들은 중요한 점을 지적하는데, 즉 전통적인 개혁주의적 관점이다. 이 관점은 하나님의 행동을 "언약적 신실함"의 한 예로 이해한다. 바울의 관점에서 볼 때 모세 언약은 여전히 작동하고 있지만, 이러한 관점은 단순히 말해서 틀린 것이다. 하나님은 그의 백성들로 인해 돌이킬 수 없이 망가진 언약을 지킬 의무가 없었다. 하지만 하나님은 언약적 의무와는 별개로 은혜와 자비의 하나님이 되신다. 그리고 그분은 참으로 언약을 지키는 분으로서 아브라함에게 하신 약속들을 지키신다. 이러한 내용은 우리를 바울 사상 안에 있는 하나님의 은혜에 대해 이루어진 가장 중요한 연구로 안내한다.

바울 사상의 몇 가지 측면에 대한 이해를 실질적으로 **변화시킨** 가장

---

[2] 비록 아브라함이 이교도로 태어났고 인종적으로는 이방인이었지만, 그는 오로지 야훼를 신뢰하게 되었을 뿐 아니라, 할례를 받고, 선택받은 백성인 히브리인들의 조상이 되었다고 말할 수 있다.

최근의 획기적인 연구는 바로 바울 서신에 나타난 은혜에 대한 존 바클레이의 연구이다. 이 연구를 통해서, 바울 서신을 해석할 때 은혜라는 용어를 사용해 온, 그리고 사용할 수 있었던 다양한 방식 여섯 가지를 신중하게 분석한 내용을 접할 수 있다. 그리고 바클레이는 바울에 대한 논의에서 은혜를 현대적 개념으로 해석하는 시대착오적인 방식(익명의 증여자 혹은 대가를 생각하지 않고 주는 것, 받는 자의 공로나 가치와는 상관없이 주는 것 등)을 정확히 지적한다. 바클레이는 바울이 비상응적인 은혜(불경건한 자들, 죄인들, 하나님을 대적하는 자들에게까지 주어지는 은혜)는 인정한 반면, 그와 동시에 구원받은 사람이 배교하는 것까지 은혜가 막아 낸다고 보는 방식으로 은혜를 완전한 것으로 보는 것은 바울이 인정하지 않았음을 자세하게 보여 준다. (즉, 이는 바울에 대한 개혁주의적인 분석에서 너무나 자주 가정되는 은혜의 불가항력적 효력을 부정하는 작업이다.) 또한 바울은 하나님의 은혜가 보답을 요구하는, 최소한 감사와 사랑의 형태로 반응하는 관계를 설정한다는 점을 분명히 했다. 우리는 바클레이가 바울 사상 안에서 은혜의 수평적인 혹은 인간 사이의 측면들이나 차원들을 다룰 때, 그의 연구로부터 훌륭한 내용들을 더 많이 기대할 수 있다. 이 내용은 다른 연구에서 살펴볼 것이다.

선교사 바울

앞서 제시한 연구들은 사도행전의 바울에 대해서는 많이 다루지 않았다. 이 최근의 연구들은 바울 서신에 더욱 집중하고, 또 그의 편지들에서 그가 이야기한 신학, 윤리, 실천에 집중하기 때문에, 선교사 바울에 대한 논의는 많이 이루어지지 않았다. 결국 바울의 모든 편지는 이미 "그리스도 안에" 있는 자들에게 전달된 것이었고, 복음 전도가 아니라 제자훈련에 관한 것이라 말할 수 있다. 이러한 논의에서 누락된 것은 폴 트레빌코(Paul Trebilco), 로드니 스타크(Rodney Stark), 에드윈 저지(Edwin Judge), 에크하르트 슈나벨(Eckhard Schnabel)의 연구와 웨인 믹스(Wayne Meeks)의 오래된 연구에 대한 평가이다. 샌더스와 던의 연구에서 이런 종류의 논의가 조금 다루어졌고, 라이트의 연구 역시 비슷하다. 하지만 이들 연구는 충분할 만큼의 수준은 아니다. 더 많은 통합된 연구가 필요하고, 바울의 정체성, 사유 세계, 복음 전도 사역 사이의 접점에 대한 더 깊은 이해가 요구된다. 그렇다면 초기 그리스도교는 1세기가 채 끝나기도 전에 정확히 어떻게 그 자체의 생명력으로 이방인이 주도하는 조직이 되었을까? 여기서 물론 바울의 사유 세계와 개념에만 머무른 채, 그리스-로마 세계에서 바울 공동체들이 사회적 맥락에서 지닌 그 역사와 영향력에 대해서 평가하는 연구는 게을리하려는 유혹이 드리워진다.

모든 자료는, 바울이 매주 모여야 할 그리스도인의 모임을 위한 장소(고전 16:2, "매주 첫날에 너희 각 사람이 수입에 따라 모아 두어서 내가 갈 때에 연보를 하지 않게 하라")를 제공할 수 있는 몇몇 유대인과 이방인 엘리트들을 포함한 그 사회의 특정 부류를 개종시켰음을 보여 준다. 바울 자신은 여러 면에서 훌륭한 교육을 받은 엘리트였으며, 고도로 계층화된 사회에서 남성과 여성, 유대인과 이방인, 노예와 자유인, 기혼자와 독신자, 평범한 사람들과 사회 지도층 등 모든 이들을 같은 공동체 안으로 통합할 수 있었다는 점이 주목할 만하다. 바울의 공동체들은 무역 길드 모임이나 엘리트만을 위한 심포지엄 같은 것이 아니었다. 그리스도인들이 주로 "여성, 노예, 사회적 약자들"이었다는 이후의 논쟁은 사실 논쟁의 여지가 있지만, 이 논쟁은 진리의 강력한 요소를 담고 있다. 말하자면 이 사람들은 그리스도를 따르는 자가 됨으로써, 어떤 면에서 보면,

사회적으로나 영적으로 많은 것을 얻은 사람들이었다.

  달리 말해, 지난 20년간 이 모든 연구들은 바울을 사상가로서, 다소 급진적인 유대인으로서 이해하는 데 한 걸음 더 나아가게 했지만, 사회적 계층 구조의 위아래로, 지정학적으로는 예루살렘에서 로마에 이르기까지, 그리고 로마 제국 전역에 걸쳐서 남성과 여성, 심지어 어린이들의 마음속에까지 예수 그리스도를 믿는 신앙이 전파되도록 한 바울의 역할에 대해서는 우리가 이해할 만큼 충분한 도움을 주진 못했다. 탁월한 연설가이자 그리스도교 사상을 형성한 사람이자, 아마도 최초의 위대한 그리스도교 신학자로서의 바울에 대해 우리가 여전히 이야기하는 것은 불가피하겠지만, 다음 20년 동안에는 앞서 제시한 주제들이 더욱 분명히 밝혀지길 기대해 본다.

참고 문헌

Anderson, Garwood. *Paul's New Perspective: Charting a Soteriological Journey*. Downers Grove, IL: IVP Academic, 2016.

Bailey, Kenneth. *Paul Through Mediterranean Eyes: Cultural Studies in 1 Corinthians*. Downers Grove, IL: InterVarsity Press, 2011.

Barclay, John M. G. *Paul and the Gift*. Grand Rapids: Eerdmans, 2017.

_____. "Why the Roman Empire Was Insignificant to Paul." In *Pauline Churches and Diaspora Jews*, 363-87. Tübingen: Mohr, 2011.

Barclay, John M. G., and Simon Gathercole, eds. *Divine and Human Agency in Paul and His Cultural Environment*. Edinburgh: T&T Clark, 2006.

Bauckham, Richard. *Jesus and the God of Israel*. Grand Rapids: Eerdmans, 2008.

Beker, J. Christiaan. *Paul the Apostle: The Triumph of God in Life and Thought*. Philadelphia: Fortress, 1980.

_____. *Paul's Apocalyptic Gospel: The Coming Triumph of God*. Philadelphia: Fortress, 1982.

_____. *The Triumph of God: The Essence of Paul's Thought*. Philadelphia: Fortress, 1990.

Blackwell, Ben C., John K. Goodrich, and Jason Matson, eds. *Paul and the Apocalyptic Imagination*. Minneapolis: Fortress, 2016.

Boer, Martinus C. de. "Apocalyptic as God's Eschatological Activity." In *Paul and the Apocalyptic Imagination*, edited by Ben C. Blackwell, John K. Goodrich, and Jason Maston, 45-64. Minneapolis: Fortress, 2016.

_____. *The Defeat of Death: Apocalyptic Eschatology in Romans 5 and 1 Corinthians 15*. Sheffield: Sheffield Academic Press, 1988.

_____. *Galatians*. Louisville, KY: Westminster John Knox, 2011.

_____. "Paul and Apocalyptic Eschatology." In *The Origins of Apocalypticism in Judaism and Christianity*, vol. 1 of The Encyclopedia of Apocalypticism, edited by John J. Collins, 345-83. New York: Continuum, 2000.

_____. "Paul and Jewish Apocalyptic Eschatology." In *Apocalyptic and the New Testament: Essays in Honor of J. Louis Martyn*, edited by Joel Marcus and Marion L. Soards, 174-84. Sheffield: JSOT Press, 1989.

Bryan, Christopher. *Render to Caesar: Jesus, the Early Church, and the Roman Superpower*. Oxford: Oxford University Press, 2005.

Campbell, Constantine R. *Paul and Union with Christ: An Exegetical and Theological Study*. Grand Rapids: Zondervan, 2012.

Campbell, Douglas. *The Deliverance of God: An Apocalyptic Rereading of Justification in Paul*. Grand Rapids: Eerdmans, 2009.

Carson, D. A., Peter T. O'Brien, and Mark A. Seifrid, eds. *Justification and Variegated Nomism*. 2-vols. Grand Rapids: Baker, 2001-2004.

Chester, Stephen. *Conversion at Corinth*. Edinburgh: T&T Clark, 2003.

_____. "Faith Working Through Love (Gal 5:6): The Role of Human Deeds in Salvation in Luther and Calvin's Exegesis." In *Doing Theology for the Church: Essays in Honor of Klyne Snodgrass*, 41-54. Eugene, OR: Wipf & Stock, 2014.

_____. *Perspectives on Our Struggle with Sin: 3 Views of Romans 7*. Nashville: Broadman & Holman, 2011.

_____. *Reading Paul with the Reformers: Reconciling Old and New Perspectives*. Grand Rapids: Eerdmans, 2017.

Collins, John J. "The Apocalyptic Genre." In *The Apocalyptic Imagination: An Introduction to Jewish Apocalyptic Literature*, 1-52. 3rd ed. Grand Rapids: Eerdmans, 2016.

_____. "Introduction: Toward the Morphology of a Genre." *Semeia* 14(1979): 1-20.

_____. "What Is Apocalyptic Literature?" In *The Oxford Handbook of Apocalyptic Literature*, ed. John J. Collins, 1-18. New York: Oxford University Press, 2014.

Congdon, David W. *The Mission of Demythologizing: Rudolf Bultmann's Dialectical Theology*. Eugene, OR: Cascade Books, 2015.

_____. *Rudolf Bultmann: A Companion to His Theology*. Eugene, OR: Cascade Books, 2015.

Cranfield, C. E. B. "'The Works of the Law' in the Epistle to the Romans." *Journal for the Study of the New Testament* 43(1991): 89-101.

Davies, J. P. *Paul Among the Apocalypses?: An Evaluation of the "Apocalyptic Paul" in the Context of Jewish and Christian Apocalyptic Literature*. New York: T&T Clark, 2016.

Davies, W. D. *Paul and Rabbinic Judaism: Some Rabbinic Elements in Pauline Theology*. Minneapolis: Fortress, 1980.

Donaldson, Terence L. *Judaism and the Gentiles: Jewish Patterns of Universalism (to 135 CE)*. Waco, TX: Baylor University Press, 2007.

Dunn, James D. G. "In Search of Common Ground." In *Paul and the Mosaic Law*, edited by James D. G. Dunn, 309-44. Grand Rapids, Eerdmans 2001.

_____. "The New Perspective on Paul." In *NPP*, 99-120.

_____. "A New Perspective on the New Perspective on Paul." *Early Christianity* 4 (2013): 157-82.

Fee, Gordon D. *God's Empowering Presence*. Grand Rapids: Baker, 2009.

_____. *Paul, the Spirit, and the People of God*. Grand Rapids: Baker, 1996.

Fredriksen, Paula. *Paul: The Pagan's Apostle*. New Haven, CT: Yale University Press, 2017.

Frey, J. "Demythologizing Apocalyptic?" In *God and the Faithfulness of Paul*, edited by Christoph Helig, J. Thomas Hewitt, and Michael Bird, 489-531. Minneapolis: Fortress, 2017.

Friesen, S. J. *Imperial Cult and the Apocalypse of John: Reading Revelation in the Ruins*. Oxford: Oxford University Press, 2001.

Gaventa, Beverly Roberts, ed. *Apocalyptic Paul: Cosmos and Anthropos in Romans 5-8*. Waco, TX: Baylor University Press, 2013.

_____. "Thinking from Christ to Israel: Romans 9-11 in Apocalyptic Context." In *Paul and the Apocalyptic Imagination*, edited by Ben C. Blackwell, John K. Goodrich, and Jason Maston, 239-56. Minneapolis: Fortress, 2016.

_____. *When in Romans: An Invitation to Linger with the Gospel According to Paul*. Grand Rapids: Baker, 2016.

Hanson, Paul D. *The Dawn of Apocalyptic: The Historical and Sociological Roots of Jewish Apocalyptic Eschatology*. Philadelphia: Fortress, 1979.

Harrington, Hannah K. "Sin." In *The Eerdmans Dictionary of Early Judaism*, edited by John J. Collins and Daniel C. Harlow, 1230. Grand Rapids: Eerdmans, 2010.

Hays, Richard B. *Echoes of Scripture in the Letters of Paul*. New Haven, CT: Yale University Press, 1993.

_____. *The Faith of Jesus Christ*. Peabody, MA: Hendrickson, 2009.

_____. *The Faith of Jesus Christ: The Narrative Substructure of Galatians 3:1-4:11*. 2nd ed. Grand Rapids: Eerdmans, 2002.

_____. "Humanity Prior to the Revelation of Faith." In *Beyond Bultmann: Reckoning a New Testament Theology*, edited by Bruce W. Longenecker and Mikeal C. Parsons, 61-78. Waco, TX: Baylor University Press, 2014.

Heiser, Michael S. *Angels: What the Bible Really Says About God's Heavenly Host*. Bellingham, WA: Lexham, 2018.

Helig, Christoph, J. Thomas Hewitt, and Michael F. Bird, eds. *God and the Faithfulness of Paul*. Minneapolis: Fortress, 2017.

Hengel, Martin. *Judaism and Hellenism*. Philadelphia: Fortress, 1981.

_____. *Paul Between Damascus and Antioch*. Louisville, KY: Westminster John Knox, 1997.

Hurtado, L. "YHWH'S Return to Zion." In *God and the Faithfulness of Paul*, edited by Christoph Helig, J. Thomas Hewitt, and Michael F. Bird, 417-38. Minneapolis: Fortress, 2017.

Käsemann, Ernst. "The Beginnings of Christian Theology." In *New Testament Questions of*

Today, translated by W. J. Montague. Philadelphia: Fortress, 1969.

———. *Perspectives on Paul*. Philadelphia: Fortress, 1971.

Kim, Seyoon. "Paul and the Roman Empire." In *God and the Faithfulness of Paul*, edited by Christoph Hellig, Michael F. Bird, and J. Thomas Hewitt, 277-308. Minneapolis: Fortress, 2017.

Lee, Max. "Greek Words and Roman Meanings Part1: (Re)mapping Righteousness Language in Graeco-Roman Discourse." In *Fire in My Soul: Essays on Pauline Soteriology and the Gospels in Honor of Seyoon Kim*, 3-28. Eugene, OR: Wipf & Stock, 2014.

———. "Greek Words and Roman Meanings Part 2: A Prolegomenon to Paul's Use of Righteousness Language in His Letters." In *Fire in My Soul: Essays on Pauline Soteriology and the Gospels in Honor of Seyoon Kim*, 29-52. Eugene, OR: Wipf & Stock, 2014.

Longenecker, Bruce W., ed. *Narrative Dynamics in Paul: A Critical Assessment*. Louisville: Westminster John Knox, 2002.

Longenecker, Bruce W., and Mikeal C. Parsons, eds. *Beyond Bultmann: Reckoning a New Testament Theology*. Waco, TX: Baylor University Press, 2014.

Luther, Martin. *Word and Sacrament I*. Edited by E. Theodore Bachmann. Luther's Works 35. Philadelphia: Fortress, 1960.

Marcus, Joel, and Marion L. Soards. *Foreword to Apocalyptic and the New Testament: Essays in Honor of J. Louis Martyn*, edited by Joel Marcus and Marion L. Soards, 7-8. Sheffield: JSOT Press, 1989.

Martyn, J. Louis. *Theological Issues in the Letters of Paul*. Edinburgh: T&T Clark, 1997.

Matlock, R. Barry. *Unveiling the Apocalyptic Paul: Paul's Interpreters and the Rhetoric of Criticism*. Sheffield: Sheffield Academic Press, 1996.

McKnight, Scot. "Exiled in the Land." In *Exile: A Conversation with N. T. Wright*, edited by James M. Scott, 201-16. Downers Grove, IL: InterVarsity Press, 2017.

McKnight, Scot, and Joseph B. Modica, eds. *Jesus Is Lord, Caesar Is Not: Evaluating Empire in New Testament Studies*. Downers Grove, IL: InterVarsity Press, 2012.

Meeks, Wayne. *The First Urban Christians*. New Haven, CT: Yale University Press, 1983.

Moore, G. F. "Christian Writers on Judaism." *Harvard Theological Review* 14(1921): 174-254.

Munck, Johannes. *Paul and the Salvation of Mankind*. Louisville: John Knox, 1954.

Nanos, Mark, and Magnus Zetterholm, eds. *Paul Within Judaism: Restoring the First-Century Context to the Apostle*. Minneapolis: Fortress, 2015.

Price, S. R. F. "The Place of Religion: Rome in the Early Empire." In vol. 10 of *Cambridge Ancient History*, edited by A. K. Bowman, E. Champlin, and A. Lintott, 812-47. Cambridge: Cambridge University Press, 1996.

Rad, Gerhard von. *Old Testament Theology*. Vol. 2. New York: Harper & Row, 1965.

Räisänen, Heikki. *Paul and the Law*. 2nd ed. Eugene, OR: Wipf & Stock, 2010.

Rowland, Christopher. "Apocalypticism." In *Eerdmans Dictionary of Early Judaism*, edited by John J. Collins and Daniel C. Harlow, 345-48. Grand Rapids: Eerdmans, 2010.

Schweitzer, Albert. *The Mysticism of Paul the Apostle*. New York: Seabury, 1968.

Scott, James M., ed. *Exile: A Conversation with N. T. Wright*. Downers Grove, IL: InterVarsity Press, 2017.

Segal, Alan. *Paul the Convert: The Apostolate and Apostasy of Saul the Pharisee*. New Haven, CT: Yale University Press, 1992.

Standhartinger, Angela. "Bultmann's Theology of the New Testament in Context." In *Beyond Bultmann: Reckoning a New Testament Theology*, edited by Bruce W. Longenecker and Mikeal C. Parsons, 233-55. Waco, TX: Baylor University Press, 2014.

Stendahl, Krister. *Paul Among Jews and Gentiles*. Minneapolis: Fortress, 1976.

Sturm, Richard E. "Defining the Word 'Apocalyptic': A Problem in Biblical Criticism." In *Apocalyptic and the New Testament: Essays in Honor of J. Louis Martyn*, edited by Joel Marcus and Marion L. Soards, 17-48. Sheffield: JSOT Press, 1989.

Sumney, Jerry L. *Identifying Paul's Opponents: The Question of Method in 2 Corinthians*. London: Bloomsbury, 2015.

Thornhill, A. Chadwick. *The Chosen People: Election, Paul and Second Temple Judaism*. Downers Grove, IL: InterVarsity Press, 2015.

Tilling, Chris. *Paul's Divine Christology*. Tübingen: Mohr, 2012.

Vielhauer, Philipp. "Apocalypses and Related Subjects." In vol. 2 of *New Testament Apocrypha*, 542-68. Louisville, KY: Westminster John Knox, 2003.

Witherington, Ben, III. *Biblical Theology: The Convergence of the Canon*. Cambridge: Cambridge University Press, 2019.

_____. *Grace in Galatia*. Grand Rapids: Eerdmans, 1998.

_____. *The Indelible Image*. 2 vols. Downers Grove, IL: InterVarsity Press, 2009-2010.

_____. *Isaiah Old and New: Exegesis, Intertextuality, and Hermeneutics*. Minneapolis: Fortress, 2017.

_____. *Letters and Homilies for Hellenized Christians*. Vol. 1. Downers Grove, IL: InterVarsity Press, 2014.

_____. *The Paul Quest: The Renewed Search for the Jew of Tarsus*. Downers Grove, IL: InterVarsity Press, 1998.

_____. *Paul's Letter to the Philippians*. Grand Rapids: Eerdmans, 2011.

_____. *Paul's Narrative Thought World: The Tapestry of Tragedy and Triumph*. Louisville: Westminster John Knox, 1994.

_____. *Psalms Old and New: Exegesis, Intertextuality, and Hermeneutics*. Minneapolis:

Fortress, 2017.

_____. "Reading Paul with the Reformers-Part One." The Bible and Culture, November 15, 2017. www. patheos.com/blogs/bibleandculture/2017/11/15/reading-paul-reformers-part-one/.

_____. *Torah Old and New: Exegesis, Intertextuality, and Hermeneutics*. Minneapolis: Fortress, 2018.

_____. "Wright's Paul and the Faithfulness of God-Part Eighteen." The Bible and Culture, March 8, 2014. www. patheos.com/blogs/bibleandculture/2014/03/08/wrights-paul-and-the-faithfulness-of-god-part-eighteen/.

_____. "Wright's Paul and the Faithfulness of God-Part Eleven." The Bible and Culture, February 24, 2014. www. patheos.com/blogs/bibleandculture/2014/02/24/wrights-paul-and-the-faithfulness-of-god-part-eleven/.

_____. "Wright's Paul and the Faithfulness of God-Part Fifteen." The Bible and Culture, March 5, 2014. www. patheos.com/blogs/bibleandculture/2014/03/05/wrights-paul-and-the-faithfulness-of-god-part-fifteen/.

_____. "Wright's Paul and the Faithfulness of God-Part Fourteen." The Bible and Culture, March 2, 2014. www. patheos.com/blogs/bibleandculture/2014/03/02/wrights-paul-and-the-faithfulness-of-god-part-fourteen/.

_____. "Wright's Paul and the Faithfulness of God-Part Nineteen." The Bible and Culture, March 9, 2014. www. patheos.com/blogs/bibleandculture/2014/03/09/wrights-paul-and-the-faithfulness-of-god-part-sixteen/.

_____. "Wright's Paul and the Faithfulness of God-Part Seventeen." The Bible and Culture, March 7, 2014. www. patheos.com/blogs/bibleandculture/2014/03/07/wrights-paul-and-the-faithfulness-of-god-part-seventeen/.

_____. "Wright's Paul and the Faithfulness of God-Part Thirty." The Bible and Culture, April-3, 2014. www. patheos.com/blogs/bibleandculture/2014/04/03/wrights-paul-and-the-faithfulness-of-god-part-thirty/.

_____. "Wright's Paul and the Faithfulness of God-Part Thirty-One." The Bible and Culture, April 4, 2014. www. patheos.com/blogs/bibleandculture/2014/04/04/wrights-paul-and-the-faithfulness-of-god-part-thirty-one/.

_____. "Wright's Paul and the Faithfulness of God-Part Thirty-Two." The Bible and Culture, April 5, 2014. www. patheos.com/blogs/bibleandculture/2014/04/05/wrights-paul-and-the-faithfulness-of-god-part-thirty-two/.

_____. "Wright's Paul and the Faithfulness of God-Part Twelve." The Bible and Culture, February 25, 2014. www. patheos.com/blogs/bibleandculture/2014/02/25/wrights-paul-and-the-faithfulness-of-god-part-twelve/.

_____. "Wright's Paul and the Faithfulness of God-Part Twenty." The Bible and Culture, March 10, 2014. www. patheos.com/blogs/bibleandculture/2014/03/10/wrights-paul-and-the-faithfulness-of-god-part-twenty/.

_____. "Wright's Paul and the Faithfulness of God-Part Twenty-Eight." The Bible and Culture, March 27, 2014. www. patheos.com/blogs/bibleandculture/2014/03/27/wrights-paul-and-the-faithfulness-of-god-part-twenty-eight/.

_____. "Wright's Paul and the Faithfulness of God-Part Twenty-Five." The Bible and Culture, March 18, 2014. www. patheos.com/blogs/bibleandculture/2014/03/18/wrights-paul-and-the-faithfulness-of-god-part-twenty-five/.

_____. "Wright's Paul and the Faithfulness of God-Part Twenty-Four." The Bible and Culture, March 15, 2014. www. patheos.com/blogs/bibleandculture/2014/03/15/wrights-paul-and-the-faithfulness-of-god-part-twenty-four/.

_____. "Wright's Paul and the Faithfulness of God-Part Twenty-Nine." The Bible and Culture, April 1, 2014. www. patheos.com/blogs/bibleandculture/2014/04/01/wrights-paul-and-the-faithfulness-of-god-part-twenty-nine/.

_____. "Wright's Paul and the Faithfulness of God-Part Twenty-One." The Bible and Culture, March 11, 2014. www. patheos.com/blogs/bibleandculture/2014/03/11/wrights-paul-and-the-faithfulness-of-god-part-twenty-one/.

_____. "Wright's Paul and the Faithfulness of God-Part Twenty-Six." The Bible and Culture, March 24, 2014. www. patheos.com/blogs/bibleandculture/2014/03/24/wrights-paul-and-the-faithfulness-of-god-part-twenty-six/.

_____. "Wright's Paul and the Faithfulness of God-Part Twenty-Three." The Bible and Culture, March 14, 2014. www. patheos.com/blogs/bibleandculture/2014/03/14/wrights-paul-and-the-faithfulness-of-god-part-twenty-three/.

_____. "Wright's Paul and the Faithfulness of God-Part Twenty-Two." The Bible and Culture, March 12, 2014. www. patheos.com/blogs/bibleandculture/2014/03/12/wrights-paul-and-the-faithfulness-of-god-part-twenty-two/.

Wright, N. T. *The Climax of the Covenant: Christ and the Law in Pauline Theology*. Minneapolis: Fortress, 1991.

_____. *Justification: God's Plan and Paul's Vision*. Downers Grove, IL: InterVarsity Press, 2009.

_____. *Paul: A Biography*. New York: HarperOne, 2018.

_____. *Paul and His Recent Interpreters*. Minneapolis: Fortress, 2013.

_____. *Pauline Perspectives: Essays on Paul from 1978-2013*. Minneapolis: Fortress, 2013.

Zetterholm, Magnus. *Approaches to Paul: A Student's Guide to Recent Scholarship*. Minneapolis: Fortress, 2009.

성경 색인

구약성경

창세기
1장 147
15장 30, 244

출애굽기
32장 41
33-34장 277
40장 158, 159

레위기
16장 62, 178
19:19 186

신명기
17:7 71
19:19 71
21:21 71
22:21 71
22:24 71
24:7 71
27-30장 30, 117, 321
28:68 243
30장 30, 121
30-31장 152

시편
2편 145
2:7-8 145

이사야
40-55장 30
45-46장 148
49:1-6 176
59:20-21 155

예레미야
1:5 176
31장 30

에스겔
43장 158, 159

다니엘
7장 98, 144

요엘
2장 257

외경

지혜서
14:17-21 93

집회서(Sirach)
24 144

신약성경

마태복음
5-7장 97, 170
7:17 308

마가복음
10:45 149
14:62 144, 150

사도행전
8:26-40 22
9장 22
9:1-9 19
10장 22
11장 76
15장 34, 76
22장 174
22:4-16 19
26:9-16 19

로마서
1장 286, 299, 300, 302, 303, 320

1-4장 270
1-7장 80
1-11장 116
1:2 266
1:5 193, 208
1:16-17 300, 311
1:17 299
1:18-32 172, 303
2장 81
2:1-4 54
2:14-15 190
2:15 288
3-4장 68
3:2 79
3:21-26 202
3:24 206
3:25 242
4장 111, 153, 253, 281, 312
4:1-5 292
4:5 282
4:16 202
4:16-25 254
4:25 242
5장 172, 194, 245, 251
5-6장 203, 209
5-7장 254

5-8장 256, 258, 270
5:12-21 153, 251
5:17 109
6장 115
6-8장 275
6:5 53
6:11 206, 300
6:17 169, 193
6:23 206
7장 81, 85, 118, 119, 194, 282, 295, 296
7:4-6 141
7:7 195
7:7-25 283, 295, 302
7:12 79, 195
7:13-25 120
7:14-25 85
8장 107, 108, 119, 120, 155
8:1 206, 207
8:1-4 145
8:2 120, 206
8:4 70, 288
8:12-25 254
8:16-29 207
8:18-30 136
8:21 109, 208
8:24 53
8:26-38 172
8:29 136
9장 277
9-10장 118
9-11장 32, 68, 80, 81, 83, 118, 123, 267, 268, 269, 270, 276, 287, 289
9:1-5 287, 322
9:3 83
9:5 299
9:6-11:36 268
9:19-26 266
10:1-4 83
10:1-5 287
10:4 156
11장 111, 114, 117, 118, 124, 159, 268, 287
11:17-24 267
11:25 155
11:25-32 111
11:25-36 286
11:26-27 155
12-13장 97
12-15장 170
12:2 70
13장 97, 98
13:8-10 70
13:11-12 172
14장 320
14-15장 289
14:8 56
14:14 288
14:17 288
16:20 101, 251

고린도전서
1장 115
1-11장 116
1:2 206
1:4 206
1:8 45
1:18-25 226, 227
1:22 227
1:23 227
1:30 282, 300, 301, 302
2:6-8 95
3장 284, 312, 313
4:15 206
5장 71
5:5 251
6:11 242
7:19 70
7:31 101
7:34 70
8장 101
8-10장 145, 320
8:6 146
9장 125, 320, 321
9:20 124
9:21 70, 193
10장 115, 145, 302, 325
10:11 172
12:13 115
15장 37, 52, 106, 153, 154, 155, 169, 245, 324
15:21-22 251
15:23-28 247
15:27 157
16:2 330

고린도후서
2:14-6:10 232
3장 154, 160, 161, 162, 194, 195, 310
3-4장 147, 161, 287
3-5장 86
5장 110, 304, 324
5:14 56
5:16 232
5:16-19 147
5:17 263, 291
5:19 206
5:21 282, 298, 299, 300, 301
7:1 70
8-9장 280
11:2 141
12:1-4 217

갈라디아서
1장 123
1-2장 259, 260,
1:1 203, 262
1:1-4 262
1:4 203, 217, 239, 261, 262
1:11-17 19
1:12 217, 234, 247
1:15-16 176, 260
1:16 247
2장 76, 199, 305, 320
2-3장 68

2:1-16 188
2:3-6 188
2:4 206
2:12 188
2:14 185, 188
2:14-16 77
2:14-3:29 76, 78
2:15-16 288
2:16 181, 185,
   188, 203, 242,
   256
2:20 262
3장 153, 281, 288,
   312
3-4장 193, 244,
   253, 254, 260,
   261
3:1 262
3:1-4:11 170
3:2-5 69
3:6 254
3:6-4:7 242
3:10-14 262
3:13 243
3:14 244
3:19 77
3:21 78
3:25 58, 59, 60
3:27 115
3:28 125, 198,
   206, 320, 321
3:29 257
3:29-4:6 59
4장 111, 112, 119,
   154, 155, 194,
   287, 310
4:1-6 193
4:1-11 145
4:3 261
5장 306
5:3 68
5:5 69
5:6 309
5:14 70, 289
5:16-26 69
5:22 70
6장 124, 240
6:2 69, 70, 193,
   239
6:12-14 261
6:13-15 234
6:14 235, 261, 262
6:15 259, 263

에베소서
2:2 97
5장 141
6:10 96, 97
6:10-20 37

빌립보서
1:9-11 70
1:13 206
2장 148, 325
2:5-11 122, 148,
   149, 203
2:15 70
3장 126, 204, 322
3:4-7 173
3:6 296
3:7 175
3:7-8 82
3:9 68, 292, 304
3:11 53

골로새서
1장 146, 147, 325
1-2장 325
1:16 96
2:5 202
3:4 155

데살로니가전서
3:13 70
4장 155, 324
4-5장 324
4:3-7 70
5:3 101
5:10 56
5:23 70

데살로니가후서
2장 96, 159, 324

베드로전서
1:16 303

베드로후서
3:15-16 317

요한계시록
13:18 96, 149
21:1-2 245
21:5 15

이레서원 출간 도서

❖ **설교**
1. 『청년 설교: 청년 예배, 설교, 사역 노하우』 김상권, 150×220, 312쪽
2. 『엑설런트 프리칭: 성경과 오늘의 세계를 잇는 설교』 크레이그 바르톨로뮤(김광남 역), 130×200, 136쪽
3. 『21세기에 다시 본 존 칼빈의 설교와 예배』 이현웅, 148×210, 268쪽
4. 『설교자를 위한 공동서신 강해』 김병국, 152×223, 360쪽
5. 『1인칭 내러티브 설교』 해돈 로빈슨 외(전광규 역), 152×223, 248쪽

❖ **성경 연구**
1. 『중동의 눈으로 본 예수님의 비유』 케네스 E. 베일리(오광만 역), 152×225, 400쪽
2. 『하나님 중심의 성경 해석학』 번 S. 포이트레스(최승락 역), 152×225, 352쪽
3. 『히브리서 산책: 성취와 기다림』 최승락, 140×200, 224쪽
4. 『성경 역사, 지리학, 고고학 아틀라스』 앤손 F. 레이니 외(강성열 역), 240×320, 562쪽
5. 『예수님의 비유』 최갑종, 152×223, 470쪽
6. 『갈라디아서』 최갑종, 152×225, 696쪽
7. 『(이해와 설교를 위한) 고린도후서 주석』 조석민, 152×225, 296쪽
8. 『로마서: 이방인의 사도가 전한 복음』 최종상, 152×223, 496쪽
9. 『어떻게 천천히 읽을 것인가』 제임스 사이어(이나경 역), 139×216, 264쪽
10. 『(이해와 설교를 위한) 요한복음』 조석민, 152×225, 520쪽
11. 『다시 읽는 창세기』 민경구, 152×223, 312쪽
12. 『예수님의 비유 해석 입문: 배경, 해석사, 해석 원리와 실제』 로버트 스타인(오광만 역), 150×220, 280쪽
13. 『골로새서·빌레몬서』(한국성경주석 12) 길성남, 152×225, 464쪽
14. 『고린도에서 보낸 일주일: 바울 사역의 사회적, 문화적 정황 이야기』 벤 위더링턴 3세(오현미 역), 140×200, 232쪽
15. 『에베소에서 보낸 일주일: 1세기 그리스도인은 요한계시록을 어떤 의미로 읽었을까?』 데이비드 드실바(이여진 역), 140×200, 264쪽
16. 『고대 문학의 렌즈로 보는 성경』 마셜 존슨(차준희 역), 140×210, 272쪽
17. 『요한복음 연구』 조석민 외, 152×225, 336쪽

❖ 신학

1. 『마크 존스의 선행과 상급』 마크 존스(오현미 역), 130×200, 248쪽
2. 『마크 존스의 예수 그리스도』 마크 존스(오현미 역), 130×200, 120쪽
3. 『조지 래드의 종말론 강의』 조지 래드(이승구 역), 148×210, 232쪽
4. 『칭의의 여러 얼굴』 제임스 패커 외(김형원 역), 140×200, 304쪽
5. 『선지자적 반시대성』 오스 기니스(김형원 역), 124×182, 192쪽
6. 『예수님과 안식일 그리고 주일』 양용의, 152×223, 456쪽
7. 『삼위일체: 신약신학·실천신학적 연구』 리처드 보컴 외(신호섭 역), 152×225, 400쪽
8. 『구약의 그리스도, 어떻게 설교할 것인가』 시드니 그레이다누스(김진섭, 류호영, 류호준 역), 152×223, 536쪽
9. 『아들을 경배함: 초창기 기독교 예배 의식 속의 예수』 래리 허타도(송동민 역), 140×200, 168쪽
10. 『바울 복음의 심장: 개인, 교회, 창조세계를 변화시키는 복음』 데이비드 드실바(오광만 역), 140×200, 224쪽
11. 『(소요리문답과 함께하는) 365 교리 묵상』 임경근, 152×225, 392쪽
12. 『예배학 지도 그리기: 목회자와 예배 사역자를 위한 예배 기획 지침서』 문화랑, 150×220, 248쪽
13. 『영적 전쟁: 바울 서신으로 본 사탄과 악한 영들』 클린턴 E. 아놀드(길성남 역), 152×225, 320쪽
14. 『바울에 관한 새로운 탐구』 티모 라토(김명일 역), 124×182, 120쪽
15. 『기독교 교파 한눈에 보기』 전희준, 140×200, 144쪽
16. 『칼뱅, 참여, 그리고 선물: 그리스도와 연합한 신자는 어떻게 살아야 하는가』 토드 빌링스(송용원 역), 140×210, 328쪽
17. 『바울과 믿음 언어: 그리스도인의 믿음은 지적 동의인가, 신실한 행함인가』 니제이 굽타(송동민 역), 147×220, 384쪽
18. 『바울의 사역 원리: 성도를 온전하게 하고 세상을 위로하는 교회 세우기』 김명일, 140×200, 168쪽
19. 『성경의 그림 언어와 상징 해석: 성경과 신학에 사용된 그림 언어의 힘과 오용』 앤서니 티슬턴(최승락 역), 147×220, 440쪽

❖ 채영삼 교수 저서

1. 『긍휼의 목자 예수: 마태복음의 이해』 152×223, 488쪽
2. 『지붕 없는 교회: 야고보서의 이해』 152×223, 398쪽
3. 『십자가와 선한 양심: 베드로전서의 이해』 152×223, 476쪽
4. 『신적 성품과 거짓 가르침: 베드로후서의 이해』 152×223, 544쪽
5. 『삶으로 드리는 주기도문』 124×182, 208쪽
6. 『삶으로 내리는 뿌리』 140×200, 304쪽
7. 『공동서신의 신학: '세상 속의 교회', 그 위기와 해법』 152×223, 800쪽
8. 『코이노니아 성경 해석 가이드북』 148×210, 88쪽
9. 『코이노니아와 코스모스: 요한일서의 이해』 152×223, 576쪽

10. 『복음의 회복과 세상 속의 교회』 137×210, 200쪽
11. 『그리스도인의 성장과 생활 속의 신앙』 137×210, 264쪽

❖ <일상을 변화시키는 말씀> 시리즈
1. 『하나님께 소리치고 싶을 때: 욥기』 크레이그 바르톨로뮤(송동민 역), 130×200, 128쪽
2. 『십자가와 보좌 사이: 요한계시록』 매튜 에머슨(김광남 역), 130×200, 120쪽
3. 『신비를 엿보다: 다니엘』 바바라 륭 라이(송동민 역), 130×200, 120쪽
4. 『무대 뒤에 계신 하나님: 에스더』 웨인 바크후이젠(송동민 역), 130×200, 144쪽
5. 『왕을 버리다: 사사기』 데이비드 벨드먼(김광남 역), 130×200, 136쪽
6. 『기도의 심장: 누가복음』 크레이그 바르톨로뮤(송동민 역), 130×200, 136쪽
7. 『소외된 이들의 하나님: 룻기』 캐롤린 C. 제임스(이여진 역), 130×200, 160쪽
8. 『함께 세상으로: 사도행전』 마이클 와겐맨(이여진 역), 130×200, 120쪽
9. 『우주의 시작: 창세기 1-11장』 드루 존슨(이여진 역), 130×200, 168쪽

❖ 영적 성장
1. 『요한계시록 40일 묵상 여행』 이필찬, 152×223, 248쪽
2. 『365 힐링 묵상: 밤에 부르는 아침의 노래』 류호준, 127×205, 408쪽
3. 『복음과 생명』 서형섭, 152×225, 352쪽
4. 『마르바 던의 위로』 마르바 던(김병국 역), 140×200, 336쪽
5. 『고귀한 시간 낭비 '예배'』 마르바 던(김병국, 전의우 역), 152×223, 166쪽
6. 『말씀 앞에 서는 용기: 구약 인물의 실패에서 배우다』 한주원, 150×220, 256쪽
7. 『다시 시작하는, 엄마 수업』 하재성, 150×220, 344쪽
8. 『우울증, 슬픔과 함께 온 하나님의 선물』 하재성, 148×210, 344쪽
9. 『강박적인 그리스도인』 하재성, 148×210, 355쪽
10. 『5가지 친밀한 관계』 레스&레슬리 패럿(서원희 역), 124×182, 304쪽
11. 『하이 콜링: 당신을 향한 하나님의 거룩한 초대』 모리스 로버츠(황영철 역), 150×220, 256쪽
12. 『아름다운 '안녕': 확신과 소망으로 죽음이라는 신비에 다가가라』 매럴린 매킨타이어(오현미 역), 140×200, 224쪽
13. 『기꺼이 불편한 예배』 김재우, 128×188, 192쪽

❖ <믿음의 재발견> 시리즈(책임 편집자: 마이클 리브스)
1. 『기도하는 즐거움』 마이클 리브스(송동민 역), 124×182, 88쪽
2. 『두려움 없는 전도』 폴 윌리엄스(이여진 역), 124×182, 136쪽
3. 『변하지 않는 말씀: 성경의 선함과 유익, 그리고 모순과 난제』 앤드루 윌슨(송동민 역), 124×182, 120쪽
4. 『담대한 믿음: 모든 상황에서 예수님을 신뢰하는 법』 조너선 스티븐(이민희 역), 124×182, 72쪽